公安学学术丛书　尚建荣　主编
江苏高校优势学科建设工程资助项目（PAPD）

法治建设与法学理论研究部级科研项目成果
"青蓝工程"资助项目（Sponsored by Qing Lan Project）
江苏省品牌专业建设工程一期项目侦查学专业阶段性成果
江苏警官学院侦查学科研创新团队项目成果

侦查程序与财产权保障

闫永黎　著

中国人民公安大学出版社
·北　京·

图书在版编目（CIP）数据

侦查程序与财产权保障 / 闫永黎著. —北京：中国人民公安大学出版社，2016.1
（公安学学术丛书 / 尚建荣主编）
ISBN 978 - 7 - 5653 - 2290 - 7

Ⅰ. ①侦… Ⅱ. ①闫… Ⅲ. ①刑事侦查—研究—中国②个人财产—所有权—保护—研究—中国 Ⅳ. ①D918②D923.24

中国版本图书馆 CIP 数据核字（2015）第 171888 号

侦查程序与财产权保障

闫永黎　著

出版发行：中国人民公安大学出版社
地　　址：北京市西城区木樨地南里
邮政编码：100038
发　　行：新华书店
印　　刷：北京市泰锐印刷有限责任公司

版　　次：2016 年 1 月第 1 版
印　　次：2016 年 1 月第 1 次
印　　张：17.75
开　　本：787 毫米×1092 毫米　1/16
字　　数：320 千字

书　　号：ISBN 978 - 7 - 5653 - 2290 - 7
定　　价：60.00 元

网　　址：www.cppsup.com.cn　www.porclub.com.cn
电子邮箱：zbs@cppsup.com　zbs@cppsu.edu.cn

营销中心电话：010 - 83903254
读者服务部电话（门市）：010 - 83903257
警官读者俱乐部电话（网购、邮购）：010 - 83903253
教材分社电话：010 - 83903259

总　序

　　为加强公安学建设，推动公安学理论研究和实践创新，更好地发挥公安学科建设服务公安教育和公安实战的作用，江苏警官学院于 2011 年启动了《公安学学术丛书》编撰工作。这在国内尚属首次。作为一套系列学术丛书，其编选采用了开放性、灵活性和包容性的形式，即不预先设定书目，不预先确定著者，而是采取面向全校征集，由个人申报、专家评审遴选的方式确定。入选丛书的作者，大多长期在江苏警官学院从事教学、科研工作，他们中有学识深厚的学科带头人，有年富力强的学术骨干，也有朝气蓬勃的青年才俊。他们治学严谨，勇于开拓，传承而不守旧，务实而不唯书，以自己的学术专长和敏锐的学术视角，赋予这套丛书扎实厚重的学术分量。希望这些成果的付梓，能够引起越来越多的人对公安学学科的关注，能够对推动公安学发展有所裨益。

　　公安学是伴随着国家、警察的诞生而产生的一门学科，但就现代意义上的公安学学科建设而言，在中国起步较晚。众所周知，中国近代警察制度移植自西方，关于警察学科的研究也大多沿用西方范式。新中国成立后，伴随着人民公安事业的创建和发展，中国特色的公安学学科建设随之展开。尤其是改革开放以来，在波澜壮阔的社会主义现代化建设中，公安工作日新月异，公安教育恢复发展，公安人才队伍逐步壮大，公安学术交流不断拓展，这些都直接推动了当代公安学科的快速发展。在几代人的不懈努力下，2011 年 3 月，国务院学位委员会和教育部正式批准增列"公安学"和"公安技术"两个一级学科，结束了公安高等教育没有一级学科的历史，标志着公安学学科建设翻开了新的一页，在公安学术史上具有里程碑意义。

　　学科建设不仅是公安高等教育的龙头，而且对经济社会发展具有重要促进作用。近年来，江苏警官学院积极适应经济社会发展新形势，主动融入高等教育改革发展主流，主动融入公安工作改革发展大局，大力实施转型升级发展战略，着力抓好内涵建设、队伍建设、硬件建设"三大建设"，努力打造公安学科建设品牌。2010 年，江苏省政府启动实施了"江苏高校优势学科建设工程"，这是全面提升高等教育水平和核心竞争力，加快江苏由教育大省向教育强省转变的战略举措。江苏警官学院申报的"公安学"一级学科经过多轮遴选评审，成功入选江苏省优势学科建设工程项目。这一重大突破，标志着江苏警官学院的学科建设进入高起点、高层次发展的新阶段，也为江苏的公安学学科建设搭建了高端平台。这套丛书，从一个侧面反映了江苏警官学院承担省优势学科建设工程项目以来所取得的代表性成果。

公安学学科建设有着自身的特点和规律。江苏警官学院在公安学研究中，力求从实际出发，努力探索和形成自己的特色。从这套丛书入选成果看，主要体现出三个特点：一是研究方向和选题比较广泛，涉及治安学、侦查学、公安管理学、警察法学、犯罪学、心理学、警察文化、警察史学等公安学的主要方向或领域。二是理论和实践并重，在公安学研究中坚持"顶天立地"的原则，顶天，就是注重理论创新，丛书选题中大多瞄准学科理论前沿，具有前瞻性；立地，就是注重回应实践需求，丛书选题中有不少来自于公安实践，主要解决公安实际工作中的问题。三是与相关学科的融通。特别是从公安学与相邻学科结合的视角，对公安学及交叉学科研究领域的诸多理论和现实问题进行了比较系统的梳理，力图揭示公安学及交叉学科理论演进的路向及其规律，这一探索与尝试，为公安学研究开启了一个很有意义的努力方向。

当代公安事业发展进步迫切需要科学理论的指导，迫切需要学术研究的引领。相对于成熟学科，公安学是年轻的。公安学要赢得更高的地位和更大的影响力，关键是要有一大批社会广泛认可的标志性成果，关键是要有一大批高水平的学术人才，最终的衡量标准是看对公安工作和社会发展进步的贡献度。实现这个目标，需要公安系统和社会各界的共同努力，公安院校更有大量工作要做。与众多知名学府相比，江苏警官学院的公安学学科建设才刚刚起步，任重而道远。我们希望借助这套丛书的编撰出版，为公安学学术研究和交流搭建一个平台，通过发挥这个平台集聚和整合学科研究力量的作用，不断催生一批公安学的名师和大家，产生更多影响深远的精品力作，以推动公安学研究走向辉煌，更好地为提升公安教育水平、推动公安事业发展进步服务。这是我们的愿望，也是我们的责任。

二〇一二年十一月

前　　言

　　侦查程序作为刑事诉讼程序的重要组成部分，其财产权保障与起诉程序、审判程序相比较具有独特之处，是整个刑事诉讼中财产权保障的标尺和集中体现。加强侦查程序中的财产权保障是维护宪法权威的需要，是实现刑事诉讼任务之需求，体现了我国市场经济的内在要求，有利于依法治国基本方略的实现，有利于遏制司法腐败，增强政府公信力。侦查程序中的财产权保障是现代刑事诉讼中人权保障的重要内容，因此，对其研究具有重要的理论价值和实践意义。

　　本书沿着一条法学研究的传统路径，首先，从基本范畴、理论基础着手，对财产权、财产权保障以及侦查程序与财产权保障的关系进行阐释。其次，对域外法治国家和地区的财产权限制与处置制度和财产权救济制度进行了全方位的考察分析，总结出侦查程序中财产权保障的普适性经验，为研究我国侦查程序中的财产权保障提供了坚实的基础。再次，以我国侦查程序中财产权保障的现状为重心加以分析研究，从而揭示了我国侦查程序中财产权保障的问题（既包括宏观层面上框架扭曲的问题，又包括微观层面上制度设计和运作中的问题）。最后，笔者对我国侦查程序中的财产权保障制度进行了重构。这种重构未受到传统刑事诉讼理论和制度的制约，而是专于精细化研究，既充分借鉴了域外的普适性经验，又借鉴了民事法律中的相关知识，从而在较高层面和较开阔的视野上提出了如何在我国建立相关的制度。

　　第一，开辟了侦查程序中人权保障研究的新领域，即侦查程序中的财产权保障。西方法治国家尊崇私有财产神圣不可侵犯，私有财产推动和促进了其宪政制度的发展和完善，其宪法将财产权视为基本人权之一，很多程序设计以及救济机制都是在财产权保障理念下形成的，因此，财产权保障在其侦查程序中是比较完善的，而我国在国家利益高于一切、高度集权的政治体制下，对私有财产的保护鲜有涉猎。财产权保障的核心内涵是"财产权免受公权力的侵犯"，这就给我们提供了一个新的视角来考察侦查程序的正当化问题。在现代刑事诉讼理念中，正当程序本身具有普适性和规律性的特征，对于一个正当化的侦查程序而言，不仅要求其本身具有正当性，而且程序辐射范围内的基本人权还要具有完整性。因此，无论是财产权限制与处置机制，还是财产权救济机制，都是从财产权保障的视角出发研究设计的结果。

第二，注重侦查程序中财产权保障的完整性、有效性。在基本权利体系中，人身权保障可以说是被追诉人的专有权利，实践中公权力侵犯被害人或第三人人身权的情形非常罕见，但财产权保障则不同。从公权力侵权的角度来看，无论是合法财产、非法财产，还是被追诉人、被害人甚至是第三人的财产，都可能被干预，成为侦查行为限制或处置的对象；从犯罪行为侵权的角度来看，犯罪行为一般都会给被害人造成财产损失；从控制犯罪的角度来看，既要注重限权（力）护权（利），还要注重提高侦查效益。因此，侦查程序中财产权保障并非被追诉人的专利，国家有义务建立全方位的财产权保障机制。为此，笔者在构建财产权限制与处置制度和财产权救济制度中，涵盖了多方的利益需求，以被追诉人的财产权保障为主，兼顾被害人、第三人的财产权保障；以限权护权为主，兼顾提高侦查效益。

第三，立足于财产权是宪法性权利的高度，理论联系实际，对侦查程序中的财产权保障进行了精细化研究，构建了较为完善的侦查程序中的财产权保障制度。宪法是保护个人权利、限制国家权力的基本法，这使我们能站在宪法的高度来观察侦查程序法治，这就要求侦查程序必须接受宪政精神的指引和约束。然而，宪法性财产权利并不是对民事财产权利的否定，而是应以民事权利为基准。因此，在研究过程中笔者对刑事诉讼中的财产权和民事法律中的财产权进行了分析和比较，大量借鉴了民事法律中的知识，从而在限制国家权力、财产权保障目标的指引下，对财产权限制与处置制度和财产权救济制度进行了精心设计，在此基础上的侦查程序研究或实务运作，自然会达到财产权保障的最大效果，从而突破了以往"口号式"、"抽象意义"上的财产权保障，使侦查程序中的财产权保障落到实处，体现了更深层次上、实质意义上的财产权保障。

总之，笔者通过剖析研究，将侦查程序与财产权保障相关的原则、理念、程序性机制和权利救济机制融汇在一起，以其在财产权保障中的性质和功能为标准，以侵权是否发生为时间维度，将侦查程序中的财产权保障制度相对地划分为涉案财产的发现、限制与处置制度和财产权救济性保障制度。涉案财产的限制与处置作为一种限权机制，达到了预防性的效果，故称之为侦查程序中财产权预防性保障制度，主要包括：限制财产权强制措施、涉案财产管理、涉案财产移送和涉案财产的实体性处置。根据救济措施的特点和性质差别，又将财产权救济制度分为财产权程序性救济和财产权实体性救济：程序性救济主要包括财产异议制度和非法实物证据排除规则；实体性救济制度主要包括侵犯财产权之国家刑事赔偿和国家刑事补偿制度。上述制度共同构筑成了一个自成一体的、相对完整的财产权保障制度体系。

目 录 CONTENTS

引　言

卑劣的贪欲是文明时代从它存在的第一日起直至今日的动力；财富，财富，第三还是财富，——不是社会的财富，而是这个微不足道的单个的个人的财富，这就是文明时代唯一的具有决定意义的目的。

——恩格斯

一、研究的缘起

财产，一直被视为文明社会政治结构的基础，表征着人类社会步入文明状态。财产权，作为一个古典的法律概念，是民事权利中最古老的一种权利，也是人类社会一个永恒的话题，因而历来都是法律研究的重要内容，可以说自人类社会诞生之日起，财产和财产权就给人类带来无尽的困惑和争论。财产权是人类谋求生存的基础，是生命权利的延伸，也是其他基本权利①得以实现的重要保障；财产权是人类社会发展的基础，是市场经济得以运转的最基本的、也是最重要的条件之一，同样也是推动人们进行制度创新的助推器。由此可见，财产权制度在人类社会发展的历史上已经发挥了，并仍在持续发挥着重要而不可替代的作用。

从现代各国立法和司法实践来看，西方国家尊崇"私有财产神圣不可侵犯"，在宪法上主要表现为：将财产权视为公民的基本权利，除非依照法律规定并经法定程序，不得被限制或剥夺；国家依法对私人财产进行征收和征用，以及遵循税收法定和预算法定原则。刑事诉讼法作为宪法之"测震仪"，必将有所回应，主要表现为干预财产权的公权力行为需要遵循正当程序、比例原则、权利救济原则以及平等保护原则等。因此可见，财产权保障重在预防国家权力对公民财产权的非法干预，即使正当的干预也必须遵守必要的原则和法定

---

① 关于基本权利的称谓，各国表述尽管不同，但内涵基本是一致的。基本权利，是由"宪法规范所确认的一种综合性的权利体系，所谓基本权利是指宪法赋予的、表明权利主体在权利体系中重要地位的权利"。在德国宪法称之为"基本权"；在意大利宪法称之为"公民权利"；在日本宪法称之为"基本人权"；在我国宪法则称之为"基本权利"。

的程序。据此，财产权保障已经成为西方现代法律制度的基本价值导向和重要内容之一。

一般而言，在社会财富低下的时代，国家对财产权的干预主要表现为对社会财富的征收、征用。相比之下，刑事诉讼中国家权力与公民财产权的冲突并不是十分激烈，因而，公民的财产权保障问题并非刑事诉讼中十分突出的问题。但随着市场经济的发展，社会财富的激增，财产权已经成为各种侵权行为侵犯的主要对象。笔者以我国现行刑法为统计依据，发现以财产权为侵犯对象的犯罪，主要包括侵财犯罪以及脱胎于侵财犯罪的经济犯罪、贪污贿赂犯罪等，其罪名数约占所有罪名的2/3；而且"在我国，近年来以财产权为侵犯对象的犯罪已经占刑事案件总数的85%以上"。[①] 毫无疑问，随着改革开放和经济体制的转型，我国在实现快速现代化的过程中，也面临着犯罪率快速增长、犯罪方式复杂多样的难题，以财产权为侵犯对象的犯罪已经超越以人身权为侵犯对象的犯罪，成为最常见的犯罪形态。正如美国犯罪学家路易斯·谢利在《犯罪与现代化》一书中所讲："财产犯罪在所有现代化国家都是犯罪的主要形式，是因为日益世俗，而非道德，宗教的准则支配的有形财富具有前所未有的重要性。在社会地位不断变化的现代社会里，决定人们社会地位的是财产而不是出身。在这种情况下取得财产已不仅是为了满足实际需要，而是得到社会地位的手段。"[②] 谢利的精辟分析揭示了"财产型犯罪"[③] 之所以增加的原因。

在部门法中，与犯罪治理联系最为密切的就是刑事实体法和刑事程序法。刑事实体法研究犯罪的构成、种类以及犯罪化问题，因此财产型犯罪是其关注的重要内容之一；而刑事程序法并不以犯罪的类型为其研究出发点，而是关注刑事程序公平正义与否，诉讼当事人的基本权利是否得到保障，因此在刑事程序法中，国家权力干预财产权的行为并非仅仅针对财产型犯罪，也包括其他类型的犯罪，即使出于最基本的证据保全目的，刑事诉讼中的搜查、扣押以及裁判的对象，与以前相比具有更多的财产价值。据此，刑事诉讼与公民财产权产生了重大交集，干预公民财产权的司法活动已经成为刑事诉讼活动重要的内容之一。这也正契合了法学传统话语中财产权的内涵，财产权一般是指私有财产权，公共财产权问题较少涉及。原因在于学者们认为财产权的根本功能是划分"你的财产"和"我的财产"。本书秉承这一理论传统，使用的"财产权"概

---

① 朱拥政：《刑事诉讼中的财产权保障》，中国政法大学2006年博士学位论文，第3页。

② [美] 路易斯·谢利：《犯罪与现代化》，何秉松译，中信出版社2002年版，第202页。

③ 从路易斯·谢利的话中也可以看出，其所说的"财产犯罪"并非是我国传统意义上的"侵财犯罪"，而是一种广义的"以财产权为侵犯对象的犯罪"。下文笔者所采用的"财产型犯罪"的说法，即指以财产权为侵犯对象的犯罪。

念如没有特别指出，是指私有财产权，但并不仅限于犯罪嫌疑人的财产权。因此，刑事诉讼中的财产权保障主要是指私有财产权保障，其地位将日益凸显。

在我国传统文化中，"大公无私"、"重义轻利"这些道德信条作为个人行为伦理深深根植于每一个中国人的灵魂之中。然而，个人行为伦理远高于制度伦理，制度伦理只是程度较低的道德标准，"大公无私"、"重义轻利"不能借助社会制度强制推行。尤其是在刑事诉讼中的财产权保障方面，不能简单地为了控制犯罪而忽视公权力对公民财产权造成的侵害。长期以来，正是由于缺乏正确的制度伦理观的引导，私有财产权，尤其是"被追诉人"①的财产权，在我国立法中一向得不到应有的尊重。

随着依法治国理念的推进，2004年《宪法修正案》第13条规定"公民的合法的私有财产不受侵犯。国家依照法律规定保护公民的私有财产权……"，从而将财产权定位于公民的一项基本权利。2007年《物权法》②的实施，对公民财产权的保护更具有里程碑的意义。2010年《国家赔偿法》的修订，进一步明确了公民、法人和其他组织享有依法取得国家赔偿的权利，并为公民、法人和其他组织寻求权利救济提供了有力的制度保障。2012年《刑事诉讼法》修正后，对干预公民财产权的公权力进行了规范，为解决司法难题还设置了没收违法所得的特别程序。就法律文本来看，我国法律上的财产权保障制度虽然不完善，但已基本确立。

然而，从历次刑事诉讼法修正的重点来看，或许出于更为迫切的现实需要，学术界和实务界所推崇的人权保障依然具有一定的功利色彩，突出表现为我国的人权保障研究是从人身权保障开始，并取得了丰硕的成果。然而对公民的其他基本权利，尤其是财产权的关注仍未上升至基本权利的高度。刑事诉讼中的财产权保障都不是我国立法的重点，更毋庸说侦查程序中的财产权保障了。

侦查程序是刑事诉讼程序的重要组成部分，侵犯公民财产权的搜查、扣押、返还被害人、特别没收等行为也往往发生在侦查程序之中，是国家权力与公民财产权最容易发生碰撞的阶段。但由于对其研究尚未系统化，实务界缺乏

---

① "被追诉人"，在审前程序中称之为"犯罪嫌疑人"；在审判程序中称之为"被告人"。为了便于表述，笔者这里统称为"被追诉人"。

② 《物权法》所称"物"，包括不动产和动产，法律规定权利作为物权客体的，依照其规定。可见《物权法》主要是调整有形财产支配关系的法律，是对财产进行占有、使用、收益和处分的最基本准则，是民法典的重要组成部分。物权作为一种重要的财产权，与债权、知识产权等其他财产权不同，物权的客体主要是动产和不动产。不动产指土地以及建筑物等土地附着物；动产指不动产以外的物，包括能够为人力所控制的电、气、光波、磁波等物。

理论研究的指导，实践中出现了不少的问题，主要表现为两个方面：

一方面，财产权限制与处置行为缺乏理论的指导，造成实践中存在大量的对公民财产权滥施强制、肆意处置的现象，严重侵犯了公民财产权，而且当事人难以得到有效的救济，影响了侦查机关公正、廉明的社会形象。

另一方面，针对不同的涉案财产如何发现并限制缺乏有效的手段，如何处置缺少明确规定，严重影响了侦查的效率，轻则造成犯罪分子虽被定罪处罚，但被害人财产损失无法挽回，重则导致无法收集到相关的犯罪证据，致使犯罪行为人逍遥法外。

由于统计数据的保密性和归口不统一，我们难以得知涉案财产背后存在的黑数，但从只言片语的报道中，我们也能略窥一斑。例如，2011 年 6 月，中国人民银行网站刊发了《我国腐败分子向境外转移资产的途径及监测方法研究》的研究报告。报告中引述中国社会科学院的调研资料披露："从上世纪 90 年代中期以来，外逃党政干部、公安、司法干部和国家事业单位、国有企业高层管理人员，以及驻外中资机构外逃、失踪人员数目高达 16000 至 18000 人，携带款项达 8000 亿元人民币。另外一则报道称，自 2000 年年底最高检会同公安部组织开展追逃专项行动以来，至 2011 年检察机关共抓获在逃职务犯罪嫌疑人 18487 名，仅最高人民检察院公开的其中 5 年的缴获赃款赃物金额就达到 541.9 亿元。滞留境外的贪腐官员保守估计仍有一两万人，携带的资金不下万亿元。"[①] 上述问题的存在，反映了我国在控制犯罪上的困惑与财产权保障方面的不力。尤其是控制犯罪与财产权保障在价值理念方面的冲突问题，不仅在我国存在，即使在人权保障理论极其发达的西方国家，在刑事诉讼中同样面临着财产权保障不力的情况。

因此，我国侦查程序中财产权保障问题亟待完善和规范，侦查程序中的财产权保障研究无疑是人权保障体系中继人身权保障之后的又一重要课题。

二、研究的价值和意义

随着改革开放的深入发展以及经济全球化的进程，我国的政治、经济、文化逐步走向了现代化道路。为适应形势的需要，司法体制改革一直受到国家的重视和社会的关注，我国的人权保障运动就是在这种大形势下蓬勃兴起的。自 20 世纪 90 年代以来，我国相继颁布了一系列的法律法规，并于 1998 年签署了《公民权利与政治权利国际公约》，2005 年加入了《联合国反腐败公约》，这

---

① 参见《我国腐败分子向境外转移资产的途径及监测方法研究》，载 " http：//wenku. baidu. com/view/4553342d915f804d2b16c192. html"，2013 年 5 月 4 日访问。

些法律文本从不同的角度规定了全方位的人权保障。正如陈光中教授所言："虽然改革不像上世纪 60 年代的正当程序革命时期那样剧烈，但是各国和各地区都在致力于推进司法民主化，使公民有更多的机会参加到刑事诉讼中去，确立或完善刑事诉讼参与机制，加大人权保障的力度，特别是加强对犯罪嫌疑人和被告人的人权保障"。① 通过研究我国法治历史和司法改革的背景，这种变化还是令人欣喜的。

由于我国传统刑事法律对物的认定与处分从属于对行为性质的认定和对人的定罪处罚，因而我国的人权保障研究是从人身权保障开始的，人身权保障一直受到理论界和实务界的重视，成果斐然，然而财产权保障问题鲜有人涉猎，同为基本权利的财产权显得有些落寞。

首先，我们要承认在刑事诉讼程序中，尤其是在侦查程序中，被追诉人的人身权受到国家权力的威胁最大，而且人身权一旦遭受侵害就难以复原，它理应获得更多的关照和保障；其次，受传统文化的影响，先公后私、重义轻利的观念使我们尚未从基本人权的高度来看待财产权保障问题。然而人权保障的内容是十分宽泛的，不仅限于人身权。西方学者和人权组织根据世界各国人权法和国际人权法，将人权概括为：生命权，自由权，财产权，关于公民个人地位的各种权利，涉及政府行为的权利，经济、社会和文化权利。其中，财产权是人类谋求生存的基础，是生命权利的延伸，也是其他基本权利得以实现的重要保障。从这个角度来看，财产权保障具有重要的价值和意义。从侦查实践来看，不仅是侵财犯罪、经济犯罪、贪污贿赂犯罪案件，几乎每一起刑事案件，出于证据保全、财产保全、社会保全之需要，都存在干预公民财产权的情形，可见与人身权相比，财产权更容易受到威胁或侵犯。从刑事立法来看，侦查程序中的财产权保障几近虚设，对干预财产权行为的程序设计十分粗疏，而且财产权遭受侵犯之后的救济条文，如同纸上谈兵，缺乏可操作性，一些原则性但缺乏控制机制的规定，反而成了侦查人员提高侦查效率、侵犯公民财产权的"法律依据"。

近年来我国刑事执法机关在执法规范化方面制定了一些制度，如最高人民检察院制定的《人民检察院扣押、冻结涉案款物工作规定》，公安部制定的《公安机关涉案财物管理若干规定》，无疑在财产权保障方面取得了一定的进步，但与英美等国的财产权保障制度相比，差距还是相当大的。制度和理念的缺失，不仅仅是几个部门、几个规定就能解决的问题。侦查程序中的财产权保

---

① 陈光中：《二十一世纪初域外刑事诉讼立法之鸟瞰》，载陈光中：《21 世纪域外刑事诉讼立法最新发展》，中国政法大学出版社 2004 年版，第 8 页。

障问题，不仅涉及被追诉人的财产权保障问题，还涉及国家、被害人以及第三人的财产权保障问题，需要在侦查权与各个群体的财产利益之间进行价值平衡。在侦查程序中，只有树立和贯彻现代刑事诉讼理念，完善落实各项财产权保障措施，侦查程序中的财产权保障价值目标才能得以真正实现。

侦查程序中的财产权保障是现代刑事诉讼中人权保障的重要内容，对其进行研究具有重要的理论和实践意义。

第一，侦查程序与其他法律程序相比，其财产权保障具有鲜明的特点，极具理论和实践研究价值。

首先，侦查程序是整个刑事诉讼财产权保障状况的集中体现。侦查程序的推进直接关系着公民的宪法性财产权利，对被追诉人尤甚。在实践中，不仅搜查、扣押等财产权限制行为发生在侦查阶段，而且侦查阶段往往还要对涉案财产做出实体性处置，可见公权力对财产权的干预主要体现在侦查程序之中。从一定意义上讲，侦查程序中的财产权保障成为最容易看出和可衡量的人权保障文明程度的标尺。

其次，侦查程序中的财产权保障是动态的、多元的。随着侦查活动的推进，侦查机关要根据案情实施不同的财产权发现和限制措施，如搜查、查询、扣押、冻结。而起诉程序和审判程序则不同，一般只是依赖侦查程序中已经查控的证据或财产来验证案件是否达到起诉或定罪量刑的标准，并将其作为裁判的重要依据。除了上述动态的程序性财产权限制措施外，侦查活动还要对涉案财产进行合法、科学管理和随案移送，必要时还要返还原物品持有人或刑事被害人；对违禁品还要做出没收的决定。可见侦查程序中的财产权保障除了具有动态性特点外，还具有多元化的处置方式。

最后，现有理论研究及其侦查实践没有考虑到财产权的具体权能和本质内涵，恣意介入了民事法律的范畴，不利于财产权保障价值目标的实现。主要表现为不分财产权限制的目的和对象，涉案财产一经强制即丧失其全部权能。即使法治国家创设了财产担保等措施，仍未能从理论上说明财产权限制措施针对财产权的哪些权能。因此，结合民事法律研究侦查程序中的财产权保障，具有很大的理论和实践价值。

第二，加强侦查程序中的财产权保障是维护宪法权威的需要。从近代宪法的产生和发展来看，财产权的宪法保护已成为近现代国家法治的基础。例如，法国将"私有财产神圣不可侵犯"明确写进宪法；《美国宪法》第五修正案则规定："没有依据正当的程序，任何人的生命、自由或财产均不得受到剥夺。"2004 年，我国《宪法修正案》规定"公民的合法的私有财产不受侵犯"，因此，加强侦查程序中的财产权保障，是落实我国宪法的必然要求，也是最终维护宪法权威的需要。

第三，加强侦查程序中的财产权保障是实现刑事诉讼任务之需要。我国1996年《刑事诉讼法》增加了保护公民的财产权利是其任务之一的内容，随后2004年《宪法修正案》将财产权由一项民事权利上升至基本权利，这就为刑事诉讼法的再次修改提供了依据。国内学者为此提出了很多有关财产权保障的建议，尤其是集中在侦查程序之中，这些都与我国控制犯罪与人权保障并重的刑事诉讼目的是一致的。2012年《刑事诉讼法》修正后，在第139条增加了查封措施，并将查封、扣押的对象从"物品、文件"变为"财物、文件"；第142条扩大了查询、冻结的范围；在特别程序中增加了"犯罪嫌疑人、被告人逃匿、死亡案件违法所得的没收程序"，并首次出现了"涉案财产"这个名词。这些都表明我国刑事诉讼中的人权保障将逐步由人身权保障转向全方位的人权保障，财产权保障问题势必成为司法实践关注的重点。

第四，加强侦查程序中的财产权保障体现了我国市场经济的内在要求，有利于依法治国基本方略的实现。市场经济有两大法律支柱，即财产权和契约自由。德国哲学家黑格尔认为，"财产所有权的转移，必须通过契约来实现。"法国学者卢梭认为，"财产是政治社会的真正基础，是公民订约的真正保障。"财产权是人类社会发展的基础，是市场经济得以运转的最基本、最重要的条件之一，同样也是推动人们进行制度创新的助推器。现代市场经济中的契约自由，也正体现了财产权制度在人类社会发展的历史上已经发挥了，并仍在持续发挥着重要而不可替代的作用。可以想象，财产权如果得不到保障，人类就会失去创造财富的动力；财产权被随意践踏，所谓的契约自由就会成为一纸空文。如今市场经济已是我国建设有中国特色社会主义的不二选择，为避免刑事诉讼对财产权和契约自由的过分干预，必须加强财产权保障的研究工作。

第五，加强侦查程序中的财产权保障有利于遏制司法腐败，增强政府公信力。我国正处于市场经济发展的转型时期，诱发司法腐败的原因是多元的，遏制司法腐败的途径和方法也是多角度和全方位的。但是，不可否认的是，财产权保障制度的不健全，使司法机关或司法人员有空可钻，是造成司法腐败的诱因之一。因此，加强侦查程序中的财产权保障制度建设也有助于减少司法腐败的生存土壤。

基于上述背景和认识，本研究在立足于现有研究成果的基础上，借鉴民事法律、行政法律以及域外成功经验，结合我国当前立法、司法状况，对侦查程序中的财产权保障展开研究，以期为我国刑事诉讼制度的完善提供有益的参考。

三、研究的主要方法

笔者于 1997 年大学毕业后一直在济宁市公安局从事经济犯罪侦查工作，如何有效保护犯罪嫌疑人的合法财产、如何为国家和被害人挽回经济损失，一直是我关注的重点；2008 年进入中国人民公安大学求学后，便与刑事诉讼结下了不解之缘；2011 年年底到江苏警官学院从事刑事侦查教学工作，2012 年恰逢我国刑事诉讼法修正，多年的侦查实践和理论研究使我深谙我国侦查程序中财产权保障的状况，利用调研工作的便利，我掌握了侦查实践中财产权保障方面的大量资料或案例，这些都在一定程度上影响着我对问题的研究方法。

一是实证分析法。笔者紧密结合实务，通过大量调查研究，厘清了财产权限制措施对财产权中的哪些权能进行了限制，总结出了涉案财产包括哪些内容，揭示了侦查程序中财产权保障存在问题的原因，提出了侦查阶段对涉案财产进行实体性处置的方法，并针对理论界忽视的涉案财产管理、财产异议制度的构建提出了自己的观点。对这些问题进行细致地研究分析，为相应的制度设计提供强有力的论据支撑。刑事诉讼程序，尤其是侦查程序，它的最终价值不是在纸上，而是在鲜活的司法实践中。例如，时下一些学者在研究扣押问题时，只是提出扣押对财产权造成干预，但对到底干预了财产权的哪些权能并没有阐明。笔者通过实证研究，发现扣押并非针对财产权的全部权能，作为证据之物的扣押和可为财产保全之物的扣押对财产所有权权能的限制并不相同，这就为指导侦查实践提供了理论依据，也真正发挥了其财产权保障的功能和作用。

二是比较研究法。"他山之石，可以攻玉"，现代法治国家为切实保障公民财产权，已经在侦查程序中构建了一个相对完备而严密的制度体系。这里运用比较研究的方法，对域外国家和地区的有关立法经验和实践机制进行了全方位的考察，包括财产权限制与处置的程序性制度和财产权救济性制度，从而总结出侦查程序中财产权保障的普适性经验。

三是对侦查程序中的财产权、涉案财产、限制财产权强制措施、涉案财产处置的内涵和性质重新定位后展开研究。在我国，财产权最初是私法上的概念，迄今民众、包括司法实务界尚未将其视为一项公民的基本权利，在侦查程序中恣意限制和处置财产权也就在所难免了。涉案财产只是实务界的说法，至今尚未有明确的内涵，造成限制或处置范围任意扩大。搜查、扣押只是一种侦查行为，即使学界将其定性为对物的强制处分，也未真正揭示其侵犯财产权的本质属性，更毋庸说司法实践中的返还和没收了。笔者明确上述概念及性质后，着手构建我国侦查程序中的财产权保障制度。

　　四是本书的选题与宪法、刑法、行政法、经济法、民事法律等领域都有十分密切的关系，在研究和阐释过程中，笔者对这些领域的法律、法规以及文章论著也进行了认真学习。尤其借鉴了民事法律中的财产权（尤指所有权的权能）的内涵和民事诉讼的程序设计，以期打通刑事诉讼法学、民事法学、行政法学、刑法学等学科之间有关财产权保护的知识壁垒。

第一章 侦查程序与财产权
保障的基本范畴

　　侦查程序是刑事诉讼程序的重要组成部分，而财产权保障是现代法律制度的基本价值导向和基本内容之一，因此侦查程序也应具有财产权保障的功能和义务。二者的有机结合，就形成了侦查程序中的财产权保障制度。

第一节 什么是侦查程序

　　在研究侦查程序与财产权保障之前，必须回答这样一个问题，什么是侦查程序？提到侦查程序，人们往往习惯性地将其理解为"侦查机关进行侦查活动的程序"，长期以来，我国立法和司法一直把侦查程序定位于侦查机关针对犯罪嫌疑人进行的单向调查程序，除了逮捕以外，检察官和法官并不介入或很难介入侦查程序，侦查监督也仅限于立案监督。我国 2012 年《刑事诉讼法》扩大了侦查监督的范围；赋予了犯罪嫌疑人一系列的权利；并在特别程序中构建了"犯罪嫌疑人、被告人逃匿、死亡案件违法所得的没收程序"。但从总体上看，距离真正的控辩双方保持平衡仍然存在较大差距，犯罪嫌疑人及其辩护律师仍然难以对侦查程序产生有效的影响。这就造成了在理论上"侦查"与"侦查程序"等概念的混同；造成在司法实践上一谈到"侦查程序"一般只说侦查机关进行的追诉活动，而很少提及被追诉方的辩护和防御活动，更谈不上法官所应进行的介入和审查。因此，我们有必要厘清有关侦查程序的基本内涵，然后才能深入探讨侦查程序与财产权保障之间的关系。

一、相关概念之辨析

　　现代刑事司法理论一般认为，审判程序是由审判、控诉和辩护三项职能相互耦合形成的一个有机整体，审判职能只是审判程序中的一个组成部分，而不是审判程序的全部，侦查程序也是由侦查机关的追诉活动、被追诉方的防御活动以及法院、法官的司法介入和司法审查共同组成的。虽然侦查机关的控诉活动在侦查程序中处于主导地位，但被追诉方的防御活动和法官的司法审查活动也是不可忽视的。"检察官、司法警察职员、法官、辩护人以及犯罪嫌疑人自身（在侦查程序中）各自均有一定的权限。被害人和市民也与侦查程序有关，侦查程序就是上述程序参与人行使各自的权限。"① 作为整体意义的侦查程序和作为其组成部分的侦查职能无论是在诉讼目标、组成要素还是运行规则上都是不同的，以对作为组成部分的侦查职能的界定和阐述代替对作为整体意义的侦查程序的界定和阐述，这种侦查程序的立法和理论无论如何也是偏颇和残缺不全的。②

侦查程序的理论和司法研究中包含了许多基本概念，如侦查、侦查权、侦查措施、侦查取证、侦查程序以及其主体、客体、法律关系等，本书选取几个与侦查程序联系最为紧密的概念进行阐释。

（一）侦查

由于诉讼价值观念及诉讼结构上的差异，对侦查概念的界定各国之间亦有所不同，这主要体现为两大法系之间的差异。英美法系国家实行"审判中心主义"，对属于审前程序中的侦查程序一向不太重视，对侦查的研究相对缺乏。但是在第二次世界大战以后，出于强化人权保障机制的需要，英美法系国家的立法、判例和刑事诉讼理论逐渐将侦查纳入其规范和研究的范围。③ 按照《布莱克法律词典》的解释，"侦查是一种调查和通过调查进行的跟踪程序"。④ 这一概念并未对侦查主体做出限定，有权进行调查和收集证据的除了警察之外，还包括私人侦探，犯罪嫌疑人、被告人及其双方聘请的律师。大陆法系国家实行职权主义诉讼模式，侦查权属于国家警察机关、检察机关和预审法官，对于侦查概念的界定往往包含对侦查主体的限定。例如，德国学者克劳斯·罗科信认为："侦查是在为侦查机关关于决定是否提起公诉时所做的准备工作。"⑤

我国《刑事诉讼法》规定："侦查"，是指公安机关、人民检察院在办理案件过程中，依照法律进行的专门调查工作和有关的强制性措施。在理论界对侦查概念的界定大体上有两种：一种是从诉讼进程的角度对侦查界定，如徐静村教授认为："侦查，是侦查机关为提起和支持公诉而进行的调查作案人和案件证据的活动。"⑥ 我国的刑事诉讼法学者大多属于这一类型。另一种是从侦

① 〔日〕田口守一：《刑事诉讼法》，法律出版社2000年版，第27页。
② 陈永生：《侦查程序原理论》，中国人民公安大学出版社2003年版，第10页。
③ 陈永生：《侦查程序原理论》，中国人民公安大学出版社2003年版，第16页。
④ 陈永生：《侦查程序原理论》，中国人民公安大学出版社2003年版，第17页。
⑤ 〔德〕克劳斯·罗科信：《刑事诉讼法》，吴丽琪译，台北三民书局1998年版，第404页。
⑥ 徐静村：《刑事诉讼法》（上），法律出版社1997年版，第182页。

查的功能角度，认为"侦查是警察机关和检察机关在办理刑事案件的过程中，为了收集证据、揭露犯罪，揭发犯罪人而依照法律规定所实施的调查性措施和强制措施。"① 我国的侦查学者大多属于这一类型。

笔者认为，我国采用"侦查"这一专门术语是有道理的，对"侦查"的含义进行的界定也是准确的。不仅在于它符合我国传统习惯，而且它能够将刑事上的"侦查活动"与民事、行政上的"调查活动"区分开来，一是限定了案件的范围，二是限定了侦查的主体，从而有利于规范侦查主体的活动，便于对理论基础薄弱的"侦查"展开研究。至于刑事诉讼法学者和侦查学者的表述之间的差异，是基于研究的方向和侧重点造成的，但究其本质是相同的。

（二）侦查取证

侦查取证并非一个严格的法律术语，但无论是从行为学的视角，还是从法学的视角来看，侦查取证在刑事司法中都占有重要地位。侦查学家指出，"侦查取证是侦查机关的专有职权，是正确处理案件的必经阶段和基本前提，对查明案件事实、正确处理案件具有重要意义。"②刑事诉讼法学家指出，"侦查的任务就是收集证据，查明犯罪事实和查获犯罪嫌疑人"。③ 笔者认为，上述界定并没有完全涵盖侦查取证的内容。通过以下几个方面的阐释我们可以准确把握其内涵：

1. 侦查取证的主体。"在当事人主义的侦查构造中，侦查机关和犯罪嫌疑人及其辩护人在侦查程序中均可取证。"④ 这就是广义上的侦查取证。而狭义上的侦查取证仅指侦查机关的取证，不包括犯罪嫌疑人及其辩护人取证，这也体现了职权主义的侦查构造的典型特征。我国作为一个大陆法系国家，尽管借鉴了英美法系的一些合理机制，但整体上仍然属于职权主义的侦查构造，故本书在狭义上理解侦查取证，只指侦查机关的取证，我国 2012 年刑事诉讼法亦表达了此种立场。⑤

关于侦查取证的主体，世界各国的立法主要有两种：一是规定部分侦查取证的决定和实施主体分离，即把对公民权利影响较大的侦查取证规定为审批侦查取证。在绝大多数西方国家，侦查机关除了在紧急情况下以外，要实施搜

---

① 郭晓彬：《刑事侦查学》，群众出版社 2002 年版，第 52 页。
② 张玉镶、文盛堂：《当代侦查学》，中国检察出版社 1999 年版，第 28 页。
③ 陈光中、徐静村：《刑事诉讼法学》，中国政法大学出版社 1999 年版，第 283 页。
④ 李心鉴：《刑事诉讼构造论》，中国政法大学出版社 1997 年版，第 87 页。
⑤ 我国 2012 年《刑事诉讼法》第 40 条规定了辩护人可以收集有关"犯罪嫌疑人不在犯罪现场、未达到刑事责任年龄、属于依法不负刑事责任的精神病人的证据"，但第 33 条规定"在侦查期间，只能委托律师作为辩护人。"同时，从第 41 条来看，法律并没有授权辩护律师可以在侦查阶段"收集与本案有关的材料"，更不能向公安机关申请收集、调取证据。

查、扣押、窃听等侦查取证行为，一般事先要取得法官的授权，由后者发布有关的许可令状。① 二是规定所有侦查取证的决定和实施主体同一，即将侦查取证规定为自决侦查取证。然而无论是自决侦查取证，还是审批侦查取证，法律都明确规定了决定和实施主体，并且实施主体都明确为侦查机关。

考察我国立法和司法，明显属于自决侦查取证，侦查取证的决定和实施主体都是侦查机关。当然，随着科技的进步和专门化中介机构的发展，并不排除侦查机关就某些专门性问题运用辅助主体协助取证，但是必须在侦查机关的主持或授权委托下才能实施此类取证行为。

2. 侦查取证的范围。从侦查取证的范围上看，也有广义、狭义之分。狭义的侦查取证仅指获取证据或收集证据，在相关解释、规定中，也有将"收集证据"与"取证"两个词并用的情形。按照现行法相关解释，一般可以理解为发现、提取、固定证据，而不包括发现证据线索。因为现行刑事诉讼法规定的讯问、询问、查询、搜查、扣押、勘验等取证措施，都是提取、固定证据的方法，而且这些措施的实施都以有明确的对象为前提。至于如何查找这些措施的对象，即证人、与犯罪有关的场所、物品等，法律并未做出规定。

笔者认为，尽管狭义的侦查取证符合法理，但也不能因此否认发现相关信息或线索的价值。事实上发现证据是提取、固定证据的前提，并非现行法规定的几种取证措施所能实现的。随着公众法治观念的增强，将发现证据的手段纳入到诉讼的视野也是有必要的。何家弘教授提出了发现证据的三个环节，即确定证据查找范围、发现证据线索和找出证据。② 因此，我们有必要对侦查取证做广义理解，其既包括收集证据，也包括发现证据，二者往往在时间上紧密连接，甚至是同步进行。

3. 侦查取证的客体。如上所述，侦查取证的范围包括发现证据和收集证据，而发现证据中又包含发现证据线索，可知侦查取证的客体应包括证据线索和证据这两个部分。例如，德国确立的"扫描侦查制度"和日本学界提出的"信息检索侦查"就是一个明证。我们必须承认，在证据裁判原则统领之下，线索必须要转化成法定证据，而证据必须要经过法官采信才能够成为定案的依据。2012 年《刑事诉讼法》将证据的概念由"证明案件真实情况的一切事实"修改为"可以用于证明案件事实的材料"，不仅反映了我国在客观真实和法律真实之间选择了法律真实，也体现了"线索—材料—证据—定案依据"的转化过程。

---

① 陈瑞华：《刑事诉讼的前沿问题》，中国政法大学出版社 2000 年版，第 263 页。
② 何家弘：《证据调查实用教程》，中国人民大学出版社 2000 年版，第 175 ~ 176 页。

综上所述笔者认为，所谓侦查取证就是指侦查机关及其侦查人员在办理案件的过程中发现、收集证据及其线索的行为。侦查取证是侦查活动的核心；查明犯罪事实是侦查取证所希望达到的目的；而查获犯罪嫌疑人也为获取"犯罪嫌疑人供述和辩解"提供了条件。

与界定"侦查"含义的道理一样，笔者认为狭义的"侦查取证"更符合我国传统理论。然而我国的侦查取证工作仍有很多弊端值得研究，表现如下：

第一，侦查取证权缺乏司法控制。我国法律规定侦查取证的决定和实施主体是侦查机关，即"自决侦查取证"。这一点饱受理论界的批评和质疑。在绝大多数西方国家，规定部分侦查取证的决定和实施主体分离，即把对公民权利影响较大的侦查取证规定为"审批侦查取证"。可见出于人权保障的考虑，如何加强侦查取证的司法控制仍然是目前研究的重心。

第二，侦查取证并不能完全涵盖侦查的全部内容。取证是获取证据和收集证据的简称，因此侦查取证的客体是证据。在刑事诉讼中，司法证明的四个基本环节是取证、举证、质证和认证，这四个环节缺一不可，共同构成一个完整的证明体系。在刑事诉讼法上，事实的认定基于"证据裁判原则"，必须由证据证明，所以取证是证据裁判原则的第一步。尽管司法裁判的依据是证据，但司法裁判的内容并不仅限于证据，如作为财产刑的没收财产以及罚金。一方面，为了维护司法裁判的权威，财产保全尽管超越了证据保全的范畴，仍然得到多数国家的立法或实践的认可；另一方面，司法裁判已经不仅仅限于审判阶段，侦查阶段的司法审查也是司法裁判的一种，司法裁判已经贯穿于整个刑事诉讼进程。同时，出于打击犯罪的需要，尽管饱受批评，现代侦查已经由回溯调查型侦查向犯罪治理型侦查转变，侦查已经不仅仅是取证的代名词。

因此，"侦查取证"这一术语，除非基于对取证的专门研究，不应与其他术语混同。

（三）侦查措施

"措施"，是指针对某种情况而采取的处理办法（用于较大的事情）。措施与办法、方法、手段等词汇含义相近。在人类的各种社会活动中，无论是认识世界还是改造世界，都离不开一定的措施，侦查活动亦是如此。

侦查措施，是指侦查机关在侦查破案和预防犯罪的过程中，针对案件的客观情况，为解决某一侦查问题、推进侦查活动而对有关人员、场所、物品所依法采取的各种处理办法。① 侦查措施作为一种可操作的社会活动，可以从主体、客体、处理方法和目的四个方面理解。

---

① 公安部人事训练局：《侦查措施与策略教程》，群众出版社 2000 年版，第 2 页。

侦查措施的主体是侦查机关及其落实"各种处理办法的"侦查人员。在这里，侦查人员作为侦查措施的主体依据，是依附于侦查机关而存在的，即侦查人员离开了侦查机关就不能成为侦查措施的主体。这是因为：第一，实施侦查措施的决定权属于侦查机关，侦查措施的法律文书只能由侦查机关签发；第二，侦查人员落实措施的具体工作，代表的是侦查机关，如果因为采取侦查措施而引起法律赔偿，应承担法律赔偿责任的是侦查机关，而不是在采取侦查措施过程中履行职务的某个个人。①

侦查措施的客体是与解决某一侦查问题、推进侦查活动相关的人员、场所、物品。其包括侦查对象方面的和被害人方面的人员、场所、物品。侦查措施的方法、手段，是指依法采取的各种处理方法，确定这种处理方法的前提是案件的客观情况。

侦查措施的处理方法既包括收集线索、证据方面的，也有限制人身自由方面的；既有《刑事诉讼法》、《人民警察法》、《国家安全法》等法律规定赋予的，也有《人民检察院刑事诉讼规则（试行)》、《公安机关办理刑事案件程序规定》等有关法规及侦查机关内部文件规定所赋予的；既有公开的，也有秘密的；既有单一的，也有综合的。

侦查措施的目的是为解决某一侦查问题，推进侦查活动。其包括收集线索和证据、查获犯罪嫌疑人，获取犯罪嫌疑人供述和辩解等。侦查活动的过程就是侦查主体针对案件的客观情况，通过一系列"依法采取的各种处理办法"，作用于侦查客体（相关的人员、场所和物品）的过程，从而达到解决侦查问题，推进侦查活动，破获案件的目的。

因此，侦查措施好比是一种发现犯罪信息的"扫描仪"和接受犯罪信息的"接收器"。② 在侦查活动中，为应对日趋复杂化、智能化、技术化、专门化的犯罪活动，侦查措施的丰富和完善也是必然的。然而侦查措施的运用体现了对公民基本权利的干预，基于人权保障的目的，对侦查措施的合理设置以及规制也是一项紧迫的任务。

二、侦查程序的含义

通过上述阐释可以看出我国的"侦查"、"侦查取证"和"侦查措施"主要强调侦查权的专属性，即侦查中侦查机关的活动，是侦查学者探讨的主要范

---

① 如果在采取措施过程中因指挥员或侦查人员失职或履行职务不当，造成法律赔偿的，先由侦查机关代表国家向受害人赔偿，侦查机关可以向失职或履行职务不当的指挥员或侦查人员进行追偿。

② 阮国平、许细燕：《刑事侦查措施》，中国人民公安大学出版社 2007 年版，第 2 页。

畴。如果基于此，侦查程序可以理解为侦查机关进行侦查活动所应遵循的程序性规范。然而从控制犯罪与人权保障的刑事诉讼目标来看，"程序"具有开放性的内涵，更应强调的是当事人的参与，而不仅限于侦查机关的活动。

虽然英美法系国家实行"审判中心主义"，传统上不将侦查作为一个独立的诉讼阶段，而将其列为审前程序的一个组成部分。但在第二次世界大战以后，随着国际人权运动的发展，人权保障成为刑事诉讼中重要的价值目标，英美法系国家逐步认识到将侦查活动视为一种单向的、封闭的、纯粹的行政活动不利于人权保障价值目标的实现，因此，英美法系国家的刑事诉讼理论逐渐将侦查程序纳入其规范和研究的范围，从传统上只重视审判程序发展到对侦查程序、起诉程序和审判程序同时并重的局面。

德国学者克劳斯·罗科信明确指出："刑事诉讼的第一个阶段是侦查程序。"[1] 日本学者井户田侃认为："侦查程序并不单是公审程序的准备阶段，其本身就是一个独立的目的、独立的程序。"[2] 我国台湾地区学者蔡墩铭也认为："侦查在刑事诉讼法上亦被视为诉讼程序之一，称为侦查程序，以别于审判程序。"[3] 因此可见，侦查程序实际上是刑事诉讼程序中的第一个阶段，或者说，至少是刑事诉讼程序中的第一个实质性阶段。

在现代刑事诉讼理念中，由于人权保障理念的确立，被追诉人通常被赋予当事人的地位，法官介入侦查程序并进行司法控制，构成了控、辩、审三方参与的诉讼构造。对被追诉人而言，对侦查机关行使侦查权的行为不再只有承受的义务，而且有权在法律许可的范围内，进行积极的对抗；不仅有权寻求救济，而且有权通过委托辩护律师实现对侦查程序的有效参与。对法官而言，不仅有权对侦查机关的强制性侦查行为进行司法审查，也有权对当事人的诉讼请求做出裁决。正如审判职能只是审判程序中控诉、辩护、审判三大职能的一个组成部分，侦查程序也应是由侦查机关的犯罪控制、被追诉人的积极防御以及法官的司法审查组合而成的。虽然在侦查程序中，侦查机关的犯罪控制活动处于主导地位，但是被追诉人的防御活动和法官的司法审查活动也是必不可少的。

故此，我们可以对侦查程序做如下界定："所谓侦查程序，是指在刑事诉讼的第一个阶段中，侦查机关与犯罪嫌疑人、辩护人等诉讼主体在司法裁判的介入和控制之下，为了查明犯罪事实的有无和刑事责任的轻重，而进行的收集

---

[1] ［德］克劳斯·罗科信：《德国刑事诉讼法》，台北三民书局1998年版，第404页。

[2] ［日］井户田侃：《辩护人的地位和权限》，载中国社会科学院法学研究所法学译丛编辑部：《法学译丛》，中国社会科学出版社1980年版，第42页。

[3] 蔡墩铭：《刑事诉讼法论》，台北五南图书出版公司1993年版，第289页。

证据、查获犯罪人等保全活动的总称。"①

要正确把握侦查程序的概念，除应把握侦查程序由侦、辩、裁三方的活动组成外，还应当注意以下内容：

其一，从目的来看，应当包括两个方面：就侦查机关而言，其目的主要是证明犯罪嫌疑人有罪、罪重（当然，侦查机关也负有收集犯罪嫌疑人无罪或罪轻证据的义务）；就犯罪嫌疑人及其辩护人而言，其目的是证明本方无罪、罪轻。

其二，从活动内容来看，侦查机关与犯罪嫌疑人及其辩护人也有所不同：就侦查机关而言，其活动内容既包括对犯罪证据的收集，也包括对犯罪嫌疑人的查缉等保全活动；就犯罪嫌疑人及其辩护人而言，则主要是搜集对本方有利的证据，但在特殊情况下，若能证明犯罪行为系他人所为，也能起到为本方排除犯罪嫌疑的作用。

其三，从诉讼手段来看，侦查机关与犯罪嫌疑人及其辩护人也有一定差异。就侦查机关而言，其侦查措施包括专门调查工作和有关的强制性措施两个方面；就犯罪嫌疑人及其辩护人而言，则主要是非强制性调查措施，但在必要时，也可申请法院实施一定的强制性调查措施，如日本《刑事诉讼法》在第179条"请求保全证据"中规定，被告人或辩护人，在不预先保全证据将会使该证据的使用发生困难时，可以请求法官做出扣押、搜查等强制性调查措施。②

笔者认为，提出侦查程序的意义在于将侦查活动程序化，将司法审查控制机制植入侦查活动之中，使侦查、起诉和审判程序有机地衔接起来，既能凸显审判中心的理念，又能明确侦查程序对起诉、审判程序所具有的基础性地位和制约关系。因此，侦查程序的实质就是侦查机关的侦查权、被追诉人的积极防御权以及法官的司法审查权的交互过程。由于侦查阶段的任务所决定，侦查机关拥有强大的侦查权是必要的，为了保证侦查目的的实现，侦查权具有强制性，与公民的基本权利发生冲突在所难免。这种基于公益目的且在法律规定范围内的干预，具有正当性，被追诉人也有忍受的义务。然而由于侦查权力具有天然的扩张性，加上侦查机关与被追诉人之间力量上的悬殊，如果不从制度上和程序上对公民合法权利进行保障，那么作为基本人权的财产权就可能遭受国家权力的恣意侵犯，正如陈光中先生所说，"毋庸置疑，由于侦查阶段的任务

---

① 刑事诉讼中的保全活动除了证据保全、人身保全外，还应包括社会保全、财产保全等保全活动。笔者将在下文予以阐释。

② 陈永生：《侦查程序原理论》，中国人民公安大学出版社2003年版，第45～46页。

所决定，侦查机关拥有强大的侦查权是必要的，但如与犯罪嫌疑人的防御权严重失调，必然会造成对人权保护的疏怠。"① 这也正是强调侦查程序中人权保障的原因之所在。

三、侦查程序的性质

事物的本质属性即性质，侦查程序的性质就是其区别于其他程序的、内部固有的规定性。因此，对侦查程序性质的准确把握，对于程序设计和构造，具有重要的意义。

现有理论中存有"行政程序说"、"司法程序说"和"司法程序和行政程序双重性质说"三种观点：

第一，"行政程序说"。此观点认为侦查程序在性质上属于行政程序。因为侦查程序是由侦查机关主宰的，以发现犯罪嫌疑人和犯罪事实为中心任务的程序。由于侦查对象的"事实"具有易变性，甚至连被怀疑的嫌疑人也可能随着侦查的进展而发生变化，侦查措施不可能完全按照事先规定的那样进行，以使侦查程序在很大程度上异于确定性、约束性较强的司法程序，它不容易受到法律约束。在侦查行为效果上，首先注重合目的性，而不是合法性。因此，侦查程序本质上乃是行政程序。

第二，"司法程序说"。此观点认为侦查程序固然强调国家机关的权力，并且具有相当的隐蔽性，但必须遵守法定程序。在侦查观念上必然要求假定存在嫌疑人为前提进行侦查，考虑到对侦查程序的法律约束的要求以及保障公民社会基本人权的需要，侦查程序虽然不能与审判程序同等对待，但可以视为一种类似的司法过程，即它是受"侦查法"调整的，对于侦查相对人的权利给予保障和救济的司法程序。

第三，"司法程序和行政程序双重性质说"。此观点认为侦查程序属于行政权系统的侦查机关进行的官方侦查，其实质内容的来源可视为一种行政程序，但它同纯粹的行政程序不同，因为它必须遵循大体上相当于司法程序的行为准则，并且接受司法审查和抑制。因而侦查程序兼有行政程序和司法程序的双重特征，并将其特征归结为侦查程序的性质。②

如今"司法程序和行政程序双重性质说"已经成为主流观点，并为多数学者所接受，但是二者在侦查程序中的比例问题，在不同的法系有不同的理

---

① 陈光中：《刑事诉讼中的效率价值》，载樊崇义：《诉讼法学研究》（第1卷），中国检察出版社2002年版，第15页。

② 孙长永：《侦查程序与人权》，中国方正出版社2000年版，第4~5页。

解。例如，大陆法系的侦查程序行政化气息浓厚，而英美法系侦查程序中行政化程度较低，这都是一个国家政治制度、经济关系、民族传统、法律文化、人性习俗等诸多因素发生交互作用的结果。因此，"一国改革侦查程序意图打破侦查程序的内在性质，满载良好心愿一往情深、一厢情愿构建一个崭新侦查程序，或高歌猛进式的激进变革，其结果是不但未生成新的秩序，还可能使已有的秩序形式遭到破坏。"①

在刑事程序发展的过程中，曾有两个因素起着作用，针对犯罪分子而增强保护国家的要求，导致中世纪刑事程序向纠问程序转化；针对国家而增加的保护无辜人的要求，促使纠问程序大约从 1848 年开始向现代刑事程序的转变。②在现代社会，各国面临的形势尽管有所差异，但控制犯罪与人权保障已经成为刑事诉讼的基本价值目标，这就为不同法系之间提供了相互借鉴、调整的可能，而无须釜底抽薪式的建设性重构。因此，在坚持侦查程序具有司法程序和行政程序双重性质的基础上，如果侦查程序偏重于侦查机关追究能力和排除反抗能力设计，必然导致行政程序的性质占优；而侦查程序偏重于防止侦查权对公民权利的侵犯和保障人权来建构，必然导致司法程序的性质占优。这也为各国刑事司法政策的制定和调整提供了理论依据。

四、侦查程序的价值

（一）侦查程序是实现犯罪控制的核心阶段

控制犯罪一直是刑事诉讼的一项重要价值目标。虽然在现代社会，随着人类理性及对自身价值认识的提高，刑事诉讼的人权保障机能得到了空前的强调，但控制犯罪作为刑事诉讼的一项基本价值仍然是不可否认的。而在刑事诉讼的侦查、起诉和审判三大阶段中，侦查程序对于刑事诉讼中控制犯罪价值目标的实现具有极为重要的作用，主要体现在以下三个方面：一是控制犯罪嫌疑人，防止其逃避侦查、起诉、审判或继续犯罪、自杀等。二是通过收集全面确实的证据，确保法院做出有罪认定，确保国家刑罚权得以实现。三是通过辩诉交易、刑事和解能够实现犯罪嫌疑人的认罪处罚。除此以外，一些国家构建的假扣押制度（财产保全），也能够确保刑罚手段社会效果的实现。

在以上几个方面当中，侦查程序的证据收集功能和财产保全功能对于实现控制犯罪的价值目标具有更为关键性的意义。因为只有通过充分的侦查，才能查明案情，查获犯罪嫌疑人，从而为公诉机关的起诉、法院的审判提供充分的

---

① 季卫东：《法治与选择》，载《中外法学》1993 年第 4 期。
② ［德］拉德布鲁赫：《法学导论》，中国大百科全书出版社 1997 年版，第 121 页。

事实材料和保证。虽然按照大陆法系国家的直接言词原则以及英美法系国家的传闻证据规则，法庭审判必须以当庭出示和审查的证据为依据，但是没有侦查就无从决定是否应予起诉和审判；没有侦查庭审中法官和控辩双方的询问也将无法进行，因而侦查程序中收集的证据是整个刑事诉讼程序运行的事实基础。在英美法系国家，法官传统上只负责居中裁判，而很少主动收集证据，因而整个审判程序的运作基本上都是建立在审前收集证据基础上的。在大陆法系国家，虽然原则上法官有权采取一些有效手段来发现事实真相，但按照控审分离原则的基本要求，法官所能收集的证据的范围也是有限的。此外，从起诉方式上看，大陆法系国家实行卷宗移送主义，侦查阶段收集的证据和制作的卷宗直接成为法官审理和裁判的基础，因而侦查阶段收集证据的状况将直接决定法庭审判阶段事实认定的质量。英美法系国家虽然实行起诉状一本主义，侦查阶段的卷宗不得直接用作法庭审判的基础，但侦查阶段收集证据的情况也将很大程度上决定法院审判的效果，因为英美法系国家的法庭调查实行交叉询问制度，证据的提出和案情的揭示都由控辩双方主导进行，而控辩双方如果未在审判前经过全面的调查取证掌握案件的事实情况，将很难在法庭询问中充分地揭示出证据对本方的有利之处，更难发现和揭露对方证据中可能存在的虚假和不实之处。① 正如李心鉴博士所述："整个刑事诉讼程序犹如一座大厦，而侦查阶段则如同这座大厦的地基。如果地基的构造不合理、不坚固，那么，整个大厦就有可能发生倾覆。同样，如果侦查程序的构造不合理、不坚固，那么，整个刑事诉讼程序就有可能发生偏差，甚至导致出入人罪。"②

（二）侦查程序是实现人权保障的关键性阶段

如前所述，侦查程序是刑事诉讼中人权保障的集中体现，是犯罪嫌疑人的权利和自由最容易受到非法侵犯的阶段。虽然从广义上来看，刑事诉讼中的人权保障既包括对被追诉人权利的保障，也包括对被害人和广大社会公众权利的保障，但是由于在刑事诉讼过程中，追诉犯罪与保护被害人和社会公众的权利在本质上是一致的，因而刑事诉讼中需要特别关注的是对犯罪嫌疑人和被告人权利的保护。在侦查阶段，大量证据还散落在外，有些案件犯罪嫌疑人尚未得到控制，因而侦控双方的对抗最为激烈。此外，与审判阶段绝大多数活动都公开进行并受到法官的有效控制所不同的是，侦查阶段许多活动都是单向的和秘密的，因而，侦查程序已成为现代刑事诉讼中被追诉人的权利和自由最容易受到非法侵犯的阶段。正是基于这一原因，近几十年来，许多国家、地区和国际

---

① 陈永生：《侦查程序原理论》，中国人民公安大学出版社 2003 年版，第 4～5 页。
② 李心鉴：《刑事诉讼构造论》，中国政法大学出版社 1992 年版，第 179 页。

组织都纷纷通过立法或订立国际条约，加强对侦查程序，特别是侦讯机关权力的控制力度，力图实现刑事诉讼中控制犯罪与保障人权的平衡。我国台湾学者康顺兴认为："侦查阶段因人身自由、住居不可侵犯及财产权益等基本的权利较易受侵害，因此，对于侦查权力之发动，在程序上必须订有相关之规范，使侦查机关及实施侦查之人员得以遵循，就人权保障而言，侦查实具有重要之意义。"① 联合国《公民权利和政治权利国际公约》全部条文中直接涉及刑事诉讼的有两条，即第9条和第14条。第9条全部适用于侦查阶段，第14条所规定的被追诉者的权利中也有半数以上适用于侦查阶段，如被推定为无罪的权利、获知被指控的罪名的权利、辩护的权利、及时受审的权利、得到法律援助的权利、不得被迫自证其罪的权利等。《欧洲人权公约》中与刑事诉讼有关的有第5条的第2、3、4、5款及第6条。其中第5条的4款全部适用于侦查阶段，第6条所规定的被追诉者的权利中也有半数以上适用于侦查阶段，内容与《公民权利和政治权利国际公约》中第14条的规定大体相同。②

（三）侦查程序是提高诉讼效率的内在要求

在侦查阶段，犯罪嫌疑人可能尚未得到控制，证据尚大量散落在外，出于趋利避害的本能，被追诉人经常会以各种合法或非法的方式与控诉机关以至被害人和社会公众进行对抗，控辩双方侦控和反侦控的斗争呈现出很大的偶然性和不可预测性，为了控制犯罪嫌疑人并获取足够的犯罪证据，侦查机关必须投入大量的时间和人力、财力、物力资源，如通缉犯罪分子需要全县、全省、全国乃至其他国家警察机关的协同配合；勘验、检查、搜查、扣押需要出动大批警力对现场进行警戒；鉴定需要具备高性能的仪器设备和高技术的鉴定人员，等等。因此，与起诉程序、审判程序相比较，侦查程序往往是直接决定刑事诉讼效率和效益高低的关键性阶段。虽然许多国家的法律和国际条约基于保障被追诉者迅速审判权的需要，都力图限制侦查阶段的诉讼时限，但为了兼顾对犯罪的控制又往往不得不确立大量例外条款，结果导致司法实践中侦查阶段所耗费的时间往往长于审判阶段。

这里需要注意的是，要如何理解侦查程序的特殊地位与"审判中心主义"的关系。"在我国现行立法和司法实践中，审判通常仅指对实体性争议的审理和裁判。然而，从西方国家的刑事诉讼程序，乃至从西方国家的法哲学和宪政理论来看，审判不仅包括对实体性事项的裁判，如刑事诉讼中被告人的行为是否构成犯罪，而且包括对程序性事项的裁判，如刑事诉讼中是否可对犯罪嫌疑

---

① 康顺兴：《刑事诉讼适用正当法律程序原则之探讨》，载《刑事法杂志》1996年第4期。
② 陈永生：《侦查程序原理论》，中国人民公安大学出版社2003年版，第5～6页。

人适用强制措施、控辩双方出示的证据是否具有可采性等。"① 由此可见，审判中心主义与侦查程序的重要地位并不矛盾：首先，审判中心主义强调的是法庭审判应当以当庭出示和审查核实的证据为依据，侦查机关对证据的证据能力和证明力的认定以及制作的卷宗材料和做出的结论对法庭审判没有预定的约束力，而并不否认侦查阶段的证据收集功能；其次，审判中心主义强调的是审判机关有权对侦查机关和控诉机关的行为进行审查和控制，而并不否认立法应当对侦查程序加强规范和制约。②

第二节 什么是财产权

我国 2004 年《宪法修正案》第 13 条规定，公民的合法的私有财产不受侵犯。国家依照法律规定保护公民的私有财产权和继承权。1996 年和 2012 年《刑事诉讼法》都将"保护公民的财产权利"作为其重要内容之一；尤其是 2012 年《刑事诉讼法》增加了对公民财产权的限制、处置及其救济的规定。具体修正内容表现为：

一是 2012 年《刑事诉讼法》增加了"查封"措施，第 139 条将查封、扣押的对象由"物品、文件"修正为"财物、文件"；二是第 142 条将查询、冻结的对象由"存款、汇款"修正为"存款、汇款、债券、股票、基金份额等财产"；三是增加了第五编第三章"犯罪嫌疑人、被告人逃匿、死亡案件违法所得的没收程序"；四是第 115 条规定："当事人和辩护人、诉讼代理人、利害关系人对于司法机关及其工作人员有下列行为之一的，有权向该机关申诉或者控告：（一）采取强制措施法定期限届满，不予以释放、解除或者变更的；（二）应当退还取保候审保证金不退还的；（三）对与案件无关的财物采取查封、扣押、冻结措施的；（四）应当解除查封、扣押、冻结不解除的；（五）贪污、挪用、私分、调换、违反规定使用查封、扣押、冻结的财物的。受理申诉或者控告的机关应当及时处理。对处理不服的，可以向同级人民检察院申诉；人民检察院直接受理的案件，可以向上一级人民检察院申诉。人民检察院对申诉应当及时进行审查，情况属实的，通知有关机关予以纠正。"

笔者认为，上述内容都凸显了立法对私有财产权的关注。然而如何正确理解和适用上述条款，我们必须要厘清刑事诉讼中财产权的内涵，这也是司法实践得以正确贯彻和施行的前提和基础。

---

① 陈瑞华：《司法权的性质》，载《法学研究》2000 年第 5 期。
② 陈永生：《侦查程序原理论》，中国人民公安大学出版社 2003 年版，第 6 页。

一、财产权——不同含义的多形概念

研究的角度不同，往往会有不同的依据和结论。举一个简单的例子，假设立法者建议对严重侵犯财产的犯罪分子实施终身监禁或死刑，宪法律师会怀疑这是否与宪法中的禁用酷刑的规定相一致；法哲学家会从良心道德等角度质疑这样做的公正性；经济学家则会说，对严重侵犯财产犯罪者施以与杀人、危害公共安全者同样的惩罚，那么意味着对于后者来说，他的附加的惩罚为零，这是在鼓励犯罪者在侵占他人财产的同时杀死被害人。对于财产权的研究亦是如此，研究的角度不同得出的结论亦不同。

在我国，"财产"一词较早见于《汉书·食货志上》及《三国志·魏明帝纪景初元年》，以指代"财货"、"资财"和"产业"等。我国近现代意义上的"财产权"概念，则首次出现在清末民初的《新尔雅》①，在《新尔雅》释法篇中就有一个法律名词——"财产权"，即"财产所有之权利，谓之财产权（能由人意为之）"。除此之外，还有了"动产"、"不动产"、"债权"、"物权"和"智能权"之说。可见，近现代意义上的"财产权"本身就是一个法律名词。

（一）民法学上的财产权

在法学领域中，民法学主要就是研究财产关系，民法学界应该有最为充分的研究，然而不幸的是，民法学界关于财产权的研究，很难为公法学对财产权的理解提供太多的帮助。这就造成法学体系中出现了一个奇怪的现象，公法（如宪法、行政法和刑事法）与私法（如民法）采用了不同的术语，公法通常是说"财产"或"财产权"，民法学者尽管也承认财产权概念，但却很少直接来分析财产权概念，它只是简单地说："依照民法理论，以权利之标的是否具有财产价值，可将私权分为财产权与非财产权两大类。……所谓财产权，指可以与权利人的人格、身份相分离而具有财产价值的权利，如物权、债权、知识产权等。"② 然而从公法的角度，尤其是从刑事诉讼法的角度，来评价民法意义上的财产权，并不能令人十分满意。

第一，民法上以权利内容为标准的财产权概念，有些可能并不一定具有多大的财产价值，如私人信函、亲人遗物，在刑事诉讼中是可以作为扣押的对象

---

① 《新尔雅》是清末民初时期所编写的近代中国最早的一部新语词典，由留日中国学生汪荣宝、叶澜编撰，1903 年由上海明权社出版，以收集和解释当时常见常用的学术"新名词"为宗旨，具有收集广泛、组织明晰、解释精练的特点。主要收录西洋的人文、自然科学新概念、术语，当时这些新词汇大多来自日语借词，因此这部词典是研究日语借词在中国的普及过程的重要文献资料。

② 梁慧星、龙翼飞、陈华彬：《中国财产法》，法律出版社 1998 年版，第 2 页。

的；而通常不属于财产权的某些权利，也未必不具有财产价值，如公民肖像权等，它可以作为民事诉讼的对象，但一般不属于刑事诉讼的范畴。

第二，从权利性质上来看，刑事诉讼中的财产权未必就一定是民法上的私权，因为刑事诉讼中的财产权保障尽管是以私有财产权保障为主，但也保障国有财产、集体财产和法人财产。

第三，就权利存在形态而言，财产权未必就可以与权利人的人格、身份相分离，如继承权，就恰是以身份为基础的，很多新财产权，如执业资格，亦是如此。

总之，我国民法学界并不直接面对财产权概念本身，而只是先依据内容的差异，把财产权分成物权、债权、知识产权和继承权等，然后再对后者逐一详论。这也使得公法学者很难直接使用民法学界的研究成果来理解公法的条文、现象和问题。

（二）经济学上的产权

近年来，随着市场经济的发展，除了传统的民法领域外，经济学领域研究财产权的学者也日益增多。在经济学中，私有制与所有权一直是不可分割的研究对象，其核心问题就是有限的资源和财富如何分配才能达到效率的最大化。与民法不同之处在于，经济学是从产权的角度探讨财产权。一般认为，产权是经济所有制关系的法律表现形式，它包括财产的所有权、占有权、支配权、使用权、收益权和处置权。

德姆塞茨认为，"产权是一种社会工具，其重要性在于事实上它们能帮助一个人形成他与其他人进行交易时的合理预期，所以产权是一种人与人之间的关系，而非人与物之间的关系。"① 根据经济学家张五常的定义，产权并非指对物件的拥有权，而是包含以下三项权利：一是自由转让权（Right to transfer），你可以把你拥有产权的东西转让予他人；二是独立收入享受权（exclusive right to derive income），你可以将你拥有产权的东西所产生的收入归为己有；三是私人使用权（exclusive use right），你可以决定你拥有产权的东西怎样使用、供谁使用。

可见产权首先是指财产所有权。财产所有权，是指所有权人依法对自己的财产享有占有、使用、收益和处分的权力。其次，产权还指与财产所有权有关的财产权。这种财产权是所有权部分权能与所有人发生分离的基础上产生的，是指非所有人在所有人财产上享有、占有、使用以及在一定程度上依法享有收益或处分的权利。这样来理解产权，还能够引出一个重要的看法，就是产权和

① ［美］德姆塞茨：《美国经济评论》，银温泉译，载《经济社会体制比较》1990 年第 6 期。

自由是同义词。产权和自由一样，都是在一束可能的行为中做出选择的权利。

（三）跨学科研究成果上的财产权

跨学科研究是理论创新的一个重要方式，但也容易断章取义，导致基础概念的混淆。在现代社会，国外法学界不断对财产权进行跨学科研究，形成了一系列的成果，但也致使法学界对财产和财产权的概念多有分歧。

例如，在《法律的经济分析》中，波斯纳认为，"有效率的财产权利体系必须具备三个标准：普遍性、排他性和可转让性。普遍性意味着任何有价值的资源都应由某人占有，这种占有必须通过制度界定并表现为权利。排他性意味着特定的财产只能有唯一的权利主体，其他人或集团除非通过交易或赠与，否则不能得到它。可转让性意味着财产权可以从一个主体转让给另一个主体。资源的优化配置正是通过权利的自由转让和重组实现的。"可见关于财产法的经济学分析主要集中在四个问题上：一是"什么财产能由私人拥有"；二是"所有权是怎样建立起来的"；三是"财产所有者如何处置他们的财产"；四是"怎样保护产权，对侵权的赔偿是什么"。一方面，法哲学对这些问题的一一回答，体现了财产法形成的历史渊源；另一方面，通过将讨价还价理论、公共物品理论以及外部性理论引入到财产法的分析中，从而揭示了财产法背后的经济学逻辑。

基于对财产权的上述看法，美国法学家托马斯·C.格雷在《论财产权的解体》一文写道："一方面财产的概念从有体物扩大到一束权利或无体物；另一方面财产权概念变得日益复杂和专门化，律师、法学家和经济学家们在不同的意义上使用财产权这一词汇。正是由于这两方面的发展，财产权已经分崩离析，不再存在整体的、统一的财产和财产权概念。"①

实际上，从刑事诉讼法学的角度来看，财产权既不同于经济学上的产权，也不仅仅是民法学上的物权或所有权，这里面包含了深刻的法律关系。因此，我们首先要做的就是厘清财产权在刑事诉讼中的内涵，只有先澄清一些基本的问题，才能为进一步研究财产权保障奠定基础。

二、刑事诉讼中财产权的含义

财产权是法律对人类财产利益的最高度概括，其外延之广，含义之丰富，在人权体系之中，再无其他基本权利可比。顾名思义，财产权首先表现为一种权利。在思想史上，对于究竟什么是权利，有着许多不同的解释。大致说来，

---

① ［美］托马斯·C.格雷：《论财产权的解体》，高新军译，载《经济社会体制比较》1994年第5期。

一类是从伦理的角度来界定权利，将权利看作人基于道德上的理由或超验根据所应该享有之物，虽然也涉及利益，但并不以利益本身为基点。另一类是从实证角度来界定权利，认为权利就是受到法律保护的利益。在迄今为止的各派权利理论里，自然权利理论是最为源远流长的经典学说，在这里权利被称为"天赋权利"、"天赋人权"、"天然权利"或"天权"。人权与公民权利的关系是复杂的，二者之间的根本区别在于：人权是作为人所应享有的权利，在本质上属于道德的范畴；公民权利是依赖主权国家的法律而存在的。公民权利按划分依据的不同，又可分为法律权利和宪法权利。宪法权利也叫公民的基本权利，是公民依照宪法规定在政治、经济、社会、文化、人身、财产、隐私等方面享有的主要权利，它是公民最主要的、也是必不可少的权利。然而，随着人权运动的深入发展，人们更习惯于称之为人权保障，而不将其称为公民基本权利的保护，故本书亦采用人权保障的说法。

基于立论之需要，本书所研究的财产权即刑事诉讼中的财产权，它以宪法意义上的财产权保障为理论基础，以刑事司法实践中的财产权保障为现实基础，既不完全等同于民法意义上的财产权，也不同于经济学上的财产权，其作为一项基本人权，具有独特的内涵。

（一）财产权不是财产，而是对财产的权利

要想厘清财产权与财产的关系，必须从本质上进行考察。财产是一个具体的概念，适用范围比较广，无论是在日常生活还是在法律中，都可能用到这个概念；而财产权则不同，其是一个抽象的概念，从某种意义上讲，财产权只能作为一个法律概念出现。

传统立法通常对物和财产不加以区分。作为一个常用词语，《现代汉语词典》将财产定义为："财产是指拥有的金钱、物资、房屋、土地等物质财富，如国家财产、私人财产等"。百度百科则是这样描述的："财产是指拥有的金钱、物资、房屋、土地等物质财富：国家财产、私人财产，具有金钱价值、并受到法律保护的权利的总称。大体上，财产有三种，即动产、不动产和知识财产（即知识产权）"。可见在汉语中，财产一词首先指的是某一类物品，既包括有体物，还包括无体物。

由于英美法系与大陆法系的理论体系不同，对财产的认识也存在差异。在英美法系，财产是一个十分宽泛的概念，无形财产、抽象的物都属于财产的范畴。英国学者劳森和拉登在《财产法》一书中很自然地将有体物和抽象物都纳入财产的范畴，并精辟地指出："实际上，理解财产含义的最好办法是，看一看一个拥有资产的人在临终时会留下点什么"，而在他们给出的财产清单里有房屋、家庭用品、汽车、人身保险单、活期和定期存款、金钱投资、股票、基金、债券、提单、专利、商标、版权等。① 在大陆法系，是将"物"做广义的解释，将抽象性的权利纳入"物"的范畴。例如，罗马法就认为"物"包括有体物和无体物。德国潘德克吞学派由于注重法律概念的逻辑性和抽象性，用权利客体概念取代了罗马法广义的物的概念。因此，德国法上的权利客体有三种：物（有体物）、无体物（精神产品）和（具有金钱价值的）权利。以有体物为客体的支配权，被称为物权；以无体物为客体的支配权，被称为知识产权；以权利为客体的支配权，被称为准物权。在这样的理论框架中，即使仍然把"物"理解成狭义的有体物，但已经可以把有体物、精神产品和具有金钱价值的权利都归于财产，归于财产权的客体。②

目前财产的概念有狭义和广义之分，狭义的财产概念只将有体物视为财产，毫无疑问，这已经远远跟不上形势的需要。随着人们对财产性质的思考，财产已经不再局限于"人与物之间的关系"，还包括更深层次上的"人与人之间的关系"，这样广义的财产概念就出现了。广义的财产概念则既包括有体物、无体物，也包括具有价值的、财产性的权利，更加符合现实的需要。因此笔者认为，财产是有价值的、具有权属意义的"物"，既包括一般的有体物，也包括无体物，还包括财产性权利。

需要说明的是，由于作为财产的"物"包括了具有金钱价值的权利，也就是常讲的"财产性权利"，而"财产性权利"有时又被我国学者译为"财产权"，这就造成了用词上的混乱。其实在汉语中"财产权"和"财产"是两个很容易区分的概念，两者的区分简单而明确：财产权指的是一种权利，即主体占有、支配客体物的资格和权能；而财产则是指为主体所占有、支配的客体物本身。而英语则不同，"Property"一词在英美法系的语言里具有双重含义：既可以指财产权，又可以指权利所指向的客体，必须根据上下文或语境才能判断是哪种意义的"Property"。如果把"财产性权利"理解成"财产型权利"或"权利性财产"，财产和财产权的混淆状态就会得以解决。

有人认为站在法学的立场上，对财产和财产权进行界分既不可能也无必要，财产在本质上也是一个法律概念，只能以财产权形式表现出来，因而他们认为"财产与财产权相伴而生，并且是同质同义的，属于同一范畴"。其实这是一种不严谨的说法。例如，当我们描述某物的时候，我们说"这是 A"、"那是 B"，我们已经能够理解 A 或 B 是什么物或是什么东西。但是当我们描

---

① ［英］F. H. 劳森、B. 拉登：《财产法》，施天涛等译，中国大百科全书出版社 1998 年版，第 2 页。

② 姜江：《财产权的法理研究》，中国社会科学院 2008 年博士学位论文，第 8 页。

述财产时，必须明确财产的权属关系，也就是说必须表明财产权的主体和客体。我们不能说"A 是财产"或"B 是财产"，而是说"A 是甲的财产"或"B 是乙的财产"。换言之，财产只能作为体现人与人之间法律关系的财产权的客体出现，在这种意义上，"物"才成其为财产，否则"物"只是"物"而已，不构成法律上的财产。

"财产不是财产权而是财产权的对象，而且更多的是所有权的对象。"① 法学上的财产权是指"对财产的权利"。财产作为具有权属意义的"物"，本身不具有主观能动性，属于客体的范畴，可见财产权是"对财产的权利"，是对财产享有的占有、使用、收益、处分的权利，或者简单地说，是"以财产为客体的权利"。有的论者认为："财产权是以财产为客体的对物的支配权，是权利人排除不确定的他人干预和侵犯的权利，具有对物权和对世权的特征，而不仅仅是现实主义法学和法律经济学所谓的权利束"。②

（二）财产权具有积极的对物权特征

从积极的角度来说，我们对某"物"拥有权利，我们就拥有占有、使用、收益、处分该财产的一项或数项请求权、自由或权力，或者说我们就可以许可他人拥有全部或部分这样的权利，并从中获得报酬。这就是财产权的对物权特征。法学上的财产权所强调的对物权特征，强调的是权利主体对财产客体所主张和行使的权利，即可以对抗和排除其他人干预的权利。如果仅仅把财产权看作是"具有经济或金钱价值的权利"的总称，或者把财产权分解成权利束，而忽略财产权的对物权特征，如果财产权可以自由地通过债权的形式来创设，或者可以不通过转移占有或进行登记就进行交易，财产的稳定性将不复存在，人人都必须成为法律专家知晓规则的存在，结果是信息成本高得令人无法承担，从而使规则得不到有效遵守，社会经济生活将变得十分混乱和复杂。③ 忽视财产权的对物权特征，我们看到的财产权将只是空洞的权利束，这就抹杀了对物权和对人权的区别，势必造成理论上的误区和困境。从这个意义上说，财产权是一种积极的对物权，财产权的对物权特征是财产权的本质特征。

（三）财产权是一种消极的防御性权利

从消极的角度来说，财产权是一种权利人专属的以财产为客体的对物的支配权，是一种可以排除他人非法干预的权利。拥有财产权就意味着权利人专属的财产不受非法的侵害和破坏、免于非法的征收和征用。如果我们无法对抗，

---

① 刘剑文：《私有财产法律保护》，法律出版社 2006 年版，第 4 页。
② 姜江：《财产权的法理研究》，中国社会科学院 2008 年博士学位论文，第 1 页。
③ Jeremy Waldron. The Rightto Private Property. Clarendon Press Oxford, 1988. 42.

或者遭到非法的侵害、破坏、征收或征用后得不到救济，就不能说我们已经拥有了完整的、真正的财产权。对于权利人来讲，其财产权的实现并不需要别人的积极作为，而需要别人对其财产权不作为。因此，从这个意义上说，财产权是一种消极的防御性权利，排除、对抗任意侵害、征收和征用是财产权的主要标志和本质特征。

强调财产权是"对财产的权利"，是一种"积极的对物权"，是一种"消极的防御性权利"，我们才能理解财产权的本质。财产权的首要功能在于保护财产的安全和权利人的合理预期。只有在财产安全的前提下，人类才能激发出创造力，社会才能得到发展。财产权之所以重要，就在于其能够保护人类对劳动成果的预期和已经获得的劳动成果，排除他人的恣意侵害。

只有把握上述三个方面，我们才能理解"风能进、雨能进、国王不能进"这句法学谚语的深刻含义；只有把握上述三个方面，我们才能明白为什么财产权能够构成捍卫个人自由、防止他人侵害、抵御国家暴力的屏障和堡垒；只有把握上述三个方面，我们才能知道为什么"财产权"会成为与生命权、自由权并列的三大基本人权，成为宪政的基石。

通过对财产权含义的分析，我们可以清晰地看到：财产权是法律对人类财产利益的最高度概括，其外延之广，含义之丰富，在人权体系之中，再无其他基本权利可比。财产权外在表现为人与物的关系，但其实质是体现在物上的人与人之间的关系。财产权是由一系列"对财产的权利"组成，它以所有权为核心，同时包含传统私法上的权利（如物权、债权、知识产权、继承权）以及公法上的权利（如国有土地使用权、水利权）等多项权利要素。目前，在前沿的私法领域已经很少提及"财产权"一词，而以物权、债权、知识产权、继承权等概念取而代之，比较而言，财产权在公法领域研究的更多。因此，财产权既是一个传统私法上的概念，更是一个公法上的概念。

三、刑事诉讼中财产权客体之基本样态

刑事诉讼中财产权客体之基本样态，完全取决于财产权的概念和内涵。如上所述，财产权含义之丰富，其外延之广，在人权体系之中，再无其他基本权利可比。财产权客体之基本样态随着人类社会的发展而不断变化，因此，我们必须承认财产是个历史的范畴。

在原始社会，财产的范围很小，主要是土地、猎场、生产工具和生活必需品。国家产生后，绝大部分社会财富掌握在统治阶级手中，奴隶不仅没有私有财产，而且被视为贵族的私有财产。"普天之下，莫非王土，率土之滨，莫非王臣"，就是典型的写照。统治阶级制定了法律，第一件事就是将财产保护入

律，究其本质，只是将法律作为维护其统治和利益的工具。在古罗马社会，财产主要表现为具有物质形态的有形物，法律还据以创造了"物"的概念。公元二世纪罗马法学家盖尤斯（Gaius）在其所著《法学阶梯》里将物划分为"有体物"（也称有形物）和"无体物"（也称无形物）。"无体物"通常由所有权之外的权利拟制而成，并被纳入物的客体的范畴。

到了近代，随着商品经济的发展，财产的范围迅速拓宽。首先是股票、期货、债券等金融财产和专利、商标等无形权利的出现和流转，人们也往往在这些意义上使用无形财产，但其与传统无形物有较大差别。到了 20 世纪 60 年代，随着福利社会的兴起和政府管制的扩张，新的财产形式出现了，"广义财产理论"① 也随之建立。美国法学家雷齐（Reich）基于政府管制与新财产关系的分析认为，"财产不仅包括了传统的土地、动产、钱财，同时还包括了社会福利、公共职位、经营许可等传统政府馈赠，任何潜在利益都可成为无形财产"。② 尽管学术界在论述无形财产时并无固定的内涵与外延，但并不妨碍财产范围的拓宽。

最近几年，随着网络、尤其是网络游戏的迅猛发展，虚拟财产逐渐进入了法学的视野，对其保护也开始成为一个法律问题，我国近期已经有了相关的判例。与此同时，随着全球化的趋势，环境的恶化和资源的减少，原来没有财产价值的东西，如洁净的空气、清澈的河流、污染排放指标，在不久的将来，都可能成为新的财产形式。因此我们可以预见，随着生产力的发展、科技的进步，新的财产类型将会不断涌现。

刑事诉讼法作为公法中的部门法，财产权客体之具体样态应当以与其同质（同为公法）应以上位的宪法为依据来进行界定。随着资产阶级革命的胜利，宪政制度成为西方国家的基本政治制度。尽管刑事诉讼中的财产权概念是以私法的财产权概念为基础的，但也存在着一些重要的区别，尤其是随着当代财产权公法化的潮流，私法中财产权显然已经不能涵括所有财产权的类型。

宪法上的人权体系同样是开放的，按宪法学理论，人权的历史演变迄今已经历了三代。在资产阶级革命中，自然法学派提出了以生命、自由、财产为内容的第一代人权。第一代人权下的财产权就是指防御性权利的财产权，侧重于保障公民免于国家侵犯的消极财产自由。总体来看，宪法上的第一代财产权主要是一种以私法为基础的财产权，德国学者以"任何具有财产价值的私权利"

---

① 19 世纪法国法学家奥布里和劳（Aubryet&Rau）基于财产越来越多地以无形权利的形式表现出来，创设了广义财产理论。

② Charles · A. Reich. Thenewproperty. YalelawJournal, 1964. 733.

来指称第一代财产权。自 20 世纪以来，资本主义社会的基本矛盾爆发，人们提出了人权的实现应该得到广泛的政治、经济、文化和其他条件保障的第二代人权。据此，学者一般认为，劳工福利和集体谈判权利是第二代财产权的主要内容。到了 20 世纪 70 年代，人权发展进入了第三个阶段，人权理念日益脱离传统自然法观念，形成包括发展权、和平权、资源权、环境权、人类共同遗产权及民族权等在内的第三代人权。因此，学者认为第三代人权下的财产权强调公正分享自然资源和国民总收入，权利的重点从负向防御性权利转移到正向的福利和分享权利。由此，西方国家宪法上的财产权随着人权内容的变化逐渐由传统的防御性权利过渡到第二代甚至第三代财产权，其内涵和外延均发生了较大的变化。客观地说，财产权的这种变化对行政法的影响最为直接，这是因为新财产权的内容主要与政府的行政管理行为相关，主要应由行政法予以调整。然而，新财产权概念的变化，仍然对刑事诉讼立法发挥了显著的影响，主要体现在那些与人身权紧密相连，但具有财产权性质的职业（营业）资格、许可权（可统称为执业资格）上，下文将详细阐释。

通过财产权随人权变化的三个阶段，我们能够发现，宪法中的传统财产权概念主要是指第一代财产权，即作为一种防御性权利的财产权。套用英国哲学家柏林关于"消极自由"和"积极自由"的理论分类，第一代财产权更侧重于保障公民个人免于国家侵犯的消极财产自由。总体而言，不论大陆法系国家，还是英美法系国家，宪法上的传统财产权概念主要是一种以私法为基础的财产权概念，这一时期宪法主要侧重于保障三种样态的财产权："动产、不动产及其索求权利；知识产权——包括版权、专利与商标；工业与商业财产。"[①]相应地，刑事诉讼中财产权客体之基本样态也主要集中在这几种权利样态上。现代刑事诉讼中关于财产权保障的一些程序设计，如搜查、扣押、没收、返还等，都是为了保障这些传统的财产权样态，因为这些传统的财产权体现了公民的消极财产自由，而"消极自由"正是现代社会的基础，刑事诉讼法切实保障了这些传统的财产权样态，就等于是保障了社会本身。

通过财产权随人权变化的三个阶段，我们能够发现，"具有财产价值的私权利"是刑事诉讼中财产权客体的传统和主要样态，主要包括动产、不动产和知识产权；"新财产"是刑事诉讼中财产权客体的新样态，主要是指具有财产权性质的职业（营业）资格、许可权。

值得说明的是，财产权是以所有权为核心，包括物权和债权，只要能成为财产权利客体的物、行为，都能够成为财产权的客体。在民事法律理论中，物

---

① 张千帆：《西方宪政体系》（下·欧洲宪法），中国政法大学出版社 2001 年版，第 331 页。

权的客体是物，债权的客体不仅包括物，还包括行为和智力成果。尽管划分依据不同，但二者的客体都已经涵盖在财产权的客体之中。

第三节　为什么要保障财产权

"保障"，保护生命、财产、权利等，使不受侵犯和破坏；作为社会成员之间的某种意义上的交互动态的有限支撑和支持，它需要建立在全社会的文明和财富逐步的增加和法治建设的逐步完善来实现。因此，"保障"与"保护"相比，"保障"明显具有公法上的意义，是更高层次的"保护"。从公法的角度提出"财产权保障"，并非否定私权意义上的财产权保护，恰恰相反，公法意义上的财产权是以私权范畴中的财产权为基础的。因此，无论是宪法，还是部门法中的财产权规则，都应当是以保护财产权为逻辑起点的。不同的是，私法强调保护财产权的使用，创造社会财富；公法强调保障财产权免受公权力侵犯，最终还要具体化为个人的财产权利，是因为只有个人能够实际享有的财产权利才有其存在的价值和意义。因此，私法意义上的财产权保护与公法意义上的财产权保障是一种相互合作与相互协同的关系，而不存在谁高谁低的问题，都是财产权制度设立的应有之义。

为什么要保障财产权？这一问题是构造财产权保障理论的基础和前提。权利既是一个法律问题，又是一个政治问题、经济问题和社会伦理问题，其源起和发展深嵌于特定的历史情境中。美国法学家庞德认为，权利在本质上就是一种文明社会中人们由相互之间的承诺而形成的"合理的预期"，是一种法律上得到承认和被划定界限的利益。① 这是一个西方社会在古希腊和罗马时代就形成的传统观念。一般认为，财产权保障理念就主要起源于此。

谁有权获得财产，如何获得财产？财产权为什么容易被侵害？谁来保障财产，如何保障财产？对上述问题的不同回答，构成了不同时期财产权保障的理论基础。

一、谁有权获得财产、如何获得财产——财产权保障的思想基础

布莱克斯通曾经指出："很少有人愿意去花费脑筋思考财产权的起源和基础。我们对我们自己的占有是如此的满意，以至于似乎我们害怕回头去追溯其赖以取得的方法，似乎那会损害我们的所有权，给我们认为是理所当然的东西蒙上一层羞辱；或者我们至多仅仅满足于认同我们需要的法律规定，而对那些

---

① 黄洋：《希腊城邦社会的农业特征》，载《历史研究》1996 年第 4 期。

法律赖以建立的理性或权威少有反思。"① 尽管目前财产权保障已经得到法治国家的普遍认可,但其理论基础研究,鲜有人涉猎。

在不同的时代,对谁有权获得财产,如何获得财产问题的回答是不同的。在原始社会、农业社会或者说在没有宪政的国家,特权阶层习惯地认为统治者获得财产是理所当然的事情,认为一切财产皆源于习惯,乃经验的产物。我们应当强调的是,无论是古希腊哲学家,还是古罗马的思想家,他们在研究财产权方面取得了辉煌的成就,尽管他们也很疑惑,但深受历史条件限制,他们只能得出财产权是一种习惯权利的结论。"习惯的权利,只是属于个人的特许权利,其主体不是个人,而是特定历史条件下的生活与活动。相反,天赋人权是对特权的全面否定,仅因为它要求的是最古老的、不可剥夺的特权,即作为人的权利。"② 或者正如恩格斯所讲,"获得了普遍的、超出个别国家的范围的性质"的权利,才能被称为人权。③

众所周知,近代以来的财产权观念是一种彻底的自然权利观,即将财产视为一项天赋人权,正如 1789 年法国《人权宣言》所宣称的,财产权属于"人的自然和不可超越的权利"之一。最早将财产权与天赋人权联系在一起,并进行论证的是 17 世纪英国著名自然法学代表人物约翰·洛克。洛克把人拥有生命、自由和财产的权利视为人与生俱来的自然权利,他认为:"人们联合成为国家和置身于政府管理之下的重大和主要的目的,是保护他们的财产。'主权者'的权力绝不容许扩张到公众福利的需要之外,而是必须保障每个人的财产。"④ 在论证财产权获得的正当性时,洛克指出,人以自身的"劳动"为中介物获得了个人的财产,因为人拥有自己的身体和体现自己身体价值的劳动,人对其劳动的结果享有财产权也是正当的。其理论核心是:不管是什么样的人(不同国家、种族),一旦提供和投入劳动力,就会与劳动力带来的价值及其分配密不可分,劳动者就应当分享自己创造的东西,也就是说,就应当把其劳动成果视为一种财产。

除此之外,德国哲学家黑格尔从人的自由的角度提出财产权的合理性和必要性,他认为"拥有财产,本质在于实现主体的自由;财产所有权的转移,必须通过契约来实现。"他还认为"财产不仅是自由的最初定位,而且成为人自身实践的终极目标,人对财产具有绝对的权利。"由此出发,他论证了私有

---

① 万毅:《财产权与刑事诉讼》,四川大学法学院 2005 年博士学位论文,第 20 页。

② [意]圭多·德·拉吉罗:《欧洲自由主义史》,杨军译,吉林人民出版社 2001 年版,第 23 页。

③ 夏勇:《人类概念起源——权利的历史哲学》,中国政法大学出版社 2001 年版,第 168 页。

④ [英]洛克:《政府论》(下篇),叶启芳、瞿菊农译,商务印书馆 2004 年版,第 8 页。

财产的合理与永恒，即"所有权之所以合乎理性不在于满足需要，而在于扬弃人格的纯粹主观性。人唯有在所有权中才是作为理性而存在的。"法国学者卢梭在《社会契约论》中认为，"财产权的确是所有公民权中最神圣的权利，它在某些方面，甚至比自由还重要"；"财产是政治社会的真正基础，是公民订约的真正保障"。①

这些不同流派的学者，从不同的角度论证了财产权的起源和基础。无论是源于自然理性，还是体现自治的个人意志，或者为了实现公平正义，都旨在解释财产的内涵及其源泉，对构建近代私有财产权制度产生了重要影响。同时为财产权保障提供了思想基础，为财产权载入宪法提供了智力支持和理论准备。

二、财产权为什么容易被侵害——财产权保障的现实基础

财产所有者在利用其财产时，不能强加给别人一种非自愿的结果（外部性），损害别人的利益。如果出现了这种损害，就是侵犯了他人的财产。至于如何具体处置，弗里德曼提出"一种处置方式是把它卖给你。非集权式的解决方法之所以奏效的部分原因在于它允许某物，以及随附的权利，通过交易转移到其使用价值最高的人手中。"然而，尽管财产权在政治、经济和生活中具有重要的地位，但财产权却是一项极其脆弱的权利。财产权的脆弱性源于财产是一种稀缺的资源，非常容易被侵犯。主要体现在以下方面：一是非法民事行为对财产权的侵犯，鉴于文章主题之所限，这里不再赘述。二是刑事犯罪，尤其是侵财犯罪、经济犯罪和贪污贿赂犯罪等财产型犯罪，对财产权的侵犯。正如美国犯罪学家路易斯·谢利在《犯罪与现代化》一书中所讲："财产犯罪在所有现代化国家都是犯罪的主要形式，是因为日益世俗，而非道德，宗教的准则支配的有形财富具有前所未有的重要性。在社会地位不断变化的现代社会里，决定人们社会地位的是财产而不是出身。在这种情况下取得财产已不仅是为了满足实际需要，而是得到社会地位的手段。"②。三是国家公权力对财产权的侵犯（本书主要研究侦查权与财产权的冲突）。在这三个方面中，侦查程序主要涉及后面两个方面，而且与前两个方面相比较，侦查权对财产权的侵犯更是本书关注的重点。

"天下熙熙，皆为利来；天下攘攘，皆为利往"，这是古人对人情世事的生动描写。在法经济学中有这么一个朴素的真理，人们在追求利益最大化的过程中，如果侵权的机会成本比交易的机会成本低，人们就会选择以侵权的方式

---

① ［法］卢梭：《社会契约论》，何兆武译，商务印书馆 2005 年版，第 314 页。
② ［美］路易斯·谢利：《犯罪与现代化》，何秉松译，中信出版社 2002 年版，202 页。

增加自己的财产。笔者在这里将侵权作广义理解，包括民事侵权、犯罪侵权和公权力侵权。据有关统计，有关财产权受侵害的案例是民事案件的半壁江山；近年来以财产权为侵犯对象的犯罪已经占刑事案件总数的85%以上；在侦查程序中对财产权的侵犯甚至高于对人身权的侵犯。可见，财产权是一种非常容易受侵犯的权利。财产权的脆弱性决定了我们必须给予财产权以更多的关怀。

三、谁来保障、如何保障财产权——财产权保障的法律基础

（一）国家的产生、发展与财产权保障

从人类历史发展过程来看，建立完备的财产权制度，是人们的政治自由的重要和主要保障机制。没有正式私有财产制度的社会，要么是前现代的传统社会，要么是现代的集权体制。没有完备的法律制度所保障的私有财产制度，就没有人们选择的自由，市场就不可能真正发育起来。

在蒙昧的原始社会，采集和狩猎为主要的活动。氏族部落为了保障本族内部的财产不受到侵犯，以维系种族的延续，不得不制定一些所谓的通用的"习惯"，当出现财产纠纷时，就由首领出面主持公道，甚至会对行为人处以赎金、非议、绝交等。随着部落间的交易日益频繁，人们之间的财产纷争，都由人们自行解决，这就是所谓的"以牙还牙，以眼还眼"的同态复仇时代。因此，原始社会对财产权的保护靠的是私力救济，根本谈不上现代意义上的财产权保障。

在自然状态下的财产权利是很不稳定的，不断受到别人的侵犯和威胁，于是产生了国家，并制定了法律对财产权进行保护。良好完整的财产法律体系会催生出一整套完善的财产制度。按自然法的思想，每个人都享有与生俱来的人身自由、财产权等权利，国家和政府的产生便是为了保护这些权利。国家权力存在的唯一合法性，就在于为个人权利提供保护，国家权力与个人权利相比，国家权力本身并不是目的，个人权利才是基础和本源，国家权力只是保障个人权利得以实现的工具或手段。正如洛克所说："人们联合成国家和置身于政府之下的重大和主要的目的，是保护他们的财产，……人们参加社会的理由在于保护他们的财产；他们选择了一个立法机关并授予权力的目的，是希望由此可以制定法律、树立准则，以保卫社会一切成员的财产，限制社会各部分和各成员的权力并调节他们之间的统辖权。"[1] 洛克把私有财产与自由、平等一样列为不可侵犯的自然权利，换言之，私有财产是神圣不可侵犯的。这就为当时新兴的资产阶级提供了最强有力的理论武器。

---

[1]　万毅：《财产权与刑事诉讼》，四川大学法学院2005年博士学位论文，第26页。

　　时至今日，财产权作为一种基本人权的地位已经不可撼动。西方学者和人权组织根据世界各国人权法和国际人权法，已将财产权列为六大基本人权之一。"在当今世界各国的宪法中，直接规定被告人人身权利的有88%；发表意见的自由的有87.3%；财产权的有83.1%；平等权的有82.4%；私人生活的权利的有80.4%。"① 由此可见，在人权保障的法律体系中，财产权的法律保障已经是不可或缺的一环。

　　财产权保障的思想，促进了宪法秩序和宪政制度的发展和完善，这是一个不争的事实。在宪政主义的政治哲学传统中，保护财产权被视为政府存在的价值和优良政体的基本特征。对公民来说，财产权是其他权利存在和得以发展的物质基础及保障。宪法"是一群财产利益直接遭受到威胁的人们，以十分高明的手段写下的经济文献，而且直接地、正确地诉诸全国的一般利害与共的集团"，② 更是说明了宪法与公民财产权具有不可分割的关系。《英国自由大宪章》第39条规定："除非经由其同伴的判断和国家法律，任何自由人不得受到……剥夺财产……"。《美国宪法》在第五修正案规定："任何人民未经正当法律程序，不被剥夺生命、自由和财产权；私有财产也不得在未予以公正补偿后，予以公用征收。"美国是个判例法国家，对财产权的保障一直是其人权保障的重心所在。"在某种程度上甚至可以认为，对美国联邦最高法院来说，往昔所谓人权其实只不过是个人财产权的化名而已"。③ 1949年《德国基本法》第14条规定了财产权利及其社会责任以及对财产征用的补偿。除了上述法治国家外，转型国家对财产权保障也做出了相应的规定。此外，财产权保障常常处于意识形态领域的前沿，它同一国寻求社会秩序和政治稳定的合法性密切相关。从现代各国立法来看，财产权的法律保障制度逐步建立，法治国家都在宪法中将财产权规定为公民的基本权利之一，除非依照法律规定并经法定程序，不得被限制或剥夺。联合国在国际人权公约中将财产权作为与人身权同等重要的一项公民固有人格权。《世界人权宣言》第17条明文规定："人人得有单独的财产所有权以及同他人合有的所有权；任何人的财产不得任意剥夺。"在现代宪政国家中，财产权与生命权、自由权一起构成了公民最基本的三大权利体系，集中体现着人的基本价值和尊严。在西方政治理论中，财产权被视为"最根本之自由"，英美等国直接或间接地奉行私有财产神圣不可侵犯的原则，

---

　　① 胡铭：《刑事诉讼人权保障的宪政之维》，载 http://www.shanghailawyers.net/news/xsbhplay.asp? ID=15，2013年4月6日访问。
　　② ［美］比尔德：《美国宪法的经济观》，何希齐译，商务印书馆1984年版，第130页。
　　③ 陈新民：《财产权的限制与公益征收之概念——美国法上的探讨》，载陈新民：《宪法基本权利之基本理论》（上），台北元照出版公司1999年版，第462页。

除已宣布为国有的财产外，几乎所有的财产都是私有财产权的客体，并得到法律的认可。可见，财产权保障已经成为现代法律制度的基本价值导向和基本内容之一。

（二）国家保障财产权的模式

1. 制度保障模式。魏玛宪法时期的德国著名法学家 K. 施密特是制度保障理论的主要代表。其主要观点是认为：不可侵犯条款所确立的对私有财产的保障，并非旨在保障作为纯粹的个人权利的财产权，而是旨在保障私有财产权的"核心部分"；对于这个"核心部分"，即使国家通过立法也不能加以消灭或侵犯；然而，由于这种保障是一种对客观制度的保障，所以容许国家通过立法对财产权制度的非核心部分或非本质部分加以改变。①

制度保障模式以德国为代表，由宪法对财产权的保护做正面直接的规定，同时由法律规定权利的内容与限制。1919 年《德国魏玛宪法》第 153 条规定："所有权受宪法之保障。其内容及限制，由法律规定。"1949 年的《德国基本法》第 14 条继承了《德国魏玛宪法》第 153 条的精神："一、财产权及继承权应予保障，其内容与限制由法律规定之。二、财产权负有义务。财产权之行使应同时有益于公共福利。三、财产之征收，必须为公共福利始得为之。其执行，必须根据法律始得为之，此项法律应规定赔偿之性质与范围。赔偿之决定应公平衡量公共利益与关系人之利益。赔偿范围如有争执，得向普通法院提起诉讼。"

制度保障学说对日本、韩国等国的宪法产生了较大的影响。《日本宪法》第 29 条规定："不得侵犯财产权。财产权的内容应适合于公共福利，由法律规定之。"1987 年《韩国宪法》第 23 条第 1 款规定："全体国民的财产权应予保障。其财产内容范围由法律规定。"

2. 权利保障模式。权利保障模式是指不对财产权的保护做正面直接的规定，而是反过来规定，通过禁止或限制对财产权的侵害而达到保护财产权的目的。这种模式以英国、法国和美国为代表：

英国没有成文宪法，对财产权的保护体现在普通法案例中。但人类历史上第一部宪法性文件，英国 1215 年的《自由大宪章》用了大量的篇幅规定了对财产权的保护。第 12 条规定，非经"大会议"同意，禁止国王向人民强加税收。第 15 条规定，禁止额外征税。第 16 条规定："国王不能强迫占有骑士采邑或其他自由保存地之人服额外之役。"第 31 条规定："任何人不得拿走任何自由人的马和车。"第 31 条规定："除非得到所有者的同意，否则禁止任何人

---

① 林来梵：《财产权宪法保障的比较研究》，载《宪政论丛》（第二卷），法律出版社 1999 年版。

任意占领其他人的森林。"第 52 条规定，禁止占有他人的土地："如果没有主人的合法同意，不能剥夺他人的土地、城堡、自由和权利。如果被剥夺了，被剥夺者有权立即恢复这些权利。"1628 年的《权利请愿书》，其中许多条文也都与保护财产有关。1689 年的《权利法案》进一步明确："凡未经国会准许，借口国王特权，为国王征收、或供国王使用而征收金钱，超出国会批准之时限或方式者，皆为非法。"

1789 年《法国人权宣言》第 17 条明确宣称，财产权是"神圣不可侵犯的权利。除非当合法认定的公共需要所显然必须时，且在事先而公平补偿的条件下，任何人的财产均不得受到剥夺"。值得一提的是，1789 年《法国人权宣言》中财产权"神圣不可侵犯"的经典表述，虽然带有宗教色彩和道德意味，但却响亮地表达了财产权的重要性，在世界各地广为传颂，对世界各国的民主宪政过程都产生过深远的影响，虽然在晚近的宪法中很少再出现同样的表述，但这一表述所传递的尊重和保护财产权的精神，在私有财产权还没有获得充分保护的地方仍然激励着人们为尊重和保护财产权而奋斗。

《美国宪法》也没有直接正面规定对财产权的保护。财产权在宪法上是间接地通过第五修正案中的征用条款和正当程序条款，以及第十四修正案的正当程序条款来实现的。第五修正案规定："未经正当法律程序不得剥夺任何人的生命、自由或财产。凡私有财产非有公正补偿，不得被征为公用"；由于第五修正案保护的是个人针对联邦政府的权利，而不包括个人针对州政府的权利，于是 1868 年又通过第十四修正案。第十四修正案规定："无论何州，不得于未经适当的法律程序时剥夺任何人的生命、自由或财产。"

3. 混合模式。混合模式，主要是指既对财产权保障做了正面直接的规定，也将财产权列入基本权利。我国是混合模式的典型国家，但我国对国家财产权和私有财产权给予明显不同的保护，正当程序条款也有一定缺失，笔者将在下文予以阐释。

综上所述比较而言，"权利保护模式"不正面规定国家应保护财产权，而反过来规定国家不得随意剥夺、侵害财产权，带有明显的自然法意味。个人的权利产生在国家之前，而国家负有不侵犯的义务。按照洛克的观点，生命、自由和财产是人与生俱来的自然权利。权利在先，宪法在后，所以权利无须得到法律的确认。这意味着财产权作为一项基本人权，主要是个人针对国家的防御性权利，是对抗和防范国家权力滥用的消极自由。

就对财产权的保护力度而言，制度保障模式显然不如以英美为代表的权利保障模式有力。在宪法学上，属于权利的"相对保障模式"①。它实质上是一种保护与限制结合的模式，财产权的内容与限制需要由法律来规定，变成了法定的权利，而不再是"神圣的自然权利"，财产权的地位大大下降。制度保障理论出现在德国，一方面反映了 19 世纪以来西方法学界对财产权绝对权利的反思，另一方面恐怕也与德国重视国家主义的思想传统有关。②

第四节　侦查程序中财产权保障的客体及特点

在侦查程序中出于控制犯罪的目的必然会对财产权进行干预，而在现代刑事诉讼理念下，出于保障人权的目的，财产权作为一种基本权利，必然要得到法律的保护。对财产权的干预和对财产权的保障是一个问题的两个方面，和刑事诉讼中既要控制犯罪，还要保障人权的道理相同。

如上所述，财产权是一个抽象的法律概念，无论是对财产权的干预，还是对财产权的保障，都必须通过一个具有实体意义的介质来实现。财产权是对财产的权利，也就是说，财产权的客体就是财产，因此，对财产权的干预和保障都必须通过财产这个具有实体意义的介质来实现，这就引出了"涉案财产"这一概念。从法律上讲，侦查阶段财产权的权属尚不明确，只能以涉案财产的面目出现，因此，侦查程序中财产权保障的客体即涉案财产。涉案财产本是一个普遍存在于司法实践中的概念，但笔者注意到，在我国 2012 年刑事诉讼法修正案中其成为了一个新的法律名词。研究侦查程序中的财产权保障，就必须厘清涉案财产的基本范畴，也是厘清侦查程序中财产权保障的基础。

一、涉案财产的含义

涉案财产，顾名思义，就是与刑事案件相关的财产。看似极其简单的一个概念，却蕴含着丰富的内涵。但由于对"涉案"的理解不同，结果造成在司法实践中对哪些财产是涉案财产的认识不一。笔者认为，准确把握涉案财产的内涵，至少要厘清以下几个概念。

（一）司法实务中的"涉案财物"和"非涉案财物"

司法实务界通常认为，刑事诉讼中的财物分为涉案财物和非涉案财物。其中，涉案财物包括：取保候审金，查封、扣押和冻结的现金和其他财物，提取、查扣的作案工具或违禁品，以及依法保存的与案件有关的其他财物；非涉

---

① 莫纪宏：《宪法学》，社会科学文献出版社 2004 年版，第 291 页。
② 姜江：《财产权的法理研究》，中国社会科学院 2008 年博士学位论文，第 89～91 页。

案财物包括：接处警、案件调查过程中现场弃置的财物，群众拾遗的财物，无主财物以及犯罪嫌疑人随身携带的合法财物。笔者认为这种列举式划分并不妥当，原因如下：

第一，接处警、案件调查过程中现场弃置的财物，群众拾遗的财物，无主财物以及犯罪嫌疑人随身携带的合法财物，都需要基于一定事实和理由才能够判断是否合法、是否与刑事案件有关联，列入非涉案财物是否恰当？

第二，取保候审金是被取保候审人承诺遵守取保候审规定的一种保全方式，只是因为偶然才进入到刑事诉讼之中。在没有明确判定的标准时，将其列入涉案财物的原因何在？

第三，我国 2012 年刑事诉讼法修正后，增加了犯罪嫌疑人及其家属以自己合法财产向被害人赔偿损失的规定；法律赋予了法官财产保全的权力，犯罪嫌疑人的合法财产被强制也有了法律依据。这些财产本来与刑事案件并无关联，只是因为偶然才与刑事诉讼发生了关系，它们应该归入涉案财物还是非涉案财物？

综上所述，笔者认为，上述列举式划分尽管没有明示其划分标准，但基本上是以财产的合法与否为判断依据，人为地给涉案财物扣上了一顶帽子，既不符合刑事诉讼的客观规律，也无疑给了侦控机关过多的自由裁量权，不利于司法裁判中心的构建。刑事诉讼本身就是一个去伪存真、认知逐步发展的过程，无论是所谓的"涉案财物"和"非涉案财物"，同样应当受到法律的尊重和保护，都应纳入到财产权保障制度体系之中。

（二）规范性文件中的"涉案财（款）物"

在公安部和最高人民检察院的相关规定中不乏"涉案财物"或"涉案款物"的提法。2008 年《公安机关办理刑事案件程序规定》和《公安机关办理经济犯罪案件的若干规定》中使用了"涉案财物"的提法，但没有对其界定。2010 年《公安机关涉案财物管理若干规定》第 2 条规定："本规定所称涉案财物，是指公安机关在办理行政案件和刑事案件过程中，依法以扣押、查封、冻结、扣留、调取、先行登记保存、抽样取证、追缴、收缴等方式提取或者固定的与案件有关、需要作为证据使用的物品和文件，包括：（一）违法犯罪所得及其孳息；（二）用于实施违法犯罪行为的工具；（三）其他可以证明违法犯罪行为发生、违法犯罪行为情节轻重的物品和文件。"

2010 年最高人民检察院颁布的《人民检察院扣押、冻结的涉案款物工作规定》第 2 条规定："本规定所称扣押、冻结的涉案款物，是指人民检察院在依法行使检察职权过程中扣押、冻结的违法所得、与犯罪有关的款物、作案工具和非法持有的违禁品等。犯罪嫌疑人、被告人实施违法犯罪行为所取得的财物及其孳息属于违法所得。"在 2012 年颁布的《人民检察院刑事诉讼规则（试行）》中又使用了"涉案财物"的提法，但没有对其界定。

通过对上述规定进行分析，我们能够发现公安部和最高人民检察院的理解也是有差异的。检察机关强调"涉案款物"的可强制性，即财产的非法性；公安机关强调"涉案财物"的证据价值，而不论其合法与否。但相同之处在于都承认了"涉案财（款）物"的财产属性，这也体现了对公民财产权的尊重。

（三）刑事诉讼法中的新名词——"涉案财产"

2012 年《刑事诉讼法》在"犯罪嫌疑人、被告人逃匿、死亡案件违法所得的没收程序"中规定："……依照刑法规定应当追缴其违法所得及其他涉案财产的，人民检察院可以向人民法院提出没收违法所得的申请。公安机关认为有前款规定情形的，应当写出没收违法所得意见书，移送人民检察院……人民法院在必要的时候，可以查封、扣押、冻结申请没收的财产。"这是我国法律第一次使用"涉案财产"这个名词，尽管立法没有对其进行界定，但从中可以看出"涉案财产"至少包括"违法所得"。

2012 年《刑事诉讼法》第 100 条规定："人民法院在必要的时候，可以采取保全措施，查封、扣押或者冻结被告人的财产。附带民事诉讼原告人或者人民检察院可以申请人民法院采取保全措施。人民法院采取保全措施，适用民事诉讼法的有关规定。"可见人民法院在刑事案件的裁判中多了一项权力，即"财产保全"。财产保全的目的原本就是满足财产刑、返还和退赔被害人等刑事判决的需要，可见涉案财产还包括应保全的财产。

（四）其他相关概念之辨析

刑事诉讼中与涉案财产相关的法律概念还有"赃款赃物"和"犯罪所得"。赃款赃物，主要是指行为人出于非法占有的目的，通过违法犯罪手段获取的他人合法财物。在无罪推定理念确立之前，赃款赃物之说广泛存在于司法实践中，随着 1996 年刑事诉讼法的实施，赃款赃物在侦控机关的规范性文件中已很少提及。犯罪所得，是指行为人通过犯罪活动所获得的财物及其收益。从刑事诉论法的两次修正来看，赃款赃物和犯罪所得之说无疑并不适用于侦控阶段。而且从理论上讲，涉案财产的范围要比犯罪所得和赃款赃物大得多，由于其权属仍处于不确定状态，并非所有的涉案财产都必然成为犯罪所得或赃款赃物。因此，笔者界定的涉案财产之说，不仅能够避免理论上的争议，而且具有包含性，有效弥补了前者适用的缺陷。

在刑事诉讼立法中，"财产"与"财物"这两个词使用的频率都比较高，大体上有这么两种规律。第一，在宏观上针对不特定的对象使用"财产"这一词汇。例如，在总则当中，都是使用"财产"，而没使用"财物"；又如在强调权属时，也使用"财产"，如"国家财产"、"集体财产"、"犯罪嫌疑人/被告人财产"、"被害人合法财产"以及"财产权利"。第二，在微观上针对特定的对象，分别使用"财物"或"财产"。例如，在查封、扣押中使用"财物"，强调财物的有形性，公权力机关可以直接控制；而查询、冻结存款、汇款、债券、股票、基金份额时使用"财产"，强调此类财产的无形性，公权力机关无法直接控制。当然立法上有时也会出现二者混用的现象。例如，"查封、扣押、冻结的财物及其孳息"和"查封、扣押、冻结申请没收的财产"，等等。

通常来讲，财产比财物、款物的范畴要大，财产不仅包括财物，还包括具有财产价值并受到法律保护的权利（即财产性权利），如虚拟财产、债权债务、知识产权、执业资格等其他与人身权紧密相连的财产性权利。这些权利在刑事诉讼中与有形的财物一样，可以成为限制或剥夺的对象。即使是可以将"物"做广义的理解，但从目前立法的发展趋势来看，"财产"作为一个规范性用语，已经在我国宪法和民事法律中广泛适用。最为重要的是，"涉案财产"作为一个宏观上的概念，针对的是不特定对象，既包括犯罪行为侵犯的对象，也包括犯罪嫌疑人、被害人乃至第三人实际占用的对象；既包括实物性财产，也包括财产性权利。因此，笔者认为，使用"涉案财产"这一术语比使用"涉案财（款）物"更为合适。至于立法上针对具体司法行为有不同的表述，无论是使用"财产"，还是使用"财物"，都是无可厚非的。

（五）"涉案财产"之界定

立法上的粗疏必然导致公检法的理解不一致，进而影响刑事执法的规范化建设。因此，有必要对涉案财产重新界定。相比较而言，公安部对涉案财物的界定更具有借鉴意义。基于财产权保障之考量，笔者认为应当将"涉案"做广义理解，此处的"案"既不是已经发生的犯罪行为，也不是静态的刑事案件构成要素，而应是动态的刑事诉讼活动。因此，笔者认为，进入刑事诉讼视野的财产都是涉案财产。

诚然，如此理解并没有解决对涉案财产的模糊认识，那就需要确立一个判断涉案程度的标准。笔者认为，依据涉案财产与刑事诉讼的紧密程度，可以划分为直接相关和间接相关。直接相关的涉案财产，是指该财产构成了刑事案件的必备要素，在案件形成过程中就已存在的、能够证明案件事实的具有财产价值的证据。例如，赃款赃物、违法所得、犯罪工具等，鉴于违禁品在各国立法禁止之列，也属于直接涉案财产的范畴。这些财产，要么是违法犯罪行为指向的对象，要么是违法犯罪行为形成的结果，是司法裁判中的重要证据，而且权属一般不存争议，只要具有合理依据，可以直接采取强制性措施。间接相关的涉案财产则不同，是指该财产并非刑事案件构成的必备要素，与犯罪行为也没有直接联系，只是因为偶然，或为了确保刑事诉讼的推进，才进入到刑事诉讼的视野。例如，与案件构成无关但可以作为证实案情的合法财产、财产保全的部分、以合法财产退赔的部分、取保候审金等。对于间接涉案财产，除了需要合理理由外，还需要严格的司法证明，才能够采取保全性手段。笔者如此界定的目的有二：

第一，为强制性措施的实施提供依据。对于直接涉案财产，出于侦查效率的考虑，可以直接采用强制性措施；对于间接涉案财产，出于财产权保障的考虑，不提倡直接采用强制性措施，而由当事人合理选择。例如，被害人或第三人的合法财产作为证据时，可以采用调取证据的方式进行；应当允许犯罪嫌疑人自由选择提出保证人或提交保证金，作为取保候审的保证方式；对于犯罪嫌疑人的合法财产进行财产保全时，应当由被害人或侦控机关提出申请，由法官审查后做出裁定。这里需要说明的是，犯罪嫌疑人的合法财产作为证据时，尽管属于间接性涉案财产，但鉴于刑事诉讼的高对抗性，可以直接采取强制性措施，作为间接性涉案财产的一种例外情形。

第二，为对涉案财产进行处置提供依据。根据刑事诉讼法及其相关规定，涉案财产处置可以分为实体性处置和程序性处置。实体性处置主要有三种情形：一是没收（特别没收，没收财产和罚金）；二是发还被害人；三是退赔被害人。其中，没收和发还被害人的涉案财产，就是直接涉案财产；退赔被害人主要是间接涉案财产中达成协议的退赔部分和财产保全的部分。程序性处置主要有两种情形：一是返还财产，包括查封、扣押、冻结、取保候审等强制性措施解除后返还给犯罪嫌疑人，和不再作为证据使用的合法财产返还给原持有人；二是移交有权部门处理，包括违禁品的移交，其他违法所得的另案移交等。

二、涉案财产的范围

毋庸置疑，在刑事诉讼中必然会干预公民的财产权。明确涉案财产的范围，目的就是对公权力干预公民财产权的范围进行限制，通过准确界定涉案财产在刑事诉讼中的作用，为公权力强制或处分涉案财产提供依据。

尽管涉案财产的范围在国内外立法中尚未明确界定，但从各国法律中都能觅其踪影。笔者认为，涉案财产的范围应该以刑事实体法、刑事程序法为依据，结合司法实践来确定。考察各国立法，一般是从对物的强制处分的客体的角度规定涉案财产的范围。《德国刑事诉讼法》第 94 条规定："可以作为证据、对侦查有意义的物品，应当提取保管或者以其他方式予以保全，物品由某人所保管，不愿自愿交出的时候，需要进行扣押。"可见德国是将应予保全的财物（实践中主要表现为扣押物）视为涉案财产，并将扣押物分为两部分，一是作为证据之物，二是对侦查有意义的物品。作为证据之物很容易理解；对侦查有意义的物品，根据德国相关司法解释，实质上就是指可没收之物。根据《德国刑法典》第 73 条和第 74 条的规定，可没收之物主要包括：一是因为违法行为本身而取得的财产利益，这包括属于第三人或者第三人有处分权，但该第三人允许用于犯罪或者明知构成犯罪而允许使用的物品；二是故意犯罪所得物、用于犯罪、预备犯罪或者准备用于犯罪之物，这包括正犯、共犯所有或者有处分权之物、本身具有足以危害公共安全或者用于实施违法犯罪行为危险之物、第三人有处分权但是由于轻率而被用作犯罪或者预备犯罪的工具或成为犯罪客体的物或权利。日本学者松尾浩也同样认为，"可以强制的财产包括为证据之物和应没收之物"①。"对于应没收之物，主要包括组成犯罪行为之物；供犯罪行为之物；因犯罪行为产生或者所得之物，或者当为犯罪行为之报酬所得之物；当为前项所列之物对价之物"。②

除了作为证据之物和应没收之物外，涉案财产还应包括财产保全的部分。如《德国刑事诉讼法》第 111 条 c 规定的"扣押"往往同时具有扣押和假扣押两层含义。其中，扣押是为保全证据、预防犯罪和保障没收刑执行而进行的，针对的是与犯罪有关的物品；假扣押是为保证罚金刑得到执行以及相关程序费用得到缴纳，针对的是被追诉人的所有财产。《意大利刑事诉讼法》就将扣押作为收集证据的方法加以规定，同时又以专章规定了对与犯罪有关的物的预防性扣押和保全性扣押。③《俄罗斯联邦刑事诉讼法》第 11 条规定：为了保障附带民事诉讼判决，检察长以及调查人员和侦查人员经检察长同意，可以向法院提出申请扣押犯罪嫌疑人、被告人的财产。英美法系国家传统上只是重视证据保全，但现在的趋势是将保全的内容扩展至财产保全。例如，2002 年《英国犯罪所得法》就系统规定了财产保全的程序，公诉人、没收账户管理机构主任或者受托的金融侦查警察，可以向皇家法院申请保全命令。

根据上述分析，笔者认为，虽然各国立法对于涉案财产的具体范围没做规定或只是做了原则性的规定，但是我们也可以从散落于法律条文的规定中找到

---

① ［日］松尾浩也：《日本刑事诉讼法》（新论上卷），丁相顺译，中国人民大学出版社 2006 年版，第 74 页。

② 井龙：《扣押、冻结款物处理程序研究》，西南政法大学 2010 年硕士学位论文，第 10 页。

③ 黄怡：《试论在经济犯罪案件侦查中赃款赃物认定和追缴的法律问题》，载《江西公安专科学校学报》2001 年第 2 期。

一些分类的依据。笔者这里将涉案财产界定为"作为犯罪之物"、"作为证据之物"和"作为保全之物"。尽管这三者的划分标准不同,而且在范围上有重合之处,但是笔者认为只有这样才能完全涵盖涉案财产的范围,并且将其从理论上加以区分也是十分必要的。

(一)作为犯罪之物

我国《刑法》第64条规定:"犯罪分子违法所得的一切财物,应当予以追缴或者责令退赔;对被害人的合法财产,应当及时返还;违禁品和供犯罪所用的本人财物,应当予以没收。没收的财物和罚金,一律上缴国库,不得挪用和自行处理。"通过对这一法条的分析,我们不难看出,所谓追缴、责令退赔、返还、没收的对象即"作为犯罪之物",是指刑事实体法意义上的涉案财产,其范围应该包括"违法所得"、"违禁品"和"供犯罪所用的本人财物"三个组成部分。

1. 违法所得。有学者将实施一般违法行为取得的财物及孳息称为"违法所得";实施犯罪行为取得的财物及其孳息称为"犯罪所得"。然而考察各国刑事实体法和刑事程序法,将其加以区分的并不多,尤其是我国刑法据以量刑的标准也是"违法所得"。我国《刑法》第64条证实了这一点,该条中的违法所得并不仅指犯罪所得,还包括违反民事、行政法律等与犯罪有关的行为获取的一切财物。这是因为不同诉讼程序之中的违法所得存在着相互转化的情形。例如,在行政执法或是在民事审判的过程中发现行为构成犯罪的,相关机关应当将案件移送司法机关处理,此时的违法所得必须随案移送,交由刑事司法机关处理;而在刑事诉讼过程中,当刑事司法机关发现案件不足以追究刑事责任但需要追究民事或行政责任的时候,就会对案件提出处理建议,并将违法所得移交相应的主管机关处理。更为重要的是,在侦查程序中干预财产权的行为均是为实现控制犯罪、证实案情而言的,即使在以后的阶段"涉案财产"被认定为与犯罪无关,而只是与一般违法行为相关,但对于违法所得亦要做出相应的处分,只是与犯罪所得的处分方式不同而已。因此,为了避免法律用语使用的混乱,可以将实施违法犯罪取得的一切财物统称为"违法所得"。

2. 违禁品。所谓违禁品,是指法律、法规明文禁止持有、使用或交易的物品。在我国主要包括武器、弹药、炸药、雷管、导火索、剧毒物品(如氢化钠、氰化钾等)、麻醉剂(如鸦片、海洛因、吗啡等)和放射性物品、管制工具以及法律规定的其他违禁品。一般而言,违禁品无论是否被用于犯罪,只要行为人非法拥有该物品,均应当没收。各国由于立法之不同,违禁品的范围亦不同,笔者在这里不再赘述。

理论上一般将违禁品分为绝对违禁品和相对违禁品。绝对违禁品是指无论任何人于任何时间、任何地点持有，均为法律、法规所禁止持有之物。相对违禁品，是指原则上系违禁物，但经法律允许可以持有、制造之后，则可从违禁物中排除的物品。我国法律没有明文规定绝对违禁品的种类，而对于相对违禁物，一般说来，只要是持有人合法拥有，且没有用于违法活动时，一般不应没收。

3. 供犯罪所用的本人财物。一般认为供犯罪所用的本人财物，主要是指犯罪工具，即犯罪分子直接用于实施犯罪的财物或器具。笔者主张对犯罪工具做狭义理解，即"专用于犯罪或主要用于犯罪活动"的财物，在理解这一概念时需要把握以下几点：

一是必须直接且专门用于犯罪。直接，多体现为对犯罪完成具有决定性或促进性作用，如盗窃时所用的撬门工具、抢劫时所持有的凶器等；专门，体现为专供犯罪所用，如专门用于走私所购置的船只、行凶时所用的刀具等。直接性和专门性是刑事没收供犯罪所用的本人财物必须具备的前提条件。至于犯罪中使用的其他物品是否应当没收，则应综合考虑，把能否预防犯罪者重新犯罪作为重要的参考依据。例如，那些与犯罪行为只有间接性的联系或偶尔被犯罪分子利用的工具，如交通肇事案件中的机动车，或盗窃时使用的运输工具，不应作为刑事没收的对象，以免扩大打击面，危害公民合法的财产权利。

二是供犯罪所用的本人财物不仅限于犯罪既遂的过程，也包括犯罪预备、犯罪中止或未遂的状态。例如，为了准备投毒而购买的毒药，即使该行为中止或未遂，该毒药就是供犯罪所用之物，应予没收。

三是该财物应由犯罪行为人本人所合法占有，而不应包括他人的合法财产。例如，盗窃行为人非法窃取别人机动车辆后用于运输盗窃财物，就应当考虑车主的合法性财产权利，不能随意扩大没收的范围，在固定证据完成后，应及时返还原物品持有人。

（二）作为证据之物

作为证据之物，是指与案件有关联能够作为证据使用的财物，主要包括物证、书证以及视听资料。司法实践中的物证大多具有一定的财产价值①，无疑具有财产权的属性。视听资料在传统证据体系中属于物证的范畴，在社会生活

---

① 可能在某些情形下并非如此，如犯罪行为人随手捡起的、用作行凶的石头以及痕迹物证。笔者认为如果犯罪嫌疑人随手将该证据丢弃，公安司法机关在勘验检查中将其作为物证收集，此时的取证行为并不具有强制性，此时的证据收集只是证据保全的一种手段，并不在本书探讨的范畴之内。但如果犯罪嫌疑人故意将其隐匿，此时的"石头"或"痕迹"就不再是法律上的遗弃物，而具有了一定的对物性权属，公安司法机关无论是搜查，还是扣押，如果不是依照法定程序进行，无疑会侵犯"占有者"的合法权益。

中本身就具有财产价值。尽管对于"文件"是属于财产权还是属于隐私权的范畴不好界定，但其在作为证据出现时，无疑被某人所占有，采取强制手段收集该文件，就是对当事人财产权的干预。例如，卡姆登法官在审理恩廷克案中，一方面强调个人财产神圣不可侵犯，另一方面又指出文件是个人宝贵的财产，强制获得这些文件用作证据，无异于强迫他做出反对自己的证言。[①]

在司法实践中，"作为犯罪之物"中的绝大部分都能够成为证实涉嫌犯罪的证据，如违法所得、犯罪工具都是"作为证据之物"；如果违禁品同时也被作为犯罪工具使用时，毫无疑问也是"作为证据之物"，这些在各国法律中都有明文规定。除此之外，如果其他物证、书证和视听资料只是因为偶然才与犯罪行为发生了联系，且能够作为证实案情的证据，即使不是"作为犯罪之物"，只要是在犯罪嫌疑人占有之下，公权力机关有权力也有责任将其查控，以资证据保全。当然第三人占有的上述证据是其合法财产，公权力机关在收集该证据应尽量避免使用强制手段，防止给第三人造成财产损失。

（三）作为保全之物

依据诉讼保全的目的，可以分为证据保全、社会保全和财产保全。对于前两者无疑是针对作为犯罪之物、作为证据之物和取保候审金。而财产保全在我国刑事诉讼中还是一个新生事物。我国 2012 年刑事诉讼法赋予了法官财产保全的权力，目的是确保将来的有关财产判决的顺利执行，对被告人的财产进行强制，限制被告人处分其财产，以防止因隐匿、出卖或毁损财产而导致判决流于形式。可见我国的财产保全针对的是被告人的合法财产。笔者认为，要想真正解决我国刑事附带民事的执行困境，借鉴国外的做法，有必要赋予侦控机关财产保全的权力。除此之外，司法实践是复杂的，为防止公权力侵犯公民合法权益，财产保全还应包括以下部分：一是犯罪嫌疑人或亲属以合法财产主动退赔的部分；二是基于维护生产所必需，犯罪嫌疑人提供的用以财产担保的部分；三是犯罪嫌疑人使用的第三人合法财产以及第三人使用的犯罪嫌疑人的合法财产，等等。

作为一个法律概念，涉案财产是未经法院生效判决的财产，其仍然具有财

---

① 布拉德利法官根据该判例如此阐释了宪法第四修正案的实质："这些原则的意义，远远超过提交到法院的充满外来不定因素的具体个案；它们适用于所有政府方及其雇员实施的对一个人的住宅的神圣性与生活的隐私的侵犯。构成此种侵犯的实质，并不是砸开他的房门，翻找他的抽屉的行为；而是对他人身安全、人身自由和私人财产此种不可废止之权利的侵犯，这些权利不会因他实施了某些公共违法行为，被判有罪而丧失——正是对此神圣权利的侵犯，支持并构成了卡姆登法官判决的实质。闯入住宅，打开盒子、抽屉是加重情节；但强迫或强制地获取一个人的证言或私人文件，作为证明其有罪或罚没其财产的证据，才是该判决所反对的内容。在此方面，第四和第五修正案几乎互相交叉。"

产权的一切性质。在侦查过程中，涉案财产无论是作为证据之物、作为犯罪之物，还是作为保全之物，都难免被侦查机关强制、处置或保全。确定涉案财产的范围，意义在于将其纳入到刑事诉讼制度之中予以规范，保障公民合法财产免受侵害。一是可以避免侦查机关自行认定、随意强制以及肆意扩大涉案财产范围现象的发生；二是立法上可以针对与涉案财产相关的侦查行为进行规范，避免侦查机关滥施强制，恣意侵犯公民财产权。

三、涉案财产的种类

如前所述，财产是个历史的范畴，其具体样态随着人类社会的发展而不断变化。在法律上也产生了诸如"物"、"有体物"、"无体物"、"有形财产"、"无形财产"、"虚拟财产"、"知识产权"等名词。笔者认为，上述财产样态未必都会在刑事诉讼中出现，而且有些公法上的财产是无法强制或处分的。

考察我国立法，干预公民财产权的措施，主要是根据涉案财产的表现形态来设计的。因此，笔者这里只是根据涉案财产的外在表现形式，简单将其分为实物财产和非实物财产。其中，实物财产可以分为动产和不动产；非实物财产可以分为金融财产和其他非实物财产。

对于动产，可以使用扣押或调取证据的方式进行；对于不动产可以用查封的方式进行；对于金融财产，可以用冻结的方式进行；对于其他非实物财产的干预措施，我国立法没有明确界定。根据域内外司法实践，对于常见的查封、扣押、冻结和调取证据所针对的涉案财产类型不再赘述，着重探讨一下其他非实物财产。

对于其他非实物财产是什么，有哪些种类，我国立法上并没有明确的界定。考察学界的研究成果，结合司法实践，笔者认为，刑事诉讼中可以加以强制的其他非实物财产主要包括虚拟财产和执业资格。

对于虚拟财产的含义和范围理论上争议也比较大。有人认为它主要包括两部分：一是长时间虚拟生活中形成的人物形象，这点是不能转换到现实生活中的虚拟财产；二是狭义的数字化、非物化的财产形式，它包括网络游戏、电子邮件、网络寻呼等一系列信息类产品。但由于目前网络游戏的盛行，虚拟财产在很大程度上就是指网络游戏空间存在的财物，包括游戏账号的等级，游戏货币、游戏人物拥有的各种装备，等等，这些虚拟财产在一定条件下可以转换成现实中的财产。在司法实践中有关侵犯虚拟财产的案例也时有发生，如2005年12月9日，国内首例涉及"虚拟财产"的盗窃案件在深圳市南山区人民法院开庭。犯罪嫌疑人曾某和杨某盗窃了上百个QQ号码，售得7万多元，检察机关以其涉嫌盗窃罪提起公诉。笔者这里无意对该案件的定罪量刑问题进行探讨，但对于此类虚拟财产能否采取强制性措施持否定态度。然而并非所有的虚拟财产都是无法控制的，在民事案件中我们找到了相关的案例。在 2012 年 9 月，浙江省宁波市北仑区法院审理了两起民间借贷案，由于被告公司名下无现有财产，法院便查封其公司网络域名。据了解，包括这两起借贷案在内，自 2012 年 2 月起北仑区法院共受理了 6 起以宁波一家网络科技公司为被告的案件，涉案金额累计达 200 余万元。法院调查中发现，这家公司名下无其他现有财产，而其持有的某网站是国内最大的生产某单项产品的网站，具有一定的经济价值，曾有多家企业表示过初步购买意向。法院便向此域名的管理机构厦门某互联网科技公司送达了协助执行通知书与民事裁定书，对此域名办理了查封手续。若被告的公司败诉后逾期不履行债务，法院将依法对此域名进行评估拍卖，拍卖所得现款将用以清偿申请执行人的债权。据办案法官介绍，域名权作为一种新型权利，以网络域名为客体，属于知识产权的一种，通常具有一定的经济价值，且属于可控制的财产，可依法查封。

除了可控制的虚拟财产外，刑事诉讼中还有一种非实物财产可以采取强制性措施，就是那些与人身权紧密相连、但具有财产权性质的职业资格、许可证和执照（可统称为执业资格），有时会成为隐形的犯罪工具，如不进行限制，可能造成更大的损失。在我国暂扣许可证或执照、责令停产停业是行政处罚，需要行政机关依法定程序做出，尽管侦查机关可以利用行政手段达到限制资格的目的，但是刑事侦查的时效性特点，需要迅速、及时地制止违法犯罪行为的发生，防止社会危险性的出现，因此，笔者认为有必要在刑事诉讼中设置限制执业资格措施，实现限制该类财产权的目的。

四、侦查程序中财产权保障的特点

侦查程序作为刑事诉讼程序的重要组成部分，侦查程序中的财产权保障有着毋庸置疑的正当性，然而侦查程序毕竟不同于其他法律程序，与起诉程序、审判程序相比较，其财产权保障具有明显的不同。

第一，侦查程序中的财产权保障是整个刑事诉讼财产权保障状况的集中体现。侦查程序作为一个独立的阶段，承载着为起诉、审判提供对象和依据的功能，而且在侦查活动中，程序的进行直接关系着普通公民的宪法性财产权利，对被追诉人尤甚。基于人们更关注审判的实体性结果是否公正，被害人的财产损失是否得到弥补，侦查程序成为一个容易被忽视的财产权保障领域。而实践恰恰相反，不仅搜查、扣押等限制财产权的行为发生在侦查阶段，而且侦查阶段往往还要对涉案财产做出实体性处置，可见公权力对财产权利的侵犯主要体现在侦查程序之中。从一定意义上讲，侦查程序中的财产权保障成为最容易看得出和可衡量的人权保障文明程度的标尺。正是基于此，笔者认为侦查程序中的财产权保障问题理应成为刑事诉讼中财产权保障的重点。

第二，侦查程序中财产权保障是动态的、多元的。首先，伴随着侦查活动的推进，侦查机关要根据案情实施不同的财产发现和限制措施，如搜查、查询、查账、查封、扣押、冻结等。而起诉阶段和庭审阶段则不同，起诉机关和审判机关很少主动进行上述活动，而是依赖侦查阶段获得的证据验证案件是否达到起诉和定罪量刑的标准。尤其是对于审判来说，无论是没收财产或处以罚金，还是返还被害人合法财产，基本上都是以侦查阶段扣押的财产为执行标的，这也正说明了侦查程序中财产权限制的基础性地位。

除了上述动态的程序性财产发现、限制措施外，侦查程序中还要对财物进行合法、科学管理；随案移送、移交；对与案件无关以及权属性质明确的财物，必要时还要返还原物品持有人或刑事被害人；对违禁品还要做出没收的决定。可见侦查程序中财产权保障除了具有动态性特点外还具有多元化的处理方式。

第三，侦查程序针对的往往并非财产权的所有权能[①]。财产权限制措施是对财产权（尤指所有权中的占有、使用、收益、处分权能）部分权能的限制或暂时剥夺，如冻结银行存款并不妨碍利息的获得，冻结股票并不妨碍投资收益，而审判程序则不同，是对财产权的全部权能做出彻底剥夺与否的裁定。而且，在侦查程序中，有些财产权是无法通过物理上的限制手段进行控制的，如债权问题、无形财产问题，而审判程序（包括刑事附带民事诉讼）则不同，一经做出没收或发还被害人的裁定，无论是侦查机关已经控制的财物，还是案外的债权债务，只要经过必要手续变更，财产权即完成整体转移。

第四，司法实践中还存在案件无法到达审判阶段的情形。因此，如何解决侦查程序中已经控制的财物，也是侦查程序中重要的理论课题。

通过上述分析，我们可以得出结论，侦查程序在财产权保障方面与起诉程序、审判程序相比，具有明显的不同，极具研究的价值和意义。

---

① 通常来说，刑事诉讼中对财产权的限制主要是通过限制财产权中的所有权来实现的，具体表现为对涉案财产的发现和控制。因此笔者下文中的财产权的权能意指财产权中所有权的四大权能。

第二章 侦查程序中财产权保障的原则

法律原则，是指作为规则的基础或本源的综合性、稳定性原理和准则，[①]是法的组成要素之一，具有概括性、普遍性和抽象性特点，能够起到指引、评价、预测、裁判的功能。法律原则所反映的内容是立法、司法活动中应遵循的原理性、公理性或政策性要求。在宪法精神的指引下，现代刑事侦查承担着控制犯罪和保障人权的重大使命，侦查程序中的财产权保障原则是宪法原则、刑事诉讼原则以及人权保障原则在财产权保障层面上的具体化，是构建侦查程序中的财产权保障制度的基础。

现代刑事诉讼制度之所以能承担起人权保障的任务和使命，关键在于它在人权保障优先的价值理念指引下，建立了一套分权制衡的原则，从而有效约束了国家权力的恣意行使。因此，我们在设计侦查程序中的财产权保障原则时，必须立足于宪政的高度，为财产权保障提供完善的制度保障和原则指导。

财产权作为一项基本权利，具备基本人权共有的通性，因此在侦查程序中，应当遵循刑事诉讼中人权保障的基本原则；但财产权与公民的其他基本权利相比较，又有其独有的特征，因此侦查程序中财产权保障的原则又有其特有的内涵。财产权保障的原则架构起了侦查程序中财产权保障制度的基本框架，同时又是财产权保障制度设计和运行的指导原则，成为财产权保障的关键性堡垒。

第一节 正当程序原则

正当程序，也被称为法律的正当程序或正当法律程序，是一项源于自然法，形成、发展于英美国家的一个人权保障原则。作为一个法律名词，正当程序无疑具有最为丰富的内涵；作为一种法律精神，正当程序经历了形成于英国、盛行于美国、进而影响到大陆法系国家乃至全世界的过程。经过近千年的发展，正当程序已经成为现代法治国家人权保障的最重要的核心理念。从司法实践上来看，其与刑事诉讼中被追诉人的人权保障联系最为密切。英国丹宁勋

---

① 韩德明：《侦查原理论》，中国人民公安大学出版社 2005 年版，第 100 页。

爵曾经对正当程序做了经典的描述："我所说的法律的正当程序，系指法律为了保持日常司法工作的纯洁性而认可的各种方法，促使审判和调查公正地进行，逮捕和搜查适当地采用，法律援助顺利地取得，以及消除不必要的延误等"。① 国外有关人权保障的立法与司法实践充分说明了正当程序在人权保障方面具有重大的作用，可以说，没有正当程序，就没有人权；同时，人权又是正当程序的价值追求，是衡量程序"正当性"的标准之一。

一、正当程序的历史变迁

正当程序原则是一种发端于英国，盛行于美国，普及于世界的法律原则，在其自身形成的过程中，既有自发的历史演变，也有自觉的逻辑演绎。也正因为如此，正当程序原则在其影响不断扩大的同时，自身也在不断地完善。

究其根源，正当程序的源头可以追溯到古希腊、罗马时期。尽管希腊语中没有正当程序的概念，但他们认为"若一个人未经审判或定罪而被处死是一种暴行"。11 世纪的罗马帝国皇帝康德拉二世曾颁布诏令："不依帝国法律以及同等地位贵族的审判，不得剥夺任何人的封邑。"② 上述观念和规定已经触及正当程序最核心的内容。

作为近代意义上的正当程序出现在英国，1215 年《自由大宪章》第 29 条规定："任何自由民，非经其采地贵族之合法审判，并经依国法之判决，不得予以逮捕、监禁、没收其财产、放逐、伤害，或不予以法律保护。"③ 因此，《自由大宪章》被视为最早出现限制君主权力、保障人权的宪法性法律。及至 1354 年"正当程序"这一名称才首次出现在《伦敦威斯敏斯特自由法》中，并将保护的权利主体从自由民（主要是贵族）扩展到任何人，体现了法律的平等精神。此后的 3 个世纪中，英国先后颁布了《权利请愿书》（1628 年）、《人身保护法》（1679 年）和《权利法案》（1689 年）一系列限制王权、保护公民权利的法律或文件。可以说，作为保障人权的最重要的武器，正当程序原则奠定了英国宪政的根基。

尽管近代的正当程序起源于英国，但其随着殖民者的漂洋过海，在美国得到了前所未有的发展。《美国宪法修正案》中有两条规定与正当程序息息相关，那就是 1791 年通过的第五修正案和 1868 年通过的第十四修正案，即"未经正当法律程序，不得剥夺任何人的生命、自由或财产。"第五修正案适用于

① ［英］丹宁：《法律的正当程序》，李克强等译，法律出版社 1999 年版，第 1 页。
② 焦洪昌、李树忠：《宪法教学案例》，中国政法大学出版社 1999 年版，第 62 页。
③ 荆知仁：《美国宪法和宪政》，台北三民书局 1984 年版，第 77 页。

联邦政府的法律和诉讼，而第十四修正案将正当法律程序扩大适用于各州。美国宪法修正案中的正当程序条款尽管来源于英国普通法，但其直接的来源是当时一些州的宪法，如弗吉尼亚、马里兰、北卡罗来纳和马萨诸塞的宪法中都包含有正当程序的条款，可见，宪法中的正当程序原则具有开放性特征。从1873年到1898年，美国联邦最高法院在一系列重要的判例中对正当程序做了革命性的解释，从而使法院成为私人财产的保护人。需要注意的是，在美国"正当程序"后来被进一步区分为"实体性的正当程序"和"程序性的正当程序"。所谓实体性正当程序，是指剥夺人的生命、自由、财产要有充足的理由；程序性正当程序，是指政府在剥夺人的生命、自由、财产之前必须要遵循法定的程序。

进入20世纪以后，正当程序本身也是在不断发展变化的，基于犯罪增多造成的社会压力，正当程序原则在英美国家也有所调整，主要体现为警察侦查权的增强，以及为非法证据排除规则设置了一些例外，这其实正是控制犯罪与人权保障价值目标均衡的结果。

出于对第二次世界大战践踏人权的深刻反省，正当程序的理念逐渐摆脱狭隘的国界、甚至是不同的法系，逐步走向国际社会。例如，日本、法国、德国、俄罗斯等大陆法系国家逐步接纳了正当程序的观念，甚至将其作为指导刑事立法、司法的一项重要原则。特别是第二次世界大战后的日本在"麦克阿瑟草案"第31条规定，"任何人非经国会所定之程序不得剥夺其生命、自由或科以任何之刑罚。且任何人不得剥夺其向法院提起诉讼的权利。"可见该条与美国宪法的正当程序条款，具有十分密切的联系。《俄罗斯刑事诉讼法》中规定了追究和保障并重的刑事诉讼目的，确立了非法证据排除规则以及完善了司法审查机制。在现代社会，不仅一些大陆法系的国家，联合国以及一些国际组织在制定有关人权保障的国际公约①中也发扬了正当程序原则的基本精神，且与美国法具有相似的逻辑结构。

二、正当程序的内涵

在历史上，正当程序原则的初生，最直接的目的就是限制国家权力的恣意

---

① 《公民权利和政治权利国际公约》第14条第1款规定："在判定对任何人提出的任何刑事指控或确定他在一件诉讼案中的权利和义务时，人人有资格由一个依法设立的合格的、独立的和无偏倚的法庭进行公正的和公开的审讯。"《欧洲人权公约》规定："在确定其民事权利和义务或对之提出的刑事指控时，任何人有权在合理的时间内获得由法律规定的独立和公正的法庭举行的公正和公开审判的权利。"《美洲人权公约》第8条第1款规定："人人有权在适当的保证下和一段合理的时间内由事前经法律设立的独立公正的主管法庭进行审讯，以判定对该人具有犯罪性质的任何控告，或决定该人的民事、劳动、财政或具有任何其他性质的权利和义务。"

滥用，确保国家权力行使的节制性。在现代法治国家里，正当程序原则的价值在于"以程序制约权力"，其主要目的就是防止国家权力恣意、专横。尽管几经发展，正当程序原则本质上仍然是一种"限权（力）护权（利）机制"，其确立是以人权保障为导向的。关于正当程序的准确内涵和具体要求，我国理论界存在争议，如有学者认为只有"被告知"和"听审"才是正当程序原则的真正含义，笔者认为这其实是一种误读。我们从正当程序的发展历史可以看出，在正当程序原则的指引下，英美等国相继确立了程序法定原则、程序正义原则，并进而构建了司法审查机制、令状主义、非法证据排除规则，可见正当程序已经成为刑事司法中最重要的理念。笔者认为，无论从何种意义上理解正当程序，都始终离不开两个必备的条件，即作为形式要件的程序法定和作为实质要件的程序正义，只有从这两个条件出发进行分析，才能了解正当程序的真正内涵。

（一）程序法定

"程序法定"源于宪法层面上的"法律保留原则"。所谓法律保留原则，从宏观上讲，就是指国家对经济社会和公民自由的干预，必须得到法律的授权，没有议会法律的授权，国家不得干预。① 简而言之，国家行为涉及宪法对公民基本权之侵害时必须要有法律依据。根据公法学的基本原理，法律保留原则的法理根据主要在于民主原则、法治国家原则和基本权利保护原则。其中与刑事诉讼关系最为密切、影响最为重大的就是基本权利保护原则。它要求全面保护公民的自由和财产，并且——与法律保留或者范围保留相应——只能通过或者根据法律加以限制。也就是说，"对于公民基本权利的侵害，必须限于有法律作为依据时，方得为之。然而法律必须采取明确性的规定方有其意义，即禁止有所谓技术扩张，或透过司法造法的途径来侵害人民之基本权利。法律授予国家机关得以侵害公民基本权利，必须依照法律明文规定，才能得到准允，而不许任意予以扩张侵害范围，就侵害角度而言，即是透过法律的明文规定限制国家机关侵害公民基本权利的范围；而从公民权利侵害的角度讲，公民的基本权利也透过严格的法律保留而获得了确保。"② 刑事诉讼法作为宪法之"测震仪"，法律保留原则的精神和要求，在刑事诉讼领域中有着直接而具体的体现。在刑事司法领域贯彻法律保留原则，实质上就是要求实现刑事司法权的法定化，包括实体意义上的罪刑法定和程序意义上的程序法定。

因此，刑事诉讼中的"程序法定原则"又被称为法定刑事诉讼程序原则，

---

① 于安、方洁：《德国行政法》，清华大学出版社 1999 年版，第 3 页。
② 陈志龙：《法治国检察官之侦查与检察制度》，载《台大法学论丛》第 27 卷第 3 期。

是指国家刑事司法机关的职权及其追究犯罪、惩罚犯罪的程序，都只能由立法机关制定的刑事诉讼法来加以明确规定，刑事诉讼法没有明确赋予的权力，司法机关不得行使；司法机关也不得违背刑事诉讼法所明确设定的程序规则而任意决定刑事诉讼的进程。换言之，程序法定强调公权力行为必须在形式上受到法律（仅指国家立法机关制定的法律）所确定的程序之规制和约束。其包括两个方面的要求，一是立法方面的要求，即诉讼程序应当由法律事先明确规定，也就是有法可依；二是司法方面的要求，即诉讼活动应当依据国家法律规定的程序进行，也就是有法必依。从程序法定的要求来看，程序法定是确立立法与司法相互制衡关系必不可少的要件，同时也是在刑事诉讼领域实现程序正义和人权保障价值的基础性条件。由此可见，程序法定构成了正当程序的前提和必要条件。

鉴于刑事诉讼公权力部门的具体任务之不同，程序法定原则在不同的诉讼阶段有不同的表现。程序法定在侦查程序中表现为强制侦查法定原则，强制侦查法定原则在两大法系表现出不同的特征。在大陆法系国家，强制侦查法定原则表现为"司法审查"，强制侦查行为只有在符合法律规定的实体要件和程序要件，一般经法官事先批准后才能实施，属于一种"静态抑制"的方式。在英美法系国家及日本，强制侦查法定原则表现为"令状主义"。这些国家不仅原则上要求实施强制侦查行为必须事先经过法官批准，而且在执行令状之后仍须受到法官的审查，可见，这是一种"动态抑制"的方式。

（二）程序正义

在西方思想史上，自从亚里士多德以来，有关正义的理论文献可谓汗牛充栋，有关正义的理论学说可谓学派纷立，但这些正义观念所关注的多是所谓"分配的正义"、"均衡的正义"以及"矫正的正义"，[①] 属于"实质正义"或"实体正义"（substantive justice）的范畴，而不是活动过程（process）的正当性。直到 20 世纪 60 年代，一些学者从关注人类自身的前途和命运出发，开始研究过程或程序本身的正当性问题。1971 年美国学者约翰·罗尔斯在其《正义论》一书中提出并分析了程序正义，在此前后的一段时期，在法哲学领域内也出现了一种研究程序正义（Procedural Justice）的思潮。一些英美学者从揭示传统上的"自然正义"和"正当法律程序"的理念的思想基础出发，对法律程序本身的公正性和正当性进行了较为充分的探讨，提出了一系列的程序正义理论。在英美法系国家有一句人所共知的法律格言："正义不仅应得到实

---

① 对于这一点，M. D. 贝利斯教授在其《程序正义》一书中做出过详细的分析。参见 M. D. Bayles, "Procedural Justice", 1990byD. Deidel Publishing Company.

现，而且要以人们看得见的方式加以实现"（Justice must not only be done, but must be seen to be done），这种看得见的正义，实质上就是指裁判过程（相对于裁判结果而言）的公平，法律程序（相对于实体结论而言）的正义。

在法哲学领域，对程序正义与否的价值判断主要有两种学说，即"程序工具主义"和"程序本位主义"。程序工具主义理论将程序正义视为一种可以完全决定裁判结果的绝对因素，只要遵循了公平、合理的程序，法院的裁判结果就被视为是正当的，不论这种裁判是否建立在正确、可靠的案件事实基础上。程序本位主义理论将在其他领域中可能行得通的"纯粹的程序正义"推广到法律实施活动中来，将程序与程序所要产生的结果视为不可分离的一体，强调程序本身具有独立于实体结果的内在价值，但并不否认法律程序在保障实体正义方面的有用性。

由于程序工具主义更为关注结果的正义，而不是程序本身的正义，这在极为注重程序公正、对从公正程序中产生的结果普遍愿意接受的英美人看来，可能是比较容易理解的，但并不意味着其他国家的民众能够接受这种观点，因此程序工具主义饱受贬斥。而程序本位主义恰恰满足了参与、公平以及保障个人尊严等过程价值的实现，更多地受到推崇。其实在司法实践中，即使完全按照公正合理的程序进行审判，也难免会出现误判，正因为如此，各国普遍设立刑事救济程序，以便对裁判结果予以及时审查，对确有错误的结果予以纠正。例如，上级法院撤销下级法院的裁判，并不是因为后者审判程序不公正，而是因为后者通过公正的程序做出了不公正的裁判。尽管如此，程序本位主义理论仍然是人类法律文化中的宝贵财富，因为它们将法律程序本身的正当性、合理性视为与实体裁判结果的公正性具有同等意义的价值目标，强调法律实施过程要符合正义的基本要求，从而在原来的所谓实体正义或实质正义的基础上又发展出了程序正义的理念，提醒人们在重视裁判结果公正的同时，还要确保法律实施过程的公正性。尤其是在"重实体，轻程序"乃至"程序虚无主义"观念极为盛行的中国，引进和推广程序正义的观念，强调法律程序的独立内在价值和意义，更具有极为重要的意义。①

从正当程序的变迁中我们可以看出，正当程序是作为一项独立的人权保障原则提出来的，程序正义尤其指向刑事诉讼中的人权保障。如今程序正义已经成为法律公正价值的重要内涵。一种好的法律不仅要制定出符合理性要求的程序法，而且要确保程序法得以贯彻执行，最大限度地保证公民基本权利得到公平、合理的实现。程序正义关注程序本身的完善，这种程序本身必须正义，缺

---

① 陈瑞华：《程序正义论——从刑事审判角度的分析》，载《中外法学》1997 年第 2 期。

乏正义性的法律程序绝对不是正当程序。尽管目前学界对程序正义的标准认识不尽相同，但总体上体现了对程序本身价值需求所具有的一些共同因素，例如平等、参与和中立。程序正义在侦查程序中表现为法律上对侦查活动提出的基本要求，其核心要求是权利受到影响的当事人有获得被告知、听审、并辩护的权利①。可见，程序正义是正当程序的内在属性和价值所在，是正当程序的核心。

三、正当程序原则与财产权保障

正当程序原则的价值在于人权保障，这是众所周知的，但正当程序原则曾经更侧重于人权保障中的财产权保障，则未必所有人都清楚。在 19 世纪和 20 世纪初，私有财产权得到美国最高法院极大的保护，财产权一直是其保障的重点，最高法院的判决几乎都与财产有关。企业也常从宪法中引用正当程序原则对抗政府在经济管制和干预中侵犯其财产权。直至 1937 年罗斯福新政时期，美国掀起了"宪法革命"，最高法院审慎地抛弃了激进的正当程序哲学，不再审查政府经济立法。不过"法院在经济领域退让的东西，正是它在其他领域新获得的东西，其中最为显著的是公民基本权利和自由之保护领域获得的东西。"② 法院对涉及公民基本权利的立法采取了严格的检验标准，此时财产权保障与人身权保障相比，已退居次要位置，但财产权保障仍然是正当程序原则重要使命之一。

正当程序原则的完全确立依赖于一定的社会条件，根据我国国情把正当程序原则作为宪法的基本原则条件尚不成熟，但是在宪法中规定限制或剥夺公民的基本权利必须经过法定的程序还是可行的。然而法学研究必须具有前瞻性，笔者这里从正当程序的程序法定和程序正义两个要件着手，对正当程序在财产权保障中的应用进行阐释。

（一）程序法定与财产权保障

作为一项通过限制公权力而达至保障私权利的程序性原则，程序法定适用于刑事诉讼中人权保障的全过程，对公民基本权利的保障相当周全，当然也包括侦查程序中财产权保障的内容。在域外，程序法定原则对公民财产权的保障

---

① 如在 1950 年的 Mullhanev. Central Hanover Bankand TrustCo. 一案中，大法官弗兰克福特（Frankfurter）代表最高法院提出，告知是正当程序的一项基本要求，"个人有权获知针对他们的案件的相关情况并获得听证的机会。"又如在 1908 年，最高法院在 Londonerv. Denver 一案中就指出，"就其本质意义上讲，听证要求享有听证权的人有权通过论辩支持自己的主张，无论其论辩多么简单；在必要时，有权提供证据支持自己的主张，反驳对方的观点，无论这些证据多么非正式。"

② 朱伟一、董婉月：《美国经典案例解析》，中国法制出版社 1999 年版，第 13 页。

主要是通过"对物的强制处分"的规制来实现的。对物的强制处分作为干预公民财产权的行为，可以从效力上区分为"程序性强制处分"和"实体性强制处分"。在侦查程序中，程序性强制处分是一种临时性限制或剥夺公民财产权的诉讼行为，并不具有终局性效力；而实体性强制处分是一种终局性处分，具有执行力（在审前程序中表现为特别没收或返还被害人合法财产，在庭审程序中表现为没收财产或罚金刑）。然而，不论是程序性处分还是实体性处分，都是以限制或剥夺公民的财产权为内容，因而潜藏着被滥用而侵犯公民财产权的危险。因此，对物的强制处分需要遵循程序法定原则。下面分而述之：

1. 程序性强制处分法定化。程序性强制处分法定化是强制侦查法定原则的重要内容，而刑事诉讼中区分强制侦查和任意侦查的意义，就在于为了人权保障价值目标的实现。法治国家在立法和侦查实践中均规定，以任意侦查为原则，强制侦查受到严格的程序控制，这就是强制侦查法定的主要内容。例如，《日本刑事诉讼法》第 179 条规定："为了实现侦查的目的，可以进行必要的调查。但是，如本法无特别规定时，不得进行强制处分。"

从各国司法实践来看，法律所明文授权侦查机关采用的干预公民财产权的强制侦查行为包括搜查和扣押两大类，由于立法技术的不同，具体内容表述有所差异，如我国将广义的扣押表述为"查封、扣押、冻结"，有的国家还规定了假扣押等。不管如何表述，按照强制侦查法定原则的精神和要求，除了法律规定的强制性措施之外，刑事司法机关不得创设或采用其他强制处分限制犯罪嫌疑人、被告人的财产权。

2. 实体性强制处分法定化。从财产权保障的角度讲，侦查程序中对物进行实体性处分，不管是特别没收还是返还被害人合法财产，都是以剥夺公民财产权为内容的，因此也应当法定化，做到"法无明文规定不处罚"。在立法和法学理论体系中，一般是将此作为"罪刑法定"原则的含义之一加以强调，并由实体法予以规范的，即只有在法律明文规定的情况下，才能剥夺公民的财产权。例如，我国《刑法》第 64 条规定："犯罪分子违法所得的一切财物，应当予以追缴或者责令退赔；对被害人的合法财产，应当及时返还；违禁品和供犯罪所用的本人财物，应当予以没收。没收的财物和罚金，一律上缴国库，不得挪用和自行处理。"

但这并不意味着实体性强制处分与程序法定原则无关。相反，在现代法治国家中，实体性强制处分对公民财产权的剥夺也必须遵循法定的程序，即程序法定原则本身的精神和内涵要求实体性强制处分必须适用法定的程序。因此，为保障公民的财产权，各国往往也在刑事诉讼法中明确规定特别没收、返还被害人合法财产相应的程序。例如，德国在现行的《德国刑事诉讼法典》第六编"特别种类程序"中专门规定了"没收、扣押财产程序";我国2012年刑事诉讼法在第五编特别程序中专门规定了"犯罪嫌疑人、被告人逃匿、死亡案件违法所得的没收程序"。

综上所述,程序法定原则体现了对国家权力的制约,按照这一原则的要求,无论是程序性的,还是实体性的对物的强制处分的适用,都要严格依照刑事诉讼法和有关法律法规的规定进行。英美等国的司法审查主要适用于实体性的刑事制裁措施和程序性的刑事侦查措施。因此,对物的强制处分的司法审查也相应地分为两类,即对程序性强制处分措施的司法审查和对实体性强制处分措施的司法审查。可见,程序法定原则在保障财产权方面具有重要的意义。刑事诉讼中对物的强制处分措施多发生在侦查阶段,公民财产权受到国家权力侵犯的可能性远远高于其他诉讼阶段。而且从司法实践来看,侦查程序中实体性处分涉案财产有其合理性和必要性,也越来越多地引起了学界的关注。

(二)程序正义与财产权保障

司法公正是司法活动不懈追求的永恒主题,是古往今来各国人民渴望实现的共同目标。司法公正包括实体公正和程序正义。诉讼程序自身追求程序正义,以确保当事人在诉讼中的地位平等,当事人有获得被告知、听审并辩护的权利。从程序正义的内涵出发,它对财产权的关照主要体现在三个方面:

1. 被告知的权利。在刑事诉讼中,当事人享有的知情权或被告知的权利,是一项普遍的基本权利,在侦查机关对物进行强制处分时,仍然存在着告知的义务。侦查程序中的财产权保障不仅涉及被追诉人,而且还涉及其他诉讼参与人。因此,这种告知不宜仅仅限于对被追诉人的范围,还应当扩及所有的诉讼参与人。例如,被害人的财产权被侵害后同样存在被害人、甚至是第三人财产权保障的问题。

在我国,妨碍实现刑事诉讼公正的重要因素之一,就是确立的告知程序还不完善。这其中突出表现在公民被纳入刑事诉讼之后,法律没有规定比较完备的告知诉讼权利和义务的程序。尤其是对于单位犯罪案件的诉讼,告知的规定还是空白。

笔者认为,对于财产权可能被干预或侵犯的公民,告知内容主要包括:进行搜查时要出示搜查证明文件,并附有搜查的理由;扣押时应告知其理由,被扣押人要核对并保留扣押物品清单;对财产的鉴定应告知当事人,对结果有异议,可以要求重新鉴定或补充鉴定;没收违禁品应告知;返还被害人财产应告知相关当事人,等等。

2. 获得听审的权利。这里的"听审",不是指司法审查,主要是指通过以听证的形式达到两造对抗的目的。允许当事人听审,其价值基础在于对当事人参与权的保障，这被视为司法民主和正义的底限要求。司法活动的根本特征在于利益冲突的双方当事人在中立的裁判者的主持下进行理性而非暴力的对抗活动，即以一种诉讼的方式来解决争端，并且应当贯穿整个司法活动过程中。

对于财产权受到侵害的公民而言，听审程序具有如下功能：

一是能够对侦查机关恣意限制或剥夺公民财产权的行为产生制度上的震慑，促使侦查机关慎重使用干预财产权的侦查措施。当公民认为国家机关干预财产权的行为侵害了其合法权益时，可经听证程序予以救济。

二是在公开的听证会上，财产权受到干预的人的辩护权能够得以实现，因为辩护本身就是听证会的重要内容。

三是对于财产权受到侵害的被害人或第三人，有了救济自己权利的机会。被害人或第三人在出席听证会提供证据时，同时可以就自己财产权遭受犯罪侵害的情况向中立的裁判者陈述，并请求返还其合法财产，或向被追诉人提出赔偿，必要时可以申请国家补偿。尤其是在出现缺席听证状况时，被害人还可以就死亡或外逃的嫌疑人或被告人给自己造成的财产权损失向法院提出主张。

在听审活动的要求方面主要有：听审公开，听审及时，当事人被告知的权利，当事人发表听审意见，对听审决定不服可以申诉，等等。可见听审是保护当事人财产权的一种必要权利。

3. 辩护的权利。"司法正义——不管是社会主义，资本主义或是其他任何种类的，都不仅仅是目的，而且还是一种程序；为了使这一程序公正地实行，所有被指控犯罪的人都必须有为自己辩护的权利。"[①] 辩护制度作为一项不可或缺的制度，它在程序正义中具有突出的作用：

第一，有助于在侦查阶段形成合理的诉讼格局。控、辩、审三种诉讼职能的分离，裁判者中立，控辩双方平等对抗，是现代刑事诉讼中的基本格局，也是程序正义的重要体现。

第二，它使财产权受到干预的公民积极参与诉讼过程，通过辩护来维护自己的合法权益。公正的诉讼程序应当确保权利受损害的人受到尊重，并尽可能实现对非法搜查、扣押行为的制约，直至非法实物证据被排除。

第三，它是对国家权力的一种监督和制约。侦查权作为一项国家权力，对该权力最直接有力的监督力量来自于被追诉人。例如，被追诉人在遭遇侦查机关的搜查、查封、扣押、冻结时，有权在场并提出自己的异议或辩护意见，有权向侦查机关提出申诉意见，有权向法律监督机关提出控告，等等，以实现财产权不受非法侵害。

---

① ［美］艾伦·德肖薇茨：《最好的辩护》，唐交东译，法律出版社 1994 年版，第 483 页。

如果说控、审分离是国家权力之间的内部制衡，那么辩护制度则是对国家权力的外部制约，这也是程序正义的基本要求。但是在我国现阶段，干预财产权的侦查行为由侦查机关单方面决定并实施，在强大的国家机器面前，被追诉人处于无助的地位，明显违背了程序正义的要求。因此，赋予被追诉人辩护的权利，具有非常重要的意义。鉴于体例之安排，这里不再赘述。

第二节　比例原则

比例原则被称为行政法的帝王原则，鉴于其对限制国家公权力、保障公民权利有十分重大的意义，比例原则逐步成为法治发达国家宪法中的重要原则。刑事诉讼法作为宪法之测震仪，加上侦查程序具有浓重的行政色彩，因此侦查行为比例原则已经被许多法治发达国家在刑事诉讼法中确认并发扬光大。

比例原则是法律中的黄金分割，具有和谐、科学和艺术的内涵，是文明进化在法律中的折射。目前，世界各国及地区已不同程度地借鉴和接受了这一原则。在我国大陆行政法律中，如行政处罚法和治安管理处罚法，比例原则已经有所体现，在刑事诉讼法领域，立法尚属空白，在司法实践中也有所体现。尤为可喜的是，我国刑事诉讼法学者已经对比例原则的研究表现出了极大的兴趣，并提出在比例原则的指引下构建刑事诉讼中的人权保障制度的设计。

一、比例原则的历史发展

比例原则的思想根源于自然法之中，即基于自然法的要求，对人权的侵犯不得过度。1215 年《英国自由大宪章》规定了"人民不得因为轻罪而受重罚的原则"，被认为已经蕴含了比例原则的基本精神。特别是该法第 20 条是专门针对公民财产权保障的，即"自由人犯轻罪者，应按照犯罪之程度科以罚金；犯重罪者应按其犯罪之大小没收其土地，与居室以外之财产。"遗憾的是，在资产阶级革命胜利之前，由于封建势力和教会势力的控制，比例原则的萌芽并没有立即得到发扬光大。

在资产阶级革命胜利后，国家更加注重保障人的自由以及各种权利，比例原则才真正出现在宪法和公法领域。1802 年由德国学者冯·贝格在《大德国警察法手册》一书中首次提出，警察权力只有在"必要时"才可实行，之后，比例原则在理论与实践中均得到了极大的发展。德国行政法先驱奥托·迈耶在1895 年出版的《德国行政法》教科书中提出了"警察权力不可违反比例原则"的观点，1923 年在该书第三版中他进一步阐释了比例原则的基本要求，"以自然法上的基础要求警察作合乎比例的防御并界定警察权力的发展范围。

警察不得在法律一般授权下，超乎自然法的范围，做出逾越授权的防御。逾越必要的限度，则是违法的滥权。"① 20 世纪初，德国另一位行政法学者弗莱纳在《德国行政法体系》一书中用"不可用大炮打小鸟"的名言，比喻警察行使权力应有限度，至此比例原则的精髓已经得到淋漓尽致的阐发。此后德国学者耶律唐克又进一步对比例原则的内涵和要素进行了系统的深入阐释。

比例原则观念先行的结果是其最终得到了法律的认可。第一次世界大战后比例原则开始在成文法中出现。1931 年《普鲁士警察行政法》规定，警察处分必须具有必要性方属合法。同时该法第 49 条规定："为排除公共安全或秩序上之滋扰或在具体案件上为防御警察危害有多种方法时，警察官应采行其一为已足，其处分应选择对关系人或大众危害最小之方法……"②，此一立法例证，后被德国各邦广泛采纳。在当时的司法实践中，警察采取的措施是否超过为实现目的所需的必要限度是高级行政法院审查的内容之一。随着法治的发展，第二次世界大战后德国将该原则从一项行政法原则提升至宪法原则，因此只要涉及对公民权利实施干预或侵犯的，都必须受比例原则的约束，但其核心内容仍是行政成本应与行政效果之间保持合理的比例关系。

鉴于比例原则在德国的成功实践，欧洲大陆国家也开始在立法和判例中广泛引进这一原则，如西班牙、葡萄牙、比利时等国行政法中规定了比例原则的内容。比例原则不仅存在于大陆法系宪法及其他部门法中，英美法系国家也有很多制度体现类似的理念。例如，在英国，越权无效就含有比例原则的内容，其行政法中的合理性、必要性、适当性更是体现了比例原则的精神。

我国台湾地区的法律制度深受大陆法系法律传统的影响，比例原则在我国台湾地区法学界得到了绝大多数学者的认同，进一步推动了比例原则理论的发展。我国台湾著名行政法学者陈新民教授认为："比例原则是拘束行政权力违法最有效的原则，其在行政法学中所扮演的角色，可比拟'诚信原则'在民法居于帝王条款之地位，所以，吾人称比例原则是行政法中之'帝王条款'，当不为过。"③ 于是台湾地区比例原则在立法、实践中日益得到重视。

目前，从世界范围来看，比例原则已得到发达国家刑事诉讼法的普遍认可，有的国家甚至将其作为一项宪法性原则。因此可以说，比例原则是现代社会法治国家原则的集中体现。

---

① 陈新民：《宪法基本权力之基本理论》（上），台北三民书局 1990 年版，第 258 页。
② 陈新民：《德国公法学基础理论》（下），山东人民出版社 1997 年版，第 379 页。
③ 陈新民：《宪法基本权力之基本理论》（上），台北三民书局 1990 年版，第 288 页。

二、比例原则的内涵

由于侦查程序本身具有浓重的行政色彩，因此侦查行为比例原则已经被许多发达国家写进了刑事诉讼法典。"这一原则的法理基础主要是法治国原则，而其目的乃在强调国家在公行为行使上，不得为达目的而不择手段。换言之，比例原则即在强调目的与手段之均衡。而其主要功能，在积极层面，乃在于对国家行为之设限；在消极层面，则系为使人民基本权利获得最大扩张。而对国家行为之限制，尤其是对过量之防范，乃具有实现公平正义之意义。"① 这也正是比例原则的价值所在。

一般认为比例原则是一个广泛的概念，通常包括适当性原则、必要性原则和相称性原则三个子原则。

（一）适当性原则

适当性原则，又称为妥当性原则或妥适性原则，是指国家机关所选择的行为方式和措施（一般包括立法行为和执法行为）必须属于正确的手段，并且能够实现法律规定的目的或至少有助于目的的实现，而不是与法律目的相背离。但是在司法实践中如何准确认定一项措施是否有助于目的之实现是困难的。是因为适当性的认定通常采用最低标准，不是以客观结果为依据，而是以措施做出时有权机关是否考虑到相关目的为准，只要措施不是完全的不适当，就是符合适当性原则。一般情况下，除非误判或重大故意，一个措施多多少少都有助于相关目的之实现，所以本原则很少起到实质作用。这也是比例原则三分法遭受攻击的根源之所在。

（二）必要性原则

必要性原则，又称最小侵害原则，是指在前述适当性原则已获肯定后，如果有许多可以实现侦查目的的备选侦查方式和措施，则必须选择那些最有必要的，也就是那些对公众不会造成损害或损害最少的措施。这里需要注意两个问题，一个是必须存在多个能够实现法律目的的侦查方式和措施，否则必要性原则就没有适用的余地；另一个是在能够实现法律目的的前提下，选择对公民权利没有损害或损害最少的方式和措施。这也与以任意侦查为原则、强制侦查法定的理念是相通的。

德国科隆大学的托马斯·卫根特教授列举了一个非常生动的案例来说明侦查行为对公民权利的侵害程度与所要达到的目的的重要性必须成比例。警察 P 怀疑公民 D 在超市里偷了一块肥皂。为了找到那块肥皂，警察 P 就申请了一

---

① 林钰雄：《刑事诉讼法》（上），台北元照出版有限公司 2004 年版，第 275～276 页。

张搜查证去搜查公民 D 的身体和住宅，以及 D 的女朋友 G（她和 D 一起去的超市）的身体。按照"比例性原则"，警察 P 不能获得搜查证：虽然，为了从 D 的身体、住宅以及 G 的身体上获取证据（肥皂）而采用广泛搜查是恰当的；并且，为了发现赃物，搜查也是侵犯性较低的手段。但是，采取搜查手段在某种程度上会侵犯 D 和 G 的隐私权及其他权利，这与其犯罪的轻微程度是不成比例的。如果被盗窃的东西不是一块肥皂而是一条昂贵的钻石项链，结果当然会有所不同。[①]

至于什么是"损害最少"，并没有精确的标准，一般以公认的价值观为准，措施的强制程度越低，其造成的损害越小。也有人主张由当事人自由选择侵害较小的方式，如在取保候审中有人保和财保这两种方式可供选择，这似乎也是个可行的方法。

但是笔者认为必要性原则的核心在于对强制措施适用条件的价值考量。考察法治国家的相关规定，都为对物的强制处分规定了严格的适用条件。在美国，根据《美国联邦刑事诉讼规则和证据规则》第 41 条 b 项之规定："根据本规则，对下列财产或人员可以签发搜查令和扣押令：（1）构成刑事犯罪证据的财产；或（2）违禁品，犯罪结果或其他通过犯罪持有的物品；或（3）预备或意图用作犯罪工具、手段或者已经用作犯罪工具、手段的财产。"[②] 在英国，根据《1984 年警察与刑事证据法》第 19 条第 2 款之规定："警察可以扣押场所内的任何物品，如果他有合理的理由相信（1）它是因为实施某一犯罪而取得的；并且（2）为了防止它被藏匿、遗失、损坏、变造或毁灭，必须将其扣押。"[③] 根据《德国刑事诉讼法》第 94、95 条的规定，凡保管扣押物品的人员，负有依要求出示、交出物品的义务，拒绝交出时才能扣押。命令出示或交出已经成为扣押的前置性程序，体现了必要性的要求。除此以外，必要性还体现为达到目的为原则，例如在证据保全中，如果对涉案财产通过拍照、登记并辅以笔录的形式即可作为证据使用，就没必要强制扣押。

我国《刑事诉讼法》第 114 条规定了在勘验、搜查中发现的可用以证明犯罪嫌疑人有罪或者无罪的各种物品和文件，应当扣押；在第 117 条只是"根据侦查犯罪的需要，可以依照规定查询、冻结犯罪嫌疑人的存款、汇款。"可见我国在强制措施的适用条件上，存在目的空泛且不明确的问题。

（三）相称性原则

相称性原则，亦称为狭义的比例原则，是指侦查方式和措施所造成的伤害

---

① 朱拥政：《刑事诉讼中的财产权保障》，中国政法大学 2006 年博士学位论文，第 74 页。

② 卞建林：《美国联邦刑事诉讼规则和证据规则》，中国政法大学出版社 1996 年版，第 30 页。

③ 万毅：《财产权与刑事诉讼》，四川大学法学院 2005 年博士学位论文，第 130 页。

不得与其所欲达成的结果不成比例。对相称性原则的理解可以从两个层次进行，第一个层次是公共利益的保护与私人利益的保护之间要形成合适的比例；第二个层次是指措施的副作用与措施所达成的目的之间要有适当的比例。可见，相称性原则涉及的核心问题是"法益"的衡量的问题，即公民的个人权益与公共利益之间的冲突与均衡，一般认为不能因为一个较小的公共利益而去损害较大的公民权益。一般情况下由裁判者视个案具体情况而作"理性"、"公正"的判断，在裁判中裁判者至少要考虑两个因素：人类尊严和人的基本权利不可侵犯的基本准则；公益的重要性程度。因此可见，相称性原则至少要从"目的取向"、"法律后果"、"价值取向"三个方面来规范公权力与私权利之间的比例关系。

笔者认为，比例原则除了上述三部分内容以外，还应包括公正原则和经济性原则。首先，比例原则与公正有着天生的契合关系与本质的一致性，正如亚里士多德所说："公正，就是合比例；不公正，就是破坏比例。"① 在侦查程序中公正原则主要体现为侦辩双方法律地位平等、具有成比例的权力或权利。其次，比例原则还蕴含着经济性原则，这是因为在侦查资源有限的情况下，应当充分考虑到侦查方式和措施适用的经济成本。不能因为某强势群体的较小损失而运用大规模的侦查手段，更不能因为某弱势群体的无助而消极怠工，久而久之，司法公正将成为一种笑谈。

三、比例原则与财产权保障

侦查程序要遵守比例原则，是因为侦查行为往往涉及公民的人身权、财产权等基本权利。在侦查程序中贯彻比例原则，特别是涉及基本权利的侦查行为的运用，必须考虑侦查措施的种类、对公民权利的侵害程度，应与所追究的犯罪的严重程度、人身危险性、嫌疑人妨碍侦查的可能性以及案件情况的紧急性相适应。比例原则所关注的，是目的与手段之间的关系必须具有客观的对称性，禁止国家机关采取过度的措施；在实现法定目的的前提下，国家活动对公民的侵害应当减少到最低限度。② 因此，无论是侦查程序立法，还是侦查措施的实施都应在比例原则的指导下进行。首先，从立法层面上看，在设置强制处分时，立法者均要考虑以何种手段来达成何种目的的问题，并明确规定强制处分的事由。其次，从司法层面上讲，不但在决定强制处分时必须遵守比例原

---

① 莫蒂默·艾德勒、查尔斯·范多伦：《西方思想宝库》，吉林人民出版社1998年版，第943页。

② ［德］哈特穆特·毛雷尔：《行政法学总论》，高家伟译，法律出版社2000年版，第106～107页。

则，即使在实施强制处分时也不例外。例如，英美法系制定了司法审查时必须遵循的"可能原因"、"合理的怀疑"、"合理的根据相信"、"清楚而令人信服的证据"等证据标准；大陆法系设置了关于强制侦查措施实质要件的规定，都在很大程度上反映了比例原则的要求和基本精神。

由此可见，比例原则在保障人权方面发挥着重要的作用，是人权保障的重要原则之一。同样，比例原则在保障财产权方面也有着极其重要的地位和作用。具体表现如下：

（一）以任意侦查为原则、强制侦查法定

在侦查活动中，存在着控制犯罪与保障人权两种目的的需要，必须在二者之间寻求平衡。例如，台湾学者林钰雄认为："扣押，亦应受比例原则之限制，此点固与搜索及其他强制处分相同，但另有特别限制。首先，对于应扣押物之所有人、持有人或保管人，得命其提出或交付，若其无正当理由拒绝提出或交付或抗拒扣押者，得用强制力扣押之。"[1] 为了防止侦查权力的滥用，各国宪法和法律普遍要求侦查活动要以任意侦查为原则、强制侦查法定。具体而言，对侦查中需要以当事人财产作为证据使用时，尽量使用任意侦查的方法取得，只要该物能发挥证据的功能即可，而不必采取强制措施将该财产纳入到侦查机关管制之下；如果有充分证据证明该物是违禁物或者犯罪所得时，方可采取扣押措施或进行实体性处置。例如，对犯罪所得鼓励被追诉人主动上缴，并将其作为从轻情节处理，若拒绝上缴时，方可采取强制。这是比例原则对侦查程序中财产权保障的基本要求。

（二）程序性对物的强制处分不能超出涉案财产的范围

根据比例原则的要求，强制措施的设计和适用应与侵犯基本权利的程度相适应，换言之，不是干预基本权利，则无须适用强制措施。法治发达国家大多将发现、控制涉案财产的侦查行为视为强制措施或强制处分，并严格规定强制措施的适用条件和范围，目的是经过司法审查，实现对侦查权的限制，保障财产权。无论是作为证据使用的涉案财产，还是作为财产保全的涉案财产，一般来说不能超出总的涉案金额，要与财产对象的特点相适应，同时要考虑退还的可能性。例如，在冻结被追诉人的财产上，不能冻结账户上的所有资金，只能冻结与涉案金额相当的财产；而且无论是扣押、查封还是冻结，其上限不应超过涉案金额。在经济发达国家，有发达的物权制度和金融制度作保证，因此在此方面的规定尤其严格。这一点在我国法律或规定中也有所体现，尤其是在《公安机关办理经济犯罪案件的若干规定》第24条已有明确规定："公安机关

---

[1] 林钰雄：《刑事诉讼法》（上），中国人民大学出版社2005年版，第315页。

冻结涉案账户的款项，应当与涉案金额相当"。我国目前并未将发现、控制涉案财产的侦查行为视为强制措施，更没有司法审查机制，所以造成侦查机关滥施强制的状况，亟待解决。

（三）实体性对物的强制处分应以有必要为限

欧美等国因为涉案财产是一种权属未定的财产，故很少在侦查阶段做出实体性处分，即使必要，也要经司法审查才能施行。在我国，侦查机关没收或返还被害人财产已经成为一种常态，并被誉为保障被害人的正义举动。但光环的背后，也隐藏着诸多不为人知的无奈，一些最后被判决无罪的人，被处置的财产无法得到补偿，往往为此走上了日复一日、年复一年的上访之路。因此侦查阶段对涉案财产进行实体性处置，只应以有必要为限度，并要经过司法机关严格控制，征求当事人各方意见，对没有权属争议的涉案财产，才能予以实体性处置。

（四）对物的强制处分应注重侦查效益

将成本、效益、效率等经济学概念及分析方法引入法学领域，形成法律经济学或称法律的经济分析肇始于 20 世纪 70 年代的美国，[1] 在英、美等国已得到广泛应用，如英美的辩诉交易、日本的起诉便宜主义等。[2] 但在我国，此理论方法目前还处于引进消化吸收阶段。在刑事侦查领域，特别是在与经济有密切联系的发现、控制和处置涉案财产措施，法律的经济分析方法尚未得到应有的重视。

侦查效益，是指人们对侦查程序的设计和它的实际运作，要考虑是否符合经济效益，侦查效益的内涵就包括节约侦查成本，提升侦查效率，贯彻侦查效益原则就是力求建立一种简约、高效而又符合现实情况的侦查制度。侦查效益的最大化是通过尽可能科学地配置司法资源、合理地设计侦查程序来实现的。

对物的强制处分提升侦查效益的功能主要体现在：一是降低刑事侦查的成本。法律赋予侦查机关合法、高效的限制财产权的手段，就能够降低侦查成本，改变以往大兵团作战、人海战术的模式，起到事半功倍的作用。二是提升侦查效率。迟到的正义是非正义。迟延的侦查破案，就意味着给予犯罪分子更多的时间去继续作案，为侦查活动设置障碍，无异于增加了侦查成本。发现、控制和处置涉案财产措施作为控制犯罪的利器，正确的运用、实施，能够快速达到查清案件事实、准确收集证据、实现财产刑判决的功能。三是增强侦查措

---

① 危怀安：《论法律效率与法律效益的规范运用》，载《华中科技大学学报（社会科学版）》2002 年第 6 期。

② 成凯：《论效率价值在我国刑事诉讼中之定位》，载《当代法学》2003 年第 6 期。

施的协调性。通过从立法上完善刑事侦查程序，设计符合现实要求的发现、控制和处置涉案财产措施，能够提高各种侦查措施之间的互补性和协调性，能够有力地适应同财产型犯罪作斗争的新形势要求。

在当前，由于金融工具越来越发达，财产的流动性越来越快，能在转瞬间将相关财产转移，给侦查机关带来很大的难度，增加了办案的成本，因此发现、限制和处置涉案财产要讲求效益。具体表现在对涉案财产的发现和限制要及时，防止涉案财产的流失。调查要及时，一经发现与案件无关或无关判决的执行，查明后应及时返还，以免损害相对人财产权益。例如，我国《刑事诉讼法》第118条规定，对于扣押的物品、文件、邮件、电报或者冻结的存款、汇款，经查明确实与案件无关的，应当在3日以内解除扣押、冻结，退还原主或者原邮电机关。

（五）被追诉人有提出担保的权利

在侦查程序中与财产权相关的担保权利主要有两项：一是被追诉人在取保候审时有权选择财产担保的权利，即取保候审金的问题；二是被追诉人的物在被强制时也有权提出担保，以解除对物的强制。这两项权利都与财产权保障息息相关。

首先是取保候审金的问题。取保候审是联合国《公民权利和政治权利国际公约》中明确规定的权利，该权利直接体现的是比例原则的要求。取保候审金事关被追诉人或其亲属的财产权。取保候审金收取的金额应当由被追诉人所犯罪行的严重程度，以及如果其被保释后，逃避刑事诉讼的风险的大小和重新犯罪的可能性的大小来决定。除此之外，在违反取保候审规定没收取保候审金方面，法治国家也规定了视情节轻重做出没收全部还是部分的规定。上述规定都有严格的适用条件，严格遵循比例原则的要求。

其次是对物担保的权利。在司法实践中，被追诉人的财产有时表现为维系生产之必要资料，在采取其他方式可以作为证据使用时，如拍照并辅以说明，可以允许被追诉人对该涉案财产提供担保，这也是比例原则之必要性的体现。

第三节 权利救济原则

一、权利救济的内涵

在思想史上，对于究竟什么是权利，有许多不同的解释，大致有两种观点：第一种观点是从伦理道德的角度来界定权利，将权利看作是基于道德上的理由所应享有之物，虽然所应享有之物包含利益的意思，但并不以利益为基础；另一种观点是从实证的角度来界定权利，认为权利就是应当受到法律保护的利益。① 在各种权利理论中，自然权利理论是流传最广、最为经典的学说，在这里权利被称为"天赋人权"或"天然权利"。人权作为人所享有的权利，在本质上属于道德层面上的权利，而公民权利则不同，其依赖主权国家的法律而存在，属于法律层面上的权利。公民权利又可分为法律权利和宪法权利。宪法权利又称为公民基本权利，是公民依照宪法规定在政治、经济、文化、人身、财产等方面所享有的主要权利，它是公民最主要的、也是必不可少的权利。本书所指的财产权即公民基本权利中重要的组成部分，是应当受到法律保护的重要利益之一。

在法律史上，权利与救济是相伴而生的。《牛津法律大辞典》将"救济"解释为："救济是纠正、矫正或改正已发生或业已造成伤害、危害、损失或损害的不当行为。"一般来说，依照侵权主体的不同，侵权有来自国家公权力和来自其他公民个体（单位）的侵害，因此救济的对象也不同。尽管各国由于法律传统、法律技术的差异，对救济的理解不尽相同，但救济主要包含以下几层含义："一是救济意味着权利的冲突或纠纷的解决；二是救济的目的是实现合法权利并保证法定义务的履行；三是救济是对规范链条断裂的缝合，意味着规范权利转化为现实权利。"② 可见救济是一种纠正或减轻性质的权利，这种权利在可能的范围内会矫正由法律关系中他方当事人违反义务行为造成的后果。③ 在本书，权利救济主要是指公民基本权利的救济，而且特指法律救济。所谓法律救济，是指公民、法人或者其他组织认为自己的人身权、财产权等基本权利受到侵害后，请求国家通过法定的程序和途径来维护其合法权益，并得到法律上的补救。我们可以从以下三个方面来理解法律救济：第一，权利受到损害是法律救济存在的前提，无损害无救济；第二，法律救济具有弥补性或修复性，它是对受损方正当权利的弥补；第三，法律救济的根本目的，在于补救受损害方的合法权益，为其合法权益的实现提供法律保护，这也是法律救济的基本功能。一般来讲，法律救济主要包括司法救济（诉讼渠道）、行政救济（申诉、复议和行政赔偿）。

权利救济同国家推行的法律援助、司法救助等制度密切相关，是诉讼制度的重要组成部分。例如，《世界人权宣言》就规定了著名的诉诸司法权利，它表明任何一个法治国家都不能拒绝公民寻求司法救济。荷兰人权研究所主席

---

① 康德第一次将权利划分为道德权利和法律权利。
② 叶巍：《刑事诉讼中的私有财产权保障》，法律出版社 2009 年版，第 86~87 页。
③ ［英］沃克：《牛津法律大辞典》，光明日报出版社 1988 年版，第 764 页。

范·霍夫在《亚洲对人权普通性概念的挑战》一文中，甚至把此项权利视为人权中的核心权利，足见其重要性。权利救济是人类文明发展的必然趋势，是人类理性选择的必然结果。权利救济同样在刑事诉讼法学领域占据着重要的位置，法治文明的发展要求人们在权利受到侵害后通过法律的途径来解决。

英美法系素有"补救之法"之称，早期的英美法救济的前提并非权利，而是损害。随着法律的发展，英美法也逐步确定了实体权利的范围，但是在特定情况下，仍然采用救济先于权利的原则，即允许在法律没有规定为权利的情况下，法院认为对某种状态不加以救济会造成不公平，通常会运用自由裁量权提供救济。大陆法系素有"权利之法"之称，一直奉行实体权利由法典立法设定，没有实体权利的存在，法院不能对某种情形加以补救，即"无权利则无救济"。

在我国，救济的启动也是以实体权利被侵害的事实存在为前提。权利救济的途径亦很多，如从立法层面上看，我国人大实行的议行合一原则，它既有立法的职责，也有监督法律实施的义务，只不过它的救济方式需要通过间接模式才能实现，而个案监督最终还是要依靠法律程序来解决。社会舆论也有救济的功能，但问题的最终解决依靠的还是法律程序。在刑事诉讼中，司法机关也有救济的义务，那就是通过诉讼的途径以实现控制犯罪和保障人权目标的实现，可是当保护不力或侵犯人权时，老百姓还是要通过"民告官"的法律程序实现权利救济。救济是权利得以保障的最后一道防线。如果上帝剥夺了我寻求救济的一切手段，那就只有忍耐了。① 由此可见，权利救济的主要途径和最终解决方式还在于法律救济。因此，权利救济原则是人权保障的重要原则。

二、权利救济的价值

权利救济原则来源于人性尊严的需要，1996 年通过的《经济、社会、文化权利国际公约》、《公民权利和政治权利国际公约》都规定了基本人权乃是人类尊严的核心价值。在"有权利即有救济"观念的指引下，世界各国法治理念得到了长足的发展，权利救济在保护人的人身、财产等方面起到了重要的作用。

法律上的权利救济之所以重要，在于法律规范能够最大限度地保证每个公民按照共同的规则安排自己的生活，实现自己的目标，意味着矛盾和冲突解决的方式由公民私力救济向法律救济的转化，使公民理想的秩序转化为现实秩序。所以"冲突一方面意味着打破了原有规范权利体系表面和谐，使原有的

---

① ［英］洛克：《政府论》（下），叶启芳、瞿菊农译，商务印书馆 1983 年版，第 108 页。

冲突激烈化、尖锐化；另一方面，也意味着冲突已把静态意义上的规范权利带入了一个动态的过程，并为规范权利向现实权利转化准备着力量。救济既是权利冲突的必然结果，也就必然通过对冲突的遏制或解决把规范中的权利引入了一个现实的过程。"① 因此，权利救济具有特别重要的现实价值和意义。

首先，权利救济是弱势群体得到国家、社会帮助的重要手段。基于公平、正义的思想基础，法治发达国家极其注重弱势群体的保护，表现在刑事司法领域，国家一方面通过强大的国家机器去维护公民的合法权利，另一方面通过限权机制和法律救济手段帮助公民基本权利的实现。在我国，2002 年从经济地位的角度首次公开提出了弱势群体的概念，其实在司法领域，鉴于我国强大的司法职权和庞大的司法机制，弱势群体也同样存在。权利救济的理念早已在法律援助制度中得到体现，并在后来相继出台的《刑事诉讼法》等法律或规定中得到了发展。可见，我国历来重视保护弱势群体的合法权益，也预示着权利救济理论大有发展前景。

其次，权利救济适应了惩治司法腐败的实际需要。司法腐败除了常见的权钱交易、权权交易以外，更大危害之处表现在司法权未能得到有效监督制约、司法三权（指侦查、起诉、审判）的设置不尽合理等问题造成的司法不公。"权力趋于腐败，绝对的权力便绝对地腐败"。按照权力均衡理论的观点，以权利制约权力是维护公民权利的最好方法，而均衡理论的观点正是权利救济原则的核心内容之一。司法腐败最大的特点体现在司法恣意和权力寻租上，而切断恣意和金钱交易是遏制司法腐败最为有效的方式。司法的被动性特点，需要权利被侵害者提出请求才能启动，因此，制度建设必须赋予公民启动救济的权利和渠道，权利救济原则的确立正是基于此理论。

最后，权利救济原则能够用以指导司法体制改革，能够验证诉讼构造是否符合人权保障的实际需要。在英美法系国家"救济先于权利"是其最为得意的法律作品，"没有救济就没有权利"是妇孺皆知的道理。如"美国的人权观意味着可以获得维护人权的救济手段"② 就足以说明一切。在大陆法系国家注重通过制定明确的法律原则来实现权利救济，并将人权由宣示性的道德权利上升至可司法性的法律权利，使权利救济成为限制国家权力、抵抗国家权力的伟大力量。在我国，诉讼模式职权主义色彩浓厚，甚至被称为"超职权主义模式"，权力至上论曾经根深蒂固，诉讼构造在设置上甚至与权利救济原则背道而驰。但也应看到，从 20 世纪 90 年代中期开始，这种情形逐渐得到改变，尤

---

① 程燎原、王人博：《权利及其救济》，山东人民出版社 1998 年版，第 361 页。

② ［美］路易斯·亨金：《宪政与权利》，郑戈译，三联书店 1996 年版，第 13 页。

其是 1996 年刑事诉讼法的修订，一定程度上借鉴了英美等国人权保障的理论，加强了刑事诉讼中的人权保障。尤其是法学界的学者为此纷纷献言进策，也为推进我国司法改革奠定了坚实的理论基础。

三、权利救济原则与财产权保障

随着人权保障理论的发展，目前许多国家建立了包括立法救济、司法救济和社会救济在内的广泛的权利救济体系。其中财产权的救济是财产权保障制度的重要组成部分。在侦查程序中，依据功能不同可以将财产权保障划分为预防性保障和救济性保障。预防性保障是指为了防止对公民合法财产权造成侵犯而设定的程序、制度所形成的保障制度，主要包括对涉案财产的发现、限制和处置措施进行规范的各种程序性、实体性制度，在本质上属于限制国家权力的机制。然而，任何发达的刑事诉讼制度都不可能消除侵权行为的发生，仅有预防性保障机制是难以担当起财产权保障重任的，所以救济性保障同样是必不可少的。这就将权利救济原则与财产权保障紧密地结合在了一起，形成了财产权的救济性保障机制。

自罗马法以来，法律不允许违法者从其违法行为中获得利益，这是被害人获得救济的理论依据。考察英美等国的做法，财产权的救济性保障机制主要有程序性救济机制和实体性救济机制。在侦查程序中，财产权救济主要表现为对犯罪行为侵犯公民财产权的救济和国家机关特别是侦查机关公权力侵犯公民财产权的救济。需要说明的是，笔者认为财产权救济，并非仅指获得实体性的财产补救或赔偿，对违法侦查行为的程序性制裁和追究实施违法侦查行为主体的责任亦是权利救济的一种方式。

第一，犯罪结果造成公民财产权损失的犯罪，特别是以非法占有为目的的犯罪，不仅给被害人带来了精神上的损害，而且造成被害人的直接财产损失，这就需要国家公权力机关依照职能启动侦查程序，对被害人受损的物质性和非物质性权益从经济上予以法律救济，这既是构建侦查程序的重要目的之一，也是构建刑事赔偿制度和被害人国家补偿制度所要重点解决的问题。

第二，公权力干预公民财产权的行为主要发生在侦查阶段，如涉案财产的发现、限制和处置程序，无论是合法的还是非法的，都会侵犯被追诉人、被害人甚至是第三人的财产权利。在程序性救济机制中，又可以分为两部分。一部分是从财产权利害关系人的角度出发，赋予其对抗侦查机关的干预财产权行为的权利。例如，赋予相对人提出异议的权利，以停止或撤销侵害，达到减轻财产损失的目的。另一部分是从制裁非法干预财产权行为的角度出发，可以通过程序性制裁来维护被侵害人的合法权益。程序性制裁，是指通过宣告违法侦查无效的方式来追究违法者的法律责任，在英美法系最典型的莫过于非法证据排除；在大陆法系通常是指宣告侦查行为无效。程序性制裁有其独特的价值，即为实现程序正义不惜牺牲实体正义，完全体现了正当程序的精神和价值，有利于程序法的贯彻和施行。实践表明，程序性制裁是最为有效的遏制违法侦查的有效方式。然而，程序性制裁的代价过于高昂，可能会使被追诉人获得额外的收益，甚至使被害人因为侦查机关的程序性违法失去了获得正义的机会。因此，程序性制裁即使在法治发达国家亦饱受争议。

第三，公权力违法干预公民财产权的行为，也属于广义上的违法行为，因此侦查人员应承担相应的民事、刑事以及行政责任。这就是通过对侦查人员责任追究来实现财产权被侵害人权利救济的一种实体性制裁方式。但是，即使追究侦查人员的责任，对国家因此而获得的收益并未剥夺，显然这是不公平的，不利于相对人的财产权保障，国家也失去了督促侦查人员恪尽职守的动力，因此必须建立国家赔偿制度。国家赔偿，是指国家机关和国家机关工作人员违法行使职权侵犯公民、法人和其他组织的合法权益造成损害的，受害人有依照国家赔偿法取得国家赔偿的权利。因此侦查机关违法实施发现、控制和处置涉案财产措施造成损害的，国家应当赔偿，这在法治国家都有明确的规定。

需要说明的是，刑事被害人国家补偿有别于典型意义上的侵权救济，典型意义上的权利救济是以侵权行为的存在为前提的，而国家对刑事被害人的经济补偿是否属于严格意义上的侵权责任有待商榷，但这并不妨碍本书将其作为特殊类型的权利救济纳入到财产权救济机制的范畴加以研究。

综上所述，权利救济在财产权保障体系中占有重要的位置，权利救济原则亦是侦查程序中财产权保障的重要原则之一。

第四节　平等保护原则

平等保护原则源于人人平等的思想理念，目前已经成为人权保障的一个基本原则。在现代市场经济体制下，财产权作为两大法律支柱之一，平等保护原则在财产权保障中的发展与适用，无疑被赋予了更多的希冀与期待。

一、平等保护原则的历史发展

"平等"是一个具有不同含义的多形概念，很容易被理解为"正义"的同义语。在西方古典思想中，平等被视为一种精神信仰，但由于理性能力或者身份成为具有统治资格的因素，平等理念在开始并没有被引入人类普遍的社会生活和政治生活中，直到近现代，才成为西方近现代思想的突出特征，并在人类普遍的实际生活中得以实践。

平等思想在古典自然法学派那里得到空前发展。德国法学教授赛谬尔·普芬道夫（Samuel Pufendorf）强调法律上之平等，认为自然法要求人们不可扰乱人类社会，任何人都不能对他人施加压力，从而使他人能在其诉讼中适当地控诉侵犯其平等权利的行为。① 霍布斯作为近代自然权利理论的奠基人，他所认为的"自然权利"意味着：每个人平等的生命权、平等的自卫权和平等拥有对一切事物的权利，从中可以分析出一种鲜明的平等原则。不过霍布斯所界定的自然权利的核心是个人生命存在的正当性，也正因如此，霍布斯把"保全自己的天性"和"保全自己的生命"等同起来，强调在个人占有自身生命的基础上，个人也占有运用自身生命中的能力即其劳动所获得的外部事物。在个人对财产的正当占有问题上，霍布斯不是根据个人的劳动，而是根据直接的平等原则来决定个人对财产的正当占有。可以从两个方面来理解霍布斯关于外部事物的平等占有的原则。首先，"相等的时间获得相等的分量"，这不仅就认识而言，而且就占有而言。人们劳动多长时间，就获得相应的财富。这实际上就是一种"勤劳致富"的理论。其次，在人们所付出的劳动相等，而又希望占有某一共同的事物时，应当遵循平均的原则。因此，在霍布斯这里，平等原则和劳动力原则并不是相互矛盾的。② 然而霍布斯的自然权利理论中存在一个悖论，即所有人共同拥有的对一切事物的权利在根本上是没有意义的。因为这种权利所产生的后果与完全没有权利的情况是一样的，在赋予每个人平等拥有对所有事物的权利的同时，也在实际上剥夺了每个人对所有事物的权利。因此，构架于自我绝对优先于他人的平等原则是无法实现的。而洛克的思想则不同，他认为"平等谓一切权力和管辖权是相互的，没有一个人享有高于另一个人的权力，他们毫无差别地享受自然界的一切条件和运用自己的身心的活动，不存在从属和受制的关系。"③

卢梭是平等问题的系统研究者，其思想集中体现于《论人类不平等的起源与基础》一书。他首先划分了两类不平等，即（1）自然的或生理的不平等，包括年龄、健康、体力、心智；和（2）伦理或政治的不平等，其原因是

---

① Edgar Bodenheimer. Jurisprudence. the Philosophyand Method of the Law. Harvard University Press. 1981. p. 37.

② 王君霞：《霍布斯自然权利概念的平等原则》，载《法制与社会》2010 年第 4 期。

③ ［英］洛克：《政府论》（下），叶启芳、瞿菊农译，商务印书馆 1983 年版，第 5 页。

出现了有利于某些人而往往有损于他人的一种协约。① 他在讨论国家政府起源的基础上，总结人类不平等经历三个阶段：（1）法律和私有财产权的设定；（2）行政官职位的设立；和（3）合法权力向专制权力的转变。②

到了近现代，"平等"作为人类的精神信仰，在资产阶级革命中与"自由"、"民主"一起成为革命的旗帜，并最终促使"平等保护原则"成为一项人权保障原则。早在北美独立革命时期，平等观念已在 13 个州幽灵般地游荡，并在 1776 年的《独立宣言》中庄严宣告："人人生而平等"。在人类法治史上将平等保护作为人权保障的一项立法原则加以规定的，首推美国宪法第十四修正案。该条规定，任何州不得对在其管辖范围内的任何人拒绝给予法律的平等保护。不过该条确认的平等保护原则最初主要是为解决种族歧视问题而设计的，直至 20 世纪 50 年代，平等保护原则才获得真正的生命力。最高法院平等保护原则的适用范围从种族平等领域扩大到公民政治权利领域、男女平等领域以及刑事被告权利领域等。

如今，世界上多数国家在本国宪法中明确规定了平等保护原则，但在表述上多为"法律面前人人平等"或"法律上的平等"。值得注意的是，1949 年的《印度宪法》在第 14 条除规定了"法律的平等"之外，还明确规定了"法律的平等保护"。更为重要的是，1966 年的《公民权利和政治权利国际公约》第 26 条明确规定了"法律面前的平等"、"法律的平等保护"和"禁止歧视"等原则。目前该公约的当事国已经达到了 136 个。随着该公约的条文、原则和精神被当事国接受、纳入或转化，公约中的平等保护条款将逐渐成为世界上多数国家宪法和人权法的一项基本原则。③

二、刑事诉讼中的平等保护原则

在中国，自古以来论及平等问题的著作可谓汗牛充栋，但涉及的内容多为平等学说的简评、学理界定以及价值分析等，而关于平等保护原则的基本问题，学者们很少提及；具体到立法和司法实践，更是如此。

（一）平等保护原则的含义

在国际社会，平等保护原则作为人权保障的一项基本原则，分为法律面前的平等和法律的平等保护。它既要求立法机关和行政机关在制定法规和政策时

---

① ［法］卢梭：《论人类不平等的起源和基础》，高煜译，广西师范大学出版社 2002 年版，第 69 页。

② ［法］卢梭：《论人类不平等的起源和基础》，高煜译，广西师范大学出版社 2002 年版，第 132 页。

③ 汪进元：《论宪法的平等保护原则》，载《武汉大学学报（哲学社会科学版）》2004 年第 6 期。

必须严格遵循平等保护原则，也要求法律适用机关在执行法规和政策时必须严格遵循平等保护原则。总之，情况相同的人同等对待，而情况不同的人则应该区别对待，既反对特权和歧视，也不搞绝对的平均主义。刑事诉讼法作为刑事程序法，与刑事实体法刑法相比较，具有其独特的价值内涵，那就是在以人权保障为优位价值目标的基础上寻求控制犯罪与人权保障的平衡。事实证明刑事诉讼司法实践是动态的、复杂的，甚至是难以预测的，这就需要在刑事诉讼中确定一项基本原则，将其作为判断实体正义和程序正义的标准。毫无疑问，平等保护原则可以担当其重任。因此，平等保护原则作为国际公认的一项人权保障原则，理应在刑事诉讼中得以确立，并广泛应用。

据此，我们可以将刑事诉讼中的平等保护原则界定为：在刑事诉讼中，每个公民的法律地位是平等的；其所享有的基本权利在受到侵害以后，应当受到法律的平等保护。即无论是在刑事立法还是司法中，对犯罪嫌疑人和被害人以及其他诉讼当事人的权利要平等对待，一体保护，而不能偏废。

在刑事诉讼中，被害人的生命权、人身权或财产权受到犯罪的侵害，国家进行刑事诉讼的目的就是通过对犯罪的追究，来维护被害人的合法权益，修复被犯罪破坏的社会关系。因此，刑事诉讼通常干预的是被追诉人的基本权利，被追诉人能否获得公正对待一直是现代刑事诉讼关注的重点，这也是无可厚非的。

但是，近年来在探讨刑事诉讼中的人权保障时，有一种较为偏激的观点，就是把保护犯罪嫌疑人的权利和保护被害人的权利二者对立起来，认为保护犯罪嫌疑人的人权就是对被害人权利的削弱。如有人认为赋予犯罪嫌疑人更多的诉讼权利不利于打击犯罪，不利于对被害人的权利保护。其实这是一个误区，对犯罪嫌疑人和被害人的权利保护并不矛盾，对此必须予以澄清。如保护犯罪嫌疑人的人身自由权是在能够保障被害人安全的前提下实现的。被害人的权利另有内容的，通过程序性的保障来实现，但不完全是以限制犯罪嫌疑人的权利为前提。犯罪嫌疑人的权利保护与被害人的权利保护是两个问题，应当平等对待。在现代法治原则下刑事诉讼应当更好地兼顾多方的利益需要，实现平等保护。[①]

因此，为了实现刑事诉讼的目的，必须对被害人的权利予以充分保护；而为了维护刑事诉讼的正当性，必须尊重和保护犯罪嫌疑人的权利。由此，刑事诉讼中的权利保护是全方位的，既包括犯罪嫌疑人的权利，也包括被害人以及其他当事人的权利。鉴于对犯罪嫌疑人的人权保障已经形成共识，笔者不再赘

---

① 陈卫东：《刑事审前程序与人权保障》，中国法制出版社 2008 年版，第 144～145 页。

述，这里主要对被害人的人权保障予以简单说明。为了使司法程序满足刑事被害人的需要，联合国1985年的《为罪行和滥用权力行为受害者取得公理的基本原则宣言》规定了被害人权利保障的基本内容，主要包括：一是取得公理和公平待遇权；二是被害人享有获得赔偿权；三是被害人享有获得补偿权；四是被害人的获得援助权。如今《为罪行和滥用权力行为受害者取得公理的基本原则宣言》所确定的被害人权利保护的方法和措施，不仅是缔约国必须遵循的标准，就非缔约国而言，也应当成为指导性标准。

（二）平等保护的审查标准

按照美国法学界传统的观点，"平等保护"条款只是为了要求平等实施法律，而现实的情况是"该条款成为平等法律的一种保障，即可以对法律本身是否违反平等保护原则提出质疑。"① 由于美国人权运动的发展，以及联邦最高法院在人权问题上采取了自由司法激进主义态度，有关"平等保护"的案件大量涌入法院。尽管案件大多涉及立法的违宪审查，但其中也不乏刑事诉讼的案例。美国联邦最高法院在合理性要求的基础上，采用了三种不同的司法审查标准。宽松审查标准是美国最高法院审理社会经济立法和政策时均采用的一项标准。中级审查标准主要是审理性别分类和非婚生分类案件所适用的标准。毫无疑问，这两个审查标准与刑事诉讼关系并不密切。

适用严格审查标准的案件包括两个方面：一方面是从分类的理由上说，由于身份不同导致的种族歧视、民族不平等和外侨在美国的合法权益得不到平等的保护应当适用该标准。不过在现代刑事诉讼中，这些问题已经基本不复存在，不同身份的人基本上得到了法律的平等保护。另一方面是从权利范围上说，一般包括宪法明示的和默示的基本权利，以及由宪法正当程序原则、平等保护原则等派生出来的基本权利，如刑事被告和民事当事人正当的司法审判的权利等。按照严格审查标准，法院要求法律法规制定者（主要是政府）必须证明这种分类是其切身利益所必需，而且是找不到其他可行的替代办法。

刑事诉讼由于其高对抗性，广泛干预公民的基本权利在所难免，因此，干预公民基本权利的立法和司法行为理应采用严格审查标准，它是"平等保护"条款下最高层次的检验标准，主要适用于侵犯公民基本权利及其刑事诉讼原则所派生出来的诉讼权利。这不仅与刑事诉讼法是"小宪法"、"人权保障法"的地位相当，也正契合了刑事诉讼中正当程序原则、司法审查原则、比例原则的基本要求。

---

① ［美］杰罗姆·巴伦、托马斯·迪恩斯：《美国宪法概论》，中国社会科学出版社1995年版，第138页。

三、平等保护原则与财产权保障

随着 2007 年《中华人民共和国物权法》的实施，平等保护原则在物权保护方面的适用问题引起了民法学界的关注，但在刑事诉讼中财产权的平等保护问题鲜有人涉猎。

我国《宪法》第 33 条规定，"中华人民共和国公民在法律面前一律平等"为例，它既可以要求立法机关在制定法律时必须平等对待每一个相对人，也可以要求司法机关在适用法律时平等保护每一当事人的实体权利和诉讼权利。但由于种种原因，如"法律分类"① 和"权力扩张"② 的原因，在部门法中，经常发生的情况是法律本身就可能是"不平等"，更毋庸谈及法律适用上的平等保护了。因此笔者认为，我国宪法中的"平等权"并没有在部门法中得到彻底贯彻，平等权尚欠缺另一半内容，即平等保护原则。因此，平等不仅是一项权利，更重要的还是对权利进行保护的原则。只有平等权而无平等保护原则，平等权可能无法得以实现；只有平等保护原则而无平等权，平等保护就失去了根基。笔者认为，在社会主义市场经济下，在现代刑事诉讼程序中，财产权与其他基本权利相比较，更应强调平等保护原则的适用。

（一）财产权的平等保护符合宪法的精神

一般认为，宪法中的平等既是一种基本权利，又是一项宪法原则。因为宪法意义上的平等概念，是一种以宪法规范的平等价值为基础，在宪法效力中体现平等的内涵。所谓"法律面前的平等"或"法律上的平等"这一类的宪法规范，对于国家一方而言，即可表述为"平等原则"，而对于个人一方而言，即可表述为平等权。③ 1789 年法国《人权宣言》第 6 条规定，"法律对于所有人，无论是施行保护或处罚都是一样的"。我国《宪法》第 33 条第 2 款规定："中华人民共和国公民在法律面前一律平等。""法律面前人人平等"当然也包括了财产权的平等：一方面，既然法律面前人人平等包括权利的平等，财产权作为公民基本权利的一种，依据平等原则，当然也应该受到平等的保护；另一方面，财产权作为主体的基本权利，对于保障其主体资格的实现也具有重要意义。如果对财产权的保护不平等，这就意味着财产权的主体也是不平等的，势

---

① 所谓法律分类（Legislative Classification），是指立法者基于某种目标，以某一群体与主流群体在某一领域所存在的差异（如种族、民族、性别、财产状况等）为依据，而在法律上赋予该群体额外的优惠（权利）或者对其施加额外的负担（义务），从而实现立法目的。

② 孟德斯鸠认为："一切有权力的人都容易滥用权力，这是万古不变的一条经验，有权力的人们使用权力一直到遇到界限的地方才休止。"

③ 林来梵：《从宪法规范到规范宪法》，法律出版社 2001 年版，第 111 页。

必会动摇法治社会的根基。

诚然，由于政治体制、法治文明的基础不同，各国宪法上的公、私财产权的地位可能会有所差异，如西方国家重视私有财产的制度建设，我国强调国有财产神圣不可侵犯，在实体法上这种区别更甚，如我国刑法对侵犯国家财产与侵犯公民财产的犯罪在定性以及量刑是有区别的。然而刑事诉讼法作为程序法、人权保障法，更应强调平等保护原则，而不应依财产权主体之不同而采取区别对待的态度。在我国物权法颁布之后，我们能明显地看到我国对待财产权的基本态度的变化，那就是平等保护。例如，在国有资产遭受侵害的情况下，对国家财产权的保护与其他主体的财产权保护同等对待，能且只能通过司法程序来解决纠纷并对国有资产提供救济。因此刑事诉讼法作为程序法，更应体现财产权的平等保护。

（二）财产权的平等保护具有现实意义

与其他基本权利相比较，财产权的平等保护更具有现实的意义，也更为紧迫。如在刑事诉讼中，对被追诉人采取限制人身自由的强制措施，其实与被害人的人身自由保护并没有直接联系，对被追诉人隐私权的干预，也无助于被害人隐私权的保护；而财产权则不同，对被追诉人涉案财产的限制，不仅起到了证据保全的作用，还能为被害人挽回损失、得到赔偿打下坚实的基础。一方面，财产权作为公民的基本权利，直接关系到公民的生存权，犯罪嫌疑人对被害人财产权的侵犯，就可能直接关系到被害人的生存维系，在这种情况下强调平等保护，实际上有利于被害人的权益维护。另一方面，财产权关系到公民的人格尊严和自由，尊重和保障人权，首先要平等对待和保障公民财产权。因此，财产权的平等保护原则不仅是宪法尊重和保障人权的基本要求，也是人权保障体系中最具有现实意义的一项基本原则。

（三）财产权的平等保护是构建和谐社会的法律保障

构建和谐社会必须以法治为中心，只有加强法治建设，才能保障社会有秩序地运行，确保社会和谐稳定、国家长治久安、人民过上殷实安康的生活。这就要求必须切实保护公民的财产权利，一方面，需要发挥财产权能够区分"你的、我的"的作用，实现定分止争、解决财产争议的功能；另一方面，在财产权遭受侵害的情况下，通过平等保护而获得法律的救济。这对于化解社会纠纷、缓和社会矛盾、促进社会和谐，都有着重要的现实意义。除此之外，现代刑事诉讼强调刑事和解，实质上就是为了构建和谐社会，而刑事和解最重要的渠道就是通过财产返还或赔偿损失获得被害人的谅解，最终达至被损坏的社会关系得到修复。

（四）平等保护原则所要保护的只是合法的财产

有学者认为，"财产存在合法与非法之分，而财产权不存在合法与非法之分，因为权利本身是法律对特定主体所享有的利益的肯定评价，当然不存在合法财产权与非法财产权之分。"笔者认为，在侦查程序中即使不用"合法或非法"来界定财产权，用"争议或待定"来描述财产权的属性还是应该的。对于侦查机关而言，既要防止非法财产合法化的问题，也要杜绝强制处分涉案财产不公正的问题。这也是我国 2012 年《刑事诉讼法》制定"犯罪嫌疑人、被告人逃匿、死亡案件违法所得的没收程序"，以及赋予财产权被侵害人申诉、控告权利的原因之所在。

当然，被追诉人的合法财产与被害人的合法财产一样，都应受到平等保护。例如，对物的强制处分要受到正当程序原则、比例原则的制约，而正当程序、比例原则本身的内涵就包括平等保护的意思。除此之外，财产的合法与否还可以作为财产权救济的基本标准。"法律不允许违法者从其违法行为中获得利益"，这里的"违法者"并不仅指被追诉人，公权力实施的侵权行为也应是违法。正是因为财产权是一种防御性权利，在财产权受到侵犯时，无论是被追诉人还是刑事被害人，都应当得到法律的救济。于是当被追诉人财产权受到侵犯时，就有了非法实物证据排除规则和国家赔偿制度；当受害人财产权受到侵犯时，就有了返还财产、得到赔偿或取得国家补偿。当然这一切都是以财产的合法性为基础，非法占有他人的财产，即使又被另外的非法行为剥夺，权利救济也是无从谈起的。

（五）财产权的平等保护还包括平等保护请求权

从实质正义的角度来看，前面探讨的四个方面是把"平等保护"看作一项"获得平等保护的权利"，是对于公民权利得到平等保护的合法性与正当性道德意义上的评判，公民遭遇不公正对待时运用法律手段寻求救济的正当性即在于此，同时它置平等保护的责任于公权力机关。

从程序正义的层面来说，平等保护还包括平等保护请求权，是启动平等保护机制、实现获得平等保护结果的程序性权利。财产权的平等保护请求权属于公法上请求权的一种，在公民认为自己的财产权受到公权力的不公平待遇或歧视时，以一定的国家机关为请求对象，要求国家以积极的行为履行其对公民财产权所负的平等保护的职责，从而保证自己的财产权得以平等实现。平等保护请求权是一种手段性的权利，其目的在于启动平等保护的救济机制。在英美普通法中平等权被认为是一种程序性权利即是从此意义上讲的。例如，在英国法中权利平等是指程序上非依法（普通法）不能剥夺的一种权利，这种权利不是关于实质权利的一个抽象概念，而是关于遵守法定手续和救济"适用于人人”的一个实际概念。其精义不在“争人权”，而是着重于立法和司法，尤其是以司法机关的守法来防止行政当局的违法。①

有学者认为，“我国宪法的具体规范中还没有请求权的概念，但从宪法规定的基本精神和宪政的具体运行过程看，我国公民享有的基本权利类型中实际上存在请求权。”② 对此观点笔者亦表认同，认为我国刑事诉讼法已经存在平等保护请求权，只不过它散落在刑事诉讼法的各项规定之中而已。例如，被害人合法权益受到侵犯有权向侦查机关报案；对侦查机关的不予立案向检察机关提起立案监督；当事人和辩护人、诉讼代理人、利害关系人对于司法机关及其工作人员有侵犯其权利的行为时，有权向该机关申诉或者控告；对处理不服的，可以向同级人民检察院申诉；被追诉人有辩护的权利；对判决不服的可以提起上诉或再审的权利，等等。这些都是平等保护请求权的内容，是以实现平等保护为价值取向，是平等保护原则的具体体现。

总之，尽管财产权的平等保护原则被其他诉讼原则所掩盖，其功能分散在其他刑事诉讼功能之中，我们也不妨将其作为一项财产权保障的基本原则，用来衡量侦查程序是否真正做到了法律面前人人平等，人权保障体系建设是否实现了一体化保护而不存在偏废。

---

① 龚祥瑞：《比较宪法与行政法》，法律出版社 2003 年版，第 84 页。
② 董和平、韩大元、李树忠：《宪法学》，法律出版社 2000 年版，第 414 页。

第三章 域外侦查程序中财产权保障之考察

　　由于传统立法通常对物和财产不加以区分，在以往理论研究中常把干预财产权的公权力行为作为对物的强制处分进行研究。英美等国都立法规定了对物的强制处分的种类，主要包括搜查、扣押①以及被扣押物的实体性处分等常见程序性制度。对物的强制处分的目的是将干预财产权的公权力行为纳入诉讼的轨道，实质上是一种限权机制，发挥了重要的预防性作用。

　　然而任何发达的限权机制都不可能在事实上消除侵权行为的发生，何况面对的是具有天然扩张性的侦查权，所以对财产权的救济同样必不可少。根据财产权救济方式的不同，财产权救济可分为程序性救济和实体性救济两个部分。值得说明的是，自罗马法以来，法律不允许违法者从其违法行为中获得利益，这正是被害人获得救济的理论依据，故本书的救济采用广义的概念，将相关的制裁措施也纳入到救济机制之中。

　　虽然各国传统不同，在具体程序设计上有所不同，但都体现了财产权保障的理念。笔者以上述分类标准为依据，结合干预财产权之不同表现，对搜查、扣押、扣押物的实体性处分、程序性救济、实体性救济的程序控制展开考察，以期裨益于我国财产权保障制度的构建。

第一节　对物的强制处分

一、搜查程序

　　由于司法体制与诉讼理念不同，不同国家和地区的法律和学者对搜查概念的界定也有很大差异。美国宪法将搜查定义为政府官员侵入了个人对隐私权合法期待范围的行为。据此美国学者认为，搜查的基本要素有二：一是主观要素，即搜查就是探查和寻找，也就是政府官员有扣押其搜查目标的意图；二是

---

　　① 理论界通常将扣押作广义理解，即将财产控制措施都视为"扣押"，即使新财产出现后，限制执业资格措施仍然可以视为"扣押"的一种特殊形式。

客观要素，即政府官员意在凭借侵犯某人对于搜查目标的隐私权的合理期望之方式来影响扣押的某些行为构成。[①] 德国学者认为，搜查是一种寻找，寻找可为没收或追征之客体或证据物，但却被藏匿起来之物品以及可疑之嫌疑犯。[②] 上述概念从搜查的性质或功能两个角度来界定和区分，揭示了搜查的本质特征和在侦查程序中发挥的作用，具有较强的理论水平和实践意义。笔者认为，所谓搜查，顾名思义即搜索和检查，是指侦查机关为了收集证据、查获犯罪嫌疑人而对可能隐藏犯罪证据或者犯罪嫌疑人的人身、物品、住处或其他相关的空间进行搜索、检查的一种强制性措施。

（一）搜查的种类与干预财产权之表现

搜查的种类，是对搜查行为从不同角度、按不同标准所作的划分。对搜查进行分类的意义在于对搜查进行科学的分组研究，有助于揭示各类不同搜查的特点，为立法和司法实践提供理论论据和指导作用。搜查作为一种强制性措施，搜查的种类对公民基本权利的干预有所不同，这里简要厘清之。

1. 搜查的种类。第一，根据搜查所针对的客体之不同，可以将搜查分为"对物搜查"、"对住所搜查"和"对人搜查"。对物搜查，是指以追缴没收或者扣押为目的，对于怀疑与犯罪事实有关联的物品的搜查。该处所指的物品一般仅限于日记、邮件、凶器等有形物，无形的电讯信号、监听及录音则一般由法律另外规定。对住所搜查中的住所，主要是指以居住为目的，作为食宿、洗漱、休息之用的房间及其所附着的土地，也包括地下室、楼梯间或必要的附属空间。住所也并不必然指固定的建筑物，帐篷或货车中的卧室也可以视为住所。对人搜查，是指为了在被搜查人衣内或者身体上查找与犯罪有关物品或痕迹而以拍打、触摸等方式对该人衣服及身体进行的搜查。被搜查人不限于犯罪嫌疑人和被告人，在有理由相信与犯罪嫌疑人或被告人所涉及案件有联系并应当扣押的物品藏匿于案外第三人身上时，对该第三人也可以进行搜查。

综上所述，对物搜查的目的是通过搜查发现涉案财产（包括作为犯罪之物、作为证据之物和可为财产保全之物），并由后续的扣押程序进行控制；住所搜查是指以住所（包括办公场所）为对象进行的搜查，其所侵犯的主要是住宅权、财产权和隐私权；对人搜查主要涉及公民人身权、财产权的侵犯。因此，无论是哪种搜查，对公民财产权的侵犯尤甚。

第二，根据是否征得被搜查人的同意，可以将搜查划分为"同意搜查"

---

① ［美］乔恩·R.华尔兹：《刑事证据大全》，中国人民公安大学出版社 1993 年版，第 205 页。
② ［德］克劳思·罗科信：《刑事诉讼法》，法律出版社 2003 年版，第 344 页。

和"强制搜查"。同意搜查，亦称合意性搜查，由于是以被搜查人同意为前提进行的，通常被视为一种任意侦查行为；强制搜查则不以被搜查人的意志为转移，而是依靠国家强制力所进行的搜查，因此属于一种强制侦查行为。同意搜查制度的设立对提高侦查效率具有重要的意义，然而并不能保证同意搜查不会对公民基本权利造成侵犯，因此，法治国家对同意搜查也制定了复杂的程序性规范。

第三，根据是否获得司法令状，可以将搜查分为"有证搜查"和"无证搜查"。二者的法律后果往往是不同的。现代法治国家为了实现人权保障之目标，普遍遵循司法审查或令状主义原则，即以有证搜查为原则、无证搜查为例外。"司法审查"是大陆法系的概念，意指强制侦查行为只有在符合法律规定的实体要件和程序要件，一般经法官事先批准后才能实施，属于一种"静态抑制"的方式。在英美法系国家及日本遵循"令状主义"，不仅原则上要求实施强制侦查行为必须事先经过法官批准，而且在执行令状之后仍须受到法官的审查，可见这是一种"动态抑制"的方式。但是，无论是有证搜查，还是无证搜查，基于正当程序和人权保障的理念，法治国家刑事诉讼法对其程序都做出了较为详尽的规定。本书关于搜查的程序性控制就是依据这一分类标准而展开的。

第四，根据搜查进行时间的不同可以将搜查分为白天搜查和夜间搜查。在域外，侦查人员实施搜查时，除非被搜查人提出要求，或者法律另有规定，对住所的搜查应在白天而不得在夜间进行，但是白天已经开始的搜查可以持续到夜间。所谓法律另有规定，是指追捕现行犯或捉拿逃犯或其他紧急情况下才可以进行夜间搜查，对于夜间向公众开放的场所，从事赌博、贩毒、卖淫、武器非法交易、赃物贮藏的场所也可以进行夜间搜查。西方各国大都规定了禁止夜间搜查这一制度，其目的在于维护公民的居住权和夜间安宁权。

2. 搜查干预财产权之表现。尽管搜查可能会侵犯公民的人身权利、财产权利、住宅权或隐私权，鉴于本书主题之所限，这里只对搜查中的财产权保障问题进行阐释。搜查会对公民财产权造成侵犯，是由搜查的性质和功能所决定的，因此也是程序控制重点，有必要将其厘清。

第一，搜查的性质决定其具有干预财产权的本质属性。传统侦查手段，如羁押、搜查、扣押，直接针对公民的人身自由、财产等基本权利，往往因其具有明显的强制性而与公民基本权利发生冲突。"当我们谈论刑事侦查中基本的法治标准的范围时，这些措施应当受到首要的、非同一般的关注。"① 即使美国将"同意搜查"视为一种任意侦查行为，仍然不能改变其干预财产权的本质属性。

第二，搜查的功能是确保被告人于审判时到场或减少社会危害性；发现作为证据之物，为后续的追诉奠定基础；查获作为犯罪之物（违法所得、犯罪工具和违禁品）和可为财产保全之物，以确保返还被害人和刑罚的执行。由搜查的功能决定，搜查是以发现应被追诉人或应扣押之物（犯罪证据或应没收之物）为目的，可见搜查的对象除公民人身外，通常指向公民的财物（主要是住所搜查和对物搜查），因此，即使是合法的搜查也难免会侵犯公民财产权，更毋庸说非法搜查了。

第三，搜查会对公民财产权造成直接的或间接的侵害。一般而言，搜查行为本身具有物理强制力，在搜查过程中，难免损及公民的财物，这种侵犯既可能对公民财产权造成直接侵害，也可能造成间接损害。例如，为了发现并予以控制涉案财产，执行搜查时可采取强行进入、开锁、启封等必要措施，这就对被搜查人的财产造成直接侵害；如果侦查机关无限制地对被搜查人的办公场所或营业场所进行搜查，将会影响该处的正常营业，进而影响到被搜查人的财产收益，这就属于间接侵害；特种形态的搜查，如查询银行存款，会给被查询人的金融信誉带来负面影响，如果被查询人的金融信息因此而被泄露出去，无疑会对被查询人造成侵害。正是基于此，法治国家在对搜查程序进行设计时，都将保障公民财产权作为其重要内容。

第四，从搜查与扣押的关系来看，搜查往往是扣押的前置性程序，发现涉案财产是其直接目的，而扣押通常是紧随搜查的一项强制处分，为扣押做准备是搜查的应有之义。而扣押直接对涉案财产做出限制，是最为典型的干预财产权措施，因此搜查也难免会干预公民财产权。

据此可知，搜查会侵犯公民财产权。因此财产权保障应该是搜查程序的立法目的之一，我们在研究搜查程序时不应忽视这一重要的价值目标，也就是说，搜查程序之控制要体现出财产权保障的价值目标。

（二）搜查证明问题之考察

1. 有关搜查权限及其分工。启动程序是搜查程序的逻辑起点，由于不合法的和不必要的、缺乏合理性的搜查行为必然导致公民合法权益的损害。启动

---

① ［德］苏姗娜·瓦尔特：《德国有关搜查、扣押、逮捕以及短期羁押的法律：批判性的评价》，载陈光中、［德］汉斯约格·阿尔布莱希特：《中德强制措施国际研讨会论文集》，中国人民公安大学出版社 2003 年版，第 164 页。

程序应十分慎重。许多法治国家对搜查申请、批准的主体，适用的条件都做出了严格规定。为防止搜查权力的滥用，保护公民的合法权益，英美等国大都将搜查批准权和执行权予以分离。

美国基于联邦宪法第四修正案令状主义的要求，搜查权原则上属于法官，侦查机关只有在紧急情况下才可行使。在德国，根据《德国刑事诉讼法》第108条之规定，对于人身、物品、住所或者其他场所的搜查，原则上由法官决定，但在延缓搜查会有危险时，也可以由检察官或他的辅助官员决定。法国的搜查权在初步侦查中属于司法警察，但须经被搜查人同意；在现行犯侦查中，搜查权属于司法警察和司法官；在正式侦查中属于预审法官，但预审法官可以授权司法警察官行使。意大利侦查期间的搜查，原则上由法官或检察官批准，并做出附理由的决定。在日本，批准搜查的是法官，执行搜查的是检察官，或者是司法警察职员，但应遵照检察官的指挥。俄罗斯对住宅及人身搜查原则上由法官决定，但有紧急情况时除外。

综合以上各国情况，不论是英美法系国家和地区还是大陆法系国家和地区，通常情况下有证搜查都需要经过处于中立地位的法官签发令状，警察和检察官无权自行签发令状进行搜查。将批准权和执行权分开，由不同的机关来行使，有利于从制度上和程序上对搜查进行有效的制约，防止搜查权力的滥用，保护公民的正当权益。①

2. 主要法治国家的搜查证明标准。刑事搜查证明标准，也称搜查的实质要件，也有人把它称为搜查的证明要求，即在什么情况下司法机关才能签发搜查令状，它与搜查的程序要件相对应。英美等国除通过法律或判例确立了司法令状主义对刑事搜查予以节制外，基于人权保障和正当程序的要求，又确立了一层更高的门槛，即刑事搜查证明标准作为实质要件。由于法律文化传统和司法体制的不同，各个国家搜查的证明标准亦有所差异。

美国宪法第四修正案规定了"相当理由或合理根据"作为搜查的证明标准，其含义是：当执法人员认识到所掌握的事实和情况可以使一个具有合理警觉的人相信犯罪已经发生或犯罪正在发生（在逮捕的情况下），或者相信在某个地方或某人身上可以找到某件东西（在搜查的情况下），才可以认为存在相当理由或合理根据。② 美国在将搜查的司法令状主义作为宪法内容的同时，又从宪法层次确立了搜查的证明标准，使法院对搜查的控制具有现实的可能性、可操作性，避免司法控制流于形式，同时也使令状的签发带有实质的合理性和

---

① 刘继雁：《法治视野下的刑事搜查制度研究》，西南政法大学2007年硕士学位论文，第8页。
② 周宝峰：《刑事被告人权利宪法化研究》，内蒙古大学出版社2007年版，第205页。

正当性。这在深层次上折射出美国对公民基本权利限制的慎重。[①]

英国刑事诉讼程序确立了以"合理的理由"作为有证搜查的证明标准。这里的"合理的理由"由法官根据申请人提供的材料判断，而不是由执行搜查的警察自行判断。考察英国《1984年警察与刑事证据法》之规定我们会发现，英国对不同对象的搜查适用不同的标准，对搜查人身或车辆采用了"合理的理由怀疑"，对住宅采用了"合理的理由相信"，"相信"的证明标准要高于"怀疑"。

在德国，由于被搜查人在诉讼程序中的地位不同，搜查的证明标准也不同，对于犯罪嫌疑人为"推测"可能收集证据，而对于犯罪嫌疑人以外的其他人的搜查为"依据实事进行推测"。

在日本，对犯罪嫌疑人的搜查，法官"认为有必要时"可以进行，而嫌疑人以外的人则受"足以认为有应予扣押的物品存在"的限制。

法国的搜查一般由预审法官做出，但在不同的诉讼阶段有不同的要求。在初步侦查阶段，司法警察经检察官许可进行搜查，但搜查人身、住所须经被搜查人同意。在现行犯罪侦查阶段，司法警察根据犯罪的性质有权对可能参与犯罪或持有犯罪证据的人或住所进行搜查，司法官有权对律师的办公室或者住所以及医师、公证人、诉讼代理人的办公室或新闻或音像、通信部门的所在地进行搜查。在正式侦查阶段，预审法官有权对可能发现有利于查明事实真相之物件的地点进行搜查，但多数时候是由预审法官签发搜查证而由司法警察执行。可见，由于法国的刑事搜查笼罩在浓厚的职权主义色彩下，法官或司法警察进行搜查依职权自由判断搜查理由，搜查基本上属于任意性的。[②]

3. 考察之分析——搜查条件与证明标准之异同。在关于美国刑事诉讼法的翻译中经常存在这样一个问题，就是关于搜查的条件与证明标准常常混淆。搜查的证明标准一般被译作相当理由或合理根据，但在分析逮捕、搜查的启动条件时，也使用相当理由或合理根据一词指代启动搜查需要符合的条件。这种表述经常会使人产生混乱和误解。

实际上，在美国刑事诉讼中，搜查的条件可以表述为相当理由（为分析时不引起歧义，本段只使用"相当理由"一词），其证明标准同样也可以表述为相当理由，但二者内涵却是不同的。作为搜查条件的相当理由是指以下内容：A 要被扣押的财产是否与犯罪活动有关，并且 B 在要搜查的地方能否发现它。搜查条件实际上就是搜查事项的证明对象。侦查机关应当证明其申请的搜

---

① 宋敏振：《刑事搜查法律控制研究》，内蒙古大学2008年硕士学位论文，第32页。

② 宋敏振：《刑事搜查法律控制研究》，内蒙古大学2008年硕士学位论文，第36页。

查行为符合搜查的条件，也就意味着侦查机关要对其证明对象加以证明。那么，证明到到什么程度可以使法官认定符合搜查的条件呢？这就是搜查证明标准要解决的问题。美国刑事诉讼中的搜查证明标准也被界定为相当理由。不过，此"相当理由"非彼"相当理由"，与搜查的条件，即证明对象之相当理由的内涵不同。作为证明标准的相当理由特指警察机关的证明应使法官内心达到的确信程度——约为50%以上的主观内心确信程度。换个易于接受的说法就是，警察机关要向法官证明搜查符合法定条件，让法官在内心中大致可以相信在要搜查的地方能够发现与犯罪活动有关的财物。一个相当理由描述的是搜查应符合的法定条件是什么，另一个相当理由描述的是法官签署搜查令状时最起码得对搜查符合法定条件这个问题相信到什么程度。前者是搜查的条件，后者是搜查的证明标准。笔者尊重译者艰苦的工作，仍然使用"相当理由"的提法来描述搜查的条件与搜查的证明标准，同时指出其在内涵上的差异，以避免在论述时造成误解。

英美法系国家在搜查的条件和搜查的证明标准上往往都会有所规定。以美国法为例，其搜查的条件与逮捕的条件一样都是相当理由，规定严谨详细。而大陆法系国家在证明对象和证明标准上较之英美法系国家则不是那么严格。我们可以发现一个有趣的现象，那就是越接近英美法系的国家，在搜查证明对象和证明标准上就规定的越严格越细致，反之，则对这二者的规定越粗疏。

例如，日本在第二次世界大战中被美国征服后，其法律制度迅速向英美法系靠拢，和平宪法和新刑事诉讼法中加入了大量关于保护公民权的规定，在搜查条件和证明标准的规定上也最接近美国，而德国虽然也在战败后吸收了大量英美法关于人权保护的规定，但由于其与东德等华沙条约组织成员国接壤的前沿位置，不可能不把社会控制放在第一位，因此其关于搜查条件和证明标准的规定也就相对粗疏（笔者认为，是否规定以及如何规定搜查条件和证明标准，实际上是对侦查机关搜查行为限制多寡的试金石）。而法国则在某种程度上处于故步自封的状态，其刑事诉讼的很多规定还停留在拿破仑时代，加之1942年被德国征服后法律制度的纳粹化残留，使之对搜查条件和证明标准的规定也较为粗疏。

除以上原因之外，其实出现这种差别的重要原因还在于法德等大陆国家通过二级预审法官和侦查法官制度，使司法权前出至侦查阶段，由司法权在侦查阶段直接控制侦查权这一行政性质公权力。而且众所周知，预审法官力量非常强大①，足以控制侦查权。故而从这个角度上讲，也许法德通过这种方式找到

---

① 德国虽然取消了预审法官，代以侦查法官，但其职权仍足以影响和控制侦查行为。

了控制搜查权滥用的方法，因此没有必要像英美那样规定明确详细的搜查条件和证明标准，并通过一个一个的案例，由最高法院不厌其烦地做出解释。既然规定搜查条件和证明标准的目的是控制侦查权的滥用，那么不管采用什么样的方法，只要能达到相同的目的就可以，由于大陆法系自身的特点，也许这样的规定本身就可以解决搜查权滥用的问题，而不必与英美法系国家一样。

（三）有证搜查的程序控制

1. 有证搜查的启动。在法治国家，原则上要求警察或检察官应向法官申请令状后才能实施搜查行为，即搜查原则上需要经过法官的司法审查。总体上讲，搜查必须要有理由或者说有必要时方能实施，如果没有法定理由或缺乏法定理由而申请搜查，法官应当拒绝签发令状。因此对搜查启动的控制，重在审查搜查的理由是否符合法定标准。德国按搜查对象的不同而要求适用不同的理由，对被追诉人为"推测可能收集证据"，对严重犯罪为"重大的根据事实可以判断"，对第三人则为"依据事实推测到可能搜查到证据"。① 《美国宪法第四修正案》的令状条款规定"除非基于合理根据，不得签发任何令状"，搜查的合理根据必须有实质性证据的支持，即"被寻找的物品由于与犯罪活动有关而事实上可以扣押，此外物品将会在要搜查的地点被发现。"② 英国进行搜查的前提是有合理根据（reasonable grounds），根据英国《1984 年警察和刑事证据法》第 8 条规定，搜查的合理根据包括：发生的犯罪是严重的可逮捕的罪；居所中可能有对侦查犯罪有重要价值的材料；该材料可能会成为证据；很难与有权允许警察进入居所的任何人联系上，或该人会拒绝警察进入，或除非有一名赶到居所的警官可以保证能够立即进入，否则搜查的目的会达不到或遭受严重挫折。《日本刑事诉讼法》将对被追诉人搜查的理由规定为"有必要"，对其他人搜查的理由则为"足以认为应于扣押的物品存在的情形"。由此可见，尽管各国对搜查启动的条件规定不同，但都蕴含了限制公权力和财产权保障的价值观念。

2. 搜查令状的记载事项。搜查令状或搜查证之所以受到青睐，是因为它在申请签发过程中涉及一个"超然、中立的司法官"，因此有必要了解搜查令状的记载事项。总的来说，两大法系国家在签发的搜查令状或搜查证上多要求具体地记载搜查的对象和要扣押的物品，以使执行令状的警察可以准确、合理地确定所要搜查和扣押的对象。

---

① 参见《德国刑事诉讼法》第 102、103 条。

② ［美］伟恩·R. 拉费弗、杰罗德·H. 伊斯雷尔、南西·J. 金，《刑事诉讼法》（上），卞建林、沙丽金译，中国政法大学出版社 2004 年版，第 181 页。

例如，《美国宪法第四修正案》规定，除非"特别描述了要搜查的地点"，否则不得签发令状；如果该描述使得执行搜查的警察能够确定并辨认出要找的对象，这就足够了；至于车辆搜查的令状，至少要写明车型加驾驶证或车型加司机，如果有车型、样式、颜色、车牌号码就更为充分了；在执行令状的期限方面，一般规定为 10 天。① 英国《1984 年警察与刑事证据法》规定，搜查令应具体记载提出搜查申请人的姓名、签发所依据的法规、将要搜查的对象以及签发的日期，只要有可能，应写明要查找的物品和人员。② 德国搜查令要求贯彻特定性要求，搜查令内容必须包括涉嫌的罪名，对搜查对象的描述（如所怀疑的犯罪物品的特征、搜查的地点），以及希望在搜查对象处发现该物体的解释。日本刑事诉讼法规定，搜查证必须写明被搜查人的姓名、涉嫌的罪名、搜查的对象（场所、身体或物品）、签发时间和有效期以及法官的签名、盖章等，并规定过期不得执行搜查而且要退回搜查证。③

3. 有证搜查的执行程序。法治国家依据正当程序原则的要求，制定了详尽的搜查程序，也就是说，搜查必须依据法定程序进行。主要包括以下几个方面：

第一，搜查要履行告知义务。除依法进行的无证搜查外，执行搜查时应当将警察证和搜查证出示给依法有权在场的人，并向被搜查人告知搜查的对象和目的。这既是搜查机关证明自身行使权力正当性的最好手段，也是对当事人的程序性告知。根据《日本刑事诉讼法》第 218 条第 2 款的规定，检察官、检察事务官、司法警察职员执行法官签发的司法令状时，必须向被执行人出示令状。在出示令状的方式上，原则上应在着手搜查前出示令状，但为了确保获得证据的实际效果，判例允许侦查人员先行进入室内而后再出示令状。④

第二，搜查执行的时间和期限限制。搜查原则上白天进行，除非法律另有规定。合理限制搜查的执行时间，主要出于财产权、住宅权、隐私权等基本权利保障的考虑；规定执行的期限，目的是防范检警机关"库存搜查证"现象的发生。例如，《法国刑事诉讼法》规定，不得在早上 6 点之前或是晚上 9 点以后进行搜查。然而法律也制定了一些例外，如警察可以在晚上搜查妓院或其他滥用毒品、生产毒品的地方。又如，《德国刑事诉讼法》第 104 条规定，只能是追捕现行犯，或者在延误就有危险时，以及在捉拿囚犯的时候，才允许夜

---

① ［美］伟恩·R. 拉费弗、杰罗德·H. 伊斯雷尔、南西·J. 金，《刑事诉讼法》（上），卞建林、沙丽金译，中国政法大学出版社 2004 年版，第 189～190 页。

② 参见英国《1984 年警察与刑事证据法》第 15 条第 6 款。

③ 参见《日本刑事诉讼法》第 219 条。

④ 蓬勃：《日本刑事诉讼法通论》，中国政法大学出版社 2002 年版，第 106 页。

间搜查，并对夜间的范围进行了规定。① 再如，美国要求搜查应当在白天执行（搜查令注明可以在其他时间执行的除外）；而且搜查令有期限要求，一般应在签发 10 日之内执行完毕，否则通过搜查所获得的证据将面临被排除的风险。

第三，搜查的在场及见证问题。执行搜查时通知当事人或第三人在场，既是体现司法民主以及程序参与价值的基本要求，也是为了防止违法搜查、减少争执的现实需要。然而，对于当事人或第三人的在场问题，大陆法系比英美法系反而要求更为严格。例如，《德国刑事诉讼法》第 105、106 和 107 条规定，房主在搜查时有权在场，并且有权获得记载搜查理由的书面通知。如果警察在没有法官或检察官在场的情况下进行搜查——这在实践中是通常的情况，他们应当聘请两名中立的市镇公民作为见证人。② 在英美法系国家规定中并没那么严格，如在美国，执行搜查时房屋主人在场不是必要条件。在英国，根据《1984 年警察与刑事证据法执行守则 B》的规定，搜查时屋主不在场，但如希望他人在场的，原则上应当准许；如果屋主和第三人均不在场，警察应当将通知和搜查证副本放在住所的显眼之处，写明执行搜查的机关、警员名称和搜查时间。对于人权保障至上的英美法系国家为什么在见证人的问题上会出现与大陆法系截然不同的态度，我国学者万毅认为："搜查时当事人或见证人在场，这一制度设计的主要目的是抑制违法搜查。由于英美法系国家在搜查程序的启动上设置了远高于大陆法系国家的标准（合理根据或可能原因），因而足以保证搜查的合法性，而大陆法系国家由于搜查程序的启动标准较低，为防止违法搜查的出现，在降低搜查'门槛'的同时，只能靠增设其他防护措施予以补足，因此，更为强调当事人在场以见证搜查过程，以防止违法搜查出现，就不足为怪了。"③ 相比之下，笔者认为，强调搜查时被搜查人和见证人的在场问题，能够使整个搜查始终处于他人的监控之中，以防渎职、腐败现象的发生，更具有合理性。

第四，搜查结果的处置。不管搜查目的是否达成，都要对搜查结果进行处置。除了扣押外（将在下文阐释），搜查结束时都应制作搜查笔录，记载实施搜查的时间、地点及其他必要事项，并应由第三人或见证人签字盖章。《德国刑事诉讼法》第 107 条规定，搜查结束后应向被搜查人作书面通知，通知时必须阐明搜查理由，在搜查嫌疑人住所时还必须写明犯罪行为；做出扣押时，应

① 搜查的范围是指住房、办公室和有圈围的产业；从 4 月 1 日至 9 月 30 日，夜间是指从晚上 9 时至凌晨 4 时的期间，从 10 月 1 日至 3 月 31 日，夜间是指从晚上 9 时至凌晨 6 时的期间。

② ［德］托马斯·魏根特：《德国刑事诉讼程序》，岳礼玲、温小洁译，中国政法大学出版社 2004 年版，第 113 页。

③ 万毅：《财产权与刑事诉讼》，四川大学法学院 2005 年博士学位论文，第 114 页。

当出具一份提取保管、扣押物品清单，即使未发现搜查对象，也应当出具一份证明。《日本刑事诉讼法》第119条规定，经过搜查没有证物或者没有应当予以没收的物品时，依据被搜查人的请求，应当交付该意旨的证明书。

（四）无证搜查的程序控制

在搜查程序中引入司法审查或令状主义，由中立的司法机关行使决定权，是正当程序原则的具体体现，对于公民财产权保障无疑具有重要的意义。然而由于侦查程序具有不可预测性，再加上出于侦查效率的考虑，法治国家都承认紧急情形或特殊情形下的无证搜查。无证搜查即便是构成司法审查原则的例外，也绝不可能成为正当程序的例外，而且应当遵循更为严格的法定程序。例如，在英国，无证搜查一般是针对人身与车辆，而不包括住宅；警察有合理的怀疑认为某人携带有违禁品或在其车辆中藏匿有盗窃来的赃物时，虽然有权对其进行无证搜查，但只能由穿制服的警察进行，否则必须把要搜查的对象带到穿制服的警察面前，之后再进行搜查。考察各国对于无证搜查的规定，主要包括以下情形：

1. 附带搜查。附带搜查，主要存在于英美法系国家，是指侦查机关在拘捕被追诉人时，可以不经申请令状而直接对其身体、随身物品以及特定的范围进行搜查。附带搜查是"合理可能要件"例外与"令状要件"例外中的一种，为什么附带搜查能够成为一种例外呢？原因在于警察必须形成"合理可能"才能对他人实施逮捕，对于逮捕之后进行的附带搜查，并不再需要必须形成"合理可能"。也就是说，可以将附带搜查理解为一种自动产生的搜查，执行逮捕的警察不需要形成任何"合理可能"的确信，也不需要形成在被搜查的场所存有武器或证据的合理怀疑，他们可以在没有任何证据的情况下实施搜查。附带搜查主要是为了解决人身安全问题，如警察想找到武器或其他可能用于逃脱的工具等；当然附带搜查另外一个重要目的就是寻找犯罪嫌疑人试图隐藏或是毁灭的证据。因此在法律上，附带搜查，在没有形成合理可能和合理怀疑的条件下寻找武器、脱逃的工具以及证据，都被认为是合理的行为。

目前对于附带搜查的理论基础，主要有两种代表性的理论，即限定说和合理说。限定说认为令状主义是应当遵守的原则，但也承认令状主义不是绝对的，即在必要的范围内可以规定令状主义的例外。具体而言，在执行逮捕时，如果在没有时间申请令状的紧急情况下，针对被追诉人的人身和其直接支配范围内的证据可以实施无令状的搜查和扣押。合理说认为在执行逮捕时，侦查人员认为有合理理由，就可以实施无令状的搜查和扣押，原因在于逮捕时发现犯罪证据的可能性较高，即使紧接着实施搜查和扣押，对人权的侵犯也非常有限，因此认为附带搜查与依据令状搜查并无本质差异。可见限定说强调情况的紧急性，合理说强调附带搜查本身所具有的实质性的合理根据。比较而言，在理论界限定说颇受重视，但实务界更乐于接受合理说。但是无论哪种理论基础，都强调以下几点：

第一，附带搜查要以合法逮捕为前提条件。逮捕的启动必须要有合理可能，这是实施合法有效的附带搜查的必要前提。在对犯罪嫌疑人执行逮捕时，自然有必要搜查犯罪嫌疑人可能用来自伤或伤害他人的武器、用于逃脱的工具或物品以及他身上或是附近的可能被其隐藏或毁灭的证据。但如果逮捕本身是违法的，那么附带搜查必定也是违法的。

第二，附带搜查必须与其所依附的逮捕在时间上具有同步性。也就是说，在执行逮捕时必须尽可能迅速地实施附带搜查。一般而言，法官对于执行逮捕与实施搜查之间的时期非常关注。美国联邦最高法院认为，一旦犯罪嫌疑人被合法地执行逮捕并且处于羁押中，即使没有获得搜查令，犯罪嫌疑人被羁押的场所中由其所占有的财产都处于搜查范围之内，应当在逮捕发生时执行搜查。但是如果假设警察是在一个喧闹的场所实施逮捕，或者警察觉得在当时执行搜查不安全的话，他可以将其带离然后实施搜查，此时允许经过一段时间，但是应在具有实务操作性的前提下，尽快地执行搜查。

第三，附带搜查必须与其所依附的逮捕在空间上具有同步性。也就是说，附带搜查必须在与逮捕有关的合理范围内进行。附带搜查是有证搜查的例外，如果对附带搜查的范围不加任何限制，必然将对有证搜查为原则所体现的令状主义造成冲击。因此，附带搜查的范围大小一直是最具争议的问题。如果允许附带搜查范围无限扩大，强制侦查的司法审查必将从原则沦为例外，也难免"钓鱼式搜查"的广泛应用。但是，如果搜查被限制在很小的范围，又难免发生人身危害或证据湮灭之危险。从现有理论中可以看出，对于被逮捕人的身体及随身携带的物品的搜查，并无争议，对于身外之物的搜查以及扩及范围大小，则是争议的焦点。

但从司法实践来看，搜查与逮捕在时间与空间的同步性并不要求所有的搜查都必须是在逮捕发生之时或者在逮捕实施的精确地点，只要搜查进行的时间与空间具有合理性，即可承认搜查的效力。

2. 紧急搜查。在大陆法系国家，逮捕和搜查是两种独立的强制处分措施，其适用条件完全不同，因此没有附带搜查之说。但为了应对情况紧急、延误就有可能发生人身危险和证据湮灭，大陆法系国家设立了紧急搜查制度。

所谓紧急搜查，亦称径行搜查，是指在情况紧急、延误就有危险时，侦查人员无须向法官申请司法令状即可自行决定进行搜查。根据《德国刑事诉讼法》第105条的规定，搜查，只允许由法官决定，在延误就有危险时也允许检察官和他的辅助官员决定。大陆法系国家设立紧急搜查制度的目的，与英美法系国家的附带搜查相类似，都是处理一些紧急情况，但不局限于逮捕发生时。在德国，警察有权解释什么是"紧急情况"，必然导致警察从有利于职权行使的角度来解释，造成司法实践中紧急搜查几乎不受限制。在美国也有类似的判例，它们也同样构成了令状主义原则的例外。主要是指"突然事件"和"危急状态"出现时，如果不立即进行搜查，就难以阻止正在发生的针对人身和财物的犯罪行为，以及不可避免地导致证据湮灭。与德国不同的是，美国警察不具有"突然事件"和"危急状态"的解释权，而需要由法官根据确实合理的标准来裁量认定。比较而言，美国对紧急搜查的规定能够有效地防止警察以紧急状态为名进行违法搜查，更有利于人权保障。近年来，德国联邦宪法法院也对延误的危险（紧急情况）做出了限定性的解释，只有寻求司法命令会危及侦查成功的情形，才符合紧急情况的要求，而且还要必须根据案件的具体情形来决定。

考察世界各国的立法规定，我们可以发现，对于紧急搜查的控制主要是通过事后的陈报审查机制来实现的。可以概括为以下几种模式：

第一，被搜查人申请模式。被搜查人申请模式，是指被搜查人主动向法官申请，要求对紧急搜查的合法性进行司法审查。如在德国，近几年联邦宪法法院实质性地扩大了事后司法确认的范围，规定被搜查者有合理的权利要求对搜查的合法性进行事后的事实确认。① 被搜查人申请模式的优点在于：一是能够保护被搜查人的合法权利；二是能够节约有限的司法资源，减少不必要的依职权启动司法审查。

第二，依职权主动接受模式。依职权主动接受模式，是指侦查机关在实施紧急搜查后，依职权主动向法官进行陈报。其理论基础在于搜查的决定权原则上归于法官，而侦查机关进行的紧急搜查活动属于例外，必须向法官进行陈报。这里又分为两种情形，一是侦查机关仅有陈报的义务，不影响搜查的效力，相当于事后的备案；二是侦查机关不仅要陈报，而且要由法官确认搜查的合法性。相比而言，无疑第二种规定更具有合理性，在德国、意大利刑事诉讼法中都有类似的规定。

第三，混合模式。混合模式，是指在立法中同时规定了被搜查人申请模式和依职权主动接受模式。

比较上述规定，"紧急搜查"的解释权由法官裁量认定以及采用"混合模

---

① ［德］托马斯·魏根特：《德国刑事诉讼程序》，岳礼玲、温小洁译，中国政法大学出版社2004年版，第110页。

式"的司法审查更能起到人权保障的作用。

3. 同意搜查。所谓同意搜查，是指侦查人员在获得被搜查人同意的前提下，可以不经申请令状而直接进行搜查。同意搜查的理论依据来源于民法上公民对其基本权利的一种暂时放弃或让渡。由于这种搜查获得了被搜查人的许可，是以被搜查人同意为前提，理论上认为其不具有强制力，因而被视为一种任意侦查行为。警察更愿意进行同意搜查原因在于两点：一是存在合理根据但警察认为他们没有时间或认为申请令状过于麻烦；二是缺乏合理根据无法取得搜查令状，警察也会努力取得被搜查人的同意。对同意搜查的争议之处在于被搜查人是自愿做出同意，还是涉及宪法性权利的放弃。笔者认为，将同意搜查视为任意侦查行为的理论本身具有先天上的缺陷性，是否属于强制性侦查行为，不应只看是否取得了当事人的同意，而应当看行为是否干预了公民的基本权利，如果因为将其视为任意侦查行为而不加以规制，势必造成侦查机关为规避司法审查，以同意搜查为名，行违法搜查之实。因此，在同意搜查的起源地——美国，对同意搜查制定了严格的合法性要件。

第一，与同意有效性相关的因素。法官在审查"同意"是否是自愿做出的时候，要根据有无明示或暗示的强制因素依总体情势做出判断。因此，当警察不正确地主张他们有权进行无证搜查，或者宣称他们来执行搜查或即将搜查来暗示相同的内容时，不能视为同意搜查，所取得的证据应当被排除。

第二，依靠欺骗取得的同意问题。与上述有效性因素不同的是，警察通过欺骗取得了侵入某一私人领域的同意。司法实践中最常见的是警察隐瞒身份或他已经同意代表警察行动的事实（如线人行动）。美国的判例大多持肯定态度，原因在于同意他人进入宪法第四修正案保护的领域或参与宪法第四修正案保护的活动时，不能因为同意人不知道另一个人是警察或警察所委托的人而损害同意的有效性，即宪法第四修正案不保护那些自愿向他人展示有罪证据并且错误地相信后者不会揭发他的情形。

第三，与第三人同意有关的问题。做出同意表示的人必须对被搜查的对象具有实际权力或是表见权力，当同意搜查为第三人时就需要明确第三人是否有权做出同意的表示。因此，"共同权利"的问题是司法审查的重点。美国联邦最高法院为"共同权力"规则确立了两个依据：（1）同意方可以"以自己的权利"许可搜查；而且（2）被告人已经"承担"其室友困难允许搜查的"风险"。[①] 第三人同意的常见关系包括以下方面：一是在家庭关系方面，一般认

---

① ［美］伟恩·R. 拉费弗、杰罗德·H. 伊斯雷尔、南西·J. 金，《刑事诉讼法》（上），卞建林、沙丽金译，中国政法大学出版社 2004 年版，第 279 页。

为配偶一方可以对搜查家庭住所做出有效对抗另一方的同意；居住在一起的成年人做出的同意可以对抗其未成年人子女。二是在财产关系方面，对于承租人排他占有某一空间，出租人不得同意警察搜查该空间；对于非排他性空间，出租人可以同意搜查，但不包括出租人的行李箱等类似的私人物品。三是在雇佣关系方面，雇员的同意是否有效，法官倾向于审查特定雇员的职责，从代理以及风险预测的观点来看同意搜查是否有效。

除了同意搜查的合法性要件之外，对同意搜查的程序控制还体现在以下方面：首先，侦查人员必须履行告知义务。例如，在英国警官必须询问该人将做出同意的决定；在寻求同意之前，警官应当说明进行搜查的目的，并告知有关人员他不会被强迫同意，以及任何被扣押的东西都可能作为证据使用；同意搜查必须在搜查发生之前，被搜查人在权力和权利通知上签名同意后才能进行。其次，被搜查人具有拒绝的权利。由于同意搜查的合法性完全来自于被搜查人的同意，因此被搜查人完全可以随时撤销同意，此时搜查必须终止。

总的来说，同意必须是出于自愿，必须是自由意志的产物；做出同意表示的人必须对被搜查的对象具有实际权力或是表见权力；搜查必须限制在获得同意授权范围之内。法官在审查"同意"是否是自愿做出的时候，要依据总体情势做出判断，一般而言，只要没有明示或暗示的强制因素，法院都会认为同意是自愿做出的。

4. 制作财产清查目录搜查。制作财产清查目录搜查是美国"精心界定的、对宪法第四修正案所要求的令状要件主义的一个例外"，是指侦查机关为保护被扣押人的财产权利，对已经被扣押的财产制作财产清查目录时所必须进行的搜索和检查。与通常搜查不同之处在于，其针对的对象是已经扣押的财产，可见美国对正当程序和财产权保障的关注及其精细。值得说明的是，在对已扣押的财产进行搜查的过程中，尽管没有被追诉人或第三人的参与或见证，但经清查重新获取的证据可以在审判中用作对被告人不利的证据。

在南德科他州诉奥坡曼 South Dakota v. Opperman 案中，美国联邦最高法院为制作财产清查目录搜查勾画了三个正当理由：第一，是为了保护被扣财产所有人的权利；第二，可以使得警方免于由于是遗失物品或是被盗物品而产生的返还请求权等其他争议；第三，避免警官受到被扣财产中潜藏危险的损害。

由于财产清查目录搜查是一项常规操作程序，不是以涉嫌犯罪为必要，"就搜查是否具有合理性而言，是否需要令状在手无关紧要"，取而代之的是另一项标准，即如果要做到符合宪法第四修正案的合理性要求，"制作财产清查目录搜查必须不是一项为发现归罪证据而处心积虑实施的翻箱倒柜式的搜查，搜查所遵循的勤务规范和操作程序必须是旨在制作一份车辆财产清查情况的细目。"因此,执行搜查的警官如果"出于恶意或是仅仅是出于调查目的而实行搜查",则这一搜查无效。一般而言,财产清查目录搜查的范围以标准化操作规程所界定的范围为限。[①]

二、扣押程序

(一)扣押干预财产权之表现

扣押有广义和狭义之分,在理论研究中通常将扣押作广义理解,包括狭义的扣押、查封、冻结等对物的强制处分措施。作为一种对物的强制处分,扣押具有保障刑事诉讼顺利进行的重要意义和不可替代的功能。一是证据保全。在侦查程序中,扣押的对象,首先是作为证据之物,其目的就在于通过扣押实现证据保全的目的,以利追诉并且防止证据的湮灭。二是社会保全。扣押的对象除作为证据之物外,还包括作为犯罪之物,如违禁物、供犯罪所用之物或供犯罪预备之物、因犯罪所得之物等。这些物品一方面可以作为证实犯罪的证据,另一方面出于预防犯罪的考虑,若继续允许对其自由支配,有可能加重或延续犯罪的结果或者有可能便利其他犯罪的实施,因此有必要对其扣押,实现其社会保全的功能。三是财产保全。有些国家为了保证罚金刑的执行、附带民事赔偿义务的履行和被追诉人应当承担的必要诉讼费用的缴纳,设置了特别扣押制度,其对象即可为财产保全之物。

然而不应忽视的是问题的另一方面,即扣押作为一种对物的强制处分措施,直接指向公民的财产,因此,扣押功能的实现是以限制和剥夺公民财产权利为代价的。"扣押,乃为取得物之占有的强制处分,所干预者主要是宪法所保障的人民之财产权。"[②]在扣押实施过程中,由其性质和功能所决定,不可避免地给公民财产权造成侵害。

第一,扣押对公民财产权造成的侵害,不仅包括直接侵害,也包括间接侵害。首先,在执行扣押过程中,一些必要的处分(如开锁、启封)可能会给公民造成直接的损失;在执行扣押后,财产所有权的部分或全部权能受到限制,原财物持有人的权利被暂时性剥夺,当然是对公民财产权的直接侵害。其次,在另外一些情况下,扣押对财产权的侵害则是间接的,如为执行扣押时,频频光顾被扣押人的办公或营业场所,会对公司的经营造成一定程度的影响;如果扣押了公司的账簿、财务资料以及合同、文书等,即使没有直接查封公司

[①] BryanR. Lemons:《制作财产清查目录搜查》,蒋天伟译,载 http://www. shanghailawyers. net/news/xsbhplay. asp? ID = 15,2013 年 10 月 6 日访问。

[②] 林钰雄:《搜索扣押注释书》,台北元照出版有限公司 2001 年版,第 133 页。

或暂时剥夺其营业资格，对公司来说，营业活动也会受到限制，难免遭受间接的经济损失。

第二，根据扣押所应达到的目的不同，扣押所侵犯的公民财产权的权能有所区别，因此干预公民财产权的程度亦不同。司法实践是复杂的，在扣押时往往要根据不同的目的、针对不同类型的涉案财产做出不同的权能限制。但对侦查机关来说，对财产权所有权全部权能予以暂时剥夺，无疑是最有效的。即使法治国家创设了"财产担保制度"以及"证据提出命令"，也未能充分考虑财产权限制与财产权权能的关系。出于深层次上财产权保障的考虑，还应加强上述内容的理论研究，为司法实践提供有力的理论指导。

第三，尽管传统理论认为扣押只能针对动产、不动产和金融财产予以暂时剥夺，但司法实践表明，可以控制的涉案财产已经远远超出了上述传统财产形态，同样干预了公民的财产权。例如，对于债权是可以控制的。一些法治国家对债权的控制可以通过两种方式进行，一是侦查机关可以通过申请禁止支付令的方式，或者通过行政命令的方式，限制债务人对被追诉人债权的履行；二是直接赋予侦查机关对债权的"冻结权"。此种意义上的债权"禁止支付"或"冻结"，无疑也会对公民的财产权造成侵害。再如，随着执业资格等新财产形式的出现，在法治国家已经制定了限制执业资格措施，作为一种与人身权紧密相连的新财产，此时的限制意味着对财产权的干预。

因此，扣押程序本身面临着激烈的价值冲突与选择，站在财产权保障的立场上，虽然扣押的存在非常具有合理性，但也必须对扣押进行相应的程序规制，使扣押在法定的程序内运行，以实现财产权保障之目标。

（二）扣押的客体和扣押的法律效力

1. 扣押的客体。前已论及，扣押的客体包括作为犯罪之物、作为证据之物和可为财产保全之物，从理论上讲，凡是上述财物，都可以扣押。但是关于扣押客体的范围仍有一系列的理论问题需要深入探讨。具体而言，从被扣押物的物理性征来看，是否限于有形物。扣押是一种带有物理强制力的处分行为，因此其对象不管是作为犯罪之物、证据之物还是可为财产保全之物，其物理性征都必须是有形物，对于无形物的扣押成为一种理论上的难题。但是，理论上和实务上都有一些不同的认识和做法，许多扣押行为指向的对象早已超越有形物的范围。

作为扣押客体的"物"与民法上的"物"在内涵和外延上并不完全一致。在民法上，所谓"物"，须具备四项要素："一是须可为权利客体；二是须为有体物①；三是须为人力所能支配；四是须独立为一体。物之一部，由于无独立性，不属于物。"② 根据这一要求，关于扣押客体的内涵有几个问题需要深入讨论：

第一，无形之"自然力"可以构成犯罪的对象，能否成为扣押的客体？德国、日本民法采用"物即有体物"的狭义概念。然而各国都曾对盗窃电气是否构成盗窃罪展开争论，现在的通说认为，民法上"物"的概念已经扩及于人力可以支配之自然力，当然应当认定窃电构成盗窃罪。然而，无形之"自然力"虽然可以构成犯罪的对象，但却不能成为扣押的客体，无法以物理力的方式予以提取保管或查封、冻结，也就无法予以扣押。因此，无形之"自然力"不能成为扣押的客体。

第二，"空间"是否构成扣押的客体？依如今之通说，凡具有法律上排他的支配可能性或管理可能性者，皆得为物。就空间而言，虽异于一般有体物，但由于空间占有位置，如能对位置予以支配，也可成为物。在刑事诉讼中，扣押的目的在于保全，而"空间"本身既可能成为案件的证据（如犯罪现场），也可能是非法所得。因此，空间也可成为刑事诉讼中扣押的客体。例如，查封就是针对空间而言的。但是，日本学者认为，对于空间，应当以勘验的方式取证，而非扣押。笔者认为，这主要是由于各国对"扣押"和"勘验"的性质和功能规定不一致所造成的。其实二者都是证据保全的法定方式，究竟采用何种方式保全"空间"之证据，在法律效果上并没有本质的差异。

第三，权利能否成为扣押的客体？在刑事实体法之中，一般来说，侵权行为的存在是构成犯罪的主要要件之一。然而这并不等同于权利可以成为扣押的对象，需要视情况区别对待。其实，在司法实践中，对财产权利的限制，完全是通过财产权利的客体，即涉案财产来实现的。因此，对作为证据之物和作为犯罪之物，大多是通过对涉案财产的扣押来实现的。然而对于可为财产保全之物，并不局限于"有体物"的范畴，如假扣押制度就包括债权的冻结，禁止支付也是针对财产权利进行的限制。因此，债权等财产性权利作为被追诉人财产的一部分，当然有可能成为"假扣押"的对象。

2. 扣押的法律效力。扣押作为一种强制处分措施，是以限制当事人财产

---

① 物分有体与无体，为罗马法之分类，法国法系沿用之。有体物指占据空间之一部，依人的五官可能感觉的物质，包括固体、液体、气体。电、热、声、光、气味，以在法律上有排他的支配可能性为限，作为物对待。无体物，指不能触觉之物。德日等国民法，采狭义概念，仅以有体物为限。但人身虽为有体，非属法律上之所谓物。无体物如专利、商标、著作、商业秘密、信息等，均非民法上之物，只能以所涉及的问题类推适用民法的规定。

② 梁慧星：《民法总论》，法律出版社 2000 年版，第 80～81 页。

权为主要内容的。然而对财产权利的限制主要是通过对财产所有权中的全部或部分权能来实现的。

前已论及，根据扣押所应达到的目的不同，扣押所侵犯的公民财产权的权能有所区别，因此干预公民财产权的程度亦不同。笔者这里只对这种限制产生民法上的效力做简要阐释，在后文将对扣押等财产权限制措施与财产权权能之间的关系进行分析。

第一，限制处分。在民法上，所谓"处分"，是指依法对物进行处置，从而决定物的命运的一种权能。处分包括事实上的处分和法律上的处分两种形式。事实上的处分，是指对物进行消费，它将导致物的形体的变更或消灭；法律上的处分，包括转让物的所有权，设定他物权和需要转移物之占有的债权（如买卖），等等，是对物的价值进行利用的一种行为。① 然而扣押的目的就在于保全该物，以防止其转移或灭失，这样民法上的处分就与扣押的目的发生了冲突，因此，扣押的法律效力，原则上应当禁止对被扣押物进行处分。

第二，限制占有和使用。在扣押程序中，尤其是对动产的扣押，需要转移占有权，使用权也会因此受到限制，可见扣押能够产生限制占有和使用的法律效力。对于不动产而言，虽然无法转移，但通过查封仍然可以实现对占有和使用的限制。

然而，扣押并非意味着对扣押物上诸多权利的全部限制，财产权利人仍能够保留并行使部分合法权利。

第一，收益权。一般而言，扣押并不禁止收益，即财产权利人有权获取被扣押物派生的收益。这里的收益包括天然收益（如果园中果树结出的果实）和法定收益（如存款的利息）。除非经法院判决剥夺财产权利人的所有权，否则在返还扣押物时，应当将原物连同收益一并返还。

第二，赔偿请求权。错误或非法的扣押将导致财产权利人利益的受损，财产权利人有权要求国家进行赔偿，鉴于论文体例之所限，这里不再赘述。

第三，其他非财产性权利。一是接近扣押物的权利。尽管物品已被扣押，但是财产权利人可能仍然关心自己的物品，因此除非有碍侦查或刑事诉讼的进行，原则上应当允许当事人接近、检查扣押物。二是拍照、复制权。与接近扣押物的权利同理，处理方式亦相同。这些非财产性权利的设置既能够起到监督、制约的作用，又能够确保财产权利人在法律允许的范围内对其财物合理利用。

---

① 彭万林：《民法学》（第二版），中国政法大学出版社1997年版，第223页。

（三）扣押的种类与分类

1. 扣押的种类。如前所述，涉案财产的具体样态多种多样，笔者根据财产的外在表现形式，将其分为实物财产和非实物财产。实物财产包括动产和不动产；非实物财产包括金融财产、知识产权和执业资格等。正因为涉案财产的样态多样性，再加上各国立法传统不一致，术语表达亦不一致，各国刑事诉讼法规定了不同种类的扣押形式。

例如，《德国刑事诉讼法》第 111 条 c 专门对扣押的形式做了规定，对于动产的扣押表述为"将动产提取保管或者用印章或其他方式加注扣押标记而扣押"；对于不动产的查封表述为"扣押地产或者扣押适用《不动产强制执行规定》的权利时，以在地产簿上作扣押登记而扣押"；对债权和不适用《不动产强制执行规定》的其他财产权的扣押表述为"以冻结而扣押"；另外，该法还对船舶、建造中的船舶和航空飞行器的扣押做出了具体规定。除此之外，《德国刑事诉讼法》第 132 条 a 还规定了"暂时执业禁令"；该法第 111 条 a 规定了暂时性的吊销驾驶执照。在意大利，查封和扣押是证据保全、财产保全的重要方式，查封和扣押的对象涉及犯罪客体及有关物体。在日本，扣押分为扣押、扣领和发出命令三种形式（侦查阶段只允许实施扣押和扣领）。因此可见，尽管表述不一致，法治国家都制定了完善的财产控制措施，内容和程序详尽而复杂。

据此，笔者认为扣押主要有以下种类：一是动产的留存，即狭义的扣押。动产的扣押往往是通过转移占有权来实现的，侦查机关可以对动产予以强制留存。二是不动产的查封。不动产的性质决定无法进行留存，因此不动产的扣押无须转移占有权，可由侦查机关以"查封"的方式实现对不动产或空间的扣押。在司法实践中，不便移动的大型动产也可以采取"查封"的方式实现扣押的目的。三是金融财产的冻结。对于金融财产，如银行账户上的存款、股票、有价证券等，往往在金融、证券公司等第三方的管控之下，执行扣押时也无须转移占有权，由侦查机关以"冻结"的方式通知第三方不得进行转移或支付等处分。四是限制执业资格。值得说明的是，伴随西方国家新财产权的出现，刑事诉讼立法也发生了相应的结构改变，这主要表现在各国将行政执法中的限制执业资格的措施上升为一种刑事强制处分，并设置了严格的启动和实施程序，体现了立法者对执业资格等"新财产权"的重视。但从本质上讲，限制执业资格亦是扣押的一种特殊形式。

2. 扣押的理论分类。根据扣押是否取得司法令状可以分为有令状扣押和无令状扣押。一般认为，如果扣押是紧随着搜查进行的，且扣押的对象属于搜查令状记载的范围，此时的扣押也属于有令状扣押，搜查令状即扣押令状。然而，搜查中经常会出现搜查令状中未予记载、但与本案无关或者是其他案件应予扣押之物，在符合法定条件下，也应当进行扣押。但由于此类物品不在搜查令状或扣押令状的记载范围之内，故属于无令状扣押。其中，与本案有关的物品的无令状扣押，称为"附带扣押"；与本案无关或者是其他案件应予扣押之物的无令状扣押，称为"另案扣押"。

有些国家根据保全对象的不同，还规定了两种不同的扣押制度，颇有借鉴意义，而且与财产权保障息息相关。一种就是传统的扣押制度，称为一般扣押，扣押对象是作为证据之物、作为犯罪之物；另一种是假扣押（即特别扣押），是指为了保证罚金刑的执行、附带民事赔偿义务的履行和被追诉人应当承担的必要诉讼费用的缴纳，对被追诉人的合法财产进行保全的制度，其对象即可为财产保全之物。规定特别扣押制度的国家主要有德国、意大利、俄罗斯等。

另外，根据是否取得被扣押人的同意，还可以将扣押划分为强制扣押和同意扣押，与强制搜查和同意搜查有异曲同工之处，笔者这里不再赘述。

在英美法系国家，扣押通常被视为紧随搜查之后的对物的强制处分，因此搜查和扣押经常被相提并论，无论是决定权、执行权，还是执行程序也有很大程度的重合之处，如在扣押令状之申请、令状、证件之出示、扣押在场及见证、扣押物品清单或证明文件等方面，与搜查程序要求基本相同，因此笔者不再对重合部分进行阐释，仅就与财产权保障紧密相关的另案扣押、假扣押的程序性控制以及限制执业资格措施的发展和控制予以阐明。

（四）另案扣押的程序控制

另案扣押是指在执行搜查或扣押时，发现了与本案无关或者是其他案件应予扣押之物，可以进行扣押，但扣押后必须移送有管辖权的机关进行处理。做出另案扣押的规定是为了解决侦查机关是否有权另案扣押令状中没有记载的物品的权限问题，但由于搜查人员没有管辖权，另案扣押的物品应当及时移送。

对于侦查机关是否有权另案扣押令状中没有记载的物品，美国联邦最高法院根据宪法第四修正案对纯粹探查性或一般性搜查的禁止，于1927年裁定该证据无效。但是一些下级法院试图创造一些适用于违禁品及犯罪行为后果（如走私品、赃款赃物）的例外。例如，尽管在令状中没有指明对走私的搜查，但走私品属于"一眼看清"的或者在搜查令状中记载的物品时无意看到的，侦查人员可以对其进行搜查并扣押。美国联邦最高法院为"一眼看清"设置了法定的要件，一是警察必须以合法形式进入到留有犯罪物品的地点；二是警察在观察到有关物品时必须立即知道该物品为犯罪证据。目前"一眼看清"原则在美国已经不再仅限于"视觉"，通过类推可以适用于"听觉"、"嗅觉"和"触觉"等感觉领域。

1968 年英国大法官丹宁勋爵发表了对另案搜查的看法，"当警察凭一个搜查证进入一处住宅搜查赃物时……还可以扣留他有合理的根据相信是偷来的，或是可作为指控某人或与该人有关的任何人偷盗或窝赃的物证的任何其他物品……在他去拿搜查证这段时间，这些物品就会不见了。真正的物主就不可能找到这些物品。犯罪的证据也就消失了。"① 于是通过司法判例，英国也建立了有关另案扣押的规则。

在德国，原则上只能对正在侦查的案件的相关证据进行扣押，如警察对抢劫犯的住所进行搜查时发现了毒品，按照规定警察不能进行扣押。为了解决实践中的难题，法律规定了紧急扣押机制，如果警察是检察官的附属官员，那么他可以立即对非法持有毒品罪进行新的侦查，并扣押毒品作为证据。如果该警察无权做出新的侦查，那么他可以根据《德国刑事诉讼法》第 108 条关于"扣押其他物品"的规定，暂时扣押该物品，并要求扣押后立即通知检察院。这一权力只有在合法搜查时方可使用，而且不允许在没有达到所需的怀疑程度就进行"非法摸底调查"，并依据该法第 108 条的规定进行扣押他们偶然发现的物品。②

另案扣押制度的确立，虽然有利于控制犯罪目标的实现，但也增加了实践中"钓鱼式搜查扣押"的危险，最重要的是克减了令状主义原则的司法控制功能，因此必须予以严格的程序控制。一般而言，另案扣押必须强调是"偶然"或"意外发现"，对于侦查谋略中的"声东击西"，实际上是有意地规避司法审查，不能认为其具有合法性。有的学者主张另案扣押的证据应予排除，但实非明智之举，解决问题之道还在于积极探索另案扣押的程序控制。笔者认为，建立事后的司法审查机制以及完善权利救济制度即可解决另案扣押证据的合法性问题。

（五）假扣押的程序控制

假扣押又称为特别扣押，规定假扣押制度的国家和地区主要有德国、意大利和俄罗斯。一般而言，设计假扣押制度的目的在于保障罚金刑的执行、确保相关程序费用得到缴纳以及确保附带民事诉讼判决得到执行。例如，意大利刑事诉讼法第四编规定了对物的防范措施，即保全性扣押和预防性扣押，其目的和功能是为保证将来判决或费用的执行（第 316 条），或满足民事当事人的利

---

① ［英］丹宁：《法律的正当程序》，李克强等译，群众出版社 1984 年版，第 124 页。
② ［德］托马斯·魏根特：《德国刑事诉讼程序》，岳礼玲、温小洁译，中国政法大学出版社 2004 年版，第 14 页。

益，或防止犯罪人继续犯罪（第 321 条）。

尽管一般扣押与假扣押在程序上有相似之处，但其功能和扣押对象却有着本质的区别。一般扣押的功能主要在于收集证据和保证没收刑的执行；假扣押的功能主要在于保证罚金刑的执行、确保相关程序费用得到缴纳以及确保附带民事诉讼判决得到执行。一般扣押的对象是作为证据之物和作为犯罪之物；假扣押的对象往往并非是与犯罪有关的物品，而是被追诉人的合法财产，即可为财产保全之物。因此，从涉案财产的具体样态上来看，一般扣押主要是针对有形物或执业资格等财产，而假扣押除了有形财产外，债权等无形财产也能成为其扣押对象。

据此可见，假扣押的对象并不特定，可能针对被追诉人的所有财产，因此其对公民财产权的侵犯比一般扣押尤甚。因此，必须关注其程序控制问题。

第一，假扣押实施的时间问题。我们从假扣押的功能可以看出，假扣押的效果应当在审判后才能实现。根据《德国刑事诉讼法》第 111 条 d 的规定，为了保全罚金、预计将产生的费用，只能在对被指控人做出了刑罚判决时，才允许命令假扣押。但是根据该法第 111 条 o 规定，也允许在条件具备的前提下，即有重要根据可以估计判处财产刑的前提条件已经成立时，不待判决做出即决定假扣押。德国对判决确定前的假扣押规定了更为严格的程序，如只能由法官做出决定，在延误就有危险时，检察院也有权决定因为可能的财产刑而扣押；检察院决定后，应在一周之内提请法官确认；被指控人可以随时申请法官裁判。可见在德国，假扣押可以在侦查阶段适用，但法律控制非常严格。然而在意大利，假扣押明显可以适用于侦查阶段。根据《意大利刑事诉讼法》第 316 条第 1 款的规定，公诉人可以在诉讼的任何阶段和审级中要求对被告人的动产或不动产或者归属于他的钱财实行保全性扣押。根据《俄罗斯刑事诉讼法》第 115 条的规定，检察长以及调查人员和侦查人员经检察长同意可以向法院提出申请扣押犯罪嫌疑人、刑事被告人或依法对其行为负有财产责任的人的财产；法院依照第 165 条规定的程序（注：取得实施侦查行为许可的司法程序）对其申请进行审议。[①] 上述规定为侦查阶段实施假扣押提供了法律依据。

第二，假扣押的限制。为保障公民财产权，法官要依据现有证据判断是否需要启动假扣押，除此之外还要受到比例原则和人道主义精神的限制。例如，需要进行财产保全的财物较小，即无须做出假扣押之决定；如果假扣押做出后，被追诉人为了筹措辩护费、本人或者家庭必要生活费时，可以向法官申请撤销假扣押。在德国，假扣押的物品要交法官处置，对于动产，如果被追诉人

---

① 叶巍：《刑事诉讼中的私有财产权保障》，法律出版社 2009 年版，第 86 ~ 87 页。

立即交纳了相应价款则应退还，在确保动产随时可以撤回的条件下，允许被追诉人暂时继续使用至程序终结。笔者认为，与一般扣押不同之处在于假扣押并不具有紧急性，而是根据案情和证据形成的执行预期，因此假扣押的启动时间和启动条件应当严格控制，交由法官根据情势做出自由裁量。

第三，假扣押的担保。假扣押设置的目的在于保障罚金刑的执行、确保相关程序费用得到缴纳以及确保附带民事诉讼判决得到执行。如果被追诉人愿意提供相应的经济担保，那么假扣押就没有执行的必要。为此实施假扣押制度的国家和地区也往往同时规定了财产担保制度作为假扣押的替代性措施。例如，《意大利刑事诉讼法》第276条规定，防范措施的执行方式应当能够保护被处以该措施者的权利，有关权利的行使不得同具体的防范需要相抵触。这就是说，强制措施的执行应当适度，不得妨碍被执行人行使与之不相抵触的基本权利。但是笔者认为，在采取担保措施恢复财产权的占有、使用和收益权能的同时，应当严禁被追诉人处分该财产。

（六）限制执业资格措施①的发展以及程序控制

随着商品经济的发展、福利社会的兴起和政府管制的扩张，新的无形财产权利越来越多，广义财产理论随之出现，② 美国法学家雷齐（Reich）基于政府管制与新财产关系的分析认为，财产不仅包括了传统的土地、动产、钱财，同时还包括了社会福利、公共职位、经营许可等传统"政府馈赠"（government largess），任何潜在利益都可成为无形财产。③ 由此财产权的内涵和外延都发生了较大的变化，客观地说，财产权的这种演化影响最直接的是行政法，这是因为新财产权的内容主要与政府的行政管理行为相关，因此主要由行政法予以调整。然而，新财产权概念的变化，仍然对刑事诉讼立法发挥了显著的影响，这一影响主要体现在那些与人身权紧密相连、但具有财产权性质的职业（营业）资格、许可权（可统称为执业资格）上，尤其是在大陆法系国家，"执业资格"这一新财产权对刑事诉讼立法具有推动作用：

一是在刑事诉讼立法上，将暂时剥夺执业资格的措施立法为刑事强制措施。在有些国家，剥夺执业资格是一种资格刑，应当由实体刑法予以调整，但是，在刑事诉讼过程中，仍然可能涉及对个人或企业的执业或营业资格的暂时剥夺或限制，如注册会计师为牟利非法出具会计报告，直到法院做出最终判决

---

① 本书所称的限制执业资格措施在德国称为暂时执业禁令，我国学者有的称为暂时剥夺执业资格措施。

② 19世纪法国法学家奥布里和劳（Aubryet&Rau）基于财产越来越多地以无形权利的形式表现出来，创设了广义财产理论。

③ Charles·A. Reich. Thenewproperty. YalelawJournal，1964. 733.

前，哪怕其没被羁押，为预防犯罪，其注册会计师执业资格应被暂时剥夺。由于原来刑事诉讼中并没有明确规定限制执业资格措施，理论上存在争议，如有人认为限制执业资格绝大部分是特殊预防措施，只具有社会保全的功能。但随着宪法上财产权的变化，执业资格成为新财产权的内容，法治国家在刑事诉讼领域也开始关注执业资格的限制问题。在这样的背景下，限制执业资格被提升到侵犯公民基本权利的高度来看待，并开始将其视为一种与扣押、查封、冻结相类似的强制措施予以规范，这体现了立法者对执业资格等新财产权的重视。

二是法治国家为限制执业资格设置了严密的程序。例如，《德国刑事诉讼法》第九章规定了"暂时执业禁令"，第 132 条 a 规定："有重要根据可以估计可能禁止执业（《刑法典》第 70 条）的时候，法官可以裁定命令被指控人暂时禁止执行职业、职业部门、行业或行业部门上的业务。"该法第 111 条 a 规定了作为一种强制处分的"暂时剥夺驾驶权"。在《法国刑事诉讼法》中也有关闭机构的措施，这也是一种新型的针对财产权的强制措施。

三、扣押物实体性处分程序

扣押，只是对公民财产权的限制或暂时性剥夺，不具有终结效力，因而从法律效力上讲，属于一种程序性处分，而非实体性处分，国家并不因为限制了该财产而取得其所有权。因此，只要完成了证据保全或保障刑事诉讼进行的目的，国家应当对被扣押物做出返还、没收等实体性处分。一般来说，对于扣押物等涉案财产，应当经过司法确认后才能做出实体性处分。在侦查实践中，出于侦查效率和及时恢复被侵害的财产关系的考虑，一直存在对财产权进行实体性处分的现象，并且得到各国立法的确认。

由于各国将扣押视为对物的强制处分，因而大多也在扣押制度中规定了对扣押物的实体性处分，主要包括返还和没收。有些国家还专门设置了没收程序，如德国刑事诉讼法典设置了特别种类程序，其中包括没收、扣押财产程序；美国是将返还视为没收的例外，并据此设置了刑事没收和民事没收两种方式，并对不同的方式设置了不同的程序。

侦查阶段财产权实体性处分涉及对涉案财产权属的认定，处分不当将直接侵害财产权利人的合法利益，因此各国大都坚持实体性处分的决定权归法官，并制定了完善的程序性制度。

（一）返还财产的程序控制

返还财产的规定既涉及对曾被侦查机关侵害的财产权进行恢复或补救，又涉及对犯罪行为的惩罚和对刑事被害人合法财产权的保护，因此各个国家的立法都规定了返还程序。由于大多数国家并没有规定扣押的期限（冻结金融财产除外），原则上扣押的效力持续至判决生效，但在侦查程序中也可视不同情况予以返还权利人，其依据在于只要扣押的目的得以实现，没有扣押的必要时，即使刑事诉讼程序尚未终结，出于保护当事人权益的考虑，应当予以返还。如在德国，对于因取证而扣押的物品和因保全价值补偿、罚金或者费用而扣押的动产，在一定条件下要归还给被害人。具体而言，侦查程序中的返还财产主要有以下三种情形：一是对于不应没收且无持续留存之必要的涉案财产，不待案件终结即应返还。二是无第三人主张权利且属于被害人的合法财产的部分应及时发还被害人。三是侦查终止时，涉案财产原则上应当返还原物品持有人，但应予没收或为了侦查其他犯罪（包括被追诉人的其他犯罪）的需要而留存的除外。

考察法治国家的规定，返还财产主要采取两种方式：一是司法机关依职权主动返还；二是被害人申请返还。笔者据此分类展开阐释。

1. 司法机关依职权主动返还。一般而言，司法机关依职权主动返还是返还财产的主要形式，体现了刑事诉讼的效益原则和财产权保障的理念。需要指出的是，返还程序是对物进行扣押后的一种后续处理方法，因此返还程序与对扣押的司法审查原则是一体的，同样要遵循谁决定扣押谁决定返还的原则，即返还决定权一般都在法官手中。

《德国刑事诉讼法》第 111 条 k 规定，对于依法扣押的动产，在明确被害人，明确无第三人的请求权与此相抵触并且明确刑事诉讼不再需要的时候，要归还给被以犯罪行为夺走的被害人。

在法国，预审法官在侦查过程中发现扣押物品对侦查没有必要时，预审法官可以主动决定将已扣押的物品予以返还或恢复原状；对物品拥有权利的任何人提出请求时，法官应当做出附理由的裁定；对于已被扣押且财产权没有争议的财物，在征得共和国检察官同意后，退还或者责令退还给刑事被害人；如果恢复原状有碍于查明案件真相，或者不利于保护当事人的权利，或者对人员或物品可能造成危险，则不应恢复原状。对于裁定不服的，可以要求刑事审查庭复议，复议期间暂停执行。

在意大利，根据《意大利刑事诉讼法》第 262 条的规定，当不需要继续为证明目的维持扣押时，将被扣押物返还权利人，返还也可在判决之前进行。在必要时，司法机关要求物的权利人随时根据需要提交被返还的物品，因此在决定返还时，可以要求物的权利人交纳保证金。该法第 263 条规定，法官对被扣押物的权属不存在疑问时，以裁定的形式返还被扣押物；该条还规定了初步侦查过程中的被扣押物的返还，是由公诉人以附理由命令的形式决定。对返还决定不服的，关系人可以提出异议，由法官进行处理。值得说明的是，意大利的辩诉交易可以适用于初步侦查程序和审判程序，也就是说，在初步侦查阶段不仅能够解决量刑问题，也能解决被扣押物的问题。

除了上述提到的法律规定外，有的法治国家在作出决定前还要听取检察官或者被告人、辩护人或其他利害关系人的意见，体现了对公民权利的尊重。另外，法治国家还非常重视返还不能达成的情形。例如，被扣押人或权利人所在不明或因其他事故不能发还的，各国规定了公示催告程序。《日本刑事诉讼法》第499条规定，由于应受返还扣押物的人所在不明或者其他事由而不能返还该物品时，检察官应当依照政令规定的方式将该意旨予以公告。《韩国刑事诉讼法》第486条也有类似的规定。

2. 被害人申请返还。扣押物的返还，不仅是司法机关主动返还的职权行为，被扣押人以及其他权利人也可以向侦查机关提请返还扣押物，法治国家都赋予了权利人申请返还的权利。

在美国，根据《联邦刑事诉讼规则》第41条的规定，遭受非法扣押或被剥夺财产的人可以以本人是该财产的合法所有人或持有人为由，向财产被扣押地的地区法院申请返还财产，由法院根据情况做不同的决定。在意大利，被追诉人、物品被扣押人及有权要求返还被扣押物的人，可以依照《意大利刑事诉讼法》第324条的规定要求对扣押令进行复查。在日本，根据《日本刑事诉讼法》第124条规定，在扣押的赃物没有必要扣留时，只要被害人申请的理由明显，应当不待案件终结，在听取检察官和被告人或者辩护人的意见后，裁定将扣押物返还被害人。在英国，《1984年警察与刑事证据法》守则B第六节扣押和留置财产的指导性注释指出："任何一个对被警察扣押的财产宣称权利的人，可以依据《1897年警察法（财产）》，向治安法院申请对财产的所有权，并且在适当的时候，应被建议采取这一程序"。

被害人申请返还财产的司法审查重点在于返还是否符合法定的条件。尽管各国制定的法定条件并不一致，但大多包括以下部分：第一，不是必须没收之物；第二，扣押物的权属关系已经明确，没有争议；第三，权利人向侦查机关或法院提出；第四，法院经过听证程序或司法审查后做出决定。

（二）特别没收的程序控制

侦查阶段做出的没收，不同于刑罚上的没收财产，其性质一直是理论界争论的焦点。有人认为针对违禁品的没收属于行政强制措施；有人认为是一种保安处分；有人还认为是一种非刑罚处罚方法。尽管理论上有争议，但现实中仍有其存在的道理。为了将其与刑罚上的没收财产相区分，学界通常称其为特别没收。

《德国刑事诉讼法》第430条至第441条规定了扣押物的三种处分方式

（没收、追缴和返还，其中返还只是没收和追缴的辅助方式），并为其设置了两种程序（主观程序和客观程序）。所谓主观程序，就是在追究被告人刑事责任的同时，对某一标的物做出追缴或没收的处分，可见主观程序不适用于侦查阶段。所谓客观程序，也就是根据某一侦查结果，需要对某一标的物进行追缴或没收时，可以向有管辖权的法院提出申请。该程序的适用范围有：第一，由于事实上的原因（如行为人逃跑或者死亡）不能对行为人进行追诉或者判决的；第二，即使行为人的追诉已过诉讼时效或者由于法律上的原因无特定的人可以追诉，但存在着法律上的刑事追诉利益的；第三，在免除刑罚或者由于诉讼便宜情况下而停止诉讼程序的。值得说明的是，该程序中有两点比较重要：一是程序的启动由警方或者检方启动，但决定权在法官手中；二是赋予了财产权利害关系人完善的诉讼权利，对于处理结果不服的还可以对法院的裁判提出抗告。据此可见，德国对刑事案件的实体性处置分为对人的程序和对物的程序两种，但对人刑事责任的追究和对物实体性处分是可以分离的。

在美国，扣押物的实体性处分主要分为刑事没收和民事没收两种方式，并对不同的方式设置了不同的程序。刑事没收程序主要适用于审判阶段，故不适用于侦查阶段的没收。而民事没收程序不需要以有罪判决为前提，因而在侦查阶段得以广泛运用。具体而言，当犯罪行为发生时，并且有合理理由相信某一财物与该案相关时，政府就可以发布一个财物没收令，如果有人提出异议，那么就要举行一个民事听证程序。尽管民事没收操作简便，但不足之处在于该程序对利害关系人的权利限制较大。不过美国的民事没收程序也在不断完善，逐步加大了对利害关系人的权利保护，并且完善了相关的程序。例如，《2000年民事没收改革法》制定了第三人认为该物不应当被没收时的判断标准："不知道该行为将导致没收的发生；或者知晓犯罪行为将导致没收发生，并付出可预期的合理努力，力图终止对该物的非法使用。"

除了上述规定外，法治国家对特别没收也制定了相应的规范。首先，特别没收的适用受到了比例原则的限制。通过《德国刑事诉讼法》第43条的规定可以看出，如果没收显得并不重要，或者进行没收程序需要不相称的耗费，或者将对判处其他法律处分的裁判造成不相称的复杂化的时候，经检察院同意，法院可以在程序的任何阶段将对行为的追究范围限制在其他的法律处分上。这实际上反映了程序法对实体法的一种限制。其次，在没收程序中充分听取没收当事人的陈述。《德国刑事诉讼法》第432条规定，在侦查程序中如果有依据表明某人可能成为没收当事人的时候，应当听取其陈述，以认为可以实施为限。最后，没收当事人享有被告人的诉讼地位，赋予了广泛的诉讼权利。如可能成为没收当事人的人员，表示要对没收提起异议，并且认为可以相信他对物品拥有权利的时候，如果要对他做讯问，则在他有可能参加程序的范围内适用对被指控人讯问的规定。即使没收当事人与刑事被告人不一致，没收当事人同样享有与被告人相同的诉讼地位。

第二节　财产权救济机制

一、财产权的程序性救济

（一）财产权程序性救济的内涵

当侦查机关违反刑事诉讼法的规定，违法实施财产权限制与处置措施，侵犯公民诉讼权利以及财产权利时，权利人可以通过两种途径寻求权利救济。一种途径是通过追究侦查机关以及侦查人员的责任或者寻求国家刑事赔偿的方式来实现其实体性救济；另一种途径是寻求程序内的救济方式，即程序性救济。考察英美等国的规定，主要从两个方面设计财产权程序性救济机制：

一方面是从赋权的角度出发，让财产权利人有提出异议的权利，即财产异议制度。财产异议制度在法律上并没有明确规定，笔者出于财产权保障的目的，根据其现实状况，将对财产权限制与处置措施有不同意见或认为属于非法行为而提出异议的权利都归为财产异议的范畴，是指为维护利害关系人合法权益而赋予其提出异议的权利，以停止或撤销侵害，并达到减轻或免除财产损失的目的。

另一方面是从制裁的角度出发，对违法侦查行为进行程序性制裁。考察法治国家的相关规定，对于财产权限制措施从限制公权力的角度出发，由法律明确规定应该遵守的程序，其背后的理念是禁止违反这些法定程序实施侦查行为。毫无疑问，这样的规范必不可少，但仅仅有义务性规范的程序规定还是远远不够的，鉴于侦查程序的本质源于控制犯罪的需要，如果没有违反法定程序的制裁性后果，就无法阻断和消除侦查机关非法取证的动力和意愿。因此，对非法取证行为进行程序性制裁，以彻底根除非法取证的动因，减少侵犯公民财产权情形的发生。考察域外法治国家的立法、判例以及实践，程序性制裁主要有以下方式：

一是非法证据排除。意即规定非法手段取得的证据不得作为定案的根据。由于各国诉讼文化传统的差异以及刑事诉讼价值取向的不同，对非法取得的证据的证据能力有不同的认识。二是终止诉讼。终止诉讼最早产生于英国，后逐渐被加拿大、澳大利亚等英美法系国家所接受，美国的撤销起诉也与终止诉讼的功能相近。主要适用于警察、检察官滥用诉讼程序、侵犯被追诉人基本权利的行为。三是撤销原判。这是指在上诉或申诉过程中，如果上级法院认为原审裁判违反法定程序，有权发回重审或另行审判。原审裁判违反法定程序包括原审法院积极的违反审判程序和消极的对检警违法行为的不作为。四是诉讼行为无效。这是指法院对具有程序性违法或程序瑕疵的诉讼行为直接宣告其不具备法律效力。诉讼行为无效是大陆法系国家独有的程序性制裁方式。

在上述程序性制裁方式中，与侦查程序中的财产权保障联系最为密切的当属非法证据排除，因为侦查程序中对财产权侵犯最为严重和直接的就是非法搜查和非法扣押。因此鉴于本书主题之所限，这里围绕非法证据排除规则探讨财产权的程序性制裁机制。

无论是财产异议，还是非法证据排除，都是程序性救济的重要方式，对于财产权保障和维护法治都起到了重要的作用。财产异议能够起到财产权保障的作用比较明显，而非法证据排除则不同，其设置的目的在于对非法搜查和扣押形成威慑，非法搜查和扣押的减少，就能起到财产权保障的作用。因此，非法证据排除更多地体现出间接救济的功能。也就是说，尽管排除违法搜查、扣押的实物证据并非是对财产权利的直接补偿和救济，但这丝毫不影响非法证据排除所具有的权利救济功能。然而正是由于非法证据排除在财产权保障上的间接性，非法证据排除的财产权保障功能往往得不到理论界和实务界的关注。

因此笔者认为，救济机制和制裁机制两者之间并非泾渭分明，不能仅把实体性权利是否得到补偿作为救济认定的标准，正如刑事诉讼中赋予当事人的诉讼权利是一种救济手段一样，财产异议和非法证据排除亦是财产权保障制度的重要组成部分。

（二）财产异议制度

财产异议是指在侦查程序中为维护财产利害关系人合法权益而赋予其提出异议的权利，以停止或撤销侵害，并达到减轻或免除财产损失的目的。考察域外法治国家或地区的规定，财产异议制度包括以下内容：

1. 扣押拒绝权。扣押拒绝权的行使发生在财产权限制程序之中，与利害关系人扣押拒绝权相对应的就是侦查程序中的财产控制禁区，也即不得扣押。由于不得扣押的对象需要认定，故扣押拒绝权的确立有利于侦查机关及时裁量，以保障公民的合法权益。《德国刑事诉讼法》第97条专门规定了不得扣押之物的范围，如被指控人与法律允许拒绝作证人员之间的书面通讯，被指控人向律师、宗教神职人员、医生等值得信赖的人告知的事项的记录等。英国《1984年警察与刑事证据法》规定，根据任何法律规范授予警察的扣押权，均不得适用于负责执行的警察有合理的理由相信其属于受法律特权保护的对象（第19条第6款）；当物品属于法定的特权物时不可以扣押（第10条）。《日本刑事诉讼法》规定了两种情形下的扣押拒绝权，一是对于公务员保管、持有的财物，在申明属于"职务上的秘密"时，如果没有公务员监督机构的同意，不得扣押（第103条和第104条）；二是医师、助产士、护士、理士、公证人、宗教神职人员接受业务上的委托，保管、持有的财物中涉及他人的秘密，可以拒绝扣押（第105条）。但是在委托者同意的情况下，以及可以断定被告人"滥用权利"的情况下，不得拒绝扣押。[①]

2. 财产担保权。一般而言，财产权主要包括占有、使用、收益和处分权能，扣押并不是对四项权能的同时剥夺，例如冻结涉案财产时，一般只是限制权利人对该财产的处分权，进而影响了占有权和使用权，并不剥夺其收益权，不影响其利息获得。财产价值蕴含在具体财物之中，对财产价值的利用只有通过作用于财物本身才能实现，有些涉案财产一旦被限制，其价值无法实现，可能会造成更大的损失。笔者认为，根据等价交换原则，在采取扣押措施后，经被追诉人申请、并愿意提供相应财产担保时，经审查确有必要，可以对其财产权解除强制。但是作为证据之物的涉案财产，解除强制应当谨慎。据此，这里的财产担保权主要是指被追诉人通过提供担保要求解除财产受限的权利，也就是说，法律应赋予被扣押人有对被扣押物申请"取保候审"的权利。

在英美等发达国家的刑事诉讼法中，就有类似的规定或体现出该权利的性质。例如，《意大利刑事诉讼法》规定，防范措施的执行方式应当能够保护被处以该措施者的权利，有关权利的行使不得同具体的防范需要相抵触（第276条）。强制措施的执行应当适度，不得妨碍被执行人行使与之不相抵触的基本权利。如果说以抵押的方式提供担保，就无须转移占有；以出质方式提供担保的，并不限制当事人对出质物的处分权等。

笔者认为，财产担保权设定的主要目的，是使被追诉人在其财产被侦查机关采取财产控制措施时，通过提供相应价值的担保后，恢复其财产权的全部或部分权能。尤其是我国在以经济建设为中心、以人为本的理念下，在刑事诉讼程序中设定财产担保权具有重要的意义。然而，该权利行使的对象主要是"可为财产保全之物"，对于必须作为证据使用的和不进行限制将会对社会造成危害的涉案财产一般不适用此权利。

除上述权利以外，法治国家还赋予了财产权被侵犯人广泛的诉讼权利，如抗告权、上诉权、申请司法审查权等，它们都属于财产异议制度的组成部分，鉴于上文已作阐释，笔者这里不再赘述。

在英美法系国家，对侵犯公民财产权的财产权限制与处置措施，除了当场

---

① 宋英辉：《日本刑事诉讼法》，中国政法大学出版社2000年版，第26~27页。

提出异议外，还可以直接向法官申请司法审查。德国刑事诉讼法为搜查、扣押的事后救济设立了两种程序：一是抗告，根据《德国刑事诉讼法》第 304 条的规定，对审判长、法官在侦查程序中做出的决定、命令，不服时准许提起抗告，以法律未明确规定对这些裁定、裁判、决定和命令不得要求撤销、变更为限。据此，受到搜查影响的公民可以要求对搜查的合法性进行司法审查。如果搜查是依司法令状进行的，那么被搜查者可以向地区法院提起上诉。① 二是司法确认。司法确认主要针对无令状之搜查和扣押。为防止违法搜查，德国刑事诉讼法规定，如果属于无证搜查和扣押，侦查机关应当依职权在三日内主动向法官提请确认；被搜查人或被扣押人可以随时申请法官确认搜查、扣押的合法性。

（三）非法证据排除

在侦查程序中，财产权限制措施是对物的强制处分的重要组成部分，并且是侦查取证的重要手段，为刑事诉讼活动的顺利进行提供了基础性的依据。然而，财产权限制措施直接威胁着公民的财产权，通过财产权限制措施取得的证据的可采性就成了理论界和实务界都无法回避的课题。如上文所述，非法证据排除更多地体现出间接救济的功能。从域外设置非法证据排除规则的目的来看，主要是对非法搜查和扣押行为形成一种震慑作用，毫无疑问，非法搜查和扣押得到遏制，公民的财产权就能得到有效的保障。因此，有必要围绕非法证据排除规则的发展、应用以及适用方式等方面进行考察，了解其财产权保障的功能。

1. 非法证据排除规则的发展。早在 20 世纪初，美国就通过判例确认了非法证据排除规则。到如今，法治国家在立法上大都体现了非法证据排除的精神，不同程度地确立了非法证据排除规则。非法证据排除通常是指非法取得的证据不得作为刑事审判的依据。"非法证据"意指非法取得的证据；"排除"初指非法证据不得在审判中采纳，后逐步扩大至整个刑事诉讼程序，也包括非法取得的证据不得作为签发令状的依据，以及被追诉人可以以法院未排除非法证据为由进行上诉并请求上级法院进行审查。

非法证据排除规则的建立是刑事诉讼科学发展的必然结果，是现代刑事诉讼理念的具体表现。在西方国家早期，也不主张对非法证据予以排除。如美国知名大法官卡多佐说："证据不得任意排除，否则会因警察的一时疏忽，而让

①　［德］托马斯·魏根特：《德国刑事诉讼程序》，岳礼玲、温小洁译，中国政法大学出版社 2004 年版，第 114 页。

罪犯逍遥法外。"① 考察非法证据排除规则在美国的发展史，其经历了一个逐步形成、并不断发展的过程，是通过一系列案例逐步确立的，而不是通过立法修改一蹴而就的。从现代刑事诉讼的发展规律，非法证据排除规则的建立是大势所趋。

在美国，非法证据排除规则最重要的内容是对违法搜查、扣押所取得的证据的排除，而且在规则确立之初，恰是专指对违法搜查、扣押所取得证据的排除，其理论起源在于宪法第四修正案对于宪法性权利——财产权和隐私权的保护。正如有论者指出："在美国，最容易出现非法证据的环节是扣押，因为美国人很重视私有财产不可侵犯这个信念。"② 下面让我们看一下促进非法证据排除规则确立的威克斯诉合众国案，其被称为非法证据排除与财产权保障关系密切的最经典案例。1911 年 12 月 21 日，密苏里州堪萨斯城的威克斯在联合车站被无证逮捕，警察在邻居的帮助下找到钥匙，并进了威克斯的房间进行搜查，将搜到的文件和信件移交给了联邦警察。当天，联邦警察又随同州警察返回威克斯的住处，在征得其室友同意后，又进行了搜查，并带走了在衣橱中找到的文件、信件和其他物品。这些财产包括：皮质手提包 1 个，锡盒 1 个，价值 500 美元的债券一张，价值 12000 美元的矿业股权证 3 张，75 美元现金，祖传的 1790 年出版的报纸以及其他财产。后法官命令返还与指控无关的财产，但驳回了威克斯要求返还信件的申请，地区检察官执行了法官的命令。大陪审团向密苏里西区联邦地区法院对威克斯提起了 9 项指控。庭审期间威克斯提出抗议，认为作为证据的有关彩票的文件和信件是无搜查令取得的，违反了联邦宪法第四、第五修正案，被联邦地区法院驳回。其中，威克斯被判有罪的第 7 项罪名是利用邮包运送有关彩票或彩券中奖机会的信息。本案的争议在于警察未持拘捕令和搜查令，并扣押了有关彩票的文件和信件，是否应该返还，不能作为证据使用。在上诉审中，美国联邦最高法院认为，如果私人信件和文件能够如此被扣押、并作为指控有罪的证据，宪法第四修正案的规定就毫无价值，宪法将形同虚设。本案的联邦警察未经法律授权进行搜查和扣押，直接违反了宪法的禁止性规定。最终，初审判决被撤销。③ 美国联邦最高法院通过该判决确立了非法搜查扣押所获得的证据应排除的规则，是落实美国宪法第四修正案的要求。因此，从非法证据排除规则的起源看，其动因是保护公民财产权。在以后的判例中，非法证据排除的对象逐渐扩大至任何直接或间接产生于非法搜

---

① 朱拥政：《刑事诉讼中的财产权保障》，中国政法大学 2006 年博士学位论文，第 140 页。
② 杨宇冠：《非法证据排除规则研究》，中国人民公安大学出版社 2002 年版，第 264 页。
③ 朱拥政：《刑事诉讼中的财产权保障》，中国政法大学 2006 年博士学位论文，第 141～142 页。

查行为的其他证据（包括言词证据和实物证据），即"毒树之果"理论。20世纪80年代以后，为了打击剧增的犯罪，美国联邦最高法院针对非法证据排除规则制定了一系列例外原则，如"稀释原则"、"必然发现原则"和"独立原则"。从而允许法官在非法证据的采用上拥有更多的灵活性，但是对公民财产权的保护确实始终贯穿于非法证据排除规则之中。

2. 非法证据排除规则之比较。由于立法传统以及观念的不同，两大法系对非法证据排除规则规定亦不同，笔者在这里主要以美国和德国为例展开论述。

第一，非法证据排除的模式不同。在美国，采取强制排除主义原则，即采用"排除原则并容许例外模式"。在德国，实行具体情况具体分析的相应性原则，即采用"个案权衡模式"。原因在于德国的证据使用禁止的立足点并不基于收集证据是否违法，而在于该证据是否已经侵害了具有优先性的法律原则或者其他宪法所保护的基本权利。据此，德国学界证据禁止分为证据取得的禁止和证据使用的禁止，证据使用的禁止才属于真正意义上的非法证据排除。证据使用禁止在理论上又被区分为自主性证据使用禁止和非自主性证据使用禁止。[①] 自主性证据使用禁止是指收集证据并不违法，基于人权保护而禁止使用的证据；非自主性证据使用禁止是指收集证据违法而导致的证据使用禁止。

第二，非法证据排除的目的不同。在美国，威慑不合理的搜查和扣押是非法证据排除规则的一个主要目的。除此之外，法院不得成为"任意违反他们宣誓捍卫的宪法的帮凶"以及"政府不能因非法行为受益而导致损害公众对政府的信任"也是排除规则建立的目的。在德国，建立证据使用禁止的目的在于保护个人权利和执法需要两者之间的平衡。

第三，非法证据排除规则确立的方式不同。美国是一个判例法国家，非法证据排除规则的建立和完善是通过一个个具体的案例来逐步实现的。而大陆法系国家是以宪法为根据，具体的规则都由刑事诉讼法进行明文规定。

第四，在搜查与扣押之间的关系方面，排除规则的适用不同。在美国，扣押是搜查的后置性程序，如果搜查是非法的，则搜查后扣押的财物就是非法证据。在德国，通常把搜查和扣押分别看待，即使搜查被证实是违法的，通过搜查所取得的证据也不必然会被排除。

3. 非法证据排除规则的适用情形。由于法系不同，在非法证据排除的适用情形上也有所区别。鉴于本书主题之所限，这里仅对与财产权保障紧密相关

---

① 江炳麟：《德国证据使用禁止与美国非法证据排除规则比较研究》，载 http://article. china-lawinfo. com/Article_ Detail. asp? ArticleID = 30123，2013 年 8 月 6 日访问。

的非法实物证据排除的适用情形进行考察。

在美国，由于米兰达规则和反对强迫自我归罪特权的存在，非法取得的实物证据构成了非法证据排除规则的主要内容。而非法实物证据的取得主要发生在逮捕、搜查和扣押的过程中，因而非法证据排除规则的适用情形与搜查、扣押等干预公民财产权的行为紧密相关。

从司法实践上来看，导致非法证据被排除的情形主要出现在遭受非法搜查和扣押所侵犯的人申请法院司法审查的程序中。一般而言，有证搜查、扣押很少导致证据被排除，而无证搜查、扣押是证据被排除的主要情形。证据被排除与否的关键在于进行搜查、扣押时是否具有"合理的根据"，而且该理由必须在搜查、扣押之前就已经成立或有证据支持。因此，非法证据排除规则的适用情形主要包括以下五个方面：一是该证据是在没有取得司法令状的情况下非法扣押的；二是搜查令状或搜查证格式要件不齐全；三是扣押物不是令状中记载的物品；四是搜查令状或搜查证的核发缺乏合理的根据；五是搜查、扣押执行的程序不合法。

除上述五种情形外，立法还规定了一些不适用非法证据排除规则的情形。一是善意的例外。即侦查机关本来善意地相信自己执行搜查、扣押的行为是合法的，即使事后确认该搜查和扣押行为是违法的，取得的证据也不在排除之列。二是反驳的例外。众所周知，非法证据不能作为认定被追诉人有罪的证据，但是可以用来反驳被追诉人，证明其前后陈述的矛盾，降低其可被信任的程度。

4. 非法证据排除规则的运用。程序性制裁的重要属性之一就是要通过一种独立的司法审查程序加以实施。这种司法审查程序构成了一种独立的程序性裁判，同样具有独立的诉讼当事人、诉讼请求、裁判对象、证据规则、听证机制以及裁判方式。目前各国适用的非法证据排除程序并不完全相同，笔者在这里以美国为例考察非法证据排除规则的适用程序。

第一，程序的启动。当被搜查人或被扣押人认为侦查机关的搜查、扣押行为违法或认为向法院提交的证据系非法获取的时候，可以提出排除证据的动议。动议有审前动议和审判中的动议之分，原则上动议可以在任何阶段提出，但是出于提高庭审效率以及保证审判程序的焦点集中在定罪问题上，一般要求动议在审前提出。如果当事人提出排除非法证据的动议，法官要求当事人说明排除这些证据的法律依据，同时还要求其提供证明材料，法官才能决定是否启动排除证据的听证程序。如果动议是在庭审过程中提出，法官有自由裁量权决定是否接受该项动议，对于法官的拒绝，被追诉人可以在上诉程序中质疑法官的决定。

第二，排除非法证据的证明责任。一般而言，有关非法搜查或扣押取得的证据的排除问题适用以下规则：一是如果搜查和扣押是持令状进行的，则被追诉人有责任证明警察违反了宪法第四修正案，警察取得的证据不具有可采性。原因在于持有令状进行搜查、扣押被推定为是合法的。此时被追诉人就需要证明该令状是无效的或者搜查、扣押的范围不在令状记载范围之内；如果被告人成功地证明了这些事项，此时证明责任再次转移到检察官身上，他需要证明搜查是合法的。二是如果警察在没有取得法官授权的情况下实施了无证搜查扣押行为，则检察官需要证明警察进行无证搜查扣押行为的合法性，即证明该行为符合有证搜查的例外。三是如果警察称搜查扣押获得了当事人的同意，那么警察有责任证明该同意。

第三，非法证据排除的证明标准。总体而言，对于非法证据的指控，控方只需要达到"优势证据"的证明标准就可以反驳被告提出的排除有关证据的请求；对于被追诉人承担举证责任的案件中，一般也采用"优势证据"的证明标准。

第四，非法证据排除的上诉程序。一般而言，在联邦法院决定认可被追诉人动议后，控方有权对此立即提出上诉。然而，有些州允许诉讼任何一方对此提出上诉；还有一些州规定如果没有新的证据，任何一方都不得提出上诉。但是在被追诉人被定罪后，如果仍然对证据怀有质疑，可以提出上诉。

5. 非法证据排除规则之利弊分析。通过对不同法系的法治国家关于非法证据排除规则的立法和司法实践的考察，可以看出，尽管各国由于传统不同，制定排除规则的出发点、排除的具体内容也各不相同，但从其规定和做法上看，都遵循着共同的刑事诉讼理念，即保持控制犯罪与人权保障的平衡。对于侦控机关来讲，非法证据排除规则是一种程序性制裁，从而遏制了非法取证的主观动因和客观动力，有利于抑制非法取证行为的再次发生；对于被追诉人而言，无疑是增加了一道重要的程序保障和救济途径。

然而，非法证据排除规则在实践中的运用也并非没有争议。根据学者的总结，以非法证据排除规则为首的程序性制裁主要有以下几个方面的缺陷和局限："一是所有程序性制裁并不是对程序性违法的实施者加以惩罚，他们所剥夺的恰恰是没有实施违法行为人的利益；二是程序性制裁所付出的代价过于高昂，在宣告无效与制裁程序性违法之间缺乏应有的因果关系；三是程序性制裁的实施使被告人获得了额外的收益，而这并不具有正当性；四是程序性制裁的实施使得被害人因为诉讼程序违法就失去了获得正义的机会；五是程序性制裁的实施使得整个社会为诉讼程序的违法而承受巨大的代价。"① 因此，非法证据排除规则成为适用范围最广，但争议最大的一种程序性制裁措施。笔者认为，尽管非法证据排除规则的确立有利也有弊，但其在财产权保障方面的确发挥了重要的作用，应当甄别其利弊，理性地借鉴或引入，而不应盲目抛弃或全盘引进。

二、财产权的实体性救济

违法干预公民财产权的行为，也属于广义上的违法行为，因此侦查人员应承担相应的民事、刑事以及行政责任，这就是通过对侦查人员的责任追究来实现财产权被侵害人权利救济的一种实体性制裁方式。在英美法系国家，如果一名警察未经同意获得特别的法律授权而进行搜查、扣押，尤其是有暴力攻击行为时，该行为便构成侵权，并且可以成为要求损害赔偿的民事诉讼的根据。也就是说，如果财产权利人认为其财产权受到侵犯，其可以通过民事诉讼的方式获得救济。但是，在侵权法中有一个特殊的领域，涉及公共权力机构对个人权利的侵犯问题，并建立了一些不同于普通侵权行为的救济措施，这个领域通常被称为"公共侵权法"。在刑事诉讼中，由于检察官、法官和辩护律师在受到民事侵权诉讼方面享有绝对豁免权，因此作为救济手段的民事侵权诉讼所针对的几乎都是警察的违法行为。

然而，实践中真正追究侦查人员法律责任的情形并不多见，而且对财产权被侵害人来讲，追究侦查人员的责任只能获得精神上的满足，对其经济上的损失并未有任何帮助，其所关注的是损失是否得到补偿。如果因为侦查人员的错误造成公民财产权的损失且得不到补偿，显然这是不公平的，不利于相对人的财产权保障，国家也失去了督促侦查人员恪尽职守的动力。

第二次世界大战后，随着人权保障运动的蓬勃兴起，一种新的实体性救济方式出现了，那就是刑事赔偿制度，并成为刑事诉讼中财产权实体性救济机制的主要方式。目前，越来越多的国家开始把人权保障作为刑事赔偿制度建构的核心价值目标，一系列国际人权宣言或人权公约也对刑事赔偿制度做出了规定，这使得刑事赔偿制度获得了长足的发展。笔者这里从宏观的角度考察刑事赔偿制度，以了解法治国家侵犯财产权之刑事赔偿。

（一）刑事赔偿的发展与立法模式

考察法治国家或地区刑事赔偿立法，尽管称谓并不尽同，有的称之为"羁押赔偿"制度，有的称之为"刑事补偿"制度，有的称之为"冤狱赔偿"

---

① 陈瑞华：《刑事诉讼的前沿问题》，中国人民大学出版社 2005 年版，第 303～304 页。

制度，但大都建立了实质意义上的刑事赔偿制度。笔者认为，这些不同的称谓反映了国家对侵犯公民基本权利应该予以救济的范围认可的程度亦不同。

刑事赔偿制度理论的发展共分为"国家无责论"、"委托理论"和"国家责任说"三个阶段，并经历了从否定到逐步接受到完全肯定的发展历程。"国家无责论"来源于"主权豁免理论"。所谓"主权豁免理论"，是建立在"绝对主权"观念基础上的国家免责理论，盛行于资产阶级革命后的许多国家。该理论的核心内容是：国家是主权者，主权的特征是对一切人无条件地发布命令，没有国家通过法律所表示的同意，不能要求国家负担赔偿责任，否则抵消了国家主权。"委托理论"强调公务人员必须合法地处理所委托的公共事务，故违法行为由公务员个人予以赔偿。当然也有例外，英美法系国家和一些大陆法系国家通过国家赔偿立法一次性确立了国家的直接赔偿责任，而没有经历这一阶段。"国家责任说"是在 20 世纪以后提出，以《魏玛宪法》为标志，国家对其公务人员在其职务行为范围内的损害赔偿承担责任。

在封建专制主义时代，刑事赔偿是不可能得以产生的，直到 17 世纪中叶资产阶级革命之后，刑事赔偿才伴随着人权、人民主权等思想的出现逐渐登上历史舞台。英美法系国家由于受主权豁免理论的影响，直到第二次世界大战前后，随着主权豁免理论出现松动，刑事赔偿制度才开始逐渐产生。而大陆法系国家早在 19 世纪便开始放弃国家豁免理论，因而刑事赔偿制度确立较早。第二次世界大战后，人权运动蓬勃兴起，人们开始理性地思考个人与国家之间应有的关系，国家开始把人权保障当作司法制度建设的核心价值目标，这也为刑事赔偿制度的发展提供了思想基础。同时经济的高速发展，为刑事赔偿制度的发展提供了物质基础。

由于文化传统、法律传统以及思想基础和经济基础的差别，各国刑事赔偿制度的立法模式也有较大差异。

一是民事立法模式。该模式即主张通过民事法律来解决刑事赔偿问题，他们认为刑事侵权行为本质上应当承担民事责任。例如，德国在国家赔偿制度确立之前，有关国家赔偿的问题就是在民法典中规定的。美国至今采用民事诉讼的形势来实现刑事赔偿。然而刑事赔偿制度所解决的问题主要是国家权力对个人权利的侵犯，与纯粹解决平等民事主体之间私权纠纷必然有着重大不同，如果完全套用民事侵权行为法来解决刑事赔偿的问题极可能影响刑事赔偿制度功能的发挥。

二是建立统一的国家赔偿法立法模式。该模式即主张制定统一的国家赔偿法，该法同时规定了刑事赔偿、行政赔偿和民事赔偿。然而三者之间存在诸多差异，尤其是在归责原则、赔偿标准等方面适用相同的规定，必然会限制刑事赔偿制度功能的发挥。

三是通过专门立法或在诉讼法中加以规定的立法模式。事实上，绝大多数国家都没有制定统一的国家赔偿法，他们往往是通过制定专门法的方式或者直接在诉讼法中加以规定。例如，德国在刑事赔偿问题上先后制定了《再审无罪判决赔偿法》、《羁押赔偿法》，后来二者被废除由《刑事追诉措施赔偿法》取代；在奥地利，《国家赔偿法》、《公职责任法》规定了行政赔偿问题，又专门制定了《刑事赔偿法》；在日本，制定了专门的《刑事补偿法》；在法国，虽然没有制定专门法律解决刑事赔偿问题，但其在刑事诉讼法中对刑事赔偿问题做出了专门规定；许多前东欧社会主义国家，如苏联以及南斯拉夫也是在刑事诉讼法中对刑事赔偿做出专门规定。

笔者认为，之所以多数国家都选择通过专门立法或者在刑事诉讼法中规定刑事赔偿的问题，主要在于刑事赔偿与行政赔偿，尤其是与民事赔偿相比，具有诸多特殊之处。一是刑事诉讼活动是刑事赔偿产生的前提与基础；二是刑事赔偿是刑事诉讼活动的继续和延伸。因此，通过专门立法或者直接在刑事诉讼法中对刑事赔偿问题做出规定，是较为可取的立法模式。

（二）刑事赔偿制度的主要内容

第一，刑事赔偿责任及归责原则。对国家机关及其公务人员在职权行使过程中对公民权利造成的损害应当由谁承担赔偿责任的问题，各国立法经历了一个演变的过程。在国家赔偿制度建立以前，国家无须承担责任，所造成的损害由受害人自己承担。在国家赔偿制度建立之初，有的国家规定受害公民可以获得一定的赔偿，但这种赔偿责任主要由行使职权的国家公务人员承担。然而由公务人员承担赔偿责任的做法既无法保障受害者获得有效的救济，又不符合人们的一般正义观。于是由国家代替其雇员承担赔偿责任的"代位责任说"应运而生，但是"代位责任"在本质上仍然认为国家没有过错，责任在于国家公务人员，仍有不合理之处，后来又产生了"国家责任说"，至此国家赔偿制度从根本上得到确立。相应地，刑事赔偿责任的归责原则也经历了从过错原则或违法原则发展到无过错原则。目前德国、法国、日本的刑事赔偿采用的都是结果责任，也就是无过错责任原则，充分体现了法治国家在人权保障上的态度和认识。

第二，刑事赔偿的标准。随着人权保障理念的深入发展，国家赔偿的标准不断提高，由原来只赔偿直接损失扩大到间接损失；由原来的只赔偿物质损失发展到既赔偿物质损失又赔偿精神损失；目前绝大多数法治发达国家都将精神损害纳入到刑事赔偿的范围。考察各国的立法，刑事赔偿的标准大体有三种：抚慰性赔偿标准、补偿性赔偿标准和惩罚性赔偿标准。然而这三种赔偿标准都存在内在的缺陷，尤其是针对不同性质的权利侵犯，更不应适用同样的赔偿标准。总的来说，要坚持一个原则，那就是既要有效救济受害人的损失，又不致使国家财政承受过大的负担，同时能够预防侵权行为的再次发生。

第三，在完善赔偿程序的同时，逐步完善了追偿程序。例如，在《德国基本法》第 34 条规定："如有人在执行委托给他的公务时，违反对第三者所承担的义务，原则上其责任由国家或由他所服务的机关承担。如由于蓄意或重大过失，得保留申诉权。对于要求损害赔偿和申诉，必须采取通常的法律程序"。据此可见，德国明确区分了狭义的赔偿程序和追偿程序，并对归责责任做出了不同的规定，是值得肯定和借鉴的。

第四，原则的或具体的规定了侵犯财产权之刑事赔偿。有的国家只是规定国家机关及其工作人员在行使职权过程中造成的对公民权利的损害应当赔偿，而将赔偿决定权交给了法官裁量；有的国家严格规定了侵犯财产权之刑事赔偿的情形，有利于司法实践的操作，如《德国刑事追诉措施赔偿法》第 2 条第 2 款规定，对财产权的侵害，国家也应当承担赔偿责任。在其他法律没有规定补偿的情况下，依据《德国刑事诉讼法》第 111 条 d 规定的诉讼保全、搜查、扣押以及没收；对非法剥夺当事人执业资格的，如吊销驾驶执照、禁止执业等，国家也应当承担赔偿责任。

第五，刑事赔偿义务机关。多数国家的立法都规定，应当由一个在刑事诉讼中不承担具体职责的、相对独立的机关支付赔偿费用，而不由实施具体侵权行为的侦诉、审判、监管机关支付赔偿费用。如在英国，由国务大臣代表国家向受害者支付赔偿费用。在美国，赔偿责任由政府承担，赔偿案件由司法部的律师处理，而不是被诉机关的律师处理。[1] 在德国，赔偿义务机关由司法行政机关担任，尤其规定了法院不能成为被告，而是由司法部代理诉讼。[2] 在瑞士，请求联邦进行赔偿时，必须首先向财政部申请。如果财政部受理其申请，认可其赔偿要求，则无须通过司法程序来解决联邦的赔偿责任问题。[3]

第六，刑事赔偿的程序。在域外，刑事赔偿一般先向赔偿义务机关机关提出。对赔偿义务机关的决定不服的，以赔偿义务机关为被告向法院提起诉讼。可见在国外刑事赔偿的最终解决还是依靠诉讼的方式。在美国，刑事赔偿案件由专门的索赔法院管辖；在德国，刑事赔偿案件由州法院民事庭管辖。除此之外，有些国家在对强制侦查行为的司法审查过程中可以直接做出刑事赔偿的决

---

① 张红：《中美国家赔偿法学术研讨会综述》，载《行政法学研究》2005 年第 4 期。
② 汤鸿沛、张玉娟：《德国、法国与中国国家赔偿制度之比较》，载《人民司法》2005 年第 2 期。
③ 林准、马原：《外国国家赔偿制度》，人民法院出版社 1992 年版，第 171 页。

定。例如，在德国，在司法审查过程中，法院就可以直接对赔偿问题做出处理，然后赔偿申请人可以以此为依据向赔偿义务机关提出申请。如果赔偿义务机关拒绝赔偿，赔偿申请人可以向法院提起正式的赔偿诉讼。[①]

第三节 域外考察之分析

通过对上述国家和地区具体程序设计的考察，我们可以看出，各国在财产权保障问题上有不同的立法思想及立法技术，如在德国、法国和日本，将对人的强制处分和对物的强制处分完整并列在一起，强调的是这些处分都具有强制性，目的是便于立法限制和控制。在意大利，将对物的强制处分从内容和目的上进行划分，分别规定在不同的章节中，当对物的强制处分作为收集证据的一种重要方法时，就被规定在有关证据或证明一章中；当对物的强制处分作为一种保全性或预防性措施时，则在第四编有所体现。美国是个判例国家，它对强制处分的立法体例与大陆法系国家的立法体例实在没有太大的可比性，因此其联邦刑事诉讼规则的结构设置比较混乱和怪异，但基于人权保障和程序至上的理念，美国对于物的强制处分的程序却规定得十分详尽。尽管上述国家立法思想和立法技术有所不同，但都体现了相同的价值目标，即体现了财产权保障的本质要求。表现如下：

一、大多将财产权限制和处置视为对物的强制处分

"强制处分是指国家机关追诉犯罪时，为保全被告或者搜集、保全证据的必要，而对受处分人施加的处分"，[②] 强制处分性质上有学者将之定位为诉讼行为，系侦查机关为达刑事追诉之目的，依据刑事诉讼法之规定，所实施之行为，无此等诉讼行为，则刑事程序无从进行。按照强制处分的对象不同将其分为对人的强制处分和对物的强制处分。在法治国家，财产权限制与处置程序，一般都要经过司法审查，因此在观念上财产权限制程序与涉案财产处置程序是一体的，财产权限制程序是对物的强制处分的实施，是一种程序性强制处分；涉案财产处置程序主要是返还程序和特别没收程序，是对被采取强制处分后的物的具体处理方法，是一种实体性强制处分。

二、普遍遵循司法审查或令状主义原则

强制处分设置的本质都在于承认国家权力对个人基本权利干预的正当性，

---

① 皮纯协、何寿生：《比较国家赔偿法》，中国法制出版社 1998 年版，第 273～274 页。
② 林钰雄：《刑事诉讼法》（上），中国人民大学出版社 2005 年版，第 224～225 页。

合法干预公民基本权利的行为公民应当容忍。但更为重要的是，法律对国家权力明确地进行了划分和限制，同时规定必须由中立的司法机构对实施强制处分的行为进行审查，确保基本权利被侵犯时有救济途径可循。以对物的强制处分的决定权为例，各国都规定了司法审查或令状主义原则。在法国，只允许预审法官决定是否对物采取强制处分；在德国，只允许由法官、在延误有危险时也可以由检察院和他的辅助官做出决定。对于未经法官决定而采取搜查、扣押的，如当事人对此提出异议时，法官应对搜查、扣押的效力做出确认；在日本，搜查、扣押、查封的决定权在法院；在意大利，检查、搜查、查封、扣押由司法机关采用附理由的命令的形式决定；在美国，联邦刑事诉讼规则规定签发扣押令状的权限是联邦治安法官或联邦辖区内的州记录法院。

涉案财产实体性处置程序，主要是指返还程序和特别没收程序，要由法官决定。返还程序是指对物采取财产控制措施后，根据案件的实际情况和现有证据的证明，将该财产返还给财产所有权人或者原物品持有人。返还程序具有两方面的意义：一是对侦查机关错误控制或者控制目的已经达到的涉案财产恢复其原始状态；二是及时对因为犯罪而破坏的财产关系进行恢复，体现了对刑事被害人合法财产权的保护。总之二者都具有财产权保障的意义，因此，法治国家都在立法上比较详细地规定了返还程序。由于返还程序涉及财产权权属的确定，而返还的对象是被采取财产权限制措施后的财物，即笔者所界定的"涉案财产"，里面应该包括犯罪被害人的合法财产和与犯罪无关的财物，因此，法治国家普遍遵循司法审查原则，返还的决定权在法官手中，必要时法官应当听取检察官、被追诉人、被害人或其他利害关系人的意见，最后对权属明确的属于被害人的合法财产做出返还被害人的决定；对于与案件无关又不涉及财产保全的部分，返还物品原持有人。

三、权利救济机制比较完善

英美法素有"补救之法"之称，然而早期的英美法救济的前提并非权利，而是损害。随着法律的发展，英美法也逐步确定了实体权利的范围，但是在特定情况下，仍然采用救济先于权利的原则，即允许在法律没有规定为权利的情况下，法院认为对某种状态不加以救济会造成不公平，通常会运用自由裁量权提供救济。大陆法系素有"权利之法"之称，一直奉行实体权利由法典立法设定，没有实体权利的存在，法院不能对某种情形加以补救，即"无权利则无救济"。但是，不可否认的是，大陆法系国家实体权利设置得非常完善，对很多侵权行为法律都有明确规定。在人权保障理念之下，法治国家普遍建立了完善的财产权救济制度，在程序性救济机制中，既包括以赋权为取向的财产异议制度，也包括程序性制裁机制；在实体性救济机制中，既包括追究侵权人员的实体性责任，也包括刑事赔偿制度。鉴于文体之所限，笔者没有阐释的被害人的刑事补偿制度也得到了长足的发展。而且在权利救济程序中，法治国家非常关注对公民权利的保护。例如，在非法证据排除和刑事赔偿程序中，设置了司法审查机制或听证（听审）程序，尤其是在举证原则上更是体现了人权保障的理念。

总之，无论是财产权限制、处置方面还是在财产权救济方面，法治国家都构建了完善的财产权保障制度。

第四章　我国侦查程序中财产权保障的现状、问题及重构进路

2004 年全国公安机关开展了"两个违规"的专项治理工作，治理的工作目标及重点，是公安机关在办理刑事、治安行政案件过程中，违反有关法律、法规规定，扣押、查封、冻结、没收财产，或者责令停业整顿、吊扣证照，以及私自处理、侵占、挪用、贪污、私分涉案财物等行为。据笔者分析，主要存在以下问题：一是强制、处置涉案财产超范围；二是强制、处置涉案财产超案值；三是强制、处置涉案财产无手续或手续不齐全；四是应归还不归还；五是涉案财产未随案移交或上缴；六是挪用涉案财产；七是损毁、丢失涉案财产。

2005 年全国公安机关开展了群众信访问题的集中处理，从数据中我们能够看出公安机关在执法活动中侵犯公民财产权问题十分突出，主要表现为：第一，控告公安机关或民警违法违纪的共 8375 件，其中因查封、扣押、冻结财产不归还的有 2157 件，约占 26%；第二，要求公安机关解决问题的共 100585 件，其中要求公安机关赔偿损失的 35317 件，要求公安机关还债的 5467 件，共 40784 件，约占 40%。

笔者认为，上述情形的存在，集中体现了我国侦查程序中财产权保障的不力，因此有必要厘清其现状及问题，这将裨益我国侦查程序中的财产权保障制度的建设。

第一节　我国财产权保障的状况

厘清侦查程序中财产权保障的现状，不能仅仅立足于侦查程序，还应对侦查程序所赖以存在的司法制度和环境进行分析。侦查程序是我国刑事诉讼程序的重要组成部分。刑事诉讼程序首先要遵守国家根本法——宪法的规定；其次，作为刑事程序法不能恣意介入民事法律的范畴；最后，作为刑事程序，应保证刑事实体法的实施，但也应有其独特的目标，那就是实现控制犯罪与人权保障的平衡。通过与上述公理性规定的对比，我们就能发现我国侦查程序中财产权保障的状况。

一、我国宪法、民事法律和刑法与财产权保护

（一）宪法与财产权保护

一般而言，法治国家宪法对财产权的保护主要体现为：将财产权规定为公民的基本权利之一，除非依照法律规定并经法定程序，不得被限制或剥夺；国家依法对私人财产征用和征收以及税收法定和预算法定。我国宪法在财产权保护方面经历了颇为曲折的发展过程。

新中国成立初期，为了恢复国民经济，面对多种所有制混合并存的局面，《共同纲领》规定了保护国家以及多种所有制下的私有财产。在公有制改造的过程中，1954 年宪法明确规定公共财产神圣不可侵犯，同时宣布对公民的生活资料给予保护。此后，1975 年和 1978 年宪法对公民财产权的规定有了较大的改变，除了保护公民的劳动收入、储蓄、房屋和各种生活资料外，公民个人拥有的生产资料以及各种债权、知识产权被排除在宪法保护之外。改革开放以来，人们逐步摆脱了意识形态的教条约束，"财产就是财产，不再是政治符号"①，财产权的含义逐渐回归。

从我国宪法和历次修正案中可以看出这种积极的变化：1982 年《宪法》规定"国家保护公民的合法收入、储蓄、房屋和其他合法财产的所有权"；1988 年《宪法修正案》规定"国家允许私营经济在法律规定的范围内存在和发展，私营经济是社会主义公有制经济的补充"；1993 年《宪法修正案》规定"国家实行社会主义市场经济"；1999 年《宪法修正案》明确规定"在法律范围内的个体经济、私营经济等非公有制经济，是社会主义市场经济的重要组成部分"；2004 年《宪法修正案》规定了"公民的合法的私有财产不受侵犯"、"国家依照法律规定保护公民的私有财产权和继承权"以及"国家为了公共利益的需要，可以依照法律规定对土地实行征收或者征用并给予补偿。"据此，我们可以说，财产权已成为我国宪法文本中的基本权利之一。通过这些修正案，可以清晰地发现现行宪法不断强化财产权保护，尽管目前对公、私财产保护的力度有所不同，但正努力向对不同性质财产权提供平等保护的方向发展。

平等保护是社会主义本质的体现，也是执政为民的核心理念，从政治改革取得的成效来看，财产权的平等保护会逐步得以落实。根据社会学的分析，中国在进入追求富裕的同时，并不存在所谓的仇富心理，人们不仅需要"富人的小汽车与乞丐的要饭棍"的平等对待，更关注汽车与要饭棍的来源和行使的正当性，以及对财大气粗和权利滥用者的不满。这就要求积极的立法应趋向

---

① 夏勇：《走向权利的时代》，中国政法大学出版社 2000 年版，第 294 页。

平等地保护财产权的归属与区别限制财产权行使的整体构建，形成既平等又公平的和谐格局。

（二）民事法律与财产权保护

民事法律上的财产权是平等民事主体之间相互对抗的一种权利，目的是通过界分"你的或我的财产"，防止民事主体的越界行为发生，从而使资源配置高效，财产流动迅速。更为重要的是，民事法律财产权保护主要体现在危害后果发生之后的救济和补偿上，也就是说，没有损害后果就没有民事责任。因此，民事法律中的财产权是一项积极的对物权，在界定财产权归属的同时，通过鼓励财产的流动来增加社会财富的总量。

民事法律对市民社会中平等主体之间财产关系的调整，主要是通过物权法和债权法的实施来完成的。其中，对一个国家经济秩序产生更重要影响、更具决定性作用的是物权法。随着物权法的实施，我国已经在一定意义和规模上建立了完备的民事法律财产权保护体系。历史和实践都已证明，市场经济对现代社会产生巨大吸引力的根本原因就在于，在市场经济体制下的经济交往中，法律规则对市场主体的物权给予了完备的保护，并在这样一种完备保护的基础上，使得社会资源在市场上得以自发配置和流动以达到对资源相对充分的利用，并最终形成平等自由、优胜劣汰的市场竞争秩序，以推动经济的发展。物权法对经济发展的推动最终体现在对一种经济秩序的宏观把握和调控上，对物权的立法就相当于对经济生活的某种秩序的建立，而这一制度的核心，便是对财产权的平等保护。

民事法律上的财产权源于物权，是私权的一种，产生于商品交易过程中自愿的契约安排，其客体是某种具体的物品或服务，具有可转让性、可分割性和可依法剥夺性等特点。在民事法律中，最常见的侵犯财产权的方式表现为侵权和违约。从经济学的角度来看，侵权和违约的危害性在于使财产的流动变得缓慢而低效，从而抑制了社会财富总量的增加。民事法律上的财产权保护是以物为中介的人与人关系的表现，有明确、具体的权利客体，对于一个没有财产的人，民事法律上的财产权保护是不存在的。这一点使我们能够看出，民事法律上的财产权保护实际上是偏爱拥有财富者，即在民事法律上，没有财产就谈不上财产权保护。

（三）刑法与财产权保护

刑法作为刑事实体法，通过行为犯罪化和刑罚的方式来实现对国有财产、集体财产和公民的私有财产的保护。目前我国刑法对公私财产的保护既有平等性保护部分，也有差异性保护部分。对于差异性保护，大部分学者持批评态度，但综观世界各国立法，也有其合理性因素。刑法对公私财产的差异性保护，主要集中在罪与非罪、重刑与轻刑两个方面，如相似的行为，侵犯国有财产的构成犯罪，侵犯私有财产的不构成犯罪；再如，相似的行为，侵犯国有财产的承担较重的刑事责任，侵犯私有财产的承担较轻的刑事责任。

目前对公私财产刑法保护的争议，主要围绕着法律面前人人平等、刑罚配置的依据、刑法加强对私有财产保护的必要性等方面展开。尽管我国有关于侵犯国有财产的独立定罪，但并没有直接以私有财产作为犯罪对象的犯罪，也没有只以私有财产损失为成立条件的犯罪。基于有些国有财产是我国财产体系中独特地位，如森林、河流、矿藏等只能作为国有财产而出现，国有财产的其他部分来源于国家对社会财富的征收或征用，把针对国有财产的犯罪作为一种特例来对待，实质上并不违反法律面前人人平等的原则。

我国《刑法》第 2 条规定了其任务，重要内容之一就是保护国有财产和劳动群众集体所有的财产，保护公民私人所有的财产；并于第 91、92 条对公共财产和公民私人所有的财产进行了界定。在《刑法》分则第三章规定了破坏社会主义市场经济秩序罪；在第五章规定了侵犯财产罪；在第八章规定了贪污贿赂罪。这些规定都与公民财产权保护息息相关。可见，我国刑法对财产权的保护侧重点在于通过入律的方式对犯罪进行打击，体现了我国刑法的刑罚功能，并没有违反我国宪法的宗旨，其只是实现宪法财产权保护的重要途径之一。

二、我国刑事诉讼中优位价值目标之分析

刑事诉讼法作为程序法，通常被视为一种国家刑罚权实现的工具，为实现对犯罪的追诉，刑事诉讼中国家权力的运用主动、普遍而深刻。但从刑事诉讼的发展历史看，它却是社会进步和人类文明的体现。因为刑事诉讼用既定的法律规则解决纠纷，它替代了原始社会血腥的同态复仇和野蛮的私力救济，建立了一种通过诉讼解决纠纷的机制。刑事诉讼尽管是一种实现刑罚权的国家活动，但并非一味以追诉犯罪为目标，它拥有独特的目标，那就是实现控制犯罪与人权保障的平衡。

然而，从我国刑事诉讼立法的发展史上来看，虽然自清末修律时，沈家本即提出了人权保障的立法目标，但是人权保障并非我国刑事诉讼法的优位价值目标，即使新中国成立之后，这一状况也仍然未能获得实质性转变。从我国1979 年《刑事诉讼法》、1996 年《刑事诉讼法》，直至 2012 年《刑事诉讼法》，都在第 2 条规定其任务是"保护公民的××权利"，但是这里的"保护公民的××权利"与刑事诉讼理论中经常提及的、作为诉讼价值目标的"人权保障"是同一含义吗？

　　笔者认为，刑事诉讼中的"人权保障"，应该是指当事人、尤其是被追诉人基本人权的尊重和维护，而我国刑事诉讼法由于长期受工具论的影响，所谓的"保护公民的××权利"，实质上泛指通过对犯罪的追究和纠举而体现出的对国家和被害人权益的保护。因此可见，我国刑事诉讼法上的"保护公民的××权利"更倾向于"人权保障"目标的相对面——"控制犯罪"。那么，被害人的合法权益得到保障了吗？在大陆法系国家，我国罕见地赋予了被害人刑事诉讼当事人的地位，但是被害人的合法权利也很难得到保障，在信访案件中，被害人因为合法权益没有得到维护而上访的占到较大的比例。这样看来，我国的刑事诉讼中的控制犯罪，只是出于社会防控的目的。不断攀升的刑事案件数量尽管有多方面的原因，但也能证明我国防控体系仍然存在较大的漏洞。

　　再从我国刑事诉讼法以及相关的规定、解释上来看，我国2012年《刑事诉讼法》分别规定了搜查（第134条至第138条）、查封、扣押物证、书证（包括查封、扣押、查询与冻结；第139条至第143条），在第234条原则上规定了扣押物的处置，并在特别程序中规定了"犯罪嫌疑人、被告人逃匿、死亡案件违法所得的没收程序"。《人民检察院刑事诉讼规则（试行）》规定了搜查（第174条至第185条）、调取、扣押物证、书证和视听资料（第186条至第193条）、查询、冻结存款、汇款（第194条至第198条），在第239条规定了撤销案件时对犯罪嫌疑人的违法所得的处理方式。《公安机关办理刑事案件程序规定》规定了搜查（第205条至第209条）、扣押物证、书证（第210条至第223条）、查询、冻结存款、汇款（第224条至第232条），其中第231条还规定了犯罪嫌疑人死亡情况下申请法院裁定返还或没收已冻结的款物。在《人民检察院扣押、冻结涉案款物工作规定》中也对扣押、冻结以及处置做了规定。然而从上述规定中我们可以看出，相关规定极为简陋和粗疏，可见我国的财产权限制与处置措施以及财产权救济性制度与英美等国相比较还存在很大的差距。

　　据此我们认为，尽管2012年《刑事诉讼法》将"尊重和保障人权"写入，但人权保障仍难算得上我国刑事诉讼的优位价值目标。同理可推出，我国干预财产权的刑事诉讼程序（包括侦查程序）的立法设计及其运作亦不是以财产权保障为价值目标。司法实践表明，其只是作为保全的一种手段，本质上是为了实现对财产权的强制，因而在刑事诉讼中呈现出财产权保障功能错位的状况。

三、我国侦查程序中财产权保障现状之分析

　　既然刑事诉讼中呈现出财产权保障功能错位的状况，侦查程序作为刑事诉

讼中财产权保障的标尺和集中体现，亦会存在同样的情形，具体分析如下：

（一）侦查程序没有体现出宪法财产权保障的精神

财产权保障问题在宪法学上也具有同样的重要性。宪法作为国家之基本法，实质上是国家权力关系法和人权法的有机组合而已。因此，宪法要对任何涉及剥夺个人基本权利的措施，既要做出实体性限制，又要提供有效的救济途径。美国宪法修正案中的"正当法律程序"及相关的权利保障条款，为保障当事人的诉讼权利确立了宪法基础，也是宪法对所有公民基本权利和自由的法律承诺。德国基本法中确立的"成比例原则"和"获得司法听审的原则"，也都既是宪法问题，又是刑事诉讼问题。[①] 因此，我们应当明确，尽管从目前看，我国宪法尚存在对公私财产保护程度不同的问题，但在人权保障目标上是各部门法所应遵循的。然而在我国刑事诉讼中，尤其是侦查程序方面，并没有体现出宪法财产权保障的精神，甚至是背道而驰，表现如下：

第一，我国刑事诉讼法在侦查程序中的财产权保障方面，规定极为简单、粗陋，不仅对财产权限制与处置程序几乎没有做出实体性限制，而且自始至始终没有出现过"救济"、"赔偿"、"侵权"、"责任"的字眼，不能说不是一种缺憾。

第二，在侦查程序中，除逮捕措施以外，侦查措施的行使完全由侦查机关自行决定并实施，致使侦查程序成为了一个封闭的程序，司法权难以介入，侦查程序中缺乏有效的分权、制衡机制，面对侦查机关的强大的侦查权力，被追诉人人身自由都难以得到保障，更谈不上控辩平等、财产权保障了。例如，在财产权限制与处置程序中，不仅搜查、扣押由侦查机关自行决定并实施，而且侦查阶段的财产权返还和没收（包括保证金的没收）也是由侦查机关自行决定，这没有体现出宪法的精神实质。

（二）侦查程序恣意介入民事法律的范畴

民法上的财产权是平等民事主体之间相互对抗的一种权利，目的是通过界分财产所有权人，达到防止民事主体侵权行为发生，从而使资源配置高效，财产流动迅速。民法针对的是私人的侵权和违约，刑事诉讼法针对的重点是公权力的侵权，因此刑事诉讼在财产权保障上应当重在限权，而不应当恣意对财产权限制和处置。但现实并非如此，侦查程序恣意介入民事法律的范畴表现如下：

第一，借助侦查权力插手经济纠纷。经济纠纷与经济犯罪争议的对象往往都是财产权，但是一个应由民事法律调整，一个应由刑事法律调整。但由于二者的界限并不泾渭分明，造成司法实践中存在借助侦查权力干预经济纠纷的现

---

① 陈瑞华：《刑事诉讼法学研究范式的反思》，载《政法论坛》2005 年第 3 期。

象，如将经济纠纷当作经济犯罪立案侦查的现象时有发生。

第二，侦查程序在财产权限制与处置方面，往往无视民事财产权的内涵。财产权一经限制，其所有权中的权能都无法实现，就造成了财产流动的静止，社会资源的浪费。例如，交通肇事案件中的车辆，如果经过勘验取证，已能证实案情，就没有必要继续扣押，更何况车辆往往是人赖以谋生的工具。再如，作为证据之物且与作为犯罪之物无关的财产，不应妨碍其收益的获取，等等。可见为了实现控制犯罪的目的，侦查程序更关注财产权的限制和处置，造成侦查程序在财产权保障方面，存在本末倒置、功能错位的倾向。因此，我们在研究涉案财产的限制与处置的时候，应当对民事法律的规定有所了解，这样才不会恣意介入民事法律的范畴。

（三）侦查程序在财产权保障上沦为刑罚实现的工具

刑法由于其实体法地位和性质所决定，是通过将那些严重侵犯财产权的行为规定为犯罪并运用刑罚的手段来实现对公民财产权的保护。刑事程序法作为程序法，通常被视为一种国家刑罚权实现的工具。尽管其是一种实现刑罚权的国家活动，但并非一味以追诉犯罪为目标，它拥有独特的目标，那就是实现控制犯罪与人权保障的平衡。然而通过我国刑事诉讼法文本可以看出，其规定重在控制犯罪，程序之设计也完全为了方便、快捷地追诉犯罪。从这个方面上看，其财产权保障的功能与刑法有相似之处。表现如下：

第一，刑事诉讼程序，尤其是侦查程序，历来被视为打击犯罪的工具；国家政法机关，尤其是公安机关，被视为国家的暴力机关，可见在我国传统思想之中，工具主义程序观历来占有支配地位，至今仍未得到根本性的改变。

第二，工具主义程序观还体现为刑事诉讼法并非侦查程序唯一依据。各部门自己制定的司法解释或规定不仅存在相互抵牾之处，有的甚至将突破现有立法视为创新，严重侵蚀了刑事诉讼程序的有机体，破坏程序的功能自治性和独立性。以《刑法》第64条为例，其规定了对被害人的合法财产，应当及时返还，但我国刑事诉讼法并没有规定谁是财产返还上的决定主体，但公安、检察机关都制定规则或规定，宣示自己拥有返还财产的决定权。据此可以看出，做出这种规则和规定，本质上就是工具主义程序观的具体体现。

第二节　财产权保障方面存在的主要问题

一、宏观层面上财产权保障基本框架之扭曲

现代刑事诉讼制度之所以能承担起财产权保障的任务和使命，关键在于它在人权保障优先的价值理念指引下，建立了一套分权制衡的原则，从而有效约束了国家权力的恣意行使。在法治国家，为了限制国家权力、实现财产权保障的目标，普遍建立了财产权保障的基本原则，主要包括程序法定、程序正义、比例原则和权利救济原则，它们架构起了财产权保障的基本框架，成为财产权保障的关键性堡垒。

然而，通过上文阐释我们发现，我国侦查程序中财产权保障的状况不容乐观，必将导致我国侦查程序在财产权保障方面问题重重。法治国家所确定的程序法定、程序正义和比例原则等财产权保障的原则，将因为上述原因的存在而没有其生存的空间，或者说，虽有所体现但存在缺陷，这就必然造成我国侦查程序中财产权保障基本框架的扭曲与变形。

（一）程序法定理念尚未完全树立

我国刑事诉讼法对程序法定原则也有所体现，如 2012 年《刑事诉讼法》第 50 条规定，审判人员、检察人员、侦查人员必须依照法定程序，收集能够证实犯罪嫌疑人、被告人有罪或者无罪、犯罪情节轻重的各种证据。；1998 年最高人民法院《关于执行〈中华人民共和国刑事诉讼法〉若干问题的解释》第 61 条有"严禁以非法的方法收集证据"的规定；2012 年公安部《公安机关办理刑事案件程序规定》第 189 条规定，公安机关侦查犯罪，应当严格依照法律规定的条件和程序采取强制措施和侦查措施，严禁在没有证据的情况下，仅凭怀疑就对犯罪嫌疑人采取强制措施和侦查措施。然而，程序法定原则的核心部分在立法上并没有得到体现，存在严重的缺失，主要表现在如下方面：

第一，程序法定原则要求侦查机关干预公民财产权必须获得法律授权，必须有明确的法律依据，而不得自行创设或解释法律规定。然而在我国，存在侦查权法外运行的状况，一些法律并无明文规定的干预公民财产权的强制性措施，如秘密侦查手段，在我国刑事诉讼法中并没有明文规定，但实践中侦查机关却一直在沿用，这些法外强制性措施的存在，实际上致使为限制国家权力而设置的保护公民财产权的搜查、扣押等程序被虚置，难以起到财产权保障的目的。

第二，程序法定原则要求侦查机关行使侦查权必须依据法律预定的程序，

然而由于我国刑事诉讼法的粗疏规定，公检法机关"法外立法"，各自制定了大量的解释、规章、内部规定，不仅这些规定之间有相互抵牾之处，而且有些规定超越了、甚至背离了刑事诉讼法的规定，违背了程序法定原则。例如，我国《刑事诉讼法》第142条规定，人民检察院、公安机关根据侦查犯罪的需要，可以依照规定查询、冻结犯罪嫌疑人的存款、汇款、债券、股票、基金份额等财产。解读刑事诉讼法，似乎立法在此仅仅授权侦查人员执行查询、冻结的权力，而并未明确规定查询、冻结的批准权由谁决定。但是，在2012年《人民检察院刑事诉讼规则（试行）》第242条规定，查询、冻结犯罪嫌疑人的存款、汇款、债券、股票、基金份额等财产，应当经检察长批准，制作查询、冻结财产通知书，通知银行或者其他金融机构、邮电部门执行。在2012年《公安机关办理刑事案件程序规定》第232条规定，向金融机构等单位查询犯罪嫌疑人的存款、汇款、债券、股票、基金份额等财产，应当经县级以上公安机关负责人批准，制作协助查询财产通知书，通知金融机构等单位执行。按照上述规定，人民检察院和公安机关就同时获得了查询和冻结的决定权和执行权。笔者认为，干预公民基本权利的侦查程序，必须由立法机关制定的刑事诉讼法予以明确规定，而不得由侦查机关自行创设，这是程序法定原则的基本内涵和精神。尽管最高人民检察院制定的《人民检察院刑事诉讼规则（试行）》和公安部制定的《公安机关办理刑事案件程序规定》目的是弥补我国刑事诉讼法之不足，但实际上，它却超越了刑事诉讼法的既有内容，自行授权侦查机关决定查询、冻结的权力，这是一个违背程序法定原则的典型例证。除此之外，在搜查、扣押等强制性措施的决定权上，也存在同样的问题。

第三，程序法定原则要求强制措施必须经过司法审查后才能施行，这也是程序法定原则的核心部分，这就要求财产权限制与处置措施必须经过司法机关的审查控制。英美等国的司法审查主要适用于实体性的刑事制裁措施和程序性的刑事强制措施。因此，对财产权强制处分的司法审查也相应地分为两类，即限制财产权强制措施的司法审查和实体性处置财产权的司法审查。刑事诉讼中的限制财产权强制措施多发生在侦查阶段，公民财产权受到国家权力侵犯的可能性远远高于其他诉讼阶段。与英美等国相比，我国尚未有类似规定。我国只是制定了限制人身自由的五种强制措施，在限制财产权方面，只是将扣押、查询冻结作为普通侦查行为，使公民财产权保障处于孤立无援的境地。刑事诉讼法涉及扣押、冻结等侦查行为的规定只有区区几条，对其实施的标准、方法、步骤的规定更是几近空白；而且针对新的财产权样态，如知识产权、执业资格没有任何规定。结果造成司法实践中侵犯公民财产权的现象时有发生。这些现象表明我国对财产权限制措施的立法和司法现状与程序法定原则的要求相差甚远。在我国，除逮捕需要检察机关批准外，其他限制人身自由的强制措施都由侦查机关自己决定并实施，毋庸说作为侦查行为的财产权限制措施了，这显然违背了"任何人不得作自己案件的法官"这一正当程序原则。在侦查阶段同样存在实体性处置涉案财产的问题，如近年来设置了特殊情形下侦查机关提请法院裁定的规定，但是适用范围太窄，侦查机关自己决定没收违禁品和返还被害人仍然是普遍现象，并没有明显的改观。

因此，我国必须按照程序法定理念的精神和要求，构建财产权限制与处置的标准、步骤和方式；为实现财产权保障之目标，应当借鉴英美等国的经验，全面构建司法审查机制。由于论文体例格式所限，下文将予以详细阐释。

（二）程序正义理念缺失严重

程序正义对于财产权保障的要求主要体现在两个方面：一是财产权被限制和处置的当事人应当享有被告知的权利；二是财产权被限制和处置的当事人应当获得听审的权利。但是，考察我国刑事诉讼立法中关于财产权限制与处置的程序设计，会发现程序正义理念存在明显缺失。

第一，告知程序存在缺陷。尽管我国刑事诉讼法针对财产权限制与处置措施设置了一系列告知程序，如我国刑事诉讼法规定了进行搜查时必须向被搜查人出示搜查证；搜查的情况应当写成笔录，由侦查人员和被搜查人或者其他见证人签名，拒绝签名的应当在笔录上注明。应当说，这些规定体现了告知的精神，但是仍然有诸多不完善之处。一是按照程序正义的要求，合法的搜查不仅是有搜查证即可进行，还必须由合法主体来执行。但我国法律法规中没有侦查人员出示证件表明身份的规定。二是侦查人员制作搜查笔录要求被搜查人或家属以及见证人签字，目的只是固定证据，并未送达当事人，可见达不到告知的目的。而在英美等国，在搜查、扣押结束时，无论搜查目的是否达成，都应当向当事人进行书面通知，详细记载搜查的时间、地点及其他必要事项（如同意搜查、夜间搜查事由等），并由在场的所有人员签字（包括侦查人员）。这种书面通知的效果除了起到告知的目的外，还是日后证实侦查行为合法与否的重要证据。三是在涉案财产实体性处置中，在原财产权利人不明的情形下，英美等国规定了公示催告制度。我国民事法律建立了此制度，但我国1996年刑事诉讼法并没有相应的规定，只是在2008年《公安机关办理刑事案件程序规定》第219条中规定了侦查机关通知被害人领取扣押物的情形，但对于被害人不明时如何通知并无规定，尤其是在办理盗窃案件之中，被盗财产无人问津的现象特别严重，既造成了难以认定被追诉人的责任，又无形中致使真正被害人难以得到返还。可见，我国刑事诉讼法在告知程序上尚存在缺陷。可喜的是，我国的告知程序正在逐步完善，如2012年《公安机关办理刑事案件程序规定》第229条增加了"查找不到被害人，或者通知被害人后，无人领取的，应当将有关财产及其孳息随案移送"的规定。

第二，听审权也未能得到充分保障。在英美等国，在侦查阶段对财产权进行实体性处置时，必须依照一定的程序进行，如在紧急变卖扣押物品时，在做出决定之前听取权利相对人的意见，权利相对人对变卖、拍卖决定不服的，可以请求法院进行裁判。然而在我国，刑事诉讼法中缺乏这样的程序设计，并未赋予权利相对人听审权，甚至可以说当事人被完全排除在程序之外，显然，这对当事人的财产权保障是极其不利的。

（三）比例原则失调

比例原则被称为行政法的帝王原则，鉴于其对限制国家公权力、保障公民权利有十分重大的意义，比例原则逐步成为法治国家宪法中的重要原则。由于侦查程序本身具有浓重的行政色彩，侦查行为比例原则已经被许多法治国家写进了刑事诉讼法典。

在侦查程序中，比例原则通常包括适当性原则、必要性原则和相称性原则三个部分。应该肯定的是，我国侦查程序在财产权保障方面也体现了比例原则的部分精神，如《公安机关办理经济犯罪案件的若干规定》第24条规定，公安机关冻结涉案账户的款项，应当与涉案金额相当。然而总体而言，我国刑事诉讼法并未将比例原则作为一项基本原则加以规定，侦查程序中财产权保障制度的建构也未体现这一原则的要求。

第一，由于我国立法未规定在侦查程序中应尽可能适用对公民财产权侵犯较小的侦查措施，因而司法实践中，侦查人员在财产权限制与处置措施的选用上往往非常随意，并不以对权利相对人造成的损害为尺度，而往往采用方便自己的措施。例如，我国刑事诉讼法规定了与案件无关的物品不得扣押；经查明确实与案件无关的，应当在3日以内解除扣押、冻结，等等。但在实践中，侦查机关为收集犯罪证据对被追诉人所占有的财产不加区分地加以扣押，实际上有些书证、物证完全可以采用拍照、复印并辅以笔录的形式即可作为证据使用，并没有扣押的必要；即使发现被扣押的物品与案件无关，应该及时返还的，也往往以各种理由推托不予及时返还。在其他财产权限制与处置措施中，也存在类似问题。

第二，由于我国立法对绝大多数财产权限制与处置措施的适用条件未进行严格限制，即使有规定，但适用条件过于宽泛，这就造成了司法实践中强制性措施的适用成为一种常态，侦查机关为保证强制的效果，往往选择强制力度较高的强制性措施的现象非常普遍。例如，我国《刑事诉讼法》规定"人民检察院、公安机关根据侦查犯罪的需要，可以依照规定查询、冻结犯罪嫌疑人的存款、汇款"。"根据侦查犯罪的需要"这一条件明显过于宽泛，容易导致侦查机关恣意查询或冻结被追诉人的财产。

第三，我国立法对财产权限制措施没有规定最低适用标准，因此实践中有些案件针对被追诉人的财产采取的强制性措施的力度超过了应有限度的现象。例如，司法实践中对被追诉人账户冻结往往采取全额冻结，再加上扣押、查封的涉案财产，容易造成强制性措施与被追诉人因犯罪行为所造成的社会损害不成比例。又如，1996 年《刑事诉讼法》在取保候审增加保证金制度后，保证金的数额没有明确限制，造成财产保成为一些侦查机关谋取非法利益的重要手段，甚至在没收取保候审保证金后将案件降格处理。

（四）权利救济不完善

由于侦查以强制性为基本特征，在侦查程序中，财产权限制与处置措施的执行都不可避免地要使用强制方法。侦查行为自身性质决定了即使侦查机关依法实施财产权限制与处置措施也有可能侵犯被追诉人的财产权，那么违法实施相关强制性措施其对被追诉人财产权的侵害更是不言而喻的了。然而在我国财产权利救济制度尚不完善，权利救济原则尚未得到立法确认，表现如下：

第一，当事人财产权被侵害后，难以得到有效的律师帮助。一般而言，公民自身缺乏法律专业知识，面对财产权被侵害的局面，律师提供帮助是极为必要的。根据我国《刑事诉讼法》的规定可以看出，在侦查阶段律师的身份不是辩护人，只能提供法律咨询、代理申诉、控告，不能对侦查机关违法行使的财产权限制与处置措施进行调查取证，可见法律赋予律师的这些权利并非诉讼权利，只是一种帮助而已。

第二，财产异议制度尚未建立。目前法治国家普遍主张对财产权限制与处置措施采取司法审查或令状主义，同时还赋予相对人必要的救济性权利来对抗国家司法行政机关侵犯其财产权，这些救济性权利主要包括拒绝扣押权、提供担保解除财产受限权以及各项诉讼权利等，这些权利构成了具有权利救济性质的财产异议制度。然而在我国尚未赋予当事人这些权利，而且侦查机关实施的财产权限制与处置措施无须经过司法审查，当事人对侦查机关的侦查行为不服时只能向侦查机关申请复议。然而让侦查机关对自己行为进行复查，纠正错误的行为，难度之大可想而知。这样就导致当事人财产权被侵害后，缺乏有效的防御手段和司法救济途径。

第三，程序性制裁机制尚需完善。根据 2010 年出台的《关于办理死刑案件审查判断证据若干问题的规定》和《关于办理刑事案件排除非法证据若干问题的规定》（以下简称两个证据规定）以及 2012 年《刑事诉讼法》的相关规定，我们可以看出，我国的非法证据排除规则主要是针对非法言词证据而言的。但是，对于通过违法侦查行为获取的实物证据却只有原则性规定，非法实物证据排除难以得到落实，使得我国缺乏违法实施财产权限制与处置措施的程序性制裁机制。鉴于体例之安排，将在下文详细阐释。

第四，实体性制裁机制存在缺陷。首先，追究实施违法侦查行为的侦查人员的民事、行政以及刑事责任虽有法律规定，但实践中真正追究侦查人员法律责任的情形并不多见，往往在单位内部消化吸收掉了。其次，国家赔偿制度难以得到落实。虽然我国《国家赔偿法》明确规定违法对财产采取查封、扣押、冻结、追缴等措施的，受害人有权获得赔偿的权利。但由于侦查行为不属于行政诉讼的范围，而且缺乏中立的司法机关的司法控制，导致司法实践中财产权利被侵犯人获得国家赔偿的情况并不多见。这种立法上的缺陷造成相关当事人防御权的失衡，实践中权利被侵犯人往往只有依靠强大的舆论压力才能获得相应的赔偿。可见我国的实体性制裁机制基本上形同虚设。

（五）平等保护的观念亟待增强

尽管我国刑事诉讼法赋予了被害人当事人的诉讼地位，并对被害人的权利作了一系列的规定，但在被害人以及第三人的财产权保障方面，与国际公约以及一些国家法律的规定相比较，仍然存在法律权利不完善、不够具体、缺乏可操作性以及实际保护不足等问题，所有这些都可能导致被害人的财产权被边缘化，被害人容易沦为被冷落的"局外人"。被害人作为犯罪行为的直接受害者，理应享有独立的权利和人格，有权对诉讼的进程发挥积极的影响，否则刑事诉讼就是不完整、有缺陷的刑事诉讼。这就是平等保护原则不足的表现，具体体现为如下方面：一是知情权不足，如被追诉人被扣押了哪些涉案财产，哪些是从被害人处非法占有的，哪些是必须作为证据，哪些可以发还，都往往被侦查机关以保密为理由拒绝告知。二是被害人没有申请先予执行的权利。有些案件如交通肇事、伤害案件、侵财案件的被害人往往需要获得赔偿或返还，用于解决生活或生产上存在的问题，但法律只是按照刑事附带民事的规定执行，并没有赋予其申请的权利。三是我国尚未建立国家补偿制度，由于种种原因不能从被追诉人那里获得应有赔偿的人，国家并没有法律规定的救助义务，因被犯罪侵犯而导致的一夜返贫现象并不少见。四是被害人没提起精神损害赔偿的权利，如2000年12月19日施行的《关于刑事附带民事诉讼范围的规定》第1条规定，对于被害人因犯罪行为遭受精神损失而提起附带民事诉讼的，人民法院不予受理。可见精神损害赔偿尚未被纳入到法律保护的范围，这与民法关于民事权利保护的精神是冲突的。

二、微观层面上制度设计和运作问题重重

笔者对我国刑事诉讼法中与财产权保障相关的制度和措施进行了研究，发现法律规定极其简单、粗陋，我国的财产权限制与处置制度以及财产权救济性制度与英美等国相比较还存在很大的差距，除上文提到问题外，在具体制度设计和运作方面，还存在如下问题：

（一）搜查程序中的主要问题[①]

搜查与查询是财产权限制措施中非常重要的涉案财产发现措施（在理论上可以将查询视为搜查的一种特殊形式）。由于搜查和查询具有强制性，除侵犯公民财产权外，还容易侵犯公民隐私权等其他权利。我国 2012 年《刑事诉讼法》在第 134 条至第 138 条对搜查进行了规定，在第 142 条对查询进行了规定，与英美等国相比较，规定极为粗陋。

第一，启动搜查（查询）的条件不明确。在我国刑事诉讼法及相关规定中没有规定搜查启动的法定条件，在实践中，只要侦查机关出于收集犯罪证据、查获犯罪人的目的就可以进行搜查，也就是说，根据需要随时可以进行搜查而不受限制。可见我的搜查启动程序不合理，这会对公民财产权或其他权利造成侵犯，换言之，没有规制的启动搜查，侦查机关容易出于自身利益而恣意侵犯公民的财产权。

第二，搜查（查询）的对象缺乏限制。对搜查而言，搜查的对象不具体明确，凭一张搜查证侦查机关可以搜查多处、多种物品，与英美等国一证一查完全不同；对查询而言，只要认为与案件相关，即可进行查询，查询金融财产还有法律手续，查询其他物品、资料则没有限制。

第三，我国搜查程序没有区分"同意搜查"和"强制搜查"。区分"同意搜查"和"强制搜查"的目的在于将"强制搜查"纳入到司法审查的范围，而"同意搜查"能够提高侦查效率。我国由于尚未建立"司法审查机制"或"令状主义"，搜查的决定权和实施权集中于同一侦查机关，没有对其区分也是必然的，这显然不符合以强制侦查法定为例外和以任意侦查为原则的规定。

第四，搜查证、搜查笔录记载粗疏。在我国，搜查证记载的内容相当简单，既无搜查的理由，又无明确、具体的搜查范围，也无期限的限制，侦查人员的自由裁量空间非常之大，这为搜查的恣意实施大开方便之门，容易诱发违法搜查行为的发生，侵犯被搜查人的财产权以及其他权利，可见我国搜查证对

---

① 尽管我国立法分别规定了搜查和查询银行存款、汇款，但由于其具有共性的问题，笔者这里依然一起予以阐明。

搜查的指引及限制作用无从体现。搜查笔录是记载搜查情况的书面通知，我国侦查实践中只是记载搜查的时间、地点和在场人员的签字，搜查的结果往往以"详见扣押清单"表述，既没有搜查的理由，也无被搜查人的意思表示，而且搜查笔录只是固定证据的一种方式，并不交给被搜查人，难以达起到告知的目的。

第五，一些在英美等国普遍遵循的搜查（查询）原则，如禁止另案搜查、禁止探查性搜查、禁止库存搜查原则，在我国并没有确立。由于搜查证中没有搜查的案由，容易发生另案搜查的现象，如侦查机关实施侦查谋略，可以以甲罪名申请搜查，而搜查目的是获取证实乙罪名的证据；由于搜查证中没有记载搜查的范围，侦查机关往往为发现犯罪证据而进行全面搜查和探查性搜查，可以凭一张搜查证对所有可疑的场所、物品进行多次搜查；由于搜查证中没有期限规定，无法避免侦查机关利用"库存"搜查证进行多次搜查。

第六，空白搜查证（查询书）使用普遍。在实践中，由于侦查机关集搜查的决定权和执行权于一身，出于侦查效率的考虑，侦查人员经常手持空白搜查证，按照需要随时填写、随时搜查，然后事后补办审批手续，根本上虚置了"司法审查原则"或"令状主义"。

第七，我国搜查没有时间和地点的限制。在英美等国，为避免公民权利受到滋扰，规定了不得进行搜查的时间和禁止搜查的场所，如非紧急情况，夜间不得进行搜查。而在我国，搜查往往在夜间进行，对搜查的场所也没有明确限制，非常容易侵犯被搜查人的合法权益。

（二）扣押程序中的主要问题[①]

扣押是一种传统的财产限制措施，在证据保全、财产保全方面起到了重大的作用。我国 2012 年《刑事诉讼法》增加了查封措施，并在第 139 条至第 143 条规定了查封、扣押和冻结。作为一种财产权限制措施，这样粗疏的规定无疑会对公民财产权造成侵犯。

第一，根据我国法律规定，扣押等财产限制措施实施的目的是收集犯罪证据，对财产保全功能没有明确规定，但司法实践中，为了财产保全进行财产限制的情形并不少见。

第二，我国刑事诉讼法对扣押等财产限制措施缺乏程序性保障。对相关措施的启动、实施和运行缺少必要条件和标准。

第三，我国刑事诉讼法只规定了查封、扣押和冻结三种财产限制措施，与英美等国相比，种类不完整。例如，英美等国的限制执业资格措施在我国还只

---

① 尽管我国立法分别规定了扣押和冻结措施，但由于其具有共性的问题，这里仍将其一起阐释。

是一种行政手段，在刑事诉讼法中没有规定。因此远远不能满足控制涉案财产的需要，立法与司法实践存在脱钩现象。

第四，我国法律对扣押等财产限制措施的适用没有做出限制。在英美等国，基于职业操守等原因，都规定了扣押、查封或冻结的禁区，然而我国立法对此没有做出规定。

（三）涉案财产处置程序中的主要问题

根据我国《刑法》第64条的规定，犯罪分子违法所得的一切财物，应当予以追缴、责令退赔、返还被害人或没收。根据我国2012年《刑事诉讼法》第69条的规定可以没收保证金；根据该法第234条的规定，对涉案财产应当妥善保管、随案移送、返还被害人以及对违禁品或者不宜长期保存物品进行处置。

然而，无论是实体法还是程序法，既没对涉案财产的范围做出明确规定，也没有配套的处置措施和办法，造成刑事诉讼三机关之间职责划分不明，权力之间出现灰色地带，缺乏司法控制和外部监督。可以说，没有在正当程序和权利救济原则指导下的涉案财产处置，被害人、被追诉人、案外第三人以及国家之间的财产权冲突就不会得到平衡，公民的财产权就处于被恣意处置的危险状态。

第一，在涉案财产管理方面，我国刑事诉讼法只是规定公检法对于涉案财产应当妥善保管，以供核查。但仅有此训示性条款，并不能实现财产权保障的目的。虽然我国刑事诉讼法明文规定禁止司法工作人员贪污、挪用或者私自处理被扣押物，违法的将追究刑事责任。但在司法实践中，却存在管而不理、非法挪用的现象，致使涉案财产的丢失、调包、损坏、坐收坐支、截留、挪用、非法使用现象突出。

第二，在随案移送、移交方面，按照我国法律规定，涉案财产必须移送、移交。而在司法实践中，出于利益驱动，既存在侦查机关不愿移送的情形；也存在起诉机关不愿接手难以管理的涉案财产的情形。

第三，涉案财产权属认定和实体性处置程序混乱。这主要表现为：一是涉案财产实体性处置方式缺少规定，追缴和责令退赔性质不明；二是在返还被害人方面，返还的模式混乱，侦查机关随意返还被害人，如果出现返还错误却难以追回；三是特别没收缺乏程序控制，司法实践中存在随意没收保证金或违禁品的情形，甚至以罚代刑的现象也屡见不鲜；四是在难以追诉或撤销案件的情形下如何处置涉案财产缺少法律规定。

（四）非法实物证据排除的主要问题

我国1996年《刑事诉讼法》第43条规定，严禁刑讯逼供和以威胁、引诱、欺骗以及其他非法的方法收集证据。从理论上讲，这是义务性规范或禁止性规范，并非排除规则。虽然 1996 年刑事诉讼法中没有非法证据排除的内容，但是最高人民法院和最高人民检察院发布的司法解释却对此做出了规定。① 然而在司法实践中，从 1998 年到 2010 年上述非法证据排除规则基本流于形式，难以有效地发挥作用，杜培武、佘祥林、赵作海等一系列冤案的产生就是明证。在此情况下，2010 年两院三部联合颁布了《关于办理死刑案件审查判断证据若干问题的规定》和《关于办理刑事案件排除非法证据若干问题的规定》，其中包含了大量的排除规则，对非法言词证据排除进行了详细界定，尤其是后者在最后一条对非法实物证据排除做了概括性的规定，并给予了修正"瑕疵"的机会。2012 年《刑事诉讼法》修正后，在第54 条中规定，收集物证、书证不符合法定程序，可能严重影响司法公正的，应当予以补正或者做出合理解释；不能补正或者做出合理解释的，对该证据应当予以排除。在侦查、审查起诉、审判时发现有应当排除的证据的，应当依法予以排除，不得作为起诉意见、起诉决定和判决的依据。据此有学者认为，我国已经建立了"非法证据排除规则"。鉴于本书主题之所限，笔者只对实物证据排除进行分析。

笔者认为，这只是一种原则性的规定，写在纸上的宣言，如何落实到实处，还有待规则的进一步完善。陈瑞华教授认为，非法证据排除规则可包括两个基本要素："一是实体构成性规则，也就是涉及什么是'非法证据'，'非法证据'排除的范围，以及排除'非法证据'的法律后果等问题的规则；二是程序保障性规则，也就是与何方提出申请、裁判者要不要举行专门听证、何方承担举证责任、证明需要达到什么程度等问题有关的规则。"② 不建立实体构成性规则，就无法建立起完整的程序性制裁机制，如何追究违反刑事诉讼程序者的责任也就无从谈起；而程序保障性规则的缺乏，则可能导致侵权的事实难以被纳入诉讼的轨道，无法成为待判事实。

据此，我们继续对我国的"非法实物证据排除"进行分析。根据"两个证据规定"和 2012 年《刑事诉讼法》的有关规定，在实体构成性规则方面，我国的"非法实物证据"，是指"不符合法定程序取得的物证、书证"；排除

---

① 最高人民法院在《关于执行〈中华人民共和国刑事诉讼法〉若干问题的解释》第 61 条规定："凡经查证确实属于采用刑讯逼供或者威胁、引诱、欺骗等非法的方法取得的证人证言、被害人陈述、被告人供述，不得作为定案的根据。"《人民检察院刑事诉讼规则（试行）》第 265 条第 1 款规定："以刑讯逼供或者威胁、引诱、欺骗等非法的方法收集的犯罪嫌疑人供述、被害人陈述、证人证言，不得作为指控犯罪的根据。"

② 陈瑞华：《刑诉中非法证据排除问题研究》，载《法学》2003 年第 6 期。

的范围，是指"可能影响公正审判，且不能补正或做出合理解释的"；法律后果，是指"不得作为起诉意见、起诉决定和判决的依据"。可见我国对于非法实物证据的范围界定与学者所主张的"违反宪法的证据、一般的非法证据和技术性的违法证据"① 相比，无疑范围过小；与英美等国司法实践相比较，亦是如此；而且排除"非法证据"的法律后果更是难以落到实处，再加上可以补正或者做出合理解释，可以想象 2012 年刑事诉讼法实施后，非法实物证据被排除的可能性是很小的。

在程序保障性规则方面，2012 年《刑事诉讼法》增加了"检察院的调查核实"、"法庭调查"和"侦查人员出庭说明情况"的规定，尤其在《关于办理死刑案件审查判断证据若干问题的规定》第 6 条至第 10 条对书证、物证应当着重审查的内容进行了详尽的规定，从表面上看，已经有了一定的可操作性。死刑案件严格执法无可厚非，但司法实践中绝大多数案件并非死刑案件，公众对于司法公正的理解来自于切身感受，他们更关注身边发生的普通刑事案件，对于一系列涉及死刑的冤假错案的热炒，只是触动了人们能够容忍的底线而已。英美等国排除规则的确立是从非常普通的刑事案件开始的，他们关注的是公民的宪法性权利是否被侵犯，而没有考虑案件的性质、甚至是影响。这一点差别应当引起我国立法者的关注，对于改变"头痛医头、脚痛医脚"的老毛病将大有裨益。进一步分析我们还会发现，对于提出申请排除需要达到什么样的证明程度、如何认定"可能影响司法公正"等问题，我国立法并没有进一步做出说明，而且非法实物证据排除的启动也面临着难以逾越的鸿沟，此时再谈什么证据排除已经没有了实际意义。

由此可见，在非法实物证据排除方面，无论是第一方面的实体构成性规则，还是第二方面的程序保障性规则都存在重大缺陷。这种非法实物证据排除仍然只具有宣言和口号的特征，无法发挥其法律规范所应有的功能，很难在司法实践中得到实施。根据以上分析，笔者大体上可以得出这样的结论：我国并未确立实质意义上的非法实物证据排除规则。

非法实物证据排除的实质性确立，不仅仅是立法技术的完善问题，宣言式的规定如何得到贯彻、落实，更需要司法理念的转变、司法制度的整体变革为后盾。尤其是非法实物证据排除后，被害人因为侦查机关的错误或者立法的原因却承担了巨大的代价，并不合乎情理和司法公正的要求。这就需要立法者既要考虑到控制犯罪与人权保障之间的平衡，还要考虑到被追诉人和被害人，甚至是第三人的利益均衡问题。基于这一前提，我们有必要建立一种更加科学、

---

① 陈瑞华：《刑诉中非法证据排除问题研究》，载《法学》2003 年第 6 期。

完备的非法实物证据排除制度。

（五）侵犯财产权之刑事赔偿中的主要问题

我国1954年《宪法》第97条规定，由于国家公务人员侵犯公民权利而受到损失的人，有取得赔偿的权利。从而明确了我国国家的赔偿责任，1994年《国家赔偿法》的颁布标志着我国赔偿制度的确立；2010年《国家赔偿法》的修订为公民、法人和其他组织寻求权利救济提供了有力的制度保障。然而，从实践上来看，我国刑事赔偿制度仍存在一些问题，其价值潜能尚未得到充分的发挥。

尽管刑事赔偿与公安司法机关在刑事诉讼中非法干预公民基本权利的行为息息相关，但我国刑事诉讼法却从来没有出现过"赔偿"和"救济"的字眼，不能说不是一种缺憾。从我国现行《国家赔偿法》来看，尚存在以下问题。

第一，将侵权机关作为赔偿义务机关具有先天的缺陷性。我国财政制度决定，存在侵权机关先行赔付后难以得到财政支付的危险，导致侵权机关不愿做出赔偿；在多机关共同侵权的情况下，机关之间相互扯皮的现象严重。

第二，只有在赔偿请求人和赔偿义务机关出现争议时，复议机关和赔偿委员会才会参与。而且复议机关和赔偿委员会的审查更类似于一种行政处理或者民事诉讼中的特别程序，而非诉讼模式，能不能真正实现财产权救济，值得质疑。

第三，没有证人参与机制。赔偿委员会处理赔偿请求采取书面审查的办法，即使有必要的调查、取证和质证，也没有提及证人参与的问题，可见并非审判程序中的两造对抗。因此，我国刑事赔偿程序并非通过诉讼的方式进行，作为一种侵权行为，却得不到中立司法机关的审查，有违现代诉讼理念。

第四，侦查程序中侵犯财产权的行为并没有全部纳入到刑事赔偿的范畴。一是对搜查造成的财产损失以及错误搜查不在刑事赔偿之列；二是在涉案财产管理、移送中造成的丢失、挪用现象没有明确规定；三是没有规定错误返还或没收是否应当赔偿。可见，这种列举式立法尽管看起来显得比较明确，但由于难以穷尽复杂的司法实践，实质上造成了司法实践中的难以操作。

第五，刑事赔偿的标准和方式存在问题。根据现有规定，侵犯财产权之刑事赔偿只有"返还财产"、"给付相应的赔偿金"、"恢复原状"或者"给付拍卖所得的价款"几种标准和方式；而且立法还强调，"对财产权造成其他损害的，按照直接损失给予赔偿"。这里面既没考虑到间接损失，更没有惩罚性机制；既有违市场经济中的等价交换原则，也难以真正实现制裁的目的。

第三节 重构之进路

一、重构的背景和前提

随着改革开放的深入发展以及经济全球化的进程，我国的政治、经济、文化逐步走向了现代化之路。与此同时，我国的人权保障运动蓬勃兴起，随着人权保障理论与实践的深入发展，人权保障的研究范围已经从对人身权、生命权的关注转向全方位的人权保障。尤其是 2004 年《宪法修正案》，首次将"人权"概念写入宪法，并庄严宣告"国家尊重和保障人权"（第 33 条第 3 款）；与此同时，宪法规定"公民的合法的私有财产不受侵犯，国家依照法律规定保护公民的私有财产权和继承权"（第 13 条）。这样，财产权已经由一项民事权利上升为公民的一项基本权利。基于刑事诉讼法与宪法的紧密联系，财产权的宪法化，必然要求刑事诉讼法做出相应的回应。侦查程序作为刑事诉讼程序的重要组成部分，作为刑事诉讼中财产权保障的标尺和集中体现，必须改变其财产权保障功能错位的现状。

有学者提出，完善刑事诉讼中的财产权保障，首先需要实现刑事诉讼制度模式的整体转型，即由一种带集权型特征的刑事诉讼制度完全转向宪政型刑事诉讼制度。笔者认为，如果仅从模型构建的角度考虑，应该有其道理。什么是宪政？也许很难下一个定义，但是詹宁斯教授的话也许会给我们一点启示："自由政体的存在创制虽然难于分析却很容易感受得到的自由气氛，它排除了诸如在获取证据、进行侦查时的不正当手段的使用，以及对迁徙自由和言论自由的不必要的限制，尤其是排除了限制思想自由的任何企图。"[①] 可见，宪政的核心内涵是通过宪法和法律对国家权力进行限制和约束，宪法至上、有限政府、分权制衡等是宪政的基本原则和特征，而且宪政与民主、人权、法治具有密切的内在联系。

值得说明的是，财产权对宪政的形成和发展具有促进和推动作用，主要体现在四个方面：一是个人财产权通过保障个人的生存、安全、独立和自由，奠定个体人格和尊严的基础，进而奠定宪政的价值法则的基础和前提；二是个人财产权通过对国家权力的限制，有助于形成分散的制衡力量和增强政府对人民的依赖，进而促使国家和个人关系的重新界定，催生人民主权的观念，奠定宪

---

① 胡铭：《刑事诉讼人权保障的宪政之维》，载"http：//www. shanghailawyers. net/news/xsbh-play. asp？ID＝15"，2013 年 8 月 6 日访问。

政的正当性和合理性；三是在个人财产权基础上形成的财产保护原则、税收法定原则和预算法定原则，赋予了人民对政府的控制和监督的权力，也为实现宪政提供了正当程序法则；四是个人财产权有力地推动民主、人权、法治的发展，也促进宪政的发展。①

据此，我们可以看出，财产权对宪政制度的形成具有推进作用，同时宪政制度的确立也能够更好地保障财产权，二者相互影响、相互制约；而且宪政制度的真正实现也不是一蹴而就的，与民主、人权和法治的发展进程息息相关。

然而透过现象看本质，域外所鼓吹的宪政模式也并非那么完美，具有一定的欺骗性。英美主流学者认为其宪政是这样一种政治体制：宪法作为最高权威高于一切，宪法又是自然法和全民意志的体现，于是美国就是一个民主、自由、人权、法治的社会。但美国的宪法本身是一个矛盾体，一方面在根本上保障资产阶级垄断生产资料、剥削人民大众的权力；另一方面又在很多地方谈人民主权、全民自由。这两者是无法同时存在的。究竟哪个方面的条款更能得到落实呢？显然是前者。在美国，宪法的确高于美国人民大众的意志，但并不高于一切。美国宪法不是最高权威，美国垄断资本寡头的意志才是。美国宪法及法律如何解释、执行，都以美国垄断寡头的意志和利益为转移。而资产阶级能够实现这一切，从根本上看，正是依靠其对生产资料的垄断。只不过为了自身的统治，资产阶级"把自己的利益说成是社会全体成员的共同利益"、"赋予自己的思想以普遍性的形式"而已。当今美国真正的独立知识分子，如批判法学学派，并不否认这些。

可见，美国的宪政之"名"，完全不符合宪政之"实"。美国宪政学者及其中国附庸们所宣扬的那种全面民主、自由并体现天意的"宪政"，在现实中是不存在的。这种宪政概念体系是美国迷惑人民大众，维护自身专制统治的神话，也是美国垄断资本寡头及其在华代理人用来颠覆中国社会主义制度的信息心理战武器。这种根本不存在的宪政制度，当然无法与社会主义兼容。

关于美式宪政的本质，美国国父之一汉密尔顿当年在《联邦党人文集》中相对坦白地披露过。他认为要用一切手段防止多数穷人侵犯少数资产者的利益，要做到这一点，最好的办法并非封建专制的方式，而是使"社会本身将分为如此之多的部分、利益集团和公民阶级"，"使全体中多数人的不合理联合即使不是办不到，也是极不可能"，在他看来，此办法"可用美利坚联邦共和国来作范例"。

美国的政治模式稳定运转了 200 多年，根本性的内部原因是美国资产阶级

---

① 姜江：《财产权的法理研究》，中国社会科学院 2008 年博士学位论文，第 1 页。

的成熟、强大以及严密的组织性，对应的则是无产阶级的相对幼稚、弱小以及一盘散沙的形态。从外部看，最主要的原因是这些帝国主义国家一直在以新旧殖民主义的方式对第三世界进行剥削，并非其本身制度的优秀。例如，正是由于外部环境的相对宽松，使美国资产阶级和美国宪政制度艰难地度过了南北战争这样的濒死时刻。一些第三世界国家（如印度和菲律宾等）实行了美式宪政，由于其资产阶级自身的软弱性、依附性，并未有效地解决其原有的痼疾。

美国政府的权力并没有被关进宪法的笼子，而是被关进了垄断资本寡头的笼子。当美国官员突破宪法和法律限制，利用手中权力为资本财团牟利并获得巨额佣金时，他不会遭受阻挠——在美国，官商旋转门的现象十分普遍；但假如他突破宪法和法律的限制去动摇资产阶级的神圣财产权，他一定会遭受严惩。在美国宪法之上，还有一个凌驾其上的高级法，不过它并非上帝意志或者自然法，而是垄断财团的意志。为了保障资产阶级的根本权力，美国宪法必须对资产阶级专政的根基即对生产资料的垄断权进行保护；而为了对资产阶级专政的实质进行掩饰，美国宪法必然带有一定的虚伪性。例如，不敢明确承认美国是资产阶级专政国家，那些抽象的全民自由、人民主权字眼，等等。其实这两者之间，存在不可调和的冲突——只要保障资产阶级对生产资料的垄断性权利，便不会存在广大美国人民的民主和自由，这也是美国宪政名不副实的重要原因。①

在这一点上，中国宪法与其完全相反。无产阶级治理国家的逻辑和方式与资产阶级根本不同。社会主义国家借鉴美国宪政的结果，只能给资产阶级掌握政权打开缺口。戈尔巴乔夫搞的政治体制改革，就是因为以西方宪政为蓝图而彻底失败。前车之覆，殷鉴不远。因此笔者认为，我们应当完善我国的宪法，完善我国的财产权保障制度。特别是在我国宪法已经将财产权确定为基本权利的契机下，各个部门法都要以宪法精神为指导，以人权保障、权力制衡以及法治主义为坐标而型构。对于刑事诉讼制度来说，首先就是要以人权保障为优位价值目标，抛弃工具主义程序论的论调，确立正当程序原则、比例原则、权利救济原则等现代刑事诉讼理念，这样侦查程序中财产权保障的价值目标及其功能就不会再错位，从而恢复其重在限制公权力和对公民财产权予以救济的本来面目。

二、重构的理念基础——侦查权与财产权冲突与平衡的一般原理

侦查程序对财产权的干预来源于侦查行为，而侦查行为的实施来源于国家

---

① 马钟成：《党报刊文称美宪政名不副实，无法与社会主义兼容》，载"http://news.sina.com.cn/c/2013 - 08 - 06/043027871868.shtml"，2013 年 8 月 6 日访问。

赋予侦查机关的侦查权力。要想真正实现财产权保障的目标，必须厘清二者之间冲突与平衡的一般原理，这就是制度重构的理念基础。侦查权无疑是国家权力的重要组成部分，财产权又是一项公民的基本权利。因此，在阐释侦查权与财产权冲突与平衡的一般原理之前，有必要先厘清国家权力与个人权利之间的关系。

（一）国家权力与个人权利的冲突与平衡

对国家和政府起源的系统理论探讨，始自近代社会契约论，而其主要代表人物则是托马斯·霍布斯和约翰·洛克。根据古典社会契约论，国家和政府的产生，是人们达成社会契约的结果，国家和政府存在的唯一目的就是保护财产权。[①]

托马斯·霍布斯尽管为君主制辩护，但其理论中最重要的一面是阐述了自由主义思想的理论基础，因此他被视为自由主义思想早期的代表人物。他从性恶论出发，认为人与人之间是绝对平等的，不受任何权威的限制。但是由于社会财富的有限，无法充分满足每个人的需求，自然会出现不断的纷争。为摆脱这种无序的纷争，霍布斯认为人类必须将自然权利交给一个强大的"利维坦"，"利维坦"的使命之一，就是保护私有财产。但是霍布斯失败了，在他的理论中只有权力而无制衡，其权力必将走向极端，成为压制和欺凌公民权利的利器。

另一位启蒙思想家约翰·洛克从人的性善论出发，认为人类具有理性，人与人之间是充满善意和友爱的，理性具有伟大的力量，帮助人类控制自己的行为并逐步完善自己。但是由于没有一个公共机构来调解社会冲突，人们的自然权利并无制度化的保障，社会难免会发生动荡和纷争。因此，为了避免争议和保障个人权利，人们缔结社会契约，建立国家，从而结束自然状态。洛克认为，人的生命、自由以及财产等权利是天赋的权利，它们是国家权力存在的目的，并构成了国家权力行使的底线。但是，洛克在理论上的高明之处在于他所坚信的人的理性的伟大力量并不适用于国家权力的运作。因此，他主张对国家权力进行划分，以实现对国家权力的制衡。后来的政治思想家则进一步发展成为立法、行政、司法三种权力，把对外权扩展为内政外交等各种行政权力。[②]

在洛克的基础上，当代自由主义的代表人物波普认为，尽管"人对人是伙伴"或者"人对人是天使"，但世界上仍然存在着强者、弱者之分，每个人都应有受到保护以抵御强者权势，每个拥有合法权利的人都会同意我们需要一

---

① 万毅：《财产权与刑事诉讼》，四川大学法学院 2005 年博士学位论文，第 31 页。他认为，当前刑事诉讼法学研究的基本进路，诸如限制国家权力、保障个人权利等，也都是以自由主义思想为逻辑前提的。

② 顾肃：《自由主义基本理念》，中央编译出版社 2003 年版，第 250～251 页。

个保护所有人权利的国家。但是，如果国家要履行它的职能，必定拥有比任何个别国民或公众团体更大的力量，为此，他得出结论国家是一种必要的恶，如无必要，它的权力不应增加。这一原则就是著名的"自由主义剃刀"。①

诺齐克是当代自由主义思想的集大成者。在国家与个人的关系上，他认为，个人有不被强制做事的自由权利，也有财产权利。自然状态中的财产所有者会自愿地创造一个保护性的、超弱意义的国家，这种国家是通过一种看不见的手的过程和道德上可允许的手段产生的，最弱意义的国家所拥有的权力都是个人让与的，除此之外，它本身并没有任何权力。如果国家的权力超过最弱意义国家的范围，就会侵害个人的自由和财产权利，因此国家的任何扩张都是不合法的，也是不道德的。"最弱意义国家是能够证明的功能最多的国家，任何比这功能更多的国家都要侵犯人们的权利。"②

时至今日，人们已经达成共识：国家权力只是保障个人权利得以实现的工具或手段，国家权力存在的唯一合法性就在于为个人权利提供保护。但是国家权力对个人权利来说犹如"双刃剑"：一方面它是个人权利最有效的保护者；另一方面它又是个人权利最危险的侵害者。这是因为，国家权力具有对外扩张的天性，一旦国家权力过度扩张，超越了保护个人权利所需的必要限度，就会转而对个人权利造成侵害。因此，为了防止公民个人权利遭受国家权力的侵犯，有必要约束和限制国家权力的行使。当今世界各国普遍实行的自由主义民主政治，正是以上述理念为基础构建的。

国家权力与个人权利的冲突其实是一个价值悖论：个人权利是人们行为可能性的自然要求，构成人与人关系的基础。国家权力不具有独立的价值，其产生、发展和运转总是与社会的公共需求息息相关。而公共需求表现为为个人权利提供保护，所以个人权利比国家权力具有更为基础和本源的意义。但是个人权利既需要国家权力的保护，又害怕国家权力的侵害；而国家权力既保护个人权利，又是个人权利最危险的侵害者：保护力度越强，可能造成的侵害就越大；保护力度越弱，可能造成的侵害就越小。刑事司法正是起始于这一悖论，在保护和侵害的冲突中寻找最佳的均衡。

（二）侦查权与财产权之冲突

1. 侦查权的正当性与财产权价值层面上的冲突。政治学说和权利学说历来都面临着一个难以回避的二律背反：权力是保障权利和自由的必要力量，但

---

① ［英］波普：《自由主义的原则》，纪树立等译，载王焱：《自由主义与当代世界：公共论丛第9辑》，三联书店 2000 年版，第 143～144 页。

② 毛寿龙：《自由高于一切——自由至上论述评》，载王焱：《自由主义与当代世界：公共论丛第9辑》，三联书店 2000 年版，第 32～33 页。

为了切实保障权利和自由必须限制权力。翻开权力和权利相关的学说史，我们就会看到一幅幅充满斗争的画卷。在不同的时期、不同的学者那里，权力曾经呈现出高贵或者丑陋、温和或者残酷的截然不同的面孔，甚至在一些思想家那里，也表现出对权力的崇拜或贬斥互相矛盾的复杂心态。然而，除了极少数无政府主义者外，多数人无法完全否认权力的价值，即使在主张限制权力的人权论者或权利论者那里，也认为权力有其存在的正当性。侦查权与财产权保障的关系问题也不例外。

所谓侦查权，即侦查的权力，是指"赋予政府机构检查和查明与侦查相关的事实的权力"。但是侦查权并非一种没有边界的权力，在现代刑事诉讼中，侦查权是侦查机关为收集证据、查获犯罪嫌疑人、查明案件事实而享有的行使专门调查工作的权力。侦查权是国家赋予侦查机关的权力，是国家权力的重要组成部分。为了维护统治阶级地位、维护社会秩序，侦查机关必须主动出击，发现犯罪，控制犯罪，而司法权具有被动性、公开性、多方参与性、中立性、终结性等特征，对照之下，侦查权显然不具有上述特征，可见，侦查权具有行政性。随着现代刑事诉讼法治理念的发展，侦查机关在实施侦查权的过程中承担着客观公正的义务，既要注重控制犯罪，更要注重保障人权；既要收集有罪的证据，也要收集无罪的证据，可见，侦查权也具有诉讼性，在控制犯罪的同时，注重人权保障。

侦查阶段是实现犯罪控制的核心阶段。"同犯罪作斗争的成败，在很大程度上决定于是否善于进行侦查工作。"① 基于侦查权的特殊地位，侦查权的行使必须以强制力为保障，无疑会直接影响公民的财产权。

首先，在侦查阶段，侦查权力对公民财产权利具有强制功能。侦查的任务是收集证据、查获犯罪嫌疑人、查明案件事实。为达到此目的，侦查权力有时必须指向被追诉人、被害人或者第三人的财产，通过强制性侦查行为来实现保全的功能。这些侦查行为都是以干预公民财产权为对象的。财产权作为公民的基本权利，是不可剥夺的，但并非不可强制的。从公法原理上讲，为了维护社会公益、其他人享有的具有同等价值的基本权利实现的需要，对公民的基本权利进行强制是具有正当性的。可见，财产权的宪法保护并非绝对的，任何权利都要受到法律的限制，不存在没有任何限制的绝对权利，这正是基于国家和社会秩序的需要对个人权利的制约。"由于基本权利保障了人民广泛的自由权利，此种自由的行使，可能会影响到其他宪法所要保障的公益。因此，宪法一方面肯定基本权利的存在及由保有和行使这个权利所带予私人之利益，另一方

① ［苏］H. N. 波鲁金夫：《预审中讯问的科学基础》，群众出版社1985年版，第1页。

面也承认这个利益亦可能侵及公益，故两者间存有一个隐藏的紧张关系。"①因此，为了实现侦查目的而采取的搜查、扣押等侦查行为，在一定程度上干预了公民的财产权是符合公法原理的。

其次，在侦查阶段，也存在对财产权做出实体性处置的问题。考察英美等国的做法，尤其是辩诉交易、恢复性司法的广泛应用，在侦查阶段即对财产权进行实体性处置的案例屡见不鲜。鉴于侦查阶段的偶然性、不可预测性和终结性，对财产权进行实体性处置也有其正当性。例如，可以对违禁品，尤其是具有危险性的违禁品，侦查机关可以直接没收；在被追诉人死亡或长期潜逃等无法进行追诉的情形下，可以经侦查机关提请法院裁定，返还被害人或没收。在我国侦查阶段对财产权进行实体性处置存在理论上的争议，笔者认为，主要与我国司法审查机制尚未建立有关，但实践中返还被害人合法财产以及对违禁品的没收依然有其合理性。

由此可见，侦查权力本身具有正当性和必然性，但是侦查权最大的特征是强制性，势必与公民的基本权利保障发生冲突，也就是说，即使是正当行使侦查权，仍然会与财产权保障发生冲突，这是一个价值层面上的问题，并不是说侦查机关不能行使干预公民财产权的侦查权力，而是说应该在侦查权力与财产权利的冲突中寻找一个价值上的平衡，在赋予侦查机关正当的侦查权的同时，应该在侦查程序设计上进行必要的限制。

2. 侦查权的扩张性与财产权实质层面上的冲突。权力存在的正当性和必要性并不能保证一切权力活动都是正当的。西方学者指出权力具有正当性的同时，还具有一定的扩张性、腐蚀性和破坏性。孟德斯鸠认为："一切有权力的人都容易滥用权力"，英国的阿克顿则进一步阐释："权力趋于腐败，绝对的权力便绝对地腐败。"权力为什么会扩张？原因是多元的，从不同的角度分析便会得到不同的答案。有人认为权力的扩张来源于权力的本能，即权力的第一本能是维护权力，权力的第二本能是扩张权力；有人认为权力的扩张源于人性的不完善；也有人认为权力的扩张是社会自身冲突的产物，反映了不同群体之间的利益冲突。笔者认为，无论权力扩张的根源在于何处，权力的扩张都会给权力的恣意留下无限空间，因此侦查权的行使必须在法律的框架之内进行，其并非是一种没有边界的权力，只有经过正当程序过滤的侦查权，才能遏制其肆意扩张的本质。

在司法实践中，无论是将侦查阶段视为独立的诉讼阶段，还是视为审判活动的准备阶段，侦查阶段的核心都是侦查权的正当运用，侦查行为则是侦查权

---

① 陈新民：《德国公法学基础理论》（下），山东人民出版社 2001 年版，第 348～349 页。

的外在表现。在侦查阶段，无论是收集犯罪证据，还是查获被追诉人，对抗程度非常激烈，具有很大的偶然性和不可预测性，需要投入大量的人力、物力和时间资源。因此，为实现侦查目的，国家赋予了侦查机关强大的侦查权，侦查机关享有对公民基本权利进行强制的一系列权力，其中搜查、扣押、查封、冻结、没收、返还被害人都是典型的干预公民财产权的侦查行为。然而，现实是残酷的，无论是出于侦查机关或侦查人员的私利，还是出于侦查破案或为被害人挽回损失的急迫心情，侦查机关超权限行使侦查权侵犯公民财产权的现象无处不在，对公民财产权造成了实质性的侵害。以前我国学者更多的关注点集中在限制人身自由甚至剥夺人生命的冤假错案上，然而在司法实践中，侦查机关滥施强制、肆意处置当事人财产的现象更为普遍，与人身权相比，同样作为公民基本权利的财产权反而显得有些落寞。

因此可见，无论是基于侦查权的正当性，还是基于侦查权的扩张性，都非常容易侵犯公民的财产权，侦查权与财产权之间的冲突，难以避免。有冲突就需要解决，置之不理，国家的公平正义就会成为一句口号，执法机关的公信力就会受到质疑。因此，必须在两者的冲突中寻找平衡。

（三）侦查权与财产权冲突之平衡

从公法原理上讲，为了维护社会公益、其他人享有的具有同等价值的基本权利实现的需要，对公民的基本权利进行限制是具有正当性的。为此，国家赋予侦查机关侦查权，侦查机关必须履行职责，主动出击，发现犯罪，控制犯罪。但是由于侦查权力具有扩张性，加上侦查权与个人财产权保护在力量上的悬殊，财产权就可能遭受侦查权的非法侵害。为此，即使这种限制具有正当性，也必须被严格限定在可控制的范围内。随着现代刑事诉讼法治理念的发展，侦查机关在实施侦查权的过程中承担着客观公正的义务，既要注重控制犯罪，更要注重保障人权；既要收集有罪的证据，也要收集无罪的证据，可见，侦查权在控制犯罪的同时，更应注重人权保障。侦查权与财产权保障之间的冲突并非不可调和，法律上的公平与正义，不仅仅体现在对犯罪分子的惩处以实现对被害人的慰藉，它也意味着对被追诉人合法权利的保护。

司法实践表明，在侦查阶段要切实实现人权保障之目标，就要对侦查权进行限制。一方面，必须在实体层面上形成"以权力制约权力"的权力机制，通过其他权力如立法权、检察权和审判权来对侦查权形成约束；另一方面，必须建立"以程序来制约权力"的程序机制，即为侦查权的行使设置严格的程序，通过程序来限制侦查权的恣意行使。这就像火车沿铁轨运行，有预定的线路和时刻表，从而可以有效地防止火车的脱轨或晚点。在法治国家中，在人权保障优先的价值理念指引下，设计了一套以分权制衡为基础的侦查程序，在这种背景下，侦查程序的设置就起着限制侦查权恣意行使的"限权"作用。正如有学者指出的，"关于人权保障，程序保障之重要性较实体之保障，实有过之而无不及；特别是刑事程序中之侦查活动，此种现象更为显著。"① 作为侦查程序中的重要结构特征和有机组成部分，正当程序、司法审查、比例性原则等程序性原则，对于公民财产权保障发挥着重要的作用。一旦这些程序性原则得不到严格遵循，那么公民的财产权就面临着被侵害的危险，它们构成了保障公民财产权的一道防线。与此同时，侦查权因受到制约反而更容易赢得公众的信任和依赖，侦查权因此而具备了合法性基础或正当性，这正契合了马克斯·韦伯所谓的"通过法理性获得合法性"的切换机制。因此，对侦查权进行必要的限制，不仅能够达到财产权保障的目的，而且赋予了侦查权合法化、正当化的功能。

现代法治国家都把权利与救济作为基本权利保障体系中不可或缺的两个方面，"无救济便无权利"或"救济先于权利"这句古老的法律谚语告诉我们：法律对公民权利、自由规定得再完备、列举得再全面，如果在这些权利和自由受到侵犯之后，公民无法获得有效的法律救济的话，那么，这些法律上的权利和自由都将成为一纸空文。如果人们关注权利的实现，就必须关注权利的救济。可以说，权利自始就是与救济紧密相连的，没有救济就没有权利。在现代国家，救济总是与司法紧密地联系在一起。公民基本权利受到侵犯后，只有通过司法裁判的形式获得有效的司法救济，该权利的存在才具有法律上的意义。在人类社会早期，权利救济的方式主要是同态复仇式的"私力救济"，但是，"私力救济"是一种缺乏制度保障的冲突解决方式，胜负仍是双方武力强弱的表现。随着社会的发展，以法律程序取代私人武力的方式，即以"公力救济"取代"私力救济"成为历史的必然。尤其在法治社会，对"公力救济"的重要性，尤其是司法救济，无论如何强调都不过分。这不仅是因为司法救济能够使纠纷的解决在一种理性的氛围中展开，还因为相对于其他权利救济途径而言，司法救济通常具有终局性和权威性。因此，国家不仅应将公民的一系列基本权利确立在宪法和法律之中，也必须同时为基本权利提供相应的救济手段，只有这样权利才能获得法律的强有力的保护。

我国宪法规定了公民的一系列基本权利，但是有"小宪法"之称的刑事诉讼法却难以为那些基本权利受到侵犯的公民提供有效的救济。通过 1996 年刑事诉讼法的修订，可以说我国的刑事诉讼制度正处于程序法治化的转型和过渡阶段，尤其是在侦查程序上，虽然就干预公民财产权的侦查行为设置了相关

---

① 康顺兴：《刑事诉讼适用正当法律程序原则之探讨》，载《刑事法杂志》第 43 卷第 4 期。

的程序规定，但是由于一系列程序性原则的缺失，我国的侦查程序仍带有较强的行政治罪色彩，财产权保障理念缺位仍然严重。

因此，对侦查权与财产权的冲突进行平衡的关键在于设定一个平衡点。笔者认为，这就需要从完善侦查程序的角度着手，设置一系列的制度或机制，既能满足侦查权控制犯罪的需要，又能保证公民合法财产权不受恣意侵害，这就是侦查权与财产权保障之间的平衡点。主要包括侦查程序上的预防控制机制和财产权被侵犯后的救济制度两方面。例如，对干预财产权侦查行为的设定重在对侦查权的约束；而申诉、控告、财产异议、国家赔偿则侧重于财产权受侵害后对当事人的救济。然而，通过侦查程序的科学建构以解决侦查权与财产权的平衡问题面临着一系列价值和技术上的难题。这是因为国家为维护社会秩序就需要赋予侦查机关强大的侦查权，为保障公民财产权就需要对侦查权进行限制，并提供高效的救济渠道，这就形成了一种此赢彼输的"零和博弈"，因此，只能通过价值的选择与平衡来寻求侦查程序在国家和个人之间的合理定位。这种价值层面上的冲突深刻地影响到侦查程序的设计和运作。从法治的进程来看，侦查程序正是在这种冲突中不断得到调适，逐步实现侦查权与财产权保障的平衡。

三、重构的指导原则——宏观层面上的框架搭建

重构侦查程序中的财产权保障制度是一项系统的工程，它依赖于国家司法体制的整体改良，鉴于问题的复杂性，笔者在这里不可能面面俱到地展开分析，只能在侦查程序改革的视野范围内，提出必要的改革路径，并对此略陈管见。

在宪法精神的指引下，现代刑事诉讼法承担着控制犯罪和保障人权的重大使命，为了限制国家权力、实现财产权保障，法治国家普遍建立了财产权保障的基本原则。侦查程序中财产权保障的原则是宪法原则、刑事诉讼原则在财产权保障层面上的具体化，是构建侦查程序财产权保障制度的基础，主要包括正当程序原则、比例原则和权利救济原则，它们架构起了财产权保障制度的基本框架，成为财产权保障的关键性堡垒。随着我国侦查程序法治化的进程，上述原则都应得到我国立法的确认。

然而，上述原则在法治国家也未全部推行，并且在立法和司法上的侧重点和表现形式也各有不同。还要明确的是，上述原则并非孤立存在，而是相互作用，相互制约，并且体现在侦查程序中财产权保障的方方面面。因此，侦查程序中财产权保障原则的确立，必须立足于宪政的高度，为财产权保障提供完善的制度保障和原则指导。具体而言，应以确立贯穿全局的程序性原则为主，以

能够指导具体的程序设计为标准；既要考虑具体国情，还要具有前瞻性。

因此，侦查程序中财产权保障制度的重构，首先就是要确立侦查程序中财产权保障的原则，以指导微观层面上的制度设计。

（一）强化侦查程序的法定性

第一，应在立法上确认程序法定原则。我国现行《刑事诉讼法》第3条第2款规定，人民法院、人民检察院和公安机关进行刑事诉讼，必须严格遵守本法和其他法律的有关规定。可见，其部分地体现了程序法定原则的精神。根据法治国家的授权原则，并考虑到对违反法定程序的诉讼行为进行程序性制裁是程序法定原则的重要内容，可以将程序法定原则独立作为一条表述为："人民法院、人民检察院和公安机关进行刑事诉讼，必须严格遵守本法和其他法律的有关规定，不得超越本法和其他法律所规定的权限。对违反法定程序的诉讼行为，人民法院应当根据违法的轻重程度及结果情况，裁定是否有效。"

第二，应明确规定刑事诉讼立法及其解释只能由最高立法机关进行。司法机关、行政机关以及地方立法机关不得任意解释刑事诉讼法、创制与刑事诉讼法相左的规定。根据我国《立法法》的规定，法律规范只能由全国人大制定、修改，由全国人大常委会进行解释、部分补充、修改，禁止行政法规、部门规章等做出关于侦查的规定。侦查程序是刑事诉讼程序的重要组成部分，可以说《立法法》已经对侦查程序法定做出明确的规定。然而，我国现有的与财产权限制和处置程序相关的文件、解释主要有：最高人民检察院颁布的《人民检察院刑事诉讼规则（试行）》、《人民检察院扣押、冻结涉案款物工作规定》、公安部颁布的《公安机关办理刑事案件程序规定》以及财政部颁布的《罚没财物和追回赃款赃物管理办法》等。笔者认为，要实现侦查程序法定，就要确立刑事立法的稳定性和权威性，也就是说，必须完善我国的刑事诉讼立法，侦查法律规范的制定和解释只能由有权机关做出，禁止无权机关制定和解释侦查规范，对于现有相关规定中的合理部分抓紧通过刑事诉讼立法的方式加以完善。

第三，应当将财产权限制措施纳入强制措施体系，受强制侦查法定原则的约束。目前，我国将搜查、扣押视为一种侦查行为，规定在侦查章节之中，这就从概念和体系上回避、忽略了搜查、扣押对公民基本权利——财产权的威胁。笔者认为，可以根据侵犯公民不同的基本权利为分类标准，将搜查、扣押列入限制财产权强制措施的范畴，其目的是使其接受强制侦查法定原则的制约和约束。

第四，完善限制财产权强制措施的种类。我国在《刑事诉讼法》中规定了搜查、扣押、查询和冻结四种财产权限制措施，并将其定位为证据保全的手段，已经不能适应限制新型财产的需要，不能满足财产保全的需要。而且实践中行之有效的查封措施也不在我国刑事诉讼法的规定之中。据此，可以在限制财产权强制措施中增加限制执业资格和查封措施，并将限制财产权强制措施定位为证据保全、财产保全以及社会保全的手段。

最后，现在司法实践中普遍使用的秘密侦查措施，无疑会对公民基本权利造成侵犯，从强化程序法定原则的角度考虑，应及早予以立法规定，并制定严格的程序规范。

（二）倡导程序正义的理念

司法公正是司法活动不懈追求的永恒主题，是古往今来各国人民渴望实现的共同目标。司法公正包括实体公正和程序正义。诉讼程序自身追求程序正义，以确保当事人在诉讼中的地位平等，有获得被告知、听审并辩护的权利。英国有句古老的箴言：正义不仅要得到实现，而且要以人们看得见的方式得到实现，这种"看得见的方式"就是程序正义。从程序正义的内涵出发，它对财产权的关照主要体现在三个方面：

第一，在财产权限制、处置和救济程序中，当事人享有被告知的权利。在刑事诉讼中，当事人享有的知情权或被告知的权利，是一项普遍的基本权利，在侦查机关限制或处置当事人涉案财产时，仍然存在着告知的义务。侦查阶段与财产权保障有关的告知主要包括：进行搜查时要出示搜查证明文件，并附有搜查的理由；扣押时应告知其理由，被扣押人要核对并保留扣押物品清单；对财产的鉴定应告知当事人，对结果有异议，可以要求重新鉴定或补充鉴定；没收违禁品应告知；返还被害人财产应告知相关当事人。

第二，在财产权限制、处置和救济程序中，当事人享有获得听审的权利。这里的"听审"主要是指通过听证的形式达到两造对抗的目的。允许当事人听审，其价值基础在于对当事人参与权的保障，这被视为是司法民主和正义的底线要求。听审活动的要求主要有：听审公开，听审及时，当事人被告知的权利，当事人发表听审意见，对听审决定不服可以申诉，等等。可见，听审是保护当事人财产权的一种权利。

第三，在财产权限制、处置和救济程序中，裁判者中立。在侦查阶段主要存在两种不同的干预财产权的权力，即侦查权（实施权）和裁判权（决定权），二者无疑都会对公民财产权造成侵犯。但是在我国，干预财产权的侦查行为由侦查机关自行决定并实施，明显违背了程序正义的要求。因此，我国应当建立强制侦查的司法审查机制，裁判者中立更是题中应有之义，不再赘述。

（三）建立不同层次的司法审查机制

司法审查机制，主要是指侦查人员采取的针对公民人身权、财产权以及隐私权的强制性措施和秘密侦查措施，都要接受独立法官的审查，当事人有权通过上诉等方式获得救济。在侦查程序中建立司法审查机制，目的是通过诉讼的方式，使得侦查权受到司法权的制约，这既是控审分离原则在侦查程序中的体现，也能够使当事人的基本权利获得司法保护。因此可见，司法审查机制实际上同时具有正当程序原则和权利救济原则的双重作用。司法审查作为法治文明的产物，是保护被追诉人乃至普通公民免受国家权力无理侵犯的甲胄。在限制人身权的强制措施中确立司法审查机制已经得到学界广泛的认可。然而，限制财产权的侦查行为尚未被确认为强制措施，尚缺乏实证研究的检验，也鲜有学者对其进行预测。笔者认为，具有强制性的财产权限制与处置措施应当接受司法审查的控制，但其司法审查机制与限制人身权的强制措施相比，也应有所不同。具体设计，需要从以下几个方面着手：

第一，明确司法审查的主体。由谁进行司法审查是我国司法审查机制确立中最为棘手的问题。在我国，侦查机关提请逮捕，由人民检察院决定批准与否，可见，司法审查由检察院进行具有先例。然而检察院内部设有自侦机构，而且在某种程度上讲检察院与侦查机关具有利益的一致性，难以保证做出中立的裁判。从联合国制定的《关于检察官作用的准则》第 10 条来看，检察官的职责应与司法职能严格分开。因此，从长远来看，司法审查的权力最终还应归属于法院，这已得到学界的普遍认可。因此，笔者主张在我国建立预审法官或侦查法官制度。根据我国国情，目前有三种较为可行的方案：一是在人民法院内部增设预审庭和预审法官，专门负责侦查阶段司法审查。二是由人民法院内部业务不多或任务不重的业务庭兼任预审职能。三是由人民法院的刑庭的法官轮流、随机性地承担预审法官。

第二，明确司法审查的范围。域外法治国家的司法审查主要适用于实体性的刑事制裁措施和程序性的刑事强制措施。因此，对财产权强制处分的司法审查也相应地分为两类，即财产权限制措施的司法审查和涉案财产实体性处置措施的司法审查。在我国，搜查、扣押等强制性措施被视为侦查行为，无须经过司法审查，容易造成对当事人财产权的侵犯。笔者认为，我国应尽快将侵害公民基本权利的侦查行为确立为强制措施，将其纳入司法审查的范围。侦查阶段财产权的实体性处置与扣押的司法审查原则是一体的，同样应当经过司法审查的程序控制。

第三，明确提请司法审查的主体。司法审查的提请主体包括当事人和侦查机关。司法审查要求法院介入主要包括两种情形：一是当事人在财产权遭到侵犯时有权提请法院进行审查。二是侦查机关实施财产权限制与处置行为时，应依职权主动提请法院进行审查。

第四，明确司法审查的方式。有论者认为，刑事裁判可以分为形式裁判与实体裁判。前者解决案件的程序问题，后者解决案件的实体问题。相应地，对案件的程序问题做出裁判的权力，被称为形式裁判权；对案件的实体问题做出裁判的权力，被称为实体裁判权。① 可见，财产权限制措施的司法审查属于形式裁判，对涉案财产实体性处置的司法审查属于实体裁判。德国的司法实践表明，尽管法律规定只有在例外情况下，检察官、警察才有权决定搜查和扣押，但实际上，绝大多数决定是检察官和警察做出的，法官决定搜查和扣押却成了例外。因此，出于侦查效率的考虑，笔者认为，财产权限制措施大多是紧急性措施，没必要硬性规定必须进行事前的司法审查，但执行完毕，必须接受法官的事后审查，即财产权限制措施不宜明文规定为事前的司法审查，而应以事后的司法审查为主。然而涉案财产实体性处置则不同，一般不具有紧急性，因此，必须接受法官事前的司法审查。

（四）比例原则立法化

比例原则既是一项部门法原则，也是一项宪法原则，同样是侦查程序财产权保障的重要原则。然而由于判断某种侦查程序是否符合比例原则的标准难以掌握，这一原则的全面确立和实现相当困难。但是比例原则同时又包含着许多具体的、具有可操作性的制度和规则，通过对侦查程序的完善，在侦查程序中确立比例原则也是完全可能的。

第一，在立法上明确规定比例原则。我国澳门地区《刑事诉讼法典》第178条规定了比例原则在刑事诉讼中的运用规则，值得借鉴，主要包括"具体采用之强制措施及财产担保措施，对于有关情况所须知防范要求应属适当，且对于犯罪之严重性及预料可科处之制裁应属适度；强制措施及财产担保措施之执行，不应妨碍与有关情况所需之防范要求不相抵触之基本权利之行使；仅当其他强制措施明显不适当或不足够时，方可采用羁押措施，但不影响第193条之规定之适用。"据此可以在我国刑事诉讼法的"任务和基本原则"中，增加一条规定："人民法院、人民检察院和公安机关对犯罪的追诉和惩罚，应当严格限制在必要的范围内，并与所追究罪行的严重程度、与犯罪嫌疑人、被告人的危险程度成比例，并应尽力选择侵犯基本权利程度较轻的追诉手段来实现相应的诉讼目的。"

第二，在侦查活动中要以任意侦查为原则、强制侦查法定。在侦查活动中，存在着控制犯罪与保障人权两种目的的需要，必须在二者之间寻求平衡。例如，台湾学者林钰雄认为："扣押，亦应受比例原则之限制，此点固与搜索

---

① 李昌林：《论刑事裁判权的归属》，西南政法大学2003年博士学位论文，第81页。

及其他强制处分相同，但另有特别限制。首先，对于应扣押物之所有人、持有人或保管人，得命其提出或交付，若其无正当理由拒绝提出或交付或抗拒扣押者，得用强制力扣押之。"① 为了防止侦查权力的滥用，各国宪法和法律普遍要求侦查活动要以任意侦查为原则、强制侦查法定。具体而言，对侦查中需要以当事人财产作为证据使用时，尽量使用任意侦查的方法取得，只要该物能发挥证据的功能即可，而不必采取强制将该财产纳入侦查机关管制之下；如果有充分证据证明该物是违禁物或者犯罪所得时，方可采取扣押措施或进行实体性处置。例如，法律鼓励被追诉人主动上缴犯罪所得，并将其作为从轻处理的情节，若拒绝上缴时，方可采取强制，这是比例原则对侦查程序中财产权保障的基本要求。

第三，将财产权限制措施视为强制措施，强制的范围不能超出涉案财产的范围。根据比例原则的要求，强制措施的设计和适用应与侵犯基本权利的程度相适应，换言之，不是干预基本权利，则无须适用强制措施。法治国家大多将财产权限制措施视为强制措施或强制处分，并严格规定强制措施的适用条件和范围，目的是经过司法审查，实现对侦查权的限制，达到保障财产权的目的。我国目前并未将财产权限制措施视为强制措施，更没有司法审查机制，所以造成侦查机关滥施强制的状况，亟待解决。

第四，侦查阶段涉案财产实体性处置应以有必要为限。因为涉案财产是一种权属未定的财产，法治国家很少在侦查阶段做出实体性处分，即使必要，也要经司法审查方能施行。在我国，侦查机关没收或返还被害人财产已经成为一种常态，并被誉为保障被害人的正义举动。但光环的背后，也隐藏着诸多不为人知的无奈，一些最后被判决无罪的人，被处置的财产无法得到补偿，往往为此走上了日复一日、年复一年的上访之路。因此侦查阶段对财产权进行实体性处置，只应以有必要为限度，并要经过司法机关严格控制，征求当事人各方意见，对没有权属争议的涉案财产，才能予以实体性处置。

第五，被追诉人对于财产权被强制的情形应允许提出担保措施。被追诉人的财产有时表现为维系生产之必要资料，在采取其他方式可以作为证据使用时，如拍照并辅以说明，可以允许被追诉人对该涉案财产提供担保，这也是比例原则之必要性的体现。

第六，当事人对于财产权被侵害的情形应得到刑事附带民事诉讼的支持。我国刑事附带民事诉讼制度是财产权救济的重要制度。但是对于规范刑事附带民事诉讼受案范围的司法解释本身却违反了比例原则的规定。《最高人民法院

---

① 林钰雄：《刑事诉讼法》（上），中国人民大学出版社 2005 年版，第 315 页。

关于刑事附带民事诉讼范围问题的规定》规定了因人身权利受到犯罪侵犯而遭受物质损失或者财物被犯罪分子毁坏而遭受物质损失的，可以提起附带民事诉讼。但对犯罪分子非法占有、处置被害人财产而使其遭受物质损失的，只能依靠人民法院的追缴或者责令退赔。在司法实践中，"犯罪分子非法占有、处置被害人财产而使其遭受物质损失"的情况大量存在，但司法解释却阻止被害人提起附带民事诉讼，实际上，是杜绝了被害人保障自身财产权的法律途径。

第七，把违反比例原则的强制处分纳入司法审查的范畴。如果仅仅将违反比例原则的强制处分行为视为"合法"前提下的"不合理"，比例原则即不再存在。从法治国家的实践看，如果强制处分行为严重违反比例原则，即构成"实质性违法"，属于司法审查的对象和范围，这一点值得我国借鉴。

（五）权利救济先行

"无救济则无权利"，权利与救济是辩证统一的。所以，一部人类文明史，既是一部权利的进化史，又是一部权利救济的发展史。真正的权利应该包括三个部分，即权利观念、权利规范和保护机制，三者的完美结合才能成为人类实际享有的权利。权利救济原则是一种权利观念，在权利救济原则指导下建立的权利救济制度又是一种保护机制。权利救济原则不仅是财产权保障的一项重要原则，也是人权保障的重要原则之一。因此，权利救济原则必须在我国立法中得到确认。可以在我国刑事诉讼法的"任务和基本原则"中，增加权利救济的内容："国家保护公民的人身权利、财产权利、民主权利和其他权利，在公民基本权利受到侵犯后，有获得救济的权利。"除此之外，侦查程序设计中也应体现出权利救济原则的精神，如明确律师在侦查阶段辩护人的身份，不仅提供法律咨询、代理申诉、控告，也可以进行调查取证；建立财产异议制度；完善财产权实体性救济机制和财产权程序性救济机制，等等。鉴于论文体例之安排，这里不再赘述。

（六）明确具体适用原则

鉴于财产权限制与处置程序既包括财产权限制，又包括涉案财产处置；既能起到收集证据、查明案情的作用，又能起到财产保全、保证财产刑执行的作用，可见，其在运行中十分复杂，与具体的侦查办案活动息息相关，因此，还应在微观上遵循必要的原则，以指导司法实践，即侦查程序财产权保障的具体适用原则。具体适用原则，是指在限制国家权力和实现权利救济目标（即限权、护权）的指导下，适用于财产权限制或处置程序的具体标准或要求。该原则主要包括目的正当原则、手段正当原则、关联性原则、与涉案金额相当原则、审慎原则、效益原则。具体适用原则是财产权限制与处置措施的实施标准，体现了对具体侦查程序的指引和控制。

1. 目的正当原则。侦查程序中的目的正当原则是正当程序原则和比例原则在侦查目的中的具体体现。众所周知，侦查的目的是控制犯罪和保障人权，因此财产权限制与处置措施也应具有控制犯罪和保障财产权的正当目的。目的正当要求侦查行为的实施必须符合法律规定的必备条件。笔者认为，财产权限制措施只能出于证据保全、财产保全和社会保全的目的。涉案财产实体性处置只能是以及时恢复被损害的财产权关系为目的。因此，在目的正当原则的指导下，完善财产权限制与处置措施的适用条件，是实现财产权保障目标的必由之路。

2. 手段正当原则。目的正当并非法律原则的全部要求，除了目的正当以外，还要看看实现这个目的的手段是不是所必需的，且是否对相对人产生的侵害是最小的，因此，手段正当是选择具体侦查行为的重要标准之一。英美等国普遍建立了以任意侦查为原则、强制侦查法定的机制，这在财产权保障方面依然适用。实现证据保全、财产保全和社会保全的目的，强制只能是最后的渠道。例如，根据《德国刑事诉讼法》第94条、95条的规定，凡保管扣押物品的人员，负有依要求出示、交出物品的义务，拒绝交出时才能扣押。命令出示或交出已经成为扣押的前置性程序，体现了手段正当的要求。除此之外，手段正当还体现为达到目的为原则，如在证据保全中，如果对涉案财产通过拍照、登记并辅以笔录的形式即可作为证据使用，就没必要强制扣押。

3. 关联性原则。涉案财产的限制与处置必须与案件有关联，与案件无关的财物，不应成为被限制和处置的对象。关联性原则的目的在于限制侦查机关的自由裁量权，确保公民合法财产不被侦查机关滥施强制。"作为证据之物"和"作为犯罪之物"的涉案财产必须与案件具有关联性，这个非常容易理解。"作为财产保全之物"的关联性是指此部分财产与被追诉人涉嫌的罪行严重后果有关联，可以为下步判决执行做准备。关联性原则对保障公民财产权具有非常重要的作用，是认定涉案财产的重要依据。

4. 与涉案金额相当原则。无论是作为证据使用的涉案财产，还是作为财产保全的涉案财产，其总和应当与涉案金额相适应，与财产对象的特点相适应，同时要考虑退还的可能性。例如，在冻结被追诉人的财产时，只能冻结与涉案金额相当的财产，而不应对账户做出全部冻结；而且无论是扣押、查封还是冻结，其上限不应超过涉案金额。在经济发达国家，有发达的物权制度和金融制度作为保证，在此方面的规定尤其严格。这一点在我国法律或规定中也有所体现，尤其是在《公安机关办理经济犯罪案件的若干规定》第24条已有明确规定，公安机关冻结涉案账户的款项，应当与涉案金额相当。

5. 审慎原则。审慎原则，是指财产权限制与处置要审慎，是比例原则的具体体现。因为涉案财产是未经审判的财产，其性质具有不确定性，但其具有财产权的一切属性，一经限制和处置，就会对公民财产权造成侵害。因此，只有在证据支持的情况下，出于正当的目的，选择正当的手段，才能对涉案财产进行限制和处置。审慎原则是正当程序原则和比例原则的具体要求，对财产权保障具有重要的意义。

6. 侦查效益原则。将成本、效益、效率等经济学概念及分析方法引入法学领域，形成法律经济学或称法律的经济分析肇始于 20 世纪 70 年代的美国，在西方经济发达国家已得到广泛应用，如英美的辩诉交易、日本的起诉便宜主义等。但在我国，此理论方法目前还处于引进消化吸收阶段。在刑事侦查领域，特别是在与经济有密切联系的财产权限制与处置措施，法律的经济分析方法尚未得到应有的重视。

侦查效益，是指人们对侦查程序的设计和它的实际运作，要考虑是否符合经济效益，侦查效益的内涵就包括节约侦查成本，提升侦查效率，贯彻侦查效益原则就是力求建立一种简约、高效而又符合现实情况的侦查制度。侦查效益的最大化是通过尽可能科学地配置司法资源、合理地设计侦查程序来实现的。

财产权限制与处置措施提升侦查效益的功能主要体现在：一是降低刑事侦查的成本。法律赋予侦查机关合法、高效的限制财产权的手段，就能够降低侦查成本，改变以往"大兵团作战"、"人海战术"的模式，起到事半功倍的作用。二是提升侦查效率。迟到的正义是非正义，迟延的侦查破案，就意味着给予犯罪分子更多的时间去继续作案，为侦查活动设置障碍，无异于增加了侦查成本。财产权限制与处置措施作为控制犯罪的利器，正确地运用、实施，能够快速实现查清案件事实、准确收集证据、实现财产刑判决的功能。三是增强侦查措施的协调性。通过从立法上完善刑事侦查程序，设计符合现实要求的财产权限制与处置措施，能够提高各种侦查措施之间的互补性和协调性，能够有力地适应同财产型犯罪做斗争的形势要求。

目前，由于金融工具越来越发达，财产的流动性越来越快，能在转瞬间将相关财产转移，将给侦查机关带来很大的难度，增加了办案的成本，因此，财产权限制与处置要讲求效益。具体体现在：对涉案财产的控制要及时，防止涉案财产的流失；调查要及时，一经发现与案件无关或无关判决的执行，查明后应及时返还，以免损害相对人财产权益。

四、重构的重点与方式

侦查程序中的财产权保障是刑事诉讼财产权保障的重要组成部分。然而侦查程序毕竟不同于其他法律程序，其财产权保障的重点和方式不同于其他法律程序，其财产权保障的内容更不同于其他人权保障的内容。因此，这里需要明确以下几个问题：

（一）侦查程序应该保障谁的财产权

法治国家侦查程序中的财产权保障主要是针对被追诉人而言的，而从现代刑事诉讼理念来看，被害人的财产权保障也逐步得到国际和各个国家的关注和认可。还有的学者认为财产权保障的适用对象应该是广义的，既包括一般公民，又包括被害人、证人等诉讼参与人，还包括被追诉人。其实这种认识的愿望是好的，但忽视了侦查程序作为一种刑事诉讼程序，刑事诉讼程序的本质就是两造对抗、法官居中裁判，如果通过控制犯罪来实现对国家和所有社会成员的合法权益的保护，实际上，不过是对控制犯罪的社会效果的另一种表述，控制犯罪成了财产权保障的手段，甚至可能得出"控制犯罪手段越严厉，人权保障就越完善"的谬论，而侦查程序中财产权保障的任务将不可避免地被虚置，最终从根本上否定了侦查程序中的财产权保障。因此，笔者认为，侦查程序中财产权保障既不能仅适用于被追诉人，也不能宽泛地将一般公民涵盖进去，而是应当针对以个人身份参加诉讼的诉讼参与人而言的，其中主要适用于侦查程序中的当事人，因为当事人是与刑事案件有利害关系的诉讼主体，因此，本书将侦查程序中财产权保障的适用对象主要限定为被追诉人和被害人。当然，财产权与其他人权相比较，具有流动性或可处分性，这也是其他人权所不具有的，其他人权与主体密不可分，相当稳定，财产权则不同，需要外部证明才能确认，因此难免在侦查中错误地限制或处置他人的财产权，这种情形下侦查程序中财产权保障的适用对象可能扩大到第三人，因此，也在本书探讨之列。

（二）侦查程序中的财产权保障重在程序性制度的合理设置

长期以来，人们往往形成了一种误解，一提到财产权保护，就想到民事维权，其实这是一种误解，主要问题在于对宪法意义上的财产权保障与民事法律意义上的财产权保护的混淆。例如，在法治国家，公民认为侦查机关侵犯了其宪法赋予的权利，可以提起违宪审查。民事法律上的财产权是平等民事主体之间相互对抗的一种权利，目的是通过界分"你的或我的财产"，防止民事主体的越界行为发生，从而使资源配置高效，财产流动迅速。可见，民事法上的财产权保护是以物为中介的人与人关系的表现，有明确、具体的权利客体，对于一个没有财产的人来说，民事法上的财产权保护是不存在的。宪法意义上的财产权保障重在限制国家权力对公民财产权的侵犯，是一种限权性机制。侦查程序作为刑事诉讼程序的重要组成部分，其财产权保障应与宪法意义上的财产权保持一致。侦查程序对公民财产权的干预，主要表现在财产权限制和处置程序上，是国家单方限制或处置公民财产的一种方式。因此，侦查程序中的财产权首先是针对国家的侵权行为而为公民设定的基本权利，必须受宪法和有关法律的严格保护，否则，侦查程序中的财产权会处于危险境地。另外，侦查程序中的财产权保障强调财产权中的人格因素，往往比民事法律财产权保护更加注重人际关系的因素，且不明确地指向具体的客体，一个人并不因为暂时没有财产而失去宪法上取得、占有、使用和保障财产的资格。因此，在侦查程序中无论你有无财产，都可以享有财产权保障。

（三）侦查程序中的财产权保障重在救济制度的建立

救济制度是指通过赋予当事人救济性权利来维护其财产权。"无救济则无权利"，救济性权利是财产权实现的前提，一般情况下，财产权的实现并不需要他人的积极作为，而只需他人不加以侵害。但在刑事诉讼中，财产权的实现有其特殊性，尤其是侦查活动的开展，不可能排除国家权力对公民财产权的干预，因此，此时的财产权保障就不能保证国家权力不干预公民财产权，而是保障国家权力对公民财产权的干预必须遵守一定的限度，这种限度就是通过赋予当事人救济性权利来体现的。只有诉讼参与人的救济性权利得到了保障，当事人在侦查程序中的财产权才能够真正实现。所以，从财产权利的形成过程来看，财产权是救济性权利产生的基础；而从财产权利实现的过程来看，救济性权利则是财产权实现的前提。因此，侦查程序应对救济性权利加以保障，通过确保救济性权利的实现来达到财产权保障的目的。

通过上述分析，可见侦查程序中的财产权保障重在财产权限制与处置制度的合理设置和财产权救济制度的建立。根据侦查实践中对财产权干预的进程，我们可以将侦查程序中的财产权保障制度划分为三个部分：一是涉案财产的发现和限制，二是涉案财产的处置，三是财产权的救济。其中涉案财产的发现、限制和处置都发生在侦查阶段，是侦查程序的重要组成部分；由于财产权的救济是由具体侦查行为引起的，有些救济制度在侦查阶段即可完成，有些救济制度甚至在刑事诉讼终结也不一定能够完成，故本书在此一并阐释。

涉案财产的发现、限制与处置制度主要是指为了防止对公民财产权的不当侵犯而设定的具体侦查程序，其价值预设是对干预财产权的行为进行规范和限制，防止侦查权行使的恣意和专横，使侦查权在预定的程序之中有序运行，故其在本质上属于一种限权机制。由于传统立法通常对物和财产不加以区分，在以往理论研究中常把涉案财产的限制和处置行为作为对物的强制处分进行研究。

然而，仅有涉案财产的发现、限制与处置制度是难以担当侦查程序中财产权保障的重任的，任何发达的限权机制都不可能在事实上消除侵权行为的发生，所以财产权的救济制度同样必不可少。根据财产权救济方式的不同，财产权的救济制度主要包括实体性救济制度和程序性救济制度两部分。如果说涉案财产限制与处置制度重在事前预防，那么，财产权救济制度重在事中或事后补救，两者相得益彰，共同铸就侦查程序中财产权保障的铜墙铁壁。

下文笔者将从涉案财产的发现和限制、涉案财产的处置以及财产权的救济性保障机制三个方面展开阐释，以完善和重构我国侦查程序中的财产权保障制度。

第五章　涉案财产的发现与限制

如前所述，涉案财产是刑事诉讼中财产权的客体，因此，涉案财产的发现和限制，就是在侦查程序中对与案件相关的财产权进行调查核实后进行控制的过程。其中，涉案财产的发现是实现财产权限制的手段，涉案财产的限制是涉案财产发现的目的。一般来说，二者是紧密相连的，都属于干预公民财产权的公权力行为。

第一节　涉案财产的发现

一、涉案财产发现的含义及手段

（一）涉案财产发现的含义

发现，是人类对于自我的内在、具体性的自然及其整体的认识或再创造。在具体适用上还可以理解为"寻找主观上要找的通晓的对象，对象被找到了，就叫作被发现"。因此，涉案财产的发现即调查核实各类财产信息的过程，其本质是通过强制性或任意性手段寻找涉案财产或线索，为下一步的涉案财产限制做准备。

发现相关信息，目标才能够更加明确，涉案财产的发现也不例外。笔者认为，涉案财产发现的过程其实就是一个信息发现的过程。现代社会的信息保护是基于信息具有"隐私权"① 的属性而产生的。德国将此种权利称为"控制自己资讯的权利"或称为"资讯自决权"。这种信息的自决权对于个人信息的意义在于使个人对其信息的保护从消极的防守状态转变成积极的控制状态。

侵犯传统的隐私权的行为通常表现为干扰他人的私生活，披露他人不愿透露的信息等，因此，传统的民法学理论一般认为，隐私权属于人格权的范畴。然而随着信息与网络的迅速发展，信息的财产属性日益凸显，成为具有巨大商

---

① 隐私权是自然人享有的对其个人的、与公共利益无关的个人信息、私人活动和私有领域进行支配的一种人格权。其基本内容包括隐私隐瞒权、隐私利用权、隐私维护权和隐私支配权。诚然，坚定的隐私权主义者也不能给其下一个恰如其分的定义，但是隐私权如今已经成为"风能进，雨能进，国王不能进"的捍卫公民权利的屏障。

业价值或社会利用价值的资源，如金融资料档案、与金融机构的交易记录或信用记录等这些金融信息，全方面地充分反映了个人的金融状况，不仅可以公开、转卖金融信息以用于商业目的，也可以将之作为敲诈勒索的砝码以牟取暴利，所以这也是众多黑客趋之若鹜的原因所在。例如，在 2005 年 6 月 18 日，美国曾因信息安全漏洞而导致黑客窃取了约 4000 万个信用卡账户资料；又如，香港汇丰银行观塘分行在 2008 年 4 月 26 日也丢失了一部载有 15.9 万份客户资料的服务器，该服务器中存有账号号码、客户姓名、交易记录和交易类型等信息，一旦被不法分子利用，后果将不堪设想。因此可见，信息的财产属性比其隐私权属性更容易受到侵犯，甚至可以说，在某种意义上，正是由于信息的财产属性才造成其隐私权被侵犯，这也是信息应受到保护的内在动力之所在。

（二）涉案财产发现的手段

现代刑事犯罪的智能性、隐蔽性，要求我们必须加强发现措施的研究。我们不可否认诸多法定侦查措施都具有一定的发现功能，如讯问、询问、鉴定、扣押、勘验检查、技术侦查等；通缉、查询、搜查也是行之有效的手段。但是诸如盘查、各种信息库的建立和检索等，还游离在刑事诉讼法之外；现代刑事侦查所强调的主动进攻机制，更是有侵犯人权之虞；特别像财产公示制度，更是引起公众的关注。在上述诸手段中，有的是为了发现犯罪嫌疑人及其线索，有的是为了发现证据及其线索，总体上来看，反映了现代数字化、信息化时代的要求，对侦查思维、侦查模式、技战法的转变具有重要的意义。

笔者认为，与涉案财产发现紧密相连的手段主要有对物的搜查、财产信息查询和司法会计技术。除此之外，我国已经初步确立的金融财产实名制、大额和可疑资金交易报告制度以及当前呼之欲出的财产公示制度，尽管不是涉案财产发现的直接手段，但也能从中体现出相关人员财产之异动，或通过现有资料与实际状况之比对，从而发现可疑资金，可谓涉案财产发现之配套措施。笔者下面将围绕这些措施或制度的完善和构建进行阐释。

二、搜查

搜查，作为一种传统的发现手段，在发现涉案财产方面，一般指向实物财产，但也不排除在搜查中能够发现其他非实物财产的线索，如发现存折、股权证等。一般而言，发现涉案财产只是其目的之一，其本质目的在于通过分析判断，为下一步控制涉案财产做准备。在侦查实践中，案发后涉案财产往往被隐匿或转移，没有一定的措施和手段，涉案财产是难以被发现的，更谈不上控制涉案财产，因此，对物的搜查往往与财产限制措施密不可分，如搜查中往往要对涉案财产进行扣押，而且搜查中已经对公民财产权造成了一定程度的侵犯，因此，在对搜查的程序设计中，必须与财产权保障紧密结合起来。

（一）搜查的启动条件与证明标准之探讨

在关于美国刑事诉讼法的翻译中经常存在这样一个问题，就是关于搜查的条件与证明标准常常混淆。搜查的证明标准一般被译作相当理由或合理根据，但在分析逮捕、搜查的启动条件时，也使用相当理由或合理根据指代启动搜查需要符合的条件。这种表述经常会使人产生混乱和误解。

实际上，在美国刑事诉讼中，搜查的条件可以表述为相当理由，其证明标准同样也可以表述为相当理由，但二者的内涵却是不同的。作为搜查条件的相当理由是指以下内容：A 要被扣押的财产是否与犯罪活动有关，而且 B 在要搜查的地方能否发现它。搜查条件实际上就是搜查事项的证明对象。侦查机关应当证明其申请的搜查行为符合搜查的条件，也就意味着侦查机关要对其证明对象加以证明。那么，证明到什么程度可以使法官认定符合搜查的条件呢？这就是搜查证明标准要解决的问题。美国刑事诉讼中的搜查证明标准也被界定为相当理由。不过，此"相当理由"非彼"相当理由"，与搜查的条件，即证明对象之相当理由的内涵不同。作为证明标准的相当理由特指侦查机关的证明应使法官内心达到的确信程度——约为 50% 的主观内心确信程度。换个易于接受的说法，就是侦查机关要向法官证明搜查符合法定条件，让法官在内心中大致可以相信在要搜查的地方能够发现与犯罪活动有关的财物。一个相当理由描述的是搜查应符合的法定条件是什么；另一个相当理由描述的是法官签署搜查令状时最起码得对搜查符合法定条件这个问题相信到什么程度。前者是搜查的条件，后者是搜查的证明标准。笔者尊重译者艰苦的工作，仍然使用"相当理由"的提法来描述搜查的条件与搜查的证明标准，同时指出其内涵上的差异，以避免在论述时造成误解。

英美法系国家在搜查的条件和搜查的证明标准上往往都会有所规定。以美国法为例，其搜查的条件与逮捕的条件一样都是相当理由，规定严谨详细。而大陆法系国家在证明对象和证明标准上较之英美法系国家则没有那么严格。我们可以发现一个有趣的现象，那就是越接近英美法系的国家，在搜查证明对象和证明标准上就规定得越严格越细致，反之，则对这二者的规定越粗疏。

通过上文对我国搜查中存在的问题和域外搜查证明之考察，我们可以发现，尽管我国法律源于大陆法系，但由于预审法官的缺失，搜查权得不到有效的控制，在侦查权一枝独大的背景下，引入独立机构的司法审查也不太现实。可喜的是，侦查机关在依法治国理念的引导下在社会管理机制创新方面也取得了骄人的成绩，再加上刑事诉讼英美法系元素的不断增加，学习借鉴美国搜查证明模式，也不失为一种上策。

1. 搜查的启动条件。美国搜查的条件可以表述为两点：A 被扣押的财产是否与犯罪活动有关，B 在要搜查的地方能否发现它。这个条件是符合侦查实际的。搜查的目的就是寻找与犯罪有关的实物证据，因此，在搜查前确定要被扣押的财产是否与犯罪活动有关，在要搜查的地方能否发现要被扣押的财产，是直接与搜查目的相关的。同时，这种搜查的条件很好地平衡了侦查效率价值与公民财产权保障价值。搜查的两个条件限定搜查行为只能针对与犯罪活动有关的涉案财产，搜查涉及的场所只能是能够发现涉案财产的地方。除此之外，与犯罪活动无关的财产和不可能找到涉案财产的地方则不允许被搜查。这种限定，看似简单，实则切中要害，可以有效地规制侦查机关滥用搜查措施肆意侵犯公民财产权的行为。这样的搜查条件和搜查的证明标准相结合，更是为防止搜查权的恣意使用上了双保险。

因此，我国应当借鉴美国的搜查条件，设定自己的搜查条件。我国的搜查条件完全可以比照美国的搜查条件设定为：在准备实施搜查的地方存在与犯罪活动有关的财物。具体亦可分解为两个要件：A 被扣押的财产是否与犯罪活动有关，B 在要搜查的地方能否发现它。可以想象，这样的搜查条件不会给启动搜查行为设置过高的标准，不会对侦查效率有丝毫的减损。同时，却可以填补我国搜查条件的空白，有效地遏制搜查权无节制滥用的现象，促使侦查机关合理谨慎地使用搜查权，保证其对公民宪法基本权利的最起码的尊重。综上，我国的搜查条件应设定为"在准备实施搜查的地方存在与犯罪活动有关的财物"。设定我国的搜查条件，无论在理论还是实践上都具有重大的现实意义。

2. 搜查的证明标准。搜查的条件设定后，必须设定合理的证明标准，以使搜查条件的设定不会流于形式。

在应然状态下，如果我国建立了针对搜查措施的司法审查制度或针对违法搜查的司法救济制度。那么，搜查条件的设定，可以使司法审查和司法救济对搜查行为合法性的审查有的放矢。明确的证明对象可以使控方的证明有的放矢，也可以使裁判方的认证有的放矢。而搜查证明标准的规定则可以使控方对搜查条件的证明有确定的标准。控方的证明达到了证明标准规定的主观内心确信程度，就视为控方完成了证明责任，裁判方应当批准搜查申请，允许启动搜查程序；如果控方的证明达不到证明标准规定的主观内心确信程度，就视为控方没有完成证明责任，裁判方应当驳回搜查申请，不允许启动搜查程序。

在实然状态下，当我国的搜查仍然以侦查机关内部的行政审批为唯一途径时，设定搜查条件和证明标准也多少可以对搜查权的滥用加以些许限制。在我国现行法中，搜查只有目的而没有任何限定条件，如果设定了搜查的适用条件，多少可以使侦查机关在适用搜查措施时，将其限定在与侦查条件相关的地点上，即确实与犯罪有关的地点，而不是毫无限制的任何地点。而合理设定了搜查的证明标准，则可要求申请搜查的侦查人员在申请搜查时最起码要有一定主观内心确信程度，除了单纯的怀疑之外要有一定依据。不但自己要内心确信，而且要通过证明让审查者具有一定的主观内心确信。而不能只凭借怀疑，甚至是不合理的怀疑就随意适用搜查措施。

当然，即便在侦查机关内部关于搜查的行政审批程序中设定了启动条件（搜查条件）和证明标准，其作用能有多大仍然未曾可知。但是这种方法却是在无法触及关于司法职权配置的情况下唯一的选择。从积极的意义上说，也许是规制搜查权滥用问题迈出的第一步。

在申请搜查之前，控方应当对是否满足搜查的条件（即下列两个命题）有一定的主观内心确信程度——A 要被扣押的物品是否与犯罪活动有关，B 在要搜查的地方能否发现它。侦查机关应当对上述两个问题，依据现有证据材料、信息和事实具有一定内心确信之后，才能申请搜查。裁判者（无论是侦查机关的内部行政审批者还是外部司法审批者）都必须在侦查机关提出搜查理由和相关事实依据的基础上进行审查和认证。如果他已经能够基本确信要被扣押的物品与犯罪有关，而且在要搜查的地方能够发现它，那么，此时才能批准搜查。而不能像以前那样只凭怀疑或所谓的侦查需要，而不加区别地一味批准。

那么，搜查的证明标准要设定到什么程度才合适呢？笔者认为，美国搜查中的"相当理由"标准是符合证明理论与司法实践要求的。根据前文的分析，相当理由的标准大约对应 50% 的主观内心确信程度，可以通俗地解释为：执法人员认识到的和掌握的事实和情况可以使一个具有理性认知能力的人相信在某个地方或某人身上可以找到某件东西，相信要被扣押的物品与犯罪有关的可能性大于与犯罪无关的可能性，而且在要搜查的地方发现它的可能性大于不能发现它的可能性。

首先，设定相当理由的证明标准符合我国宪法关于公民权利的规定。我国《宪法》第 37 条第 3 款规定："……禁止非法搜查公民的身体。"第 39 条规定："中华人民共和国公民的住宅不受侵犯。禁止非法搜查或者非法侵入公民的住宅。"2004 年 3 月 14 日第十届全国人大第二次会议通过的《宪法修正案》已经明确规定："公民的合法的私有财产不受侵犯。"而搜查作为一种强制性措施，从某种意义上说，既是对公民财产权的一种限制，也是对公民人格权的一种侵犯。由于搜查行为实施时，侦查人员直接进入公民的办公室、工作场所及住所，并会邀请被搜查处所的负责人员、工作人员、居民或居委会成员到场，对被搜查人的影响可想而知。如果搜查是必要的和合法的还罢，如果干脆是不合法的，那么就是对被搜查人人格权、名誉权的直接侵犯。日本刑事诉讼法要求，警察在搜查后如未发现任何可疑物品时，应当应被搜查人要求出具证明书，证明该搜查未出现任何可疑涉嫌物品，以消除公民的疑虑和不安，就是考虑到搜查行为对公民人格权、名誉权造成了伤害。如果说单纯对公民财产权的限制还不足以引起我们对规制搜查行为的重视的话，那么搜查行为可能引发的对公民人格权、名誉权的侵害是否可以再添一枚沉重的砝码呢？由于搜查行为可能对公民的财产权和人格权、名誉权造成较大侵害，因此，采取搜查措施就应当慎之又慎。不能没有任何根据，仅凭无端猜测就启动搜查措施，而起码要达到一定的主观内心确信程度，也就是证明标准才可以决定实施。相当理由50％的主观内心确信程度是一种合理逻辑的证明标准——搜查申请者必须达到这样的主观内心确信程度才能申请搜查，而审查批准者必须具有这样的主观内心确信程度才能批准实施搜查。笔者以为，这个确信程度或者说证明标准是对宪法所规定的公民权利最低限度的尊重。

其次，相当理由的证明标准符合侦查的规律。设定搜查证明标准是为了规制搜查权的滥用，防止肆意使用搜查权对公民权利的侵犯，而并不是要降低侦查效率。侦查效率的价值始终是侦查阶段首要的价值，因此，在设定搜查的证明标准时，该标准设定不宜过高，应当符合侦查的规律。在侦查的初始阶段，侦查机关不可能掌握十分充分的证据材料，在达到非常高的主观内心确信程度之后才去申请搜查。证据材料不是凭空出现的，是需要通过侦查机关的侦查活动收集获取的，而搜查措施正是侦查机关收集获取证据材料的重要手段。因此，设定过高的证明标准将使搜查活动难以启动。而且，搜查措施本身就是收集获取证据材料的重要手段，搜查活动难以启动也将使整个侦查活动陷于停顿。相当理由的证明标准是合理的，50％的主观内心确信程度在实践人权保障价值的同时又不会降低侦查的效率价值，不会出现搜查活动难以启动，侦查活动陷于停顿的情况。美国刑事诉讼数十年的成功实践，为我们提供了很好的域外样本和有力的证明。因此，笔者认为，将相当理由设定为我国搜查措施的证明标准是符合侦查规律的。

搜查的启动条件即搜查启动的证据标准，不同的国家有不同的规定。在德国按搜查对象的不同而要求适用不同的理由，一般来说，对第三人的搜查标准高于对被追诉人搜查的标准。美国搜查的条件可以表述为两点：A 被扣押的财产是否与犯罪活动有关，B 在要搜查的地方能否发现它。这个条件是符合侦查实际的。搜查的目的就是寻找与犯罪有关的实物证据，因此，在搜查前确定要被扣押的财产是否与犯罪活动有关，在要搜查的地方能否发现要被扣押的财产，是直接与搜查目的相关的。同时，这种搜查的条件很好地平衡了侦查效率价值与公民财产权保障价值。搜查的两个条件限定搜查行为只能针对与犯罪活动有关的涉案财产，搜查涉及的场所只能是能够发现涉案财产的地方。除此之外，与犯罪活动无关的财产和不可能找到涉案财产的地方则不允许搜查。这种限定，看似简单，实则切中要害，可以有效地规制侦查机关滥用搜查措施肆意侵犯公民财产权的行为。这样的搜查条件和搜查的证明标准相结合，更是为防止搜查权的恣意使用上了双保险。

（二）搜查程序之完善

如前文所述，我国对于搜查应遵循的原则、条件、时间、地点、范围没有明确规定。而完善的搜查程序恰是由这些细小的环节所构成，缺乏约束的搜查就会对财产权造成侵害。针对立法和实践中存在的问题，笔者认为，从以下几个方面予以完善：

1. 确立搜查的司法审查机制。启动程序是搜查程序的逻辑起点，由于不合法的和不必要的、缺乏合理性的搜查行为必然导致公民合法权益的损害，启动程序应十分慎重，许多法治国家对搜查申请、批准的主体，适用的条件都做出了严格规定。为防止搜查权力的滥用，保护公民的合法权益，域外众多法治国家或地区大都将搜查批准权和执行权予以分离。

出于侦查效率和财产权保障的双重考虑，笔者拟建构一种事后司法审查机制，但这并不排除侦查机关出于谨慎申请法官签发令状。因此，搜查的司法审查包括两种情形，一种是事前的令状申请，主要适用于非紧急情形下的法官审查并签发"搜查令"；另一种是事后的陈报审查，主要适用于紧急情况下的无证搜查和内部审批签发的有证搜查，二者都应在执行搜查完毕后报法官进行合法性审查。

笔者这样设置是出于侦查效益和司法控制的双重考虑。以公安机关为例，侦查部门在搜查前，需要报法制部门审批，法制部门批准后签发"搜查证"，侦查部门才能执行，尽管侦查部门和法制部门隶属于同一侦查机关，但也起到了监督制约的作用，实践中也取得了良好的效果。如果再加上法官的事后审查，更不失为一种良策。笔者之所以将法官签发称之为"搜查令"，侦查机关内部批准称之为"搜查证"，目的就是将这两种情形加以区分。

2. 确立搜查所应遵循的原则。一些在法治国家普遍遵循的禁止另案搜查、禁止探查性搜查、禁止库存搜查原则，在我国并没有确立。反而在侦查谋略的运用中，另案搜查、探查性搜查时有发生；搜查的审批权在侦查机关内部，空白搜查、库存搜查、一证多查现象也屡见不鲜。因此，为使搜查活动受到制约，防止侵犯公民财产权事件的发生，我国应当确立禁止另案搜查、禁止探查性搜查和禁止库存搜查原则，并在法律文书的制作、管理以及使用期限上严加规范。

3. 规定搜查的时间。搜查的时间有两层含义：一是指搜查必须在搜查证签发后的一定时间内进行，否则搜查证失效，这对防止库存搜查具有重要的意义，我们可以将其设定为 10 日内有效；二是指搜查的具体时间，尤其是住所搜查，不仅侵犯被搜查人财产权，还侵犯住宅权，各国控制相当严格。例如，在法国，通常情况下对住所的搜查不得在 6 时以前和 21 时以后进行；在日本，通常情况下不得在日出前和日落后实施搜查。而在我国，为保证搜查的效果，搜查通常是在夜间进行，笔者认为，除了防止严重社会危害性后果的发生等紧急情况下之外，对住所的搜查不宜在夜间进行，但法律也不宜明文对其做出硬性规定，可以由法官签发搜查令或内部签发搜查证时，根据案情做出自由裁量。

4. 明确搜查的地点和范围。签发搜查证或搜查令时应注明搜查的地点及范围，目的是防止探查性搜查和一证多查现象的发生。同时搜查笔录也应对搜查的地点和范围做出详细的记录。

5. 建立同意搜查制度。"同意搜查"，是指在被搜查人自愿同意的情形下，侦查人员不采用强制性手段进行的搜查。同意搜查是为了减少侦查机关的搜查成本，公民个人做出的自由选择。然而，为了防止侦查机关以被搜查人同意搜查为由而恣意侵犯公民财产权，也应规定各种限制，以确保同意搜查是公民真实意思的表达。首先，侦查机关的搜查只能在被搜查人同意的范围内进行，被搜查人可以随时要求中止搜查；其次，侦查机关应当履行严格的告知制度，确保被搜查人的同意不是出于受威胁或误解；最后，搜查的结果应书面告知被搜查人，作为保障被搜查人合法权益的证明。

6. 对无证搜查的规制。关于搜查程序改革，无证搜查是一个无法回避的课题。这里仅指紧急情况下的无证搜查，而非理论界常说的未经法官司法审查进行的搜查。我国《刑事诉讼法》第 136 条规定："在执行逮捕、拘留的时候，遇有紧急情况，不另用搜查证也可以进行搜查。"这条规定认可了无证搜查的合法性，也为搜查的恣意打开了方便之门。笔者认为，除了在立法上明确有哪些紧急情况外，还应对基于延误的危险而进行的搜查做出规制，即必须将其做出决定的理由记录在案，记录中必须包括犯罪嫌疑人的类型、要搜查的证据以及造成证据灭失危险的客观情况。除此之外，必须在搜查执行完毕后 3 日之内接受法官审查，而且是否属于紧急情况要由法官裁量认定。

三、财产信息查询

在信息社会中，人们在方便快捷获取海量信息的同时，也承担着个人隐私、商业秘密、国家秘密被泄露的压力。信息作为一种特殊的隐私权，一旦泄露所造成的损失是难以弥补的，前置性保护势在必行。笔者认为，对于不涉及到个人基本权利的信息查询，侦查机关可以采取诸如调查走访等任意侦查措施，而对于财产信息的查询，则应建立全方位的程序控制机制。

（一）外部信息查询法治化

基于社会管理、经济管理之需要，工商、税务、房管、银行、证券等行业建立了门类齐全的各类数据库。而我国刑事诉讼法对查询程序的规定只有一个条款，极为粗陋。然而，在侦查实践中，需要查询的对象是非常广泛的，由于各地执行的标准不一、使用的文书或处理办法不同，往往与协助查询单位产生争议，笔者认为，应对查询程序做出如下规定：

1. 重构查询的对象。1996年《刑事诉讼法》规定，查询的对象仅限于犯罪嫌疑人的"存款、汇款"；2012年《刑事诉讼法》扩大了查询的对象，包括"存款、汇款、债券、股票、基金份额等财产"。笔者认为如此规定，有很大进步，但出于财产权保障之目的，还应增加以下规定：

第一，应明确犯罪嫌疑人的存款、汇款不仅包括犯罪嫌疑人本人的存款、汇款，还包括犯罪嫌疑人以他人名义办理的存款、汇款；不仅包括查询时还在账户上的存款、汇款，还包括一定时期内账户上的资金流向；此外，对"犯罪嫌疑人的存款、汇款"应做广义理解，包括与案件有关的单位存款、汇款。

第二，查询的对象应扩大至所有的金融财产。金融财产，是指流动在金融领域的资金及其权益，其属于投资者所有，尽管脱离了投资者的直接掌控，但由于其流入、流出金融机构于无形之中，在外部几乎没有痕迹，没有金融机构的配合，很难发现其"踪迹"，因此，金融财产的发现需要查询后才能发现。金融财产不仅包括存款、汇款、债券、股票、基金份额，还包括信用卡、信用证、金融票据、期货以及其他有价证券。同时应该明确的是，查询的对象包括所有的与案件有关的金融财产以及可能作为证据的各种金融交易、结算的详细记录，这不仅符合立法的精神，也符合司法实践的需要。

第三，查询的对象也不仅限于金融财产，应包括所有的财产信息。在刑事侦查实践中，除了金融财产外，房屋产权、土地使用权、工商登记、税务登记、组织机构代码等存在于第三方手中或由第三方管理，这里面有些是作为财产权的证明性文件存在，有些是作为身份资格证明存在，至少都能作为证明犯罪的证据使用，而且都需要经过查询才能予以确认，因此，笔者认为，查询的对象应进一步扩大，包括涉案的存款、汇款、股权、股票、基金、期货、债券、房屋产权、土地使用权、工商注册登记等财产信息。在实践中，侦查机关查询金融财产以外的材料时，常常用介绍信的方式进行，没有正式的法律文书，容易发生协助部门不予配合的情形，因此，笔者建议，无论查询何种材料，都难免侵犯相对人的权益，应该设置统一的法律文书，以查询通知书代替现行的查询犯罪嫌疑人存款、汇款通知书和协助查询银行存款通知书，至于查询的具体内容，应在查询通知书中明确注明。

2. 明确查询的条件。查询的条件即查询的证据标准。无论在国内还是在国外对查询的条件规制都比较少，在我国侦查实践中，根据侦查犯罪的需要，即可进行查询而不受限制。然而笔者认为，无论是查询金融财产还是其他财产信息，都构成对公民隐私权的侵犯，尤其是查询金融财产，更是构成对"为储户保密原则"的侵犯。因此，立法也应规定查询的条件，我们可以将其确定为：侦查机关可以对有证据证明可能保存或管理与犯罪有关的财产或信息的第三方机构进行查询。

3. 扩大查询的适用阶段。根据我国刑事诉讼法规定，查询只能在立案后才能适用，当前侦查机关使用的法律文书有查询犯罪嫌疑人存款、汇款通知书和协助查询银行存款通知书，很明显，这两种法律文书适用的对象是犯罪嫌疑人及单位。笔者认为，查询措施强制性比较轻，尽管其对当事人金融财产或其他信息有所侵犯，但只是发现涉案财产及其线索的一种手段。笔者认为，为了及时发现证据及其线索，有必要扩大查询的适用阶段，赋予侦查机关在初查阶段适用查询措施。

初查阶段适用查询措施，在司法实践中这一点已经得到了确认，如根据《人民检察院刑事诉讼规则（试行）》规定，初查阶段可以适用查询措施；2012 年《公安机关办理刑事案件程序规定》第 171 条也规定了初查过程中公安机关可以采取查询等不限制被调查对象人身、财产权利的措施。然而，目前并没有配套的法律文书可以适用，笔者认为，以查询通知书代替现行的查询犯罪嫌疑人存款、汇款通知书和协助查询银行存款通知书就可以解决这个矛盾。

4. 完善批准和执行程序。尽管查询的强制性较轻，也应考虑到查询对公民隐私权、财产权的侵犯，这就引出了查询的审批和执行程序。

对于查询措施而言，法官的司法审查并不具有现实性，也不具有合理性。根据 2012 年颁布的《公安机关办理刑事案件程序规定》第 232 条规定，向金融机构等单位查询犯罪嫌疑人的存款、汇款、债券、股票、基金份额等财产，应当经县级以上公安机关负责人批准，制作协助查询财产通知书，通知金融机构等单位执行。笔者认为，还应在批准程序上加一道工序，即对查询的控制要从侦查机关的内部审批进行设计，也就是说，查询决定必须经过法制部门的审查。除此之外，还应赋予被查询人救济渠道，一旦发现其金融财产等相关信息是经由侦查机关泄露，可以申请法官予以审查，追究侦查机关或侦查人员责任，并有权提起行政诉讼，取得赔偿。

对于初查阶段适用查询措施而言，其实笔者认为，我国设定初查或立案审查的目的在于为侦查权的恣意行使设置一个障碍，在没有司法审查机制时，这种设置无疑发挥了重要的作用。然而司法审查机制建立后，侦查机关的强制侦查行为都要经过法官的司法过滤，初查和立案审查就没有存在的必要了。鉴于本书主题之所限，笔者这里不再赘述。

（二）内部信息管理规范化

随着网上办案的推广以及公安信息数据平台的建立，极大地拓展了司法资源的利用空间，使"一次采集多次使用，一方采集多方使用"成为现实。其中与财物管控相关的数据库主要有机动车管理信息库、被盗抢机动车信息库、涉案财物信息库等。除此之外，公安机关还建立了强大的动态信息控制网，如街面执法盘查信息网、场所阵地控制网、机动车轨迹控制网、经济活动控制网等，都对涉案财产的发现具有积极的作用。

对于数据库建立的必要性，我们应当坚持服务公共利益的原则；数据库建立后应完善相关管理制度，应坚持保密原则。但是平台中的信息只应在治安管理、犯罪侦查等特定时刻才被调取使用，因此，信息的查询使用才是我们控制的关键。对于信息查询使用而言，外部的司法控制并不具有现实性，也不具有合理性，公安机关内部的设置查询权限和内部审批制度更为重要。

"无权利则无救济"。为切实保障各类信息的安全，还应设置明确的法律后果，对泄露信息的人员应当追究行政乃至刑事责任；对被侵权人而言，应当有提起申诉、控告以及取得赔偿的权利。

四、司法会计技术

（一）司法会计技术在发现涉案财产中的作用

侦查机关进行的司法会计活动，是指侦查机关在涉及财务会计业务案件的侦查时，为了查明案情，对案件所涉及的财务会计资料及相关财物进行专门检查，或对案件所涉及的财务会计问题进行专门鉴定的诉讼活动。在刑事案件中，仅案件事实本身就包含着财务会计行为或内容的案件已达120余种。事实上，除这些案件事实本身就包含着财务会计行为或内容的诉讼案件外，侦查机关受理的所有案件中都有可能涉及财务会计业务，而只要案件涉及需要查明财务会计事实的情形，又都需要进行司法会计活动。基于这一特定的诉讼需要，使得司法会计活动在侦查机关侦查活动中的位置凸显。[1]

在司法实践中，司法会计技术发挥着越来越大的作用。一是可以用来审核、查实犯罪线索和举报材料，为确定立案侦查提供依据；二是可以为侦查机关发现、揭露和证实经济犯罪提供线索和证据；三是可以为公安机关鉴别、固定证据，为诉讼提供科学的鉴定结论；四是对有关证据进行审查，为案件的正确处理提供帮助。

除了上述作用以外，笔者认为，司法会计还能够从财务会计资料中的数据变化、实物转换、单据伪造、时间变更等错误财务会计现象中追踪涉案财产。那是因为无论是实物财产还是金融财产，在流转过程中一些财务会计资料都会有详细的记录。根据财物流动的方向和目标，就能够帮助侦查机关迅速发现涉案财产的流向，为限制涉案财产提供了基础，为国家和受害人挽回经济损失。可见，司法会计技术在发现涉案财产中具有重要意义。

由于司法会计技术是随着检察机关反贪侦查工作的开展而发展起来的，在公安机关及其他侦查部门尚未得到推广。但目前涉及司法会计技术应用的侦查部门迅速扩大，如公安机关的经侦、海关的缉私等侦查部门。笔者认为，司法会计技术的应用，还能实现"由供到证"向"由证到供"取证模式的转变，理应引起各级侦查机关的重视。

（二）司法会计活动诉讼化

鉴于本文主题之所限，这里不再对司法会计活动的技术性问题进行阐释，而主要考量其作为一种诉讼活动的法律属性。

1. 司法会计活动的合法性。在司法实践中，侦查机关通常采取查账的方法来获取证据或线索，而查账是一种典型的行政行为，我国学界历来反对诉讼程序行政化，因此，为保证司法会计活动的合法性，我们有必要将其纳入诉讼化的轨道，借鉴有关鉴定的规定，我们也许能够找到解决之道。

第一，司法会计活动的主体合法。毫无疑问，各级侦查机关是司法会计活动的严格主体，但由于司法会计是一项专门性、技术性工作，对于不具备该业务能力或没有该执业资格的侦查机关来讲，就需要聘任具有执业资格的人员作为辅助主体，只有这样，司法会计活动的结果才具有合法性，才能作为证据使用。因此，侦查机关应当聘请人民检察院的司法会计人员或作为社会中介机构的司法会计师从事司法会计活动。

第二，司法会计活动的程序合法。会计资料是经营者进行经营管理、国家

---

[1] 肖琼、于朝：《论公安机关开展司法会计技术工作的几个问题》，载《中国人民公安大学学报》2002 年第 4 期。

进行宏观调控的重要依据，非经法定程序不能进行查询和调取。然而在司法实践中基本没有相关规定，其程序合法性饱受被查单位的质疑，应加强规范。

首先，做好准备工作，包括内部的审批、法律文书的制作和检查方案的拟订。目前侦查机关并没有专门的法律文书，往往以查账为名扣押会计资料。笔者认为，应当设置会计资料勘验检查通知书，并辅以会计资料勘验检查笔录和调取证据登记表，以增强获取证据的法律效力。

其次，做好实施工作。到达现场后，将会计资料勘验检查通知书交被查单位签字确认，然后开展实地勘查工作；勘验检查结束后制作笔录由相关人员签字，并调取相关证据（或复印件）。需要注意的是，对于采用电子信息系统进行核算的被查对象，应要求其打开该电子信息系统，或者提供经查一致的复制件。例如，被查对象拒不提供，经批准可以采用强制手段提取、复制电子数据进行检查，直至扣押载有电子信息的计算机主机。

2. 司法会计活动应遵循的原则。除了司法会计活动的主体合法、程序合法外，司法会计活动还应遵循相应的原则。

第一，必要性原则。必要性原则又称最小侵害原则，是指如果有许多可以实现侦查目的的备选侦查方式和措施，则必须是那些最有必要的，也就是那些对公众不会造成损害或损害最少的措施。如今市场经济是我国现代化进程的不二选择，因此，司法会计活动的启动及其过程都应充分考虑作为市场经济主体的被查单位的影响。例如，能够确定相关账目的，不应对被查单位所有账目进行检查；能够现场解决的，不应强行调走账目；相关证据收集（复制）之后，应当及时归还账目，以免影响企业正常的生产经营，等等。

第二，经济性原则。经济性原则，是指在司法资源有限的情况下，应当充分考虑到侦查方式和措施适用的经济成本。外聘司法会计师，肯定要支付相应的报酬，对于案情简单、线索明确的案件，笔者认为，在被查单位会计的配合之下，完全可以收集到相关证据；对于案情复杂、缺乏线索的才应考虑外聘司法会计师。例如，我国在侦办重大涉税案件中与税务机关同时开展工作，税务机关出具的稽查报告、完税凭证避免了侦查机关的重复调查，也不失为一种良策。

五、配套措施建设

（一）金融财产实名制

在涉案财产发现过程中，调查核实财产权之归属是一项重要的基础性工作，然而仅仅依靠侦查机关的力量是不够的，随着我国金融财产实名制的实施以及各地推出的购物卡实名制的推广，为提高发现涉案财产的效率提供了良好的条件。

金融财产实名制，是指凡涉及公民或单位所有的金融财产，包括存款、汇款、债券、保险单、信用卡、信用证等，要依照所有权人的真实姓名、身份持有的经济金融制度。金融财产实名制则要求每一个公民或单位在任何一家金融机构开设任何账户时都必须使用实名，所有的金融交易也必须使用实名并记录在案。我国 2006 年《反洗钱法》第 16 条至第 18 条进一步规定了金融机构建立客户身份识别制度的内容；第 19 条规定了金融机构应当建立客户身份资料和交易记录保存制度。

金融财产实名制的推行具有重要的现实意义。一是保护个人或合法财产的需要。例如，随着个人金融财产的增多和投资结构的多元化，一些人在办理有关金融手续时，不留下真实身份姓名，遇提前支取、挂失止付、遭遇灾害、涉及继承等情况，难以提供出与原单证一致的身份证件，造成延误、差错甚至无法办理，也对所有人的金融财产合法所有权、继承权造成损失风险。二是规避金融风险的需要。国际上在处理金融机构破产的善后问题时，普遍对小规模存款人实行保护性优惠政策。我国也不例外，只有实行金融财产实名制，才能为顺利享受国家优惠保护政策提供依据，规避与化解金融风险。三是国家加强经济管理、预防犯罪的需要。例如，金融财产实名制推出后，违反财经纪律私设小金库、公款私存等现象明显减少。

当前金融财产实名制工作已经在各级金融机构全面推行，对于发现和侦查犯罪打下了良好的基础。然而，目前一些银行推行的个人保险箱业务也存在一定的弊端，如对申请人资料审查不严、保存物品不清点、不登记等问题，除了容易发生纠纷外，也给一些不法分子提供了可乘之机。例如，S 省 J 市在 1998 年发生一起金融诈骗案，涉案资金被犯罪嫌疑人保管在某银行保险箱，犯罪人潘××已将服刑期满，由于此类保险箱登记并不联网，至今被害单位损失未能挽回。

除了金融财产之外，随着科技的发展物联网即将进入人类的生活。按照国际电信联盟的定义，物联网主要解决物品与物品、人与物品、人与人之间的互联。其定义是：通过射频识别（RFID）、红外感应器、全球定位系统、激光扫描器等信息传感设备，按约定的协议，把任何物品与互联网相连接，进行信息交换和通信，以实现智能化识别、定位、跟踪、监控和管理的一种网络概念。笔者认为，由于物联网上的物具有唯一的识别码，物联网的发展对涉案财产的发现具有积极的作用。与金融信息保密制度相同的是，如何保护个人以及物的信息安全问题，也是一个难题。

（二）大额和可疑资金交易报告制度

非法资金流动一般具有数额巨大、交易异常等特点，大额和可疑交易报告制度，通常被视为反洗钱预防监控制度的核心。我国 2006 年《反洗钱法》第 20 条确立了大额和可疑交易报告制度，要求金融机构、特定非金融机构对数额达到一定标准、缺乏明显经济和合法目的的异常交易应当及时向反洗钱信息中心报告，以作为发现和追查违法犯罪行为的线索。现该制度已成为国家反洗钱信息中心收集金融信息的主要途径。

大额交易和可疑交易报告牵涉到大量数据的分析、统计，尤其需要对可疑交易行为进行分析和认定，工作量比较大，因而是反洗钱工作中的一个重点。可疑本身就不是一个确定的词语，可疑交易只是在没有确定之前对交易行为的一个推断。对可疑交易行为的认定，《金融机构大额交易和可疑交易报告管理办法》提供了一些指引。结合不同机构交易行为的不同特点，该办法列举了 18 种银行业金融机构应该报告的情况；列举了 13 种证券业金融机构应该报告的情况；列举了 17 种保险业金融机构应该报告的情况，这些可以看作对可疑交易行为如何认定的情况指引。当然，法律列举的情况不可能包含所有可疑交易行为，单纯依据这些情况指引，不一定能完全分析出可疑交易行为。这就要求反洗钱工作人员具备一定的业务素质和主观分析判断能力。

现代金融结算渠道的快速便捷，为涉案财产的发现和控制带来了一定的难度，因此，对于侦查机关而言，应当加强与国家反洗钱中心的联系，建立快速反应的联席机制，一旦发现可疑交易及时介入，以防可疑资金的流出给受害人带来巨大的损失。

（三）财产申报制度

财产申报制度通常被视为一种行之有效具有普遍意义的反腐利器。1990 年第八届联合国预防犯罪和罪犯待遇大会通过的《反腐败实际措施手册》第 4 条指出："规定公职人员全面公布个人情况（在进入政府部门任职时即公布本人的全部资产、债务和社会关系）或定期提供简要情况（每年的全部收入或商业活动）或公布应予报告的事项（职务以外的收入、出售或明显超过一定数额的资产的单据），那是很有价值的反腐败手段。"

在法治社会中，公众享有知悉国家所颁布的法律、法规、政策以及国家机关及其工作人员的活动和背景资料的权利，并在此基础上参与公共决策和政府监督。正如有的学者所言："实行财产申报制度，不仅仅是提供了一个如何防范和发现腐败的问题，同时它还是民主政治建设的措施，是政府主动公开以增强群众信任的措施。"① 2013 年 11 月 20 日，国务院常务会议决定，整合不动产登记职责、建立不动产统一登记制度。将由国土资源部负责指导监督全国土地、房屋、草原、林地、海域等不动产统一登记职责，基本做到登记机构、登记簿册、登记依据和信息平台"四统一"；行业管理和不动产交易监管等职责继续由相关部门承担；各地在中央统一监督指导下，结合本地实际，将不动产登记职责统一到一个部门。毫无疑问，这将成为反腐败的一种利器。

然而，国家有权建立财产申报制度，对公职人员隐私权的限制也不能超出必要限度，即公职人员公示财产并不意味着隐私权的完全丧失。尊重和保护隐私权对每个人的尊严实现都具有重要的意义，公职人员的隐私权也不例外。因此，建立和完善财产申报制度，必须解决好其与隐私权之间的冲突问题。我国正逐步推行财产申报公示制度，与财产申报对比而言，对申报人隐私权的干预更为直接和严厉，如果没有设定必要的保护措施，那么这一制度的推行必将引发公职人员的强烈反对和抵制而无法真正运作、实施。对于我国财产申报制度的构建问题，鉴于文题之所限，笔者不再赘述。

至今我们尚未听说过有哪一个腐败分子是因为如实财产申报而暴露的，反而是因为拒报或申报不实遭举报所致。可见，财产申报制度在发现犯罪方面具有积极的意义。

除了公职人员的财产申报制度外，笔者认为，也应建立相应的法人财产申报制度。第一，对于党政机关而言，要严格执行"三公经费公示制度"、"政务财务公开制度"，笔者认为，除涉及国家秘密的部分外，应当做到完全公开公示。第二，对于企业而言，鉴于其企业经营之隐私，除了上市公司所要求的财务报表公开外，其他财务内容也应向相关主管部门进行申报，而不向社会公开。

综上所述，金融财产实名制、大额和可疑资金交易报告制度和财产申报制度可以作为财产权发现的配套措施，对于发现犯罪及其线索具有重要的意义。

第二节　限制财产权强制措施的基本理论

"限制"，即"约束"或"控制"，因此，涉案财产的限制即对与案件相关的财产权进行约束或控制的公权力行为。在学界有"对物的强制措施"、"涉案财产强制措施"或"经济学强制性措施"之说。笔者认为，以"限制财产权强制措施"表述之，更能体现公法上公权力行为这一特征。

---

① 刘明波：《中外财产申报制度述要》，中国方正出版社 2001 年版，第 26 页。

在对限制财产权强制措施进行界定时，学术界还有一种观点，认为干预财产权的搜查和查询与查封、扣押、冻结一样，都构成对财产权的侵犯，应该属于限制财产权强制措施的范畴。笔者认为，涉案财产的发现只是财产权限制的一种前置性程序，是手段而不是目的。如果将发现和限制混淆，就会造成诸如是证据还是证据线索的争论。在侦查实践中发现涉案财产的手段各种各样，有的属于强制性侦查手段，有的属于任意性侦查手段，更何况发现之后还有一个调查核实的过程，侦查程序中发现的财产或物，未必与案件相关，如果不是涉案财产，更谈不上对其进行限制。因此，尽管搜查、查询和司法会计技术具有一定的强制性，笔者未将其列入限制财产权强制措施的范畴。

一、限制财产权强制措施的确立

（一）确立的依据

按照以往理论研究，财产权的限制与处置被视为对物的强制处分。从理论上讲，强制处分和我国学界所研究的强制措施是有差异的。强制措施是一种暂时性的措施，不涉及实体性处分；而强制处分，既包括程序性处分，也包括实体性处分。然而，"对物的强制处分"的划分方法具有明显的缺陷，传统的强制处分用语并不能涵盖许多现代形态的侦查行为。例如，监听虽然被列入强制处分的范畴进行探讨，但这种侦查行为是在被监听人不知情的秘密状态下进行，与传统形态的逮捕、扣押等明显使用直接强制力量的强制处分根本不同，但是监听却的的确确侵犯了公民基本权利中的通信自由和隐私权。故德国学者Amelung认为，刑事诉讼法应放弃"强制处分"的传统用语，改以"刑事诉讼上的基本权干预"替代，这样才能精确描述这种公法行为的特征。

从现代各国立法和司法实践来看，法治发达国家奉行的是私有财产神圣不可侵犯的原则，除已宣布为国有的财产外，几乎所有的财产都可作为私有财产权的客体，并在宪法上将财产权规定为公民的基本权利之一，除非依照法律规定并经法定程序，不得被限制或剥夺。例如，在德国，强制措施具体包括对人格自由权之侵犯、对生理不得侵犯之权利之侵犯、对财产权之侵犯、对住宅权之侵犯、对邮电通信秘密权之侵犯、对职业自由权之侵犯、对信息自主权之侵犯，由此可见，德国将强制措施定位在公民基本权利的基础上；在日本，强制措施就是侵犯个人重要利益的措施，分为对人的强制和对物的强制，尽管不以基本权利为划分依据，但其目的还是防止个人重要利益受到国家的恣意侵犯。可见，不管强制措施的划分标准如何，财产权，无论是作为一项基本权利，还是作为个人重要利益，侵犯公民财产权的侦查行为都被视为强制措施，使得国家公权对公民财产权之侵犯有了明确的程序规定和保障措施，从而使财产权保障落到实处。

在社会主义国家，公共财产神圣不可侵犯，国家禁止任何组织或个人利用任何手段侵占或破坏国家和集体的财产。长期以来，个人财产权，尤其是被追诉人的财产权，在我国立法上没有得到应有的尊重。在我国，刑事诉讼中的强制措施仅指限制人身自由的五种强制措施，即拘传、取保候审、监视居住、拘留和逮捕。可见，我国刑事诉讼法将强制措施只是定位在公民的人身自由方面，反映了立法者对公民人身自由权的高度重视，但对公民的其他基本权利的保护还不够，从而使得宪法规定的其他公民基本权利在刑事诉讼中缺乏保障。

随着依法治国理念的推进，1996年我国《刑事诉讼法》修正后，扩大了当事人在诉讼中的各项诉讼权利，2004年《宪法修正案》将财产权从一项民事权利上升至公民的基本权利，2007年《物权法》的实施对公民财产权的保护更具有里程碑的意义。由此可见，财产权限制措施不仅具备了强制措施的基本特征，而且具备了列入强制措施的基本条件，因此，应当将其纳入强制措施体系加以严格规范，这样才能引起侦查机关的重视，才能有效保障公民财产权免受公权力的非法侵害。据此，笔者认为，我国强制措施的建构应以基本权利是否受到侵犯为依据，并根据限制权利的不同划分为限制人身自由的强制措施、限制财产权的强制措施和限制其他权利的强制措施。因此，限制财产权强制措施构筑成为侦查程序中财产权预防性保障制度的重要组成部分。

考察各国立法和司法实践，结合我国传统立法习惯，笔者将限制财产权强制措施定义为：刑事诉讼中侦查机关为实现财产权限制之目的而采取的查封、扣押、冻结等强制措施的总称，是针对财产的占有、使用、收益、处分等权利所采取的暂时性行为。我们可以从以下几个方面来理解限制财产权强制措施的含义：第一，限制财产权强制措施在价值层面上和实质层面上构成了对财产权的侵犯；第二，限制财产权强制措施是一种临时性的强制侦查行为；第三，限制财产权强制措施是控制涉案财产的重要侦查手段。

（二）确立的意义

我们会注意到一种现象，在一个经济制度中，总有一部分经济是犯罪经济。研究表明，21世纪初，发展中国家的犯罪经济占国民生产总值一般是30%左右，甚至在有的发展中国家这个比例达到40%～50%，这说明有一部分财富是被隐藏起来的，这是在所有的官方统计数据中不可能反映出来的，但这些财富又确实是存在的，只不过是被隐藏起来的。此处的"犯罪经济"明显是"作为犯罪之物"的范畴，由此推断，涉案财产背后的黑数更为巨大，它不仅直接危害了国家的经济建设，而且引发了道德层面的信任危机。因此，让这些"财富"见光是很重要的，这就为财产权限制制度建设提供了现实依据。当前，财产型犯罪，尤其是经济犯罪、贪污贿赂犯罪严重影响到我国金融体制、税收体制乃至整个经济体制的健康发展，涉案金额越来越大，动辄上千万甚至上亿的案件已经不在少数，因此，在查处财产型犯罪案件中，要把涉案财产的控制工作放在重要位置，以减少国家、单位和公民的财产损失。从当前犯罪形势来看，侵财犯罪、经济犯罪和贪污贿赂犯罪正处于高发期，除了这些财产型犯罪外，其他的犯罪案件也大都涉及涉案财产的控制问题，财产权利作为宪法所确定的公民基本权利，理应受到法律的尊重和认可，因此，有必要对限制财产权强制措施加强研究，以实现财产权保障之目标。

"如果单从国家追究犯罪的效果这个角度来观察中国的刑事程序，侦查毫无疑问是整个程序的中心，在一定意义上也可以说，真正决定中国犯罪嫌疑人和被告人命运的程序不是审判，而是侦查。"① 从司法实践上看，限制财产权强制措施主要在侦查程序中运行。如前所述，涉案财产包括作为犯罪之物、作为证据之物和可为保全之物，在对抗激烈的涉案财产发现和控制程序中，强制措施的运用是难以避免，甚至是必需的，并且强制的程度越强，取得的效果就越明显；然而，与之对应的是，强制的程度越强，侵犯当事人基本权利的程度也就越深。可见，限制财产权强制措施对于控制犯罪来说非常重要，对于当事人财产权的干预也是何等的广泛而深刻！因此，在限制财产权强制措施的设计与施行中，必须考虑到如何调和控制犯罪与财产权保障两大目标之间的冲突，既要避免公民财产权受到不当侵犯，又要实现控制犯罪之目标。

限制财产权强制措施是刑事侦查基础业务工作与具体案件侦查措施的有机结合。就个案而言，其是一项综合性侦查措施；就侦查制度建设而言，其既可以作为阵地控制的重要内容，又是一项重要的基础业务建设。限制财产权强制措施，主要具有以下特征：

一是使用率高。不管是对传统的侵财犯罪，还是对经济犯罪、贪污贿赂犯罪，都离不开限制财产权强制措施的运用，即使不是上述犯罪类型，为了实现证据保全、财产保全或社会保全的目的，也离不开限制财产权强制措施的运用。

二是具有强制性。限制财产权强制措施是以国家强制力为后盾的一种强制性侦查行为，它显然具有强制性，不以犯罪嫌疑人的主观意志为转移。尽管现代法治国家强调以任意侦查为原则、强制侦查为例外，但是，侦查阶段的强对抗性，为了侦查目的之实现，必须借助强制的手段来进行。

三是实效性明显。运用限制财产权强制措施，可以发现和控制相关涉案财

---

① 孙长永：《侦查程序与人权》，中国方正出版社 2001 年版，第 1 页。

产，对于侦破全案具有重要作用。

因此可见，限制财产权强制措施的确立具有重大意义和必要性。

二、限制财产权强制措施的性质和目的

（一）限制财产权强制措施的性质

"措施"（measure），是针对某种情况而采取的处理办法（用于较大的事情）。[①] 措施与办法、方法、手段等词汇含义相近。在人类的各种社会活动中，无论是认识世界还是改造世界，都离不开一定的措施，侦查活动亦是如此。限制财产权强制措施从本质上讲属于侦查措施的范畴，是连接侦查权和公民财产权的桥梁，是通过国家权力和法律程序对犯罪嫌疑人财产权利的限制或者暂时性剥夺，使犯罪嫌疑人的财产权处于被控制状态的一种工具。因此，限制财产权强制措施的性质主要是由侦查乃至刑事诉讼的性质所决定的；同时作为一项强制性的侦查措施，其在性质上与其他刑事措施和手段具有诸多共性，具体表现在以下几个方面：

1. 限制财产权强制措施是一种国家行为。首先，限制财产权强制措施具有强制性，是由体现国家意志的法律明确规定的，以保障限制财产权强制措施的效力；其次，决定和施行这些措施的机关是由国家法律规定的，如果法律没有授权，任何机关都不能运用；最后，有权运用这些措施的机关，在运用这些措施的过程中应当按照法律程序的规定进行。因此可见，限制财产权强制措施是一种国家行为，或者说是国家通过法律对侦查机关的授权行为，从而体现了国家的意志。

2. 限制财产权强制措施具有行政性。限制财产权强制措施作为侦查活动的重要组成部分，显然具有侦查的一般属性。侦查行为本身是一种行政行为，强制性措施主要由具有行政人员身份的侦查人员实施的。学界一般认为，司法权具有被动性、公开性、多方参与性、中立性、终结性等特征，对照之下，侦查权显然不具有上述特征。这种行政属性，最主要的是体现在为实现侦查活动目的，需要建立上下一体、反应迅速、指挥有力、运行高效、协调有序的运行机制上。要建立这样的运行机制，就要运用行政的组织方式和纵向的管理方法。从理论上讲，这种组织方式和管理方法属于行政性质。因此，限制财产权强制措施具有行政的属性。

3. 限制财产权强制措施具有诉讼性。强制措施的诉讼性是指侦查机关在侦查活动中，不能以行政治罪的方式实施强制措施，必须将其纳入刑事诉讼的

---

① 中国社会科学院语言研究所词典汇编室：《现代汉语词典》，商务印书馆2002年版，第220页。

轨道，在控制犯罪的同时，注重财产权保障。因此，在运用限制财产权强制措施时，无论具体采取哪一种措施，都应当具有法定性和合法性。一方面，由于侦查机关在运用限制财产权强制措施实现财产权控制的过程中承担着客观公正的义务，而并非单方面谋求对犯罪嫌疑人的定罪和对财产权的限制。也就是说，侦查机关既有查明犯罪的职责，也有查否犯罪的义务；另一方面，根据西方国家的法律，强制措施的实施应经过司法审查。这两个方面都表明限制财产权强制措施是为刑事诉讼服务的，因此，具有诉讼性。

（二）限制财产权强制措施的目的

限制财产权强制措施之所以需要并存在，是为了实现特定的目的。考察各国刑事诉讼法立法，也在相同的意义上将限制财产权强制措施的目的规定为保全，至于保全的事项，主要包括以下部分：

第一，证据保全。系指预定提出供调查的证据有湮灭、伪造、变造、藏匿或难于使用的危险时，而对可为证据之物所为之保全。① 据此，侦查机关有义务查控可以作为证据的涉案财产，以资保全。

第二，财产保全。系指为了确保将来的有关财产判决的顺利执行，而在侦查阶段对涉案财产进行限制，以保证受害方的损失得到最大限度的补偿，防止义务人因隐匿、出卖或毁损财产而导致判决流于形式。财产保全可以分为保全财产刑的执行和保全附带民事判决的执行。根据我国《刑事诉讼法》第 77 条规定，被害人由于被告人的犯罪行为而遭受物质损失的，在刑事诉讼过程中，有权提起附带民事诉讼；人民法院在必要的时候，可以查封或者扣押被告人的财产。然而，我国《刑事诉讼法》没有明确规定侦查阶段可以进行财产保全。尤其是司法实践中被追诉人为逃避经济赔偿，早已故意把自己的财产转移或者变卖，如夫妻办理假离婚、更换房屋产权等现象已不足为奇，造成法院判决失去了实际意义。因此，笔者建议在刑事诉讼中赋予侦查机关财产保全的权利。当然，财产保全经过法官的司法审查也更加符合现代司法的要求。考察我国的司法实践，冻结银行存款等措施，除了能够满足证据保全的需要外，实际上更多地体现出财产保全的意义。因此，笔者认为，为满足司法实践的需要，赋予限制财产权强制措施财产保全之目的，对有效打击和预防犯罪，将会起到积极的作用。

第三，社会保全。系指为了防止引起社会危害，而出现的类似于保安处分的保全措施。例如，对于枪支弹药等违禁品，我国《人民警察法》和《公安机关办理刑事案件程序规定》都有相关的处理规定，笔者认为，应当在《刑

---

① 袁坦中：《刑事扣押研究》，西南政法大学 2006 年博士学位论文，第 4 页。

事诉讼法》中也应予以明确规定。

三、限制财产权强制措施的功能

功能，即功用和效能，是指事物或者方法所发挥的有利作用。由于限制财产权强制措施从属于刑事侦查，故限制财产权强制措施的功能由刑事侦查价值目标或取向所支配。换言之，限制财产权强制措施的设计与运用是围绕刑事侦查目的而展开的，是为实现刑事侦查目的服务的，因而有什么样的刑事侦查价值目标或者取向，限制财产权强制措施就应当有什么样的功能。笔者认为，限制财产权强制措施的功能，主要体现在控制犯罪、实现程序正义、保障公民财产权以及提升侦查效率等方面。

（一）控制犯罪

控制犯罪是刑事诉讼法治的初衷，是刑事诉讼法治存在的最基本的目标。因此，控制犯罪也是限制财产权强制措施的最基本的功能。控制犯罪的功能，主要是通过以下几个方面的途径实现的：

第一，及时获取案件线索和犯罪证据。实践表明能否获得有价值的案件线索，是侦查工作顺利开展的前提，涉案财产的发现不仅具有获取线索的功能，而且能为财产权限制提供必要的条件；而财产权限制对于证据保全、财产保全和社会保全都具有重要的意义。在当前形势下，犯罪日趋隐蔽并难以发现，知情人不想举报、他人无从举报的现象越来越明显，举报线索也逐步减少。对此，侦查机关既要畅通举报信息渠道，建立完善信息情报收集机制，重视运用侦查措施主动出击，提升获取、发现犯罪线索的能力，又要对线索及时分析，迅速控制涉案财产，为证据保全和减少受害人经济损失做好基础性工作。

第二，及时揭露犯罪。限制财产权强制措施揭露犯罪的功能主要体现在证据保全上，与认定罪与非罪、此罪与彼罪、罪行轻重等问题息息相关，从而为进一步查明犯罪事实、揭露犯罪嫌疑人打下坚实的基础。从侦查的目的和任务来讲，证据保全既是犯罪侦查程序的重点，也是运用限制财产权强制措施的主要目的。对诉讼结果起决定作用的所有实质性证据，都是靠侦查程序收集的。[①] 就侦查实践而言，起诉和审判都在很大程度上依赖侦查的结果，99%以上的有罪判决率，事实上是靠强有力的侦查来维系的。从一定意义上说，真正能够揭露犯罪、决定被追诉人命运的程序不是审判，而是侦查。因此，限制财产权强制措施具有揭露犯罪的功能。

---

① ［德］勃朗特·舒乃曼：《警察机关在现代刑事程序中的地位》，载《研究生法学》2000年第2期。

第三，及时制止犯罪。通过及时揭露和惩治犯罪，能够及时制止犯罪活动。实践表明，控制涉案财产切断了犯罪嫌疑人继续进行犯罪的条件，防止其妨碍侦查以及实施新的犯罪等。这是限制财产权强制措施对犯罪进行个别控制的具体表现。

第四，对犯罪的一般警戒。限制财产权强制措施对犯罪的警戒功能是通过其保全作用体现出来的。从直接作用上看，保全，尤其是财产保全，作为一种利器直接控制犯罪嫌疑人的非法财产甚至合法财产，无疑具有相当大的威慑作用。从间接作用上看，一方面涉案财产的控制使犯罪嫌疑人无法获得非法利益，对于保证财产刑的顺利实施具有重要的意义；另一方面趋利避害，是人的本能，刑罚对于其适用者以外的人同样产生警示作用。例如，在德国，刑事司法活动中运用强制措施的目的，就是为达到一种短促有力的震慑效果，以及迫使犯罪嫌疑人与警察合作，这已被认为与法律规定的使用强制措施的理由是相当的。

（二）实现程序正义

正义，即公正的、有利于人民的道理，也解释为正当的或者正确的意义。这里的正当，即合理合法的。[①] 历史上最早的正义要求就是程序上的正义。从理论渊源上看，程序正义作为一种法治观念，产生于13世纪的英国。作为普通法的基本要求，要求法庭在对任何一件争端或者纠纷进行裁决时，绝对遵循"自然正义"原则。[②] 这一原则有两项具体要求，并且都与程序有关，是判断有关法律程序本身正当性和合理性的标准，美国学者戈尔丁在其《法律哲学》中将其扩展为九项。有关法律程序的著述陆续发表，到20世纪六七十年代形成研究程序正义的高潮。一些英美学者从揭示传统自然正义和正当法律程序理念的思想基础出发，对法律程序的公正性和正当性进行了较为充分的探讨，提出一系列程序正义理论，其共同点在于：存在一些独立于结果的程序正义标准，法律程序就是为此而设计。至于这种内在价值是什么，即什么样的法律程序是"正当"的法律程序，则仁智各见。但总体来说，程序正义原则所体现的理念就是对人的主体性的认知与尊重，主要包括以下几个方面：一是法律程序对程序主持者的"正当"要求，突出体现在中立性、程序理性、排他性和可操作性方面，包括：任何人均不得担任自己诉讼案件的法官，要确保各方参与者受到裁判者平等的对待；程序主持者应当阐明决定理由，不应享有不必要

① 中国社会科学院语言研究所词典汇编室：《现代汉语词典》，商务印书馆2002年版，第1607页。

② 这一原则有两项具体要求：一是任何人均不得担任自己诉讼案件的法官；二是法官在制作裁判时应听取双方当事人的陈述。

的自由裁量权；按照法律程序来决定法律结果；程序法重在步骤明确、有序，为法律行为提供明确的指引，以有效地与恣意抗衡。二是接受程序法律结果的法律主体对法律程序的"正当"要求，突出体现在平等参与性、程序自治性和程序人道性上，包括：在法律面前人人平等，权利义务相当；对程序的自愿参与，如刑事被告人可以拒绝回答提问等；人道地对待刑事被告人，如尊重其隐私，等等。三是程序法律行为的及时终结性，突出体现在对程序法律行为完成时间的明确要求，并明确通过法律程序产生一项终结性的程序结果不能够被随意推翻，如要修正应当通过启动另一个法律程序进行。四是程序法律的公开、透明性，这是对程序法律本身的要求，要求程序法律必须公布，防止暗箱操作。

基于程序正义的理念和要求，限制财产权强制措施的主要功能在于：一是审批、执行制度化。侦查机关限制犯罪嫌疑人的财产权利时，遵循"任何人均不得担任自己诉讼案件的法官"的原则，实行审批以及决定与执行分离制度。二是告知制度正常化。按照法律程序，侦查机关限制犯罪嫌疑人的财产权利时，依法及时向犯罪嫌疑人告知其应当享有的诉讼权利，增强犯罪嫌疑人的自我防卫能力。三是畅通申辩渠道。侦查机关限制犯罪嫌疑人的财产权利时，依照法律程序，允许犯罪嫌疑人进行申辩，也允许犯罪嫌疑人聘请律师为其提供法律帮助。四是按照程序办事。程序是运用限制财产权强制措施的步骤和规则要求，具有抑制权力恣意行使的功能，从而对强制措施的运用加以有效规制，促使侦查机关按照法律程序的要求履行手续。按照程序适用强制措施，有利于促使全社会强化程序意识，保证强制措施运用的正当性，确保侦查活动获取证据材料的合法性和有效性，也有利于从立法上完善强制措施的法律程序。

（三）保障公民财产权

限制财产权强制措施所针对的就是公民的财产权，从世界各国来看，在不同刑事诉讼模式背景下限制财产权强制措施的运用，其做法和要求是不同的，但均应体现其财产权保障的功能。

现代西方国家的刑事诉讼模式主要包括大陆法系国家的犯罪控制或者称职权主义模式与英美法系国家的正当程序或者称当事人主义模式。职权主义模式是对大陆法系国家近现代刑事程序基本特征的概括，以控制犯罪行为、维护政治秩序和社会稳定为出发点，强调对犯罪揭露和惩治的迅速性、高效性，保证国家刑罚权的实施。为实现控制犯罪的目标，法律赋予侦查人员较大的限制公民财产权的权力，甚至对他们在行使职权过程中所犯的错误也给予某些宽容，而被追诉人在侦查阶段的诉讼权利受到限制。当事人主义模式是对英美法系国家刑事程序基本特征的概括，强调个人自由与人权至上，在刑事诉讼中较多地限制公权力机关的权力，主要体现为强化被追诉人的诉讼地位和诉讼能力，强调侦查机关与被追诉人双方地位的平等性和对抗性，以增强个人对侦查权力的防御手段和能力。因此，在限制财产权强制措施的实施方面，司法控制严格，决定权与实施权严格分离，以达致财产权保障之目的。

我国的刑事诉讼模式，究竟属于职权主义模式还是当事人主义模式，法学界是有争议的。从总体上来看属于职权主义诉讼模式，甚至有学者将其称为超职权主义模式。但随着1996年、2012年我国刑事诉讼法的修正，吸收了英美法系国家的不少内容，大大增加了诉讼的透明度和对抗性，也具有一定的当事人主义模式及其特征。从现代刑事诉讼的发展来看，两大法系也逐步显现了一些相互借鉴、相互融合的趋势。毋庸置疑，由于侦查任务所决定，侦查机关拥有强大的侦查权是必要的，然而限制财产权强制措施的运用必然会触及被追诉人的财产权利，从而需要对这种权力进行规制，以免每个公民，特别是被追诉人的财产权受到非法侵害。

总之，实施限制财产权强制措施的目的有二：一是惩治犯罪；二是保障公民财产权。其中，惩治犯罪是刑事侦查的最初动因；在实施惩治犯罪中注重保障公民财产权，这是由前者派生的。限制财产权强制措施的根本目的就是将两者有机地统一起来。为此，设计限制财产权强制措施既要考虑有利于及时查处犯罪，也要考虑被追诉人拥有足够的对抗侦查、保护自己合法财产权的能力。

（四）提升侦查效率

效率，即"机械、电器等工作时，有用功在总功中所占的百分比"，又被解释为"单位时间内完成的工作量"。① 侦查效率是侦查过程中投入的成本和代价所能产生的实际价值量，强调及时性和有效性。一般来说，投入少产生的价值大，就是效率高；如果侦查机关投入巨大的人力、物力，并没有解决任何实质性问题，则说明无效率或者低效率。从司法实践看，立法及司法的目标在于提升侦查效率，相应地增加了刑事犯罪的成本，从而达到遏制和防范犯罪的目的。从另一个角度来看，侦查效率又是一个司法时间概念。迟到的正义是非正义，当今时代舆情倒逼着侦查机关提升侦查效率已经成为不争的事实，很多影响性恶劣的事件表明，如果侦查缺乏效率，即使实现了侦查破案乃至裁决的公正，也往往达不到惩恶扬善的预期效果。就程序范畴而言，如果说公正或者正义是程序制度，包括财产权限制措施设计和操作所追求的最高价值目标，那么效率应当居于程序正义价值体系中的一个重要位置。

---

① 中国社会科学院语言研究所词典汇编室：《现代汉语词典》，商务印书馆2002年版，第1390页。

衡量侦查效率的指标，主要包括侦查质量、侦查速度和侦查投入三个方面。其中，侦查质量是侦查效率的根本基础；侦查速度是侦查效率的关键；侦查投入是侦查效率的必要保障。从侦查效率的要求讲，发挥限制财产权强制措施的功能，主要体现在以下几个方面：

一是依法运用限制财产权强制措施，提高相关证据材料的合法性和有用性。

二是确保侦查决策的正确性，提高优选侦查决策方案的能力，加强科学决策，减少决策失误，增强侦查效益。

三是强化侦查活动的时效性，增强侦查敏感性，强化时机意识，注意时时把握战机，因案制宜，因时施策，从而取得事半功倍的效果。

四是把握侦查办案的准确性，从侦查活动的实际出发，准确把握侦查方向、范围，采取恰当、有力的侦查措施，提高侦查效率。

五是增强侦查措施的协调性。通过从立法上完善限制财产权强制措施制度，设计符合现实需求的程序制度，提高侦查措施之间的互补性和协调性，有力地适应打击犯罪的新形势要求。

四、限制财产权强制措施与财产权权能关系之分析

笔者认为，针对不同类型的涉案财产，出于不同的目的，财产权限制措施实施的重点应有所不同。财产权是法律对人类财产利益的最高度概括，对其进行限制并非是指财产所有权发生了变化，而是指财产所有权的部分或全部权能受到了限制。其理论来源在于财产所有权人对于财产的支配并不止于抽象的存在，而是通过若干具体形式来实现的，这些形式即财产所有权的权能。

（一）财产权具体权能之探讨

一般认为，财产所有权具体内容包括占有、使用、收益、处分四项基本权能，这是人类几千年来对财产所有权认识的精华，即便是对财产所有权权能的拓展，也是在这四项权能基础上的拓展，或者根本就是对这四项权能进一步的诠释。例如，民事法律理论一般认为，物权的权能包括占有、使用、收益和处分权；债权的权能包括请求权和受领权。从表面上看债权的权能与财产所有权的权能并不一致，这主要是因为物权的种类及内容均由法律创设，而债权主要基于合同、侵权行为、不当得利、无因管理而产生的，所以，请求权和受领权是其主要权能，但其本质仍然属于占有、使用、收益和处分的范畴，如果没有占有、使用、收益和处分的权能，请求权和受领权就没有存在的意义。

在理论和实践中，财产所有权权能的部分或全部，是可以同作为整体的所有权相分离的，这就意味着：第一，对财产权的限制，并非剥夺了当事人的财

产权，而只是当事人财产权的部分或全部权能受到了限制而已；第二，对实践中部分权能已经转移的情形，更要区别对待，以免侵犯他人的合法权益。这两个方面是理论界与实务界普遍忽视的问题，而且涉及刑事诉讼法与民事法律的交叉，即使有学者在这方面尝试突破，也往往因为情况过于复杂，难以面面俱到，只能浅尝辄止，提出一些原则性的建议而已。笔者认为，扣押、查封、冻结等财产权限制措施，不仅会给当事人造成直接的或间接的损害，更为重要的是，在侦查实践中涉案财产一经限制，往往意味着财产所有权全部权能的丧失，这已经不是正当程序、司法审查原则所能解决的问题，其中蕴含着更深层次的财产权保障理念。下面让我们分析一下财产所有权的具体权能。

1. 占有权。占有权，是指事实上的控制权，分为合法控制和非法控制，或者说有权控制和无权控制。对于作为犯罪之物的涉案财产，当事人无疑涉嫌非法控制，首先就要剥夺其占有权；而对于当事人合法的财产，原则上不应剥夺其占有权。

2. 使用权。使用权，是指不改变财产的本质而依法加以利用的权利。通常由所有人行使，但也可依法律、政策或所有人之意愿而转移给他人。因此，使用权往往要由所有人决定，一般情况下，所有人（即所有权权属）不发生变化，使用权不应发生变化；特殊情形下使用权可以转移。

3. 收益权。收益权，是指获取基于所有人财产而产生的经济利益的可能性，是所有权在经济上的实现形式。所有权的存在以实现经济利益和价值增值为目的，这最终体现在收益权上。因此，收益权一定要由所有人决定，所有人（即所有权权属）不发生变化，所取得的收益最终要归财产所有人。在刑事诉讼中，在财产权权属确定前，原则上不应限制其收益权。

4. 处分权。处分权，是指财产所有人对其财产在法律规定的范围内最终处理的权利，包括资产的转让、消费、出售、封存处理等方面的权利。处分权在多数情况下由所有人享有，但在某些情况下，也可以使所有权与处分权相分离，形成非所有权依法享有的处分权。当然在侦查程序中，证据保全时要严防被追诉人的隐匿和销毁之处分；财产保全时主要防止被追诉人转让、消费、出售等处分。

明确财产所有权的权能后，我们大体上对财产权限制措施与财产所有权的权能之间的关系有所了解。现有理论一般认为限制财产权，限制的是占有权、使用权和处分权，从某种程度上讲，这是有道理的，但笔者认为，这种认识尚未完全厘清财产权限制与财产所有权权能之间的关系。由于民事法律中的财产所有权情况非常复杂，应当根据实际情况对财产所有权权能做出合理的限制，才能满足保障财产权的需要。笔者从限制财产权强制措施的功能出发，结合财产所有权中的具体权能，对财产权限制与财产所有权权能之间的关系进行分析，以期有所突破。

（二）证据保全与财产权权能

证据保全，无疑是财产权限制措施中最为重要的功能，主要防止证据价值的丧失，司法实践中情况也最为复杂。正如有论者所说，"如果承认拟扣押的'证据'有可能是'公民的合法的私有财产'，那么，即使扣押证据承载着追诉犯罪的公共利益，我们依然需要为个人私有财产不受不合理干预设定一个规则或底线。"① 显然从我国法律、法规所传递的信息之中，我们能够看到的只有个人权利对公权力的服从，而没有个人权利对公权力的限制。其中，就财产控制措施而言，我们看到的只是"证据"，而无法看到"证据"背后、作为证据信息载体的"财产"。上述问题的存在也正是笔者以限制财产权强制措施替代对物的强制处分的初衷之一。

然而，如果承认财产不会犯罪，很多财产只是因为偶然才与犯罪行为联系在一起，发挥了其证据价值，那么我们就应当承认，当财产作为证据出现时，证据只是特定财产的一种特殊属性，相对于其证据属性，该特定财产应该更多地体现出其财产权的本质属性。很显然，一旦澄清了"证据"与财产权之间的内在联系，限制财产权强制措施与公民财产权之间的关系就会紧张起来，那就是作为证据出现的财产权，如何才能在控制犯罪与保障财产权这一宪法要求之间达成平衡？因此，在证据保全时，根据财产证据的属性不同，限制不同的权能就具有了重要的理论和现实意义。

第一，当财产证据是违法所得和犯罪工具时，对其控制时就要进行扣押、查封或冻结。由于该部分财产既是犯罪证据，判决生效后还要没收或返还被害人，故其"占有权"、"使用权"和"处分权"都应受到限制。对于所谓的"违法所得"，由于其权属未定，原则上不应限制其"收益权"；但对于证据确凿的"犯罪工具"，"收益权"也应受到限制。

第二，当被追诉人的合法财产成为证据时，应防止其隐匿或销毁。因此，应积极寻找其他替代措施，如可以通过笔录、复印或录像的方式固定保全证据。如果没有其他替代措施可以固定证据，也应该选用较为温和的方式，先由其自觉交出证据，必要时才进行强制控制。对于不需要进行登记、一经占有即具有所有权的财产证据，对其控制时就要进行扣押、冻结，限制其"占有权"，进而影响到其"使用权"和"处分权"。也就是说，对于此部分财产证

---

① 吴宏耀：《刑事搜查扣押与私有财产权利保障——美国博伊德案的启示》，载《东方法学》2010年第3期。

据，首要的就是要转移其"占有权"，侦查机关控制了"占有权"，就意味着被追诉人无法使用和处分，但其根本目的在于限制其销毁、隐匿之处分。对于需要办理登记手续才具有所有权的财产证据，在司法实践中成为证据的可能性不大，因此酌情限制其占用、使用即可，但要严禁其隐匿、销毁之处分。

第三，对于被害人或第三人的合法财产，原则上不应限制其权能的发挥，但也应防止其隐匿或销毁之处分，而转让之处分原则上不受限制，也就是说，只要不影响其证据功能的发挥即可。因此，对于不需要进行登记、一经占有即具有所有权的财产证据，主要限制其隐匿、销毁之"处分"，必要时也可以不转移"占有权"和"使用权"。对于需要办理登记手续才具有所有权的财产证据，在司法实践中成为证据的可能性不大，总体来讲，不应限制其占用、使用和处分的权能。在英美法系国家，财产证据的所有人、持有人如果与案件没有直接的利害关系，以证据提出命令的方式（必要时需提供一定的担保）责令证据持有人在庭审时自行携带该物品当庭予以展示，从而避免财产控制给证据持有人造成的诸多不便。这一点值得我国借鉴，因此，需要一系列的配套措施，如证据登记制度、出庭作证制度以及违反义务制裁措施的建立。

（三）社会保全与财产权权能

社会保全，所针对的主要是能够引起社会危害的违禁品以及犯罪工具等。此种情形下，财产所有权的占有、使用、收益和处分都应当受到限制。甚至可以说，一经限制，不待案件的终结，经过合法程序，该违禁品或犯罪工具即应被销毁或没收，原财产持有人的所有权利就灭失了。为防止犯罪嫌疑人利用其执业资格继续犯罪，此时限制执业资格就很有必要，执业资格一经限制，虽不吊销当事人的职业资格，但应禁止当事人从事相应的执业活动。

（四）财产保全与财产权权能

财产保全主要针对的是被追诉人的合法财产，目的是防止被追诉人因隐匿、出卖或毁损财产而导致判决流于形式。然而财产保全毕竟只是一种暂时性的措施，财产保全中主要针对被追诉人合法财产中的"处分权"，也就是说，在判决执行前，只要用于财产保全的财产在被追诉人名下即可。但是对其"处分权"的限制，可能进而影响到其"占有权"、"使用权"，而"收益权"不应受到限制（收益权尽管不受到限制，但应明确财产保全措施是否及于收益）。对于不需要进行登记、一经占有即具有所有权的财产，对其控制时就要进行扣押、冻结，限制其"占有权"、"使用权"和"处分权"。对于需要办理登记手续才具有所有权的财产，对其控制就要进行查封，在必要时也可以不转移"占有权"和"使用权"，但应防止其被处分，那就需要通知登记机关严禁涉案财产财产权的转移或变更。

值得说明的是，司法实践中的财产保全还涉及债权债务的问题。除了可以用占有、使用、收益和处分来解释其权能限制外，也可以通过限制其请求权和受领权的方式来实现财产保全的功能。例如，禁止支付就起到了限制请求权和受领权的作用。

在特定情形下，被追诉人能够提供一定的担保，被控制的财产可以返还被追诉人，此时，被追诉人依然可以"占有"和"使用"原财物，并获取"收益"，只是不得"处分"而已。但如果当事人提供的担保与财产保全物价值相当或者说已经超过了财产保全的上限，这时就可以解除财产保全，原财产保全物将恢复其所有权能。例如，查封按财产所有权权能受约束的程度，有"死封"和"活封"之分，采取"死封"的，禁止被查封人占有、使用与处分被查封物；采取"活封"的，禁止被查封人处分被查封物，但其可以有条件地占有、使用查封物，并取得收益。

第三节　限制财产权强制措施的构建

在我国现行司法环境中，由于多方面条件的制约，对各种制度的构建和实施，除了考虑理论上的合法性，更要考虑现实中的可操作性。如果只注重实际的效率和效果，而不考虑对公民合法权益的侵犯，将与我国依法治国的理念背道而驰；如果不注意现实条件，而盲目追求所谓的理性，不仅不会奏效，而且还可能因此而破坏既成的有序状态，使情况变得更糟。限制财产权强制措施的构建亦如此。笔者下面以我国现有的相关制度体系为基础，结合域外司法理论和实践，完善和构建符合我国国情的限制财产权强制措施。

一、扣押和查封程序

在实物财产控制措施方面，与1996年《刑事诉讼法》相比较，我国2012年《刑事诉讼法》在其第139条增加了一系列的规定，不仅增加了查封措施，而且将查封、扣押的对象从"物品、文件"修正为"财物、文件"，充分体现了查封、扣押对象的财产属性。笔者这里遵循我国的立法传统，将扣押和查封做狭义理解，下文将分别对这两种财产控制措施做详细阐释。

（一）扣押的完善

从侦查实践看，大量犯罪案件表明财产权始终是大多数犯罪，尤其是财产型犯罪所追求的一个重要目标。涉案财产的控制是对刑事侦查一般规律的认识和把握，其实效性明显，运用这些措施收集相关证据，查获非法所得、违禁品等，对于侦破全案显然具有重要作用。从各国侦查实践来看，查处财产型犯罪时都十分重视对非法所得的追缴，离不开对财产权的控制，然而也会对当事人的财产权利造成一定的侵害。

从字面上理解，扣押是扣留、强行留住的意思。我国刑事诉讼法专节介绍了"扣押物证、书证"，据此，学界从各个角度对扣押的含义进行了界定。例如，"刑事诉讼中的扣押，是指司法机关将与案件有关的物品、文件，依法予以扣留的刑事诉讼活动。"①"所谓扣押，是指为保全可为证据之物或应当没收之物，而由国家对其予以暂时扣留、占有的强制处分措施。"②"扣押物证、书证，是指侦查人员在勘验、搜查中发现的能够证明犯罪嫌疑人有罪或无罪的物品、文件，依法予以扣留的一种侦查行为。"③由此可见，我国学者在界定刑事扣押的概念时，虽然各自的定义并不完全相同，但是没有本质的差异，这也和我国刑事诉讼法对扣押的规定在法律内涵上是基本一致的。笔者认为，可以从扣押的主体、客体、目的和性质等方面，可以将扣押界定为：侦查机关为达到证据保全、财产保全和社会保全的目的，对在侦查活动中发现的可用以证明犯罪嫌疑人有罪或者无罪的各种财物、文件，应当予以暂时扣留，并转移至其他场所，使其所有人或持有人不能占有的一种强制措施。

2012年《刑事诉讼法》将"搜查、勘验中发现的"修正为"侦查活动中发现的"，说明了财产控制措施在刑事侦查中的广泛运用，不仅仅随附于搜查和勘验，因此，除了搜查中提到的问题，笔者主要阐释如下问题：

第一，明确扣押的启动条件，即扣押启动要有合理的依据。借鉴法治国家的通行做法，可以将扣押的条件确定为：侦查机关对有证据证明与犯罪活动有关的涉案财产进行扣押。

第二，完善扣押的执行标准。首先，扣押执行的方式，一般应遵循比例原则，即以最小的侵犯方式执行扣押，因此，可以分为任意扣押和强制扣押，目的是解决实践中物品持有人主动向侦查机关交出涉案财产的问题。这一点可以参照司法实践中有关自首的规定，鼓励物品持有人主动上交，有利于侦查效率的提高。其次，对财产权的干预不能超过事先合法目的的合理需要，可以采用拍照、复印并辅以言词证据即可作为证据使用的，不宜进行强制扣押；再次，明确扣押执行的时间，可以参照国外规定，除非紧急情况下，严禁夜间执行扣押。这是因为夜间扣押难以有公正的见证人参与，这一点对财产权保障也大有裨益。

---

① 杨殿升、张若羽、张玉镶：《刑事侦查学》，北京大学出版社2001年版，第196页。

② 万毅：《程序正义的重心：底限正义视野下的侦查程序》，中国检察出版社2006年版，第238页。

③ 宋英辉：《刑事诉讼法》，中国人民大学出版社2007年版，第327页。

第三，完善扣押客体的规定。我国刑事诉讼法专节介绍了"扣押物证、书证"，扣押的客体为作为证据之物的各种物品和文件。从相关的司法解释和各种规定中可以看出，扣押的客体不应仅限于作为证据之物，如前所述，作为犯罪之物、可为财产保全之物亦可作为扣押的客体。但在扣押涉案财产时，并非是指所有的涉案财产都适用扣押措施，根据相关司法解释，扣押的主要是实物财产之中的动产。

第四，明确扣押的禁区。需要注意的是，扣押除了侵犯公民财产权以外，还可能侵犯公民的其他基本权利，如隐私权、言论自由权和通信自由权。基于人权保障的原因，法治国家都规定了扣押的禁区。① 例如，《德国刑事诉讼法》第 97 条专门规定了不得扣押之物的范围，如被指控人与法律允许拒绝作证人员之间的书面通信，被指控人向律师、宗教神职人员、医生等信赖告知的事项的记录等。英国《1984 年警察与刑事证据法》第 19 条第 6 款规定：根据任何法律规范（包括包含于在本法以后通过的法律之中的规范）授予警察的扣押权，均不得适用于负责执行的警察有合理的理由相信其属于受法律特权保护的对象；该法第 10 条也规定，当物品属于法定的特权物时不可以扣押。

不得扣押的规定有利于保护国家秘密、有利于被指控人获得更为充分的辩护权和保障被指控人的人权，然而我国立法对此没有做出规定，因而应当借鉴国外在这方面的经验，在刑事诉讼法中规定上述不得扣押的物品。同时，在财产保全目的下进行扣押活动时，基于伦理道德及社会公序良俗的考虑，可以在刑事诉讼法中明确规定维持被扣押人生存的必需品、第三人善意取得财物、体现社会公益的财物以及外交豁免的财物不予扣押。

（二）查封的完善

查封，是指侦查机关为达到证据保全、财产保全和社会保全的目的，对涉案财产检查之后，贴上封条，禁止动用与处分的一种强制措施。其目的在于宣告被查封财产在法律属性上的不确定性，禁止任何人动用或处分该财产，为以后对该财产依法做出处理奠定基础。尽管 1996 年《刑事诉讼法》没有规定侦查机关具有查封权，但《关于刑事诉讼法实施中若干问题的规定》第 48 条规定："公安机关在办理刑事案件中有权依法查封、冻结犯罪嫌疑人以违法所得购买的不动产、获取的投资权益或股权。"《公安机关办理经济犯罪案件的若干规定》第 28 条也规定公安机关可以行使查封权力。鉴于司法实践所需要，我国 2012 年《刑事诉讼法》赋予了侦查机关查封的权力。有人认为查封是扣

---

① 基于有些国家视扣押为财产控制措施的总称，因此，此处"扣押的禁区"适用于所有的财产权控制措施。

押的一种特殊执行方式，但是这种解释无论在立法上还是司法上都存在障碍。司法实践中，扣押的财产为动产，而查封的财产主要是不动产或特定动产；扣押通常是由侦查机关将涉案财产扣留自己保管，查封是由侦查机关将难以或不宜转移的财产贴上封条，以禁止任何人动用或处分该财产，侦查机关并不占有被查封的财产，也不负保管责任。

因此，目前急需对查封进行立法完善，赋予侦查机关查封权，并制定相关执行规定，主要包括以下方面：

第一，要明确查封的适用范围。从司法实践来看，查封适用于无法转移的不动产（如房屋、土地以及地上附着物）和不便转移的动产（如轮船、大型设备等）。

第二，查封应取得侦查机关批准的查封证明或法官签发的查封令，法律文书中应注明被查封物的产权证号、具体方位、面积或其他情况；查封执行完毕后应报法官进行审查。

第三，对已经办理权属登记的被查封物，应当张贴标明查封时间和机关的统一的制式封条或张贴公告，并扣押相关的产权证明（如房屋、土地产权证）。同时，还应到相关产权或土地权登记部门办理禁止抵押、转让登记手续。

第四，对没有进行权属登记的被查封物，应当张贴标明查封时间和机关的统一的制式封条或张贴公告。

第五，查封时应当通知被查封物管理人或实际占有人在场，告知其享有的权利；查封时应有见证人在场；应当制作查封笔录，并由被查封人、见证人及侦查人员签字；查封笔录一式两份，应交被查封人一份；查封后应委托固定的保管人代为保管，明确保管责任。

（三）查封、扣押的批准与执行

在查封、扣押的批准程序方面，笔者仍采取与搜查相类似的观点，认为出于侦查效率和财产权保障的双重考虑，事后的司法审查机制更为合适，但这同样并不排除侦查机关出于谨慎申请法官签发令状。因此，查封和扣押的司法审查包括两种情形：一种是事前的令状申请，主要适用于非紧急情形下的法官审查并签发"查封扣押令"；另一种是事后的陈报审查，主要适用于紧急情况下的无证查封扣押和内部审批签发的有证查封扣押，二者都应在执行完毕后报法官进行合法性审查。

除此之外，笔者认为，侦查机关的内部审批程序仍需进一步完善，如在紧急情况下需要查封、扣押财物、文件时，负责进行现场勘查或者搜查的指挥员可以报经办案负责人批准采取查封、扣押措施；对于财物、文件价值较高或者可能严重影响正常生产经营的，应当经县级以上公安机关负责人批准后才可以采取查封、扣押措施；在侦查过程中需要查封土地、房屋等不动产，或者船舶、航空器以及其他不宜移动的大型机器、设备等特定动产的，应当经县级以上公安机关负责人批准后才可以采取查封、扣押措施。

需要注意的是，对于不便提取的财物、文件，经登记、拍照或者录像、估价后，可以交财物、文件持有人保管或者封存，并且开具登记保存清单一式两份，由侦查人员、持有人和见证人签名，一份交给财物、文件持有人，另一份连同照片或者录像资料附卷备查。

二、冻结程序

随着我国改革开放的深入发展，我国的市场经济逐步融入经济全球化的浪潮之中。现代市场经济国家，金融工具发达，货币的结算、支付大多不以现金形式，而通过金融渠道结算。与此同时，投资方式多元化，证券、保险、信托等行业成为投资的主要渠道。金融财产即指流动在金融领域的资金及其权益，其属于投资者所有，尽管脱离了投资者的直接掌控，但由于其流入、流出金融机构于无形之中，在外部几乎没有痕迹，没有金融机构的配合，很难发现其"踪迹"，因此，金融财产与实物财产相比，控制难度无疑更大。为此，各国在司法实践中专门针对此类财产制定了行之有效的侦查措施，那就是冻结。

（一）冻结客体的完善

我国《刑事诉讼法》第142条规定："人民检察院、公安机关根据侦查犯罪的需要，可以依照规定查询、冻结犯罪嫌疑人的存款、汇款、债券、股票、基金份额等财产。"司法实践中，冻结的客体应包括所有流动在金融领域的资金及其权益。由于其限制了当事人金融财产的流动，可能会对当事人造成重大损失，因此必须严格控制。

第一，冻结金融财产时，应当明确冻结的范围是否及于收益。金融财产往往是公民进行投资并获得收益的一种理财方式，收益较高，风险也较大。冻结的范围不及于收益，被冻结人可能转移收益部分，容易造成侦查机关与协助冻结机关的纠纷，所以应明确注明冻结的范围是否及于收益。

第二，对于金融财产结算账户内的资金，冻结内容也应明确。从理论上讲，结算账户内的资金被冻结后，既不能向外转移，也不能向内转入投资市场。但由于投资市场的收益较大，出于维护当事人利益的考虑，侦查机关也可以做出要求，结算账户内的资金可以转入投资市场。当然，这种做法一定要谨慎，防止涉案财产的贬值。

第三，对于股票、基金、债券、权证、期货以及其他有价证券，只能冻结其交易账户，实质上就是将客户交易权限进行限制，无法进行交易。毫无疑问，冻结交易账户风险是相当大的，侦查机关在采取冻结措施后，应及时向法官申请审查，以尽快明确涉案财产的性质，避免给客户造成无法挽回的损失。

第四，明确不能冻结的范围。有些金融财产事关国家金融体制的稳定或客户财产的重大安全，是不能采取冻结措施的，如存款准备金、封闭贷款、国库库款、社会保险基金；以证券登记结算机构名义建立的各类专门清算交收账户不得整体冻结；证券登记结算机构依法按照业务规则收取并存放于专门清算交收账户内的证券及资金不得冻结等。

第五，对于各类保证金账户能否冻结一直存在理论上的争议，笔者认为，参照《最高人民法院关于人民法院能否对信用证开证保证金采取冻结和扣划措施问题的规定》，各类保证金账户也可以冻结，但应谨慎采取，要查明是否会对交易相对方（受益人）造成严重损失。银行承兑汇票方面的公示催告制度以及除权判决值得借鉴。

（二）明确冻结的限度

冻结的限度，是指冻结的数额、期限和次数。对于冻结的数额，应以犯罪嫌疑人涉案金额为限，尤其在单位犯罪中，严禁将与案件无关的生产性资金予以全部冻结，以免影响企业的正常周转。

对于冻结的期限和次数，我国刑事诉讼法中没有规定，但目前存在很多部门法和内部规定①，比较统一的规定是将银行存款及其他资金冻结期限定为6个月；但冻结其他财产权规定却不统一，有的规定为2年，有的规定为1年；延长冻结期限有的规定为按原来期限执行，有的按原来期限的一半执行；各种规定对于冻结次数没有明确说明，对有限公司和非上市公司冻结股权的问题更是没有涉及。

为了规范侦查机关冻结措施实施的侦查活动，提高侦查机关的程序化水平，减少侦查机关冻结涉案财产对金融部门的工作影响，我国刑事诉讼法应明

---

① 中国人民银行发布施行的《金融机构协助查询、冻结、扣划工作管理规定》中规定，冻结单位或个人存款的期限最长为六个月，期满后可以续冻；公安部颁布的《公安机关办理刑事案件程序规定》中规定了冻结存款的期限为六个月；最高人民法院颁布的《关于人民法院民事执行中查封、扣押、冻结财产的规定》中规定，人民法院冻结被执行人的银行存款及其他资金的期限不得超过六个月，冻结其他财产权的期限不得超过二年，申请执行人申请延长期限的，人民法院应当在冻结期限届满前办理续行冻结手续，续行期限不得超过前款规定期限的二分之一；最高人民法院颁布的《关于冻结、拍卖上市公司国有股和社会法人股若干问题的规定》中规定，冻结股权的期限不超过一年。如申请人需要延长期限的，人民法院应当根据申请，在冻结期限届满前办理续冻手续，每次续冻期限不超过六个月；最高人民法院、最高人民检察院、公安部、中国证券监督管理委员会《关于查询、冻结、扣划证券和证券交易结算资金有关问题的通知》中规定，冻结证券的期限不得超过二年，冻结交易结算资金的期限不得超过六个月。需要延长冻结期限的，应当在冻结期限届满前办理续行冻结手续，每次续行冻结的期限不得超过前款规定的期限。

确规定冻结措施的期限和次数。综合有关冻结的规定，结合办理刑事案件的期限要求以及保障财产权的需要，笔者认为，冻结银行存款、汇款以及其他资金，应以 6 个月为限；冻结其他财产权，应以 1 年为限；同一侦查办案单位延期冻结应以 3 个月、6 个月为限；冻结次数应以 2 次为限，需要继续延期的，参考刑事诉讼法办案期限的规定，要经省一级以上人民检察院批准；对于冻结的资金及其他财产权，经查明确实与案件无关的，应在 3 日内解除冻结；有限公司和非上市公司冻结股权的期限参照上述规定执行，由工商机关协助执行。

（三）建立轮候冻结制度

同一份财产有时不仅会成为多个刑事案件的涉案财产，还有可能成为行政和民事案件强制的对象。根据我国《刑事诉讼法》第 142 条之规定，犯罪嫌疑人的存款、汇款不得重复冻结。按此规定，同一份财产在某一时段只能由一个执法机关对其采取强制措施。采取轮候冻结制度①最早是在民事执行中予以规定的，2008 年 1 月 10 日最高人民法院、最高人民检察院、公安部、中国证监会联合印发《关于查询、冻结、扣划证券和证券交易结算资金有关问题的通知》，首次提出了"轮候冻结一体"说法，即公、检、法部门只要一个执法机关冻结在先的，其他执法机关的冻结措施只能做轮候处理；冻结解除的，登记在先的轮候冻结自动生效；冻结措施并不因为是民事案件还是刑事案件，而在效力上有先后之分。毫无疑问，"轮候冻结"应该是非常实用、高效的一种措施，能够减少执法部门争议，防止被冻结的对象因前手解冻、后手冻结不及时，资金被当事人转移。但是该通知适用范围有限，而且操作程序没有规范，亟待完善。

第一，要完善轮候冻结的对象。根据规定，目前采取轮候冻结的对象是指证券和证券交易资金，难以满足司法实践的需要，应把轮候冻结的对象扩大至所有的金融财产，也就是说，轮候冻结的对象应与冻结的对象一致。

第二，其他有冻结权的机关需要对金融财产轮候冻结的，应当通知协助部门进行轮候登记，协助部门应按先后顺序办理协助事项。

第三，要求冻结的有权机关之间，因冻结事项发生争议的，要求冻结的机关应当自行协商解决。协商不成的，由其共同上级机关决定；没有共同上级机关的，由其各自的上级机关协商解决。在争议解决之前，协助冻结的部门应当按照争议机关所送达法律文书先后顺序及其载明的最大标的范围对争议标的进

---

① 2005 年 1 月 1 日施行的最高人民法院《关于人民法院民事执行中查封、扣押、冻结财产的规定》第 28 条规定：对已被人民法院查封、扣押、冻结的财产，其他人民法院可以进行轮候查封、扣押、冻结。查封、扣押、冻结解除的，登记在先的轮候查封、扣押、冻结即自动生效。

行控制。

建立轮候冻结制度明确了金融机构协助实施的法定义务，但是扣押、查封制度由侦查机关（司法机关）直接进行，一般不需要第三方协助，此时就需要明确侦查机关之间的协助义务，因此，可以将轮候冻结制度扩大化，建立轮候登记制度，不仅适用于涉案的金融财产，还适用于各类采取强制措施的动产和不动产。

（四）建立临时冻结机制

临时冻结，是侦查机关在审查案件线索或者在办案中发现被查对象或嫌疑人有重大犯罪嫌疑有可能转移财产，但在没有足够证据证实其犯罪事实的情况下，采取事先处置措施，对其暗中进行监控、防止其转移的重要措施。我国目前立法上并未赋予侦查机关临时冻结措施，但国务院反洗钱主管部门发现调查所涉及的账户资金转往境外的，可以采取临时冻结措施。我国《反洗钱法》第 26 条第 1 款规定，经调查仍不能排除洗钱嫌疑的，应当立即向有管辖权的侦查机关报案。客户要求将调查所涉及的账户资金转往境外的，经国务院反洗钱行政主管部门负责人批准，可以采取临时冻结措施。第 2 款规定，侦查机关接到报案后，对已依照前款规定临时冻结的资金，应当及时决定是否继续冻结。侦查机关认为需要继续冻结的，依照刑事诉讼法的规定采取冻结措施；认为不需要继续冻结的，应当立即通知国务院反洗钱行政主管部门，国务院反洗钱行政主管部门应当立即通知金融机构解除冻结。第 3 款规定，临时冻结不得超过 48 小时。金融机构在按照国务院反洗钱行政主管部门的要求采取临时冻结措施后 48 小时内，未接到侦查机关继续冻结通知的，应当立即解除冻结。

从司法实践来看，目前很多财产型犯罪，尤其是与洗钱犯罪有关的上游犯罪，望风而逃、转移财产的现象十分突出，大量涉案财产被转移到境外。然而这些案件往往十分复杂、隐蔽性较强，即使侦查机关介入在短期内要想彻底查清也非易事，而依靠国务院反洗钱行政主管部门的力量和措施严重制约了侦查机关的效率，因此，我国有必要赋予侦查机关临时冻结措施。

第一，明确临时冻结适用的案件范围。在和平时期，国家经济安全是最大的安全。出于我国资金安全和保障公民财产权的需要，笔者认为，临时冻结措施也不应仅限于洗钱犯罪或与洗钱犯罪有关的上游犯罪，应扩大到所有犯罪类型。

第二，严格限制临时冻结的适用情形。适用范围的过大无疑会带来侵犯公民财产权之虞，因此，在临时冻结措施的适用情形上应加以严格限制。笔者认为，应当以紧急性、危险性为标准，即临时冻结的情形仅限于调查时发现即将或正在转往境外的账户资金。对于没有转移意向的账户资金，不宜采取临时冻结措施。而为防止因为误判导致涉案财产转移成功，笔者认为，侦查机关应与人民银行建立相应联席制度，加强对可疑资金的风险预测，为临时冻结措施的采取提供依据。

除此之外，对于涉嫌以破坏我国市场经济秩序为目标的热钱，以及以资助反华势力、反人类势力为目标的境外资金，也可以适应临时冻结措施。

第三，构建完善的临时冻结程序。案件范围和适用情形的确定，并不能完全遏制临时冻结的恣意，因此，我们还要构建完善的临时冻结程序。笔者将临时冻结措施设计为：侦查机关在初查或侦办案件过程中（实践中主要是经济犯罪、职务犯罪、毒品犯罪案件），发现被举报人或犯罪嫌疑人涉嫌将资金转移到国外，在冻结理由尚不充分时，经单位主管领导或法制部门审查批准，可以对其采取临时冻结措施。经调查发现涉嫌犯罪的证据达到了采取冻结措施时，即转入正常侦查程序，依照刑事诉讼法的规定，采取冻结这一侦查常规措施，从而保证侦查活动的顺利进行。在临时冻结的期限方面，我们应以国际通行的 48 小时为限，经调查，与犯罪无关的资金账户，应立即解除临时冻结措施。

临时冻结措施是发现经济犯罪并防止财产转移的利器，作为一种保障国家资金安全、控制犯罪的特殊措施，应明确其适用范围，并严格审查，一旦发现适用有误，应及时予以撤销。

（五）冻结的批准与执行

在冻结的批准程序方面，笔者采取与查封、可以类似的观点，认为出于侦查效率和财产权保障的双重考虑，事后的司法审查和事前的内部审批机制更为合适，笔者这里不再赘述。

但为维护当事人的合法权益，对冻结的债券、股票、基金份额等财产，应当告知当事人或者其法定代理人、委托代理人有权申请出售。同时应当规定，权利人书面申请出售被冻结的债券、股票、基金份额等财产，不损害国家利益、被害人、其他权利人利益，不影响诉讼正常进行的，以及冻结的汇票、本票、支票的有效期即将届满的，经县级以上公安机关负责人批准，可以依法出售或者变现，所得价款应当继续冻结在其对应的银行账户中；没有对应的银行账户的，所得价款由侦查机关在银行指定专门账户保管，并及时告知当事人或者其近亲属。

三、限制执业资格措施

如前所述，限制执业资格措施已经在法治发达国家逐步确立，体现了对新财产权的关注和认可。

在我国，暂扣许可证或执照、责令停产停业是一种行政措施，需要行政机关依法定程序执行。如前所述，侦查行为本身是一种行政行为，侦查权的行政性决定了侦查措施具有行政性。尽管侦查机关可以利用行政手段达到限制执业资格的目的，但是侦查措施的行政性过强问题一直受到学界的质疑，而且刑事侦查的时效性特点，需要迅速、及时地制止违法犯罪行为的发生，防止社会危险性的出现，刑事诉讼法上相关规定的缺位，严重制约了侦查效率。同时，我国目前资格刑中尽管没有吊销执照、禁止执业的规定，但从英美等国司法经验来看，逐步完善相关资格刑是一种发展趋势。从目前看，限制执业资格可以作为一种强制措施而存在；从长远看，限制执业资格又会成为资格刑中的剥夺执业资格刑被完整、有效执行的一种保证。因此，笔者认为，应当在我国刑事诉讼法中赋予侦查机关限制执业资格的权利。

第一，限制执业资格措施的适用范围。限制执业资格即暂时停止职业活动，是指在一定时间内暂时依法剥夺个人或单位的执业权，停止其一切业务活动的一项强制措施。它的适用对象是涉嫌利用执业资格进行犯罪活动的个人和单位。司法实践中限制执业资格措施的适用范围主要有：一是营业（经营）资格；二是个人职业资格；三是特许权；四是进出口资格、招投标资格，等等。在现代市场经济下，执业资格是公民、单位聚财谋生的手段，但有时会成为隐形的犯罪工具，如利用注册会计师身份出具虚假报告、利用一般纳税人资格虚开增值税专用发票、利用进出口配额特许权谋取非法利益等。

第二，限制执业资格措施的适用条件。一是涉嫌罪行严重，主观恶性大，在刑事诉讼中随时可能继续犯罪、毁灭证据，直接对其适用限制执业资格。二是已经采取了取保候审或登记管理制等措施，仍然无法防止社会危险性发生，可以变更强制措施，适用限制执业资格。在执业资格被限制期间，必须停止一切经营活动和业务活动，包括生产、经营以及各种法定职能等。

第三，限制执业资格的程序。限制执业资格就等于限制了公民、单位通过资格获得财产的权利，将直接导致财产利益受损；如不进行资格限制，有可能加重或延续犯罪的结果或者有可能便利其他犯罪的实施，因此，实现控制犯罪与保障财产权的平衡，在刑事诉讼中有必要对这种资格予以暂时限制，但应经过正当程序的过滤。一是限制执业资格措施既要暂时扣留其执业资格证（如营业许可证、注册会计师证），还应到相关主管部门进行备案。二是应当履行告知手续，被限制执业资格的个人或单位有权提出异议。三是执行限制执业资格后要及时报法官进行司法审查。四是当事人也有权申请法官进行司法审查。

四、侦查程序中的财产保全

在我国，财产保全主要是一个民事诉讼法领域的概念。我国 2012 年《刑事诉讼法》赋予了人民法院财产保全的权力①；又构建了犯罪嫌疑人、被告人逃匿、死亡案件违法所得的特别没收程序。然而我国法律并没有明确指出哪些涉案财产可以进行财产保全，也没有赋予侦查机关财产保全的权力。因此，在探讨财产保全与财产权权能的关系之前，有必要厘清财产保全适用的范围，侦查阶段可否进行财产保全。

（一）侦查阶段财产保全的必要性分析

通常认为，财产保全，是指人民法院在受理案件前或诉讼过程中，根据利害关系人的申请，或依职权对当事人的财产或争议标的物做出强制性保护措施，以保证将来做出的判决能够得到有效执行的制度。② 基于尊重人权的考虑，现代民事法律对债务人的偿债追究并非无限，当债务人无力承担债务之时，适用"给付不能则不给付"的原则。因此，债权人面临着债务人在判决生效前转移、隐匿、挥霍财产的道德风险。司法实践中民事案件执行难，民事判决沦为一纸空文导致债权落空的事例并不少见。例如，对于某些严重犯罪的犯罪嫌疑人，为了逃避经济赔偿，不等到案件起诉阶段，就早已经故意把自己的不动产转移或者变卖了。即使是法院可以搜寻犯罪嫌疑人及其家属故意变卖或者转移财产的证据，但追回财产之艰难是不言而喻的。又如，为了逃避经济赔偿的现象如夫妻办理假离婚、更换房屋产权等现象不足为奇。即使法院的判决最终维护被害人的请求，可是面对已经变得"一贫如洗"的犯罪嫌疑人，法院的判决对被害人来说，犹如一纸空文，无法执行，失去了实际意义。很显然，由于法律条款的空白，执法者面对犯罪嫌疑人及其家属这种"故意"显得无奈。为弥补诉讼这一事后救济的先天不足，人们设计出财产保全制度，在诉讼进行的同时，甚至在诉讼正式启动之前就预先固定住债务人的财产，在一定程度上缓解了判决落空的风险。③

民事诉讼中面临落空的道德风险，刑事诉讼中同样存在，为此，我国2012年《刑事诉讼法》赋予了人民法院财产保全的权力。但是笔者认为，目前的刑事诉讼法对犯罪嫌疑人及其家属这种"故意"的不法行为仍然没有太多约束力。很显然，由于刑事诉讼的周期较长，司法实践中还存在大量被追诉人无法到案的情形，如果到了审判阶段才可以进行财产保全，无疑给被追诉人，甚至包括债务人预留了从容不迫地转移、隐匿、挥霍财产的充裕时间，此

---

① 2012年《刑事诉讼法》第100条规定：人民法院在必要的时候，可以采取保全措施，查封、扣押或者冻结被告人的财产。附带民事诉讼原告人或者人民检察院可以申请人民法院采取保全措施。人民法院采取保全措施，适用民事诉讼法的有关规定。

② 江伟：《民事诉讼法》，中国人民大学出版社2004年版，第96页。

③ 江涌：《论侦查阶段的财产保全制度》，载《中国人民公安大学学报》2011年第3期。

种情形下再进行财产保全，已经完全没有任何意义。试想一下，侦查阶段无法发现的涉案财产，或者说侦查机关发现了但无权采取财产保全措施的涉案财产，到了审判阶段再进行财产保全的可能性有多大呢？我们的刑事附带民事诉讼中的财产保全执行难问题又如何能够得以解决呢？因此，在侦查程序中引入财产保全制度已经是我们不得不认真考虑的问题。

诚然，侦查阶段的财产保全可能会导致侦查权的扩张，进而侵犯公民的合法财产权，但随着现实中问题的日益突出以及研究的深入，笔者认为，刑事诉讼的魅力就在于以权力抑制权力、以权利抑制权力，就像技术侦查措施入律，并不必然导致侦查权的扩张是同样的道理。因此，侦查阶段的财产保全制度经过合理的设计，完全可以将其纳入程序的视野，正当运行，不仅能够解决司法实践中的难题，而且有利于被害人合法权益之维护，可谓真正的司法公正。

（二）侦查程序中财产保全之构建

民事诉讼中的财产保全以时间为标准可以分为：诉前财产保全和诉讼中的财产保全。诉前财产保全，是指利害关系人因情况紧急，不立即申请财产保全将会使其合法权益受到难以弥补损害的，可以在起诉前向人民法院申请采取财产保全措施，人民法院根据其申请为财产所采取的一种保护措施。诉讼中的财产保全，则是指人民法院受理案件后，对于可能因当事人一方的行为或其他原因，使判决不能执行或难以执行的案件，可以根据对方当事人的申请做出财产保全的裁定；当事人没有提出申请的，人民法院在必要时也可以裁定采取财产保全措施。

很显然，由于民事、刑事诉讼模式的不同，加以无罪推定原则以及证据标准的限制，民事诉讼中的诉前财产保全明显不能适用于刑事诉讼，那么民事案件诉讼中的财产保全我们可以全盘吸收吗？

我国 2012 年《民事诉讼法》第 100 条规定，人民法院对于可能因当事人一方的行为或者其他原因，使判决难以执行或者造成当事人其他损害的案件，根据对方当事人的申请，可以裁定对其财产进行保全、责令其做出一定行为或者禁止其做出一定行为；当事人没有提出申请的，人民法院在必要时也可以裁定采取保全措施。第 102 条规定，保全限于请求的范围，或者与本案有关的财物。很显然，与本案有关的财物，属于民事诉讼中涉案财产的范畴，如何理解"保全限于请求的范围"是个难题。一般认为，所谓"限于请求的范围"，是指被保全的财物的价额应与权利请求或诉讼请求的价额大致相等，人民法院不能任意裁定财产保全的范围。这样规定，是因为若保全范围小于请求范围，则达不到保全目的，权利人的权利就不能全部实现；而保全范围大了，就可能损害被申请人的利益，造成其不应有的损失。当然，这种大致相等不能仅仅理解为只是当事人请求人民法院判令债务人履行一定的债务数额，还可以包括当事人因为诉讼而造成的其他损失。

通过上述分析我们可以看出，民事诉讼中财产保全的范围是非常宽泛的，如果刑事诉讼中的财产保全照此全部引入，人民法院的权力是何等的巨大，人民法院将集侦查权、裁判权于一身，明显违背了权力制衡、不告不理、无罪推定等现代刑事诉讼原则。因此，我们需要对刑事诉讼中的财产保全进行重新界定。鉴于文体之所限，笔者只对侦查程序中的财产保全进行阐释。

第一，明确财产保全的目的。在我国2012年《刑事诉讼法》中与财产保全相关的规定体现在附带民事诉讼之中。笔者认为，财产保全的目的并不仅限于保障附带民事诉讼判决的执行，还应包括保障刑事判决中财产刑的执行，因此，将财产保全目的确定为保障附带民事判决与财产刑的执行更为合适。

第二，明确财产保全的适用对象。根据我国现行的法律、法规及司法解释，侦查机关只能在证据保全、社会保全的框架之下对作为犯罪之物和作为证据之物等直接涉案财产进行查封、扣押或冻结，而无权对被追诉人的合法财产采取查封、扣押或冻结等保全措施。也就是说，对于直接涉案财产侦查机关可以直接采取财产权限制措施，而对于被追诉人或债务人的合法财产，侦查机关是无权采取强制措施的。因此，侦查程序中的财产保全只需要针对被追诉人或债务人的合法财产即可。如此规定可以与一般意义上的证据保全、社会保全相区分，并针对财产保全设置更为严格的程序。当然，对于保全财产的数额应有控制，应该不得明显超过可能发生的赔偿数额或者财产刑标准。

第三，明确财产保全的启动时间。考察我国的规定，附带民事诉讼必须是在犯罪嫌疑人被捕获起诉时进行，而法院查封或者扣押被告人的财产也必须在其后。为解决司法实践中的难题，笔者认为，财产保全作为一种特别程序，应当在确立犯罪嫌疑人之后（出逃或者被逮捕归案）即可进行。增加侦查程序中的财产保全无疑能够解决先刑事后民事带来的负面效应，对有效打击和预防犯罪，将会起到一定的积极作用。

第四，明确财产保全中的权限及其分工。侦查程序中的财产保全之所以存在巨大争议，就在于：财产保全与证据保全、社会保全相比较而言，存在很大的风险性和不确定因素，非常容易对无罪推定原则造成冲击。因此笔者认为，与证据保全、社会保全的事后司法审查相比较，财产保全更应谨慎，必须建立事前的司法审查机制。因此，财产保全的权限及其分工设置如下：一是侦查程序中财产保全的决定权在法官手中，不允许侦查机关自行决定；二是财产保全的执行权，由侦查机关行使更为合适。

第五，财产保全的其他要素。至于财产保全的其他制度要素，如保全请求人是否提供担保，被保全人的救济，保全物的保管与处理，保全的解除，保全物的抵押权人、留置权人是否优先受偿等，一般应参照民事诉讼法相关的制度规定。

第六，财产保全的具体程序设计。如前所述，侦查程序中财产保全的目的是保障附带民事判决与财产刑的执行，对于附带民事判决，无疑应由被害人提起财产保全的请求（被害人死亡或者丧失行为能力的，被害人的法定代理人、近亲属有权提起附带民事诉讼）；而没收、罚金等财产刑的执行并不在被害人考虑的范畴。更为关键之处在于我国采用职权主义诉讼模式，大量证据都在侦查机关掌控之中，因此，被害人提出财产保全的请求只是一种前置性程序。结合我国 2012 年有关特别程序的设计，笔者将其设计如下：

首先，由被害人向侦查机关提出财产保全的请求，侦查机关认为符合前述财产保全情形的，应当写出财产保全意见书，连同证据一起移送人民检察院。其次，人民检察院审查中发现如果有国家财产、集体财产遭受损失的情形，可以一并向人民法院提出财产保全的申请。（财产保全的申请应当提供与犯罪事实、违法所得相关的证据材料，并列明财产的种类、数量、所在地及查封、扣押、冻结的情况。）再次，人民法院应组成合议庭进行审理，根据案情及其财产损失情况，做出财产保全与否的裁定。最后，财产保全令交侦查机关执行，执行结果再次报人民法院审查。除此之外，对于侦查机关不提出财产保全意见书或人民检察院不提出财产保全申请的，被害人可以直接向人民法院提起财产保全申请或直接提起刑事附带民事诉讼；对于犯罪嫌疑人或债务人认为财产保全错误的，可以向人民法院提出撤销财产保全的申请。

五、几种特殊形态财产权的限制

上文介绍了对实物财产、金融财产和执业资格等涉案财产的限制措施，但在司法实践中，涉案财产的表现形态多种多样，法律对这些特殊形态的财产权如何限制缺乏统一的规定，笔者在这里抛砖引玉，以期引起学界对司法实践中难题的关注。

（一）非证券公司所管理的股权的控制

证券公司所管理的股权属于金融财产的一种，其与非证券公司所管理的股权区别在于该股权交易是否经由证券公司办理。上文在阐释冻结的范围时，已经涵盖了证券公司所管理的股权，而对非证券公司所管理的股权的冻结程序不同于金融财产的冻结程序。笔者参照 1998 年最高人民法院《关于人民法院执行工作若干问题的规定（试行）》和 2001 年最高人民法院《关于冻结、拍卖上市公司国有股和社会法人股若干问题的规定》，对于非证券公司所管理的股权的控制问题进行探讨。

第一，冻结非证券公司所管理的股权的适用条件和批准程序参见冻结的规定。

第二，冻结股权的法律文书应送达股权所属企业、股份持有人和该企业登记的工商行政管理机关。应当通知有关企业不得为涉案投资人办理股权的转让手续，不得向涉案投资人支付股息或红利，所应支付的股息或红利应交侦查机关或由企业暂时留存；应当告知涉案投资人所应享有的诉讼权利。

第三，送达协助执行冻结股权的法律文书时，应要求公司如实提供股东名册。如果公司提供的股东名册与工商登记的股权名册不一致时，应以工商登记为准，除非公司提出确实、充分的证据能够支持其主张。

（二）知识产权中财产权部分的控制

正如上文所述，"具有财产价值的私权利"是刑事诉讼中财产权保障的传统和主要样态，主要包括动产、不动产和知识产权。然而，由于我国立法的滞后，知识产权的保护，一直没得到应有的重视。再加上侵犯知识产权的犯罪案件（严重危害社会秩序和国家利益的除外）通常被视为自诉案件，实践中因侵犯知识产权而获刑的案例少之又少。因此，对知识产权的财产权部分如何控制也缺乏研究。

目前，对于知识产权是否属于财产权争议较大。但我们仔细分析就会发现，知识产权其实与财产权密不可分。大陆法系国家从前将知识产权称为无体财产权，与财产权中的物权、债权相并列，后来知识产权从财产权中脱胎成为一种独立的权利形态。直至今天，各国学界仍有学者将知识产权视为财产权，例如，我国台湾学界将知识产权称为"智慧财产权"（Intellectual property rights）。从理论上分析，知识产权的客体就是无形财产或称为无体财产，知识产权的主要内容仍然是财产权。如果说，著作权中财产权和非财产权还可以平分秋色的话，那么，工业产权中的权利则基本都是财产性的。由于知识产权是一个私权利，因此在民事法律上，对保护知识产权设立了一些办法或措施，我们也可以将其借鉴到刑事诉讼领域。

第一，对于知识产权中财产权已经实现的部分，如稿酬、专利转让费或使用费、商标转让费或使用费、因发现或发明而获得的报酬、奖金，这些财产属知识产品所有者所有，如果该知识产品所有者成为被追诉人，可以通过扣押、查封或冻结等常规措施实现其控制目的。

第二，对于知识产权中财产权尚未实现的部分，可以通过限制其转让的方式进行控制。限制转让的法律文书应当注明所限制的知识产权的编号及其期限；要扣押相关的权利证明书；限制知识产权转让的法律文书要送达当事人和协助办理的权利登记机关。

第三，在办理侵犯知识产权类案件中，为防止难以弥补的损害发生，侦查机关在有证据证明被追诉人涉嫌侵犯他人知识产权的情况下，既可以事前申请法官签发"停止侵犯知识产权令"[1]，也可以经内部批准，下发"责令停止侵犯知识产权通知书"，事后提请法官司法审查。然而不当的限制会造成对被追诉人的权利的侵犯，必须进行严格的控制。结合我国有关法律和司法解释的规定，可以将限制知识产权程序的启动条件设计如下：一是被追诉人已经实施的行为是否涉嫌知识产权犯罪，是否已经达到立案的标准；二是被追诉人正在实施的行为是否构成知识产权的侵犯；三是不采取限制措施，是否会给被害人的合法权益造成难以弥补的损失；四是限制措施的执行是否会损害公共利益。

六、善意取得应否限制财产权

在司法实践中，查封、扣押和冻结涉案财产时，有时会遇到被追诉人已将涉案财产用于抵债或者转让，且几经转手的情况。例如，某甲通过合同诈骗骗得的货物或盗窃的财物，转手又卖给了乙，侦查机关是否应当扣押该类民事活动中的标的物？这就涉及犯罪所得是否适用善意取得的问题。

善意取得，又称即时取得或即时时效。善意取得制度是适应商品交换的需要而产生的一项法律制度。在广泛的商品交换中，从事交换的当事人往往并不知道对方是否有权处分财产，也很难对市场出售的商品逐一调查。如果受让人善意取得财产后，根据转让人的无权处分行为而使交易无效，并让受让人返还财产，则不仅要推翻已经形成的财产关系，而且使当事人在从事交易活动时，随时担心买到的商品有可能要退还，这样就会造成当事人在交易时的不安全感，也不利于商品交换秩序的稳定。

"传统理论认为，善意取得制度只适用于占有委托物，即无权处分人基于原权利人真实意思而取得占有的物，而不适用于赃物、遗失物等占有脱离物，即无权处分人非基于原权利人意思或者真实意思而取得占有的物。"[2] 自近代以来，德国、瑞士和日本等国家学界都对"赃物能否善意取得"这一问题进行了反思和探索，他们普遍认为应该在区分"盗赃"和其他赃物的前提下，分别考量赃物的善意取得问题，并在各自民法中对赃物的善意取得问题做了规定。例如，《德国民法典》第935条规定："（1）物从所有人处被盗、遗失或以其

---

① 在域外知识产权保护措施中，有诉前停止侵犯专利权行为的措施，在英美法系和大陆法系中被称为"临时性禁令"或者"中间禁令"；TRIPS第50条称为临时措施。笔者在这里借鉴这种说法，将法官签发的称为"停止侵犯知识产权令"，侦查机关批准的称为"责令停止侵犯知识产权通知书"。

② 梁慧星：《中国物权法草案建议稿》，社会科学文献出版社2000年版，第369页。

他方式丧失的,不发生以第 932 条至第 934 条为依据的所有权取得。在所有人只是间接占有人的情况下,物从占有人处丧失的,亦同。(2)前款的规定,不适用于金钱或无记名证券以及通过公开拍卖方式让与的物。"又如,《瑞士民法典》第 934 条规定:"因动产被盗、丢失或因其他违反本意而丧失占有的,得在丧失的五年内请求返还。但前款的动产被拍卖或经市场或经专营商转卖的,对第一位及其后的善意取得人,非经赔偿已支付的价格,不得请求返还。"第 935 条规定:"货币及不记名证券,即使未经所有人同意而丧失占有的,所有人亦不得向善意取得人请求返还。"

如今,各国立法几乎都通过例外规定来限制善意取得制度的适用。刑事诉讼中的善意取得并未达成完全的共识,各国建立在本国的国情上均有自主选择,有些法律条文所体现出的差异性还很大,这也为我国在赃物的善意取得法律制度建设提供了诸种可能。

我国 2007 年《物权法》第 106 条规定:"无处分权人将不动产或者动产转让给受让人的,所有权人有权追回;除法律另有规定外,符合下列情形的,受让人取得该不动产或者动产的所有权:(一)受让人受让该不动产或者动产时是善意的;(二)以合理的价格转让;(三)转让的不动产或者动产依照法律规定应当登记的已经登记,不需要登记的已经交付给受让人。受让人依照前款规定取得不动产或者动产的所有权的,原所有权人有权向无处分权人请求赔偿损失。当事人善意取得其他物权的,参照前两款规定。"从中我们能够看出,善意取得制度已经在我国确立,但针对犯罪所得是否适用物权法并没有明确说明。在我国刑事诉讼法中也没有直接规定这方面的问题,但在司法实践中已有相关规定。例如,1996 年最高人民法院《关于审理诈骗案件具体应用法律的若干问题的解释》第 11 条规定:"行为人将诈骗财物已用于归还个人欠款、贷款或者其他经济活动的,如果对方明知是诈骗财物而收取,属恶意取得,应当一律追缴;如确属善意取得,则不再追缴。"又如,1998 年最高人民法院、最高人民检察院、公安部、国家工商行政管理局《关于依法查处盗窃、抢劫机动车案件的规定》中规定:"对不明知是赃车而购买的,结案后予以退还买主。"上述立法的精神肯定了善意取得在刑事诉讼中的运用,有力地维护了市场经济的有序运行。

在现代市场经济条件下,财产权制度和契约自由作为市场经济的两大法律支柱,缺一不可。笔者认为,善意取得问题关乎契约自由的实现,实质上是基于等价交换市场经济原则所进行的一个合同履行的活动。因此,我们在刑事诉讼中应对这个合同加以保障,这不仅维护了契约自由、正符合市场经济的内涵,而且对刑事诉讼中第三人的财产权保障具有重要的意义。因此,确立我国刑事诉讼中的善意取得制度，对涉案财产的追缴和处理具有重要的意义，可以有效指导司法机关工作的有序进行，保护被害人和第三人的合法权益，稳定经济秩序的良好运行。

目前，除了诈骗案件和盗窃、抢劫机动车案外，随着 2010 年《关于没收和处理赃款赃物若干问题暂行规定》的废止，其他案件如何处理还缺乏相关的规定，造成司法实践中存在诸多争议。笔者认为，我国物权法尽管没有明确说明犯罪所得是否适用物权法，但其立法精神值得刑事诉讼法借鉴。在我国签署加入的《联合国反腐败公约》第 31 条第 9 项规定："不得对本条的规定作损害第三人权利的解释"，第 34 条规定："各缔约国均应当在适当顾忌第三人善意取得的权利的情况下，根据本国法律的基本原则采取措施，消除腐败行为的后果。"因此，我国应当顺应当今世界的立法潮流，履行国际义务，对诈骗案件和盗窃、抢劫机动车案件以外的犯罪所得的善意取得予以立法确认。

鉴于本书主题之所限，笔者不再对刑事诉讼中的善意取得如何认定问题进行阐释。但为了维护刑事诉讼中第三人及被害人合法权益之平衡，笔者认为，应当遵循以下原则：

第一，以不限制财产为原则。也就是说，对已经认定为是善意取得的财产，原则上不加以限制。

第二，以限制财产为例外。这里分两种情形：一是对于争议比较大的第三人取得的犯罪所得，可以暂时予以限制，待经司法裁定后予以解除或继续限制；二是对于必须作为证据展示且没有其他可替代方式的，第三人有配合的义务，由侦控机关暂时扣押，待其证据作用目的达成后，予以返还第三人而不是被害人。

第三，对于被害人的财产损失，可以通过财产保全、刑事和解或责令退赔的方式予以解决，或者赋予被害人一定的回复请求权。我国《物权法》第 107 条体现了有偿回复的精神，即"所有权人或者其他权利人有权追回遗失物。该遗失物通过转让被他人占有的，权利人有权向无处分权人请求损害赔偿，或者自知道或者应当知道受让人之日起二年内向受让人请求返还原物，但受让人通过拍卖或者向具有经营资格的经营者购得该遗失物的，权利人请求返还原物时应当支付受让人所付的费用。权利人向受让人支付所付费用后，有权向无处分权人追偿"。有偿回复权对于被害人来说，为其取得原占有物具有一定的救济作用，特别是该物品是其祖传或具有一定纪念意义的物品时。

第六章　涉案财产的处置

　　刑事侦查活动是一个逐步推进的过程，涉案财产的限制只是侦查机关的一种保全活动，是在为刑事诉讼的进一步推进做准备工作。因此，在侦查程序中需要建立与涉案财产限制相对应的科学衔接机制，这就引出了侦查程序中涉案财产处置的问题。

第一节　涉案财产处置的基本理论

一、涉案财产处置的内涵及意义

　　"处置"的基本解释为"分别事理，使各得其所"，在具体解释中有"办理"、"安排"之说，也有"承办"、"发落"之意。在司法实践中，无论是基于控制犯罪，还是出于保障当事人合法权益的目的，都应对涉案财产予以适当处置。根据是否对涉案财产的权属进行确认和改变，可以将涉案财产处置分为程序性处置和实体性处置。可见，"处置"同时具有程序性和实体性两个方面的意义。因此，涉案财产处置，就是指公权力机关依据法律规定，对与刑事诉讼相关的具有财产价值的财物做出程序性或实体性处理或处分的总称。基于主题之所限，主要对侦查程序中的涉案财产处置进行阐释。

　　在司法实践中，在侦查程序中对涉案财产进行程序性处置，不仅有必要，而且是必需的；然而侦查阶段对涉案财产进行实体性处置，则面临着很大的争议。笔者认为，侦查程序中的涉案财产处置，不仅关乎侦查程序的完善，而且对公民的财产权保障具有重要的意义。

　　第一，涉案财产处置直接关乎公民财产权的保障。在侦查阶段，被追诉人虽说具有当事人的主体地位，但面对强大的国家机器，被追诉人始终处于弱势的地位。与1996年《刑事诉讼法》相比较，2012年《刑事诉讼法》赋予了律师侦查阶段辩护人的身份，如规定犯罪嫌疑人可以聘请律师作为辩护人，为其提供法律帮助；代理申诉、控告；申请变更强制措施；向侦查机关了解犯罪嫌疑人涉嫌的罪名和案件有关情况，提出意见，等等，但也不能改变双方所处地位的差别。因此，如何通过程序的设计来限制强大的国家权力，始终是现代刑事诉讼所要研究的重要课题。

在以往的理论研究中，对物的强制措施已经取得了丰硕的成果。然而，在涉案财产程序性处置方面鲜有人问津，似乎涉案财产的管理是侦查机关的内部事务，由侦查机关自行实施并加以约束即可；随案移交和移送只是一种刑事诉讼推进的过程，无关乎财产权保障。在涉案财产实体性处置方面，虽然说关注率较高，但只是学界学者在各抒己见，司法实践中侦查机关仍然是各行其是。这充分说明了我国立法对侦查程序中的涉案财产处置问题缺乏规范，造成司法实践中对公民财产肆意处置的现象多有发生。因此，涉案财产处置程序亟待规范。

第二，涉案财产不仅具有证据价值，而且与保证判决的执行息息相关，对其处置恰当与否关乎刑事诉讼的顺利进行。笔者在前文中将涉案财产界定为作为犯罪之物、作为证据之物和作为保全之物。在涉案财产中，有相当一部分是作为证据之物，对案件的定性起着至关重要的证明作用。例如，违法所得的数额不仅关系到被追诉人定罪问题，也关系到量刑问题；而犯罪工具直接对案件定性起着至关重要的证明作用。因此，如果在涉案财产管理中致使其证据价值丧失、财产价值灭失，应当移送、移交的不移送、移交，不该返还的肆意返还被害人，那么将会影响案件的审判。如何规范涉案财产处置程序，关乎刑事诉讼的顺利进行。

第三，涉案财产处置关系着刑事诉讼三机关的权责划分，关系到我国执法机关的执法公信力和廉明形象。在涉案财产处置程序中有一个重要的问题一直是学界和实务界争论的焦点，那就是谁拥有涉案财产实体性处置的权限？这也是刑事诉讼潜规则的表现之一，里面的关系不言自明，已经严重影响到我国执法机关的权责划分，对我国执法机关的公信力和廉明形象造成了巨大的损害。这种局面的出现，也正是我国立法粗疏的必然表现。从理论上说，法官拥有最终的实体性处置权，这已得到现代刑事诉讼理论的认可，在侦查阶段对财产权进行实体性处置也有其合理性。因此，如何恰当地划分执法机关对涉案财产实体性处置的权限问题，也是一个亟待解决的任务。

第四，涉案财产处置程序关乎国家和被害人利益的维护。一方面，相当一部分涉案财产最终要由国家没收或返还、赔偿被害人，涉案财产处置不当，可能会导致涉案财产的流失或非法财产合法化；另一方面，司法实践中还存在案件无法进行追诉的情形，如何及时为国家和被害人挽回损失，也是困扰司法实践的一个难题。总之，由于多种因素的影响，涉案财产处置不当会严重侵犯当事人的合法权益。因此，构建合理完善的涉案财产处置程序，既是保障当事人合法财产权的现实需求，也是实现公平正义和提高执法公信力的必由之路。

二、涉案财产处置的价值

"我们需要价值的指引,以便评价结果和事实,并权衡各种冲突的利益,我们若不指出法律体系应当促进的价值,就不能具体说明法律的限度。"① 美国法哲学家戈尔丁充分阐释了价值取向对法律制度的影响,在不同的价值取向引导下,有关涉案财产处置的法律规定可能会迥然不同。相应地,涉案财产处置制度的价值也包括积极与消极两个方面。法的积极价值是指法对人的有益的价值,是真正的对人的意义,是真正的价值,一般所称的价值是指积极价值;而法的消极价值是指法对人的有害的价值,是法的异常价值。法的消极价值一旦出现,法不但不能满足人的需要,而且离人的需要会更加遥远,并走到人的需要的反面。②

(一)积极价值

1. 预防犯罪。侦查程序中的涉案财产处置是刑事诉讼中涉案财产处置的重要组成部分,但与审判阶段的刑罚相比较,有一个明显的特征,即不以定罪量刑为基础。但是在预防犯罪方面,同样具有积极的价值。

第一,在涉案财产程序性处置中,财产权限制措施行使的结果得以巩固,刑事案件得到进一步推进,再加上如今侦查措施透明化、法定化的强化,对潜在的犯罪无形中形成巨大的冲击,起到了预防犯罪的作用。例如,通过程序性处置,彻底切断了涉案财产与犯罪的联系,剥夺了犯罪分子再犯的物质基础,即便是未被实体性处置的涉案财产,也不可能再有犯罪资本继续从事犯罪活动。

第二,在涉案财产实体性处置中,关乎当事人财产权的命运,其犯罪预防的作用无疑更加明显。更为重要的是,这不仅意味着犯罪分子在经济上占不到丝毫优势,而且也不代表犯罪分子能够得到刑罚上的免除,让犯罪分子产生犯罪"得不偿失"的心理,并基于人性中趋利避害的本能从心理上彻底打消犯罪的念头,不再犯罪。以没收为例,就是一种非常有效的惩罚方式。根据"经济人"理论假设,只要实体性处置的恶果大于犯罪所带来的好处,处置就可以收到它的效果,同时也意味着犯罪既得利益的丧失。

第三,从司法实践来看,我国的财产刑以及刑事附带民事诉讼存在很大的漏洞,执行难问题一直困扰司法实践。如果只对犯罪分子判处自由刑等主刑,而财产刑得不到落实,受害人得不到返还或补偿,不仅有悖于社会正义,而且

---

① [美]戈尔丁:《法律哲学》,齐海滨译,三联书店1982年版,第133页。
② 卓泽渊:《法的价值论》,法律出版社1999年版,第28页。

会助长社会上其他有犯罪倾向的人"坐牢一阵子，享受一辈子"、"牺牲我一人，幸福一家子"、"老实人奉公守法，违法者却能获利"等不劳而获的思想。这不仅对传统的正义观念提出强有力的挑战，而且必然会产生强烈的示范效应，每一起犯罪获利的行为都将带来成千上万新的罪恶。因此，通过不以定罪量刑为目的的涉案财产实体性处置，不仅能让犯罪分子感觉"得不偿失"，而且能在很大程度上打消其他有犯罪倾向的人企图通过犯罪致富的心理，对其他潜在的犯罪者产生强大的威慑力，预防犯罪。

2. 财产权保障。由于涉案财产在刑事判决前的权属不确定，涉案财产程序性处置就是为了保全，这既包括防止证据之泯灭，也包括防止财产价值的灭失。由此可见，涉案财产程序性处置是连接财产权限制与涉案财产实体性处置的桥梁，本质上是在为下一步实体性处置以及刑罚做准备。因此，涉案财产程序性处置具有财产权保障的积极价值。

"迟到的正义非正义"。侦查程序中的涉案财产实体性处置正是司法正义的具体体现，也是刑事诉讼效率的必然要求。对于直接涉案财产而言，其是刑事犯罪侵犯公民基本权利的载体，对其进行实体性处置，如返还被害人或第三人，就能保障被害人以及第三人的合法权益。对于间接涉案财产而言，除非刑事诉讼之必要外，及时返还物品原持有人，也体现了对当事人财产权的保障。由此可见，涉案财产实体性处置的关键在于对涉案财产权属的判定，其积极价值在于对公民财产权的保障。

除了打击犯罪和保障财产权之外，侦查程序中的涉案财产处置还具有社会警诫的作用。例如，对违禁品的没收以及某些情况下对犯罪工具的没收，并不要求该涉案财产属于犯罪行为人所有，这对真正的权利人而言就具有惩罚的性质，引起其对该物品妥善管理或使用的责任意识，从而起到了社会警诫以及教育的作用。因为在这种情况下，他们虽然没有违法的故意，但存在对物品管理不善和疏忽大意的过错，都会督促他们以后对物尽到善良注意的义务。

（二）消极价值

1. 可能造成涉案财产处置的恣意。在司法实践中，程序性处置方面，无论是出于部门利益之考虑造成的涉案财产不移送、移交或私自使用，还是出于漠视导致的涉案财产管理缺位，造成财产价值的泯灭，都不是个别现象。

在实体性处置方面，由于立法没有明确的返还标准以及相应的程序，侦查机关自行返还的现象也非常严重，尤其是权属争议比较大的涉案财产，非常容易引起当事人的不满，进而引发上访事件的发生。

上述现象的存在，严重影响了侦查机关的社会形象，也是侦查程序中涉案财产处置消极价值的体现。

2. 可能对交易安全造成威胁。市场经济有两大法律支柱，即财产权和契约自由。在如今市场经济条件下，交易更加活跃和快捷，因而往往会在案发之初，部分涉案财产已经几经转让，对于交易的受让人而言，往往并不知道交易的标的物是涉案财产。如果出于证据保全的目的进行财产权限制还有情可原，毕竟这只是一种临时性的措施，然而如果因为司法的原因，其正常交易的标的物因保管不当或被没收以及返还受害人，无疑会造成其财产损失，这就可能挫伤市场交易主体的积极性，降低交易效率，增加交易成本。

如今，市场经济已是我国建设中国特色社会主义的不二选择，为避免刑事诉讼对市场交易自由的过分干预，我们应当完善相应的制度，在涉案财产处置中尽可能地考虑到各方的利益平衡，以防造成新的"司法不公"。

三、涉案财产处置的原则

如前所述，正当程序原则、比例原则、权利救济原则、平等保护原则是侦查程序中财产权保障的基本原则；目的正当原则、手段正当原则、关联性原则、与涉案金额相当原则、审慎原则、效益原则是财产权保障的具体适用原则。然而，由于涉案财产在目前并非一个标准的法律概念，再加上我国法律的粗疏，侦查程序中的涉案财产处置必然将存在这样或那样的问题，因此，有必要为其确立相应的处置原则或标准。

（一）以程序性处置为原则

侦查程序是刑事诉讼的第一道程序，而非最终程序，基于司法正义之考量，在侦查阶段一般不宜进行实体性处置。因此，一般来说，侦查机关只应负有涉案财产管理、随案移送、移交等义务。

（二）以实体性处置为例外

然而司法实践是复杂的，在特殊情形下，一味强调只能进行程序性处置可能违反刑事诉讼发展的规律，将给当事人造成无法弥补的财产损失。例如，尽管我国没有确立侦查中止制度，但司法实践中的确存在因被追诉人长期潜逃等情形使侦查陷入僵局，侦查机关往往处于两难的境地，既无法移送案件，也无法对涉案财产进行实体性处置。因此，我们有必要在侦查程序中确立涉案财产实体性处置的例外制度。鉴于文章体例之安排，将在下文予以详细阐释。

（三）以涉案财产的种类及性质认定为基准

如前所述，笔者将涉案财产的范围界定为作为犯罪之物、作为证据之物和可为保全之物；将其划分为实物财产和非实物财产（实物财产包括动产、不动产，非实物财产包括金融财产和其他非实物财产）。笔者认为，尽管涉案财产的范围和种类的划分依据不一致，有交叉重合之处，但在涉案财产处置上，也有一定的规律可循。不过需要指出的是，对于财产保全的部分，原则上只应予以保管或移送，而不宜在侦查程序中予以实体性处置。

第一，对于大部分动产而言，主要是作为证据之物，部分可能是财产保全之物。当然对于证据的认定和财产保全的认定是简单明了的，无须经过司法审查。因此，对于作为证据之物和财产保全之物，一般应以程序性处置为原则。

第二，对于可以采取替代性措施发挥证据作用的少部分动产（如拍照、勘验等形式并由当事人确认），可能是生产、生活中必要的生产资料或工具，也可能是违禁品，在以其他方式证明犯罪事实后，没有权属争议的，可以进行实体性处置。例如，合同诈骗中标的物为生产原料的部分，可以返还受害人；又如，非法持有的枪支弹药等违禁品，应当予以没收。

第三，对于不动产，主要表现为犯罪所得或财产保全的部分，司法实践中不动产消失的可能性不大，而且在权属认定方面或购置不动产的资金来源方面，认定并不复杂；更何况不动产的交易信息、资金来源即可作为替代性证据，因此，对于属于犯罪所得的部分，可以予以没收或返还被害人。

第四，对于非实物财产，主要表现为犯罪所得或财产保全的部分。按照现有理论，尽管非实物财产可以列入法定证据中物证的范畴，然而非实物财产的无形性致使其无法成为原始证据，而只是派生证据的一种。例如，冻结的银行存款并不能单独起到证据的作用，而需要资金往来凭证、存取款记录等予以证明。而实际情况是，这些资金往来凭证、存取款记录证明了该资金与犯罪所得之间的关系，对于冻结的银行存款只是予以保全的标的物而已。因此，对于表现为犯罪所得的非实物财产而言，其证据作用完全可以用其他相关证据来代替，这就为实体性处置该类涉案财产提供了契机。

综上所述，笔者认为侦查程序中涉案财产程序性处置的对象是所有涉案财产，主要表现为作为证据之物和财产保全的部分；而实体性处置的对象主要是无须作为证据或有替代证据证明的犯罪所得以及违禁品。

第二节 涉案财产的程序性处置

根据是否对涉案财产权属进行确认，可以将涉案财产处置程序分为程序性处置和实体性处置。在涉案财产程序性处置中，由于立法规定不严谨，加上部门之间受利益驱动的影响，存在诸多问题，因此，在修改刑事诉讼法的讨论中，不少人建议在立法中增加涉案财产管理、移送、处分等问题的规定，然而由于意见不能完全统一，特别是对实践中客观存在的问题难以做出详尽的规定。

在涉案财产的程序性处置方面，2012年刑事诉讼法尽管关注了这方面的问题，但整体上来看仍然属于原则性规定。例如，2012年《刑事诉讼法》第234条规定："公安机关、人民检察院和人民法院对查封、扣押、冻结的犯罪嫌疑人、被告人的财物及其孳息，应当妥善保管，以供核查，并制作清单，随案移送。任何单位和个人不得挪用或者自行处理……对作为证据使用的实物应当随案移送，对不宜移送的，应当将其清单、照片或者其他证明文件随案移送。"

笔者认为，在侦查程序中应当以涉案财产的程序性处置为原则，如无必要或特殊情形，是不应对涉案财产的权属做出确认的，而应把"人"与"物"经过程序性处置，并最终移送至法院裁决。但这并不代表涉案财产程序性处置不重要，规范的程序必须考虑到程序的细枝末节，正是这些细节组成了完善的程序，正当程序的价值才能得以实现。

一、涉案财产的管理

涉案财产管理，是指对涉案财产采取保全措施后，在保证其证据功能的前提下，所进行的保全及其保值增值工作。在以往司法实践中，更多地重视涉案财产的证据价值，所谓"管理"以"保管"为限，并不注重涉案财产所蕴含的财产权本质属性。笔者认为，在财产权保障的价值目标指引下，涉案财产管理不仅与涉案财产的"入口"相关，而且与涉案财产的"出口"相关，故应将其纳入涉案财产程序性处置的范畴。①

在我国司法实践中，涉案财产的管理只是针对扣押和查封的实物财产。扣押的涉案财产已经转移至侦查机关管理，故在实践中侦查机关也建立了一些相应的保管制度；查封的涉案财产由于无法或不便转移，往往指定责任人员进行管理；至于金融财产等财产，实质上在第三方掌控之下，侦查机关只具有保管法律手续的义务，并不参与实质性管理。然而涉案财产管理工作非常重要，在保证涉案财产的证据价值和财产价值方面发挥着极其重要的作用。

我国《刑事诉讼法》只是在第234条规定了对查封、扣押、冻结的犯罪嫌疑人、被告人的财物及其孳息，应当妥善保管，以供核查。在《人民检察院扣押、冻结涉案款物工作规定》中对涉案财产的保管做出了详细的规定。保证涉案财产的完整性、有效性是侦查机关执法中应当履行的重要义务，而司

---

① 所谓"入口"、"出口"是以涉案财产是否在侦查机关的控制之下为判断标准。无论是采取财产权限制措施还是当事人主动提交的涉案财产，即为"入口"，此时涉案财产在侦查机关的实际控制之下；无论是随案移送、移交还是没收、返还被害人，即为"出口"，此时涉案财产已不在侦查机关的实际控制之下。

法实践中却存在管而不理、非法移用的现象，致使涉案财产的丢失、调包、损坏、坐收坐支现象突出，更不用说涉案财产的保值、增值了。

（一）当前涉案财产管理的相关规定

目前与涉案财产管理相关的规范性文件主要有两个：一个是 2010 年公安部颁发的《公安机关涉案财物管理若干规定》，另一个是 2010 年最高人民检察院颁发的《人民检察院扣押、冻结涉案款物工作规定》。归结起来有如下特点：

第一，明确了涉案财产管理的基本原则。例如，《公安机关涉案财物管理若干规定》中明确了"涉案财物管理工作坚持办案与管理相分离、来源去向明晰、依法及时处理、全面接受监督的原则"。可见，"办案与管理相分离"、"依法管理"、"接受监督"可谓涉案财产管理的基本原则，对于杜绝"丢失、调包、损坏、坐收坐支等现象"具有重要的意义。

第二，建立了统一管理的工作机制。尽管各个机关的管理部门不尽一致，但都体现了统一管理的要求。例如，人民检察院负责财务装备的部门是扣押款物的管理部门，负责对扣押款物统一管理；办案部门扣押款物后，应当在三日内移交管理部门，并附扣押清单复印件。由于特殊原因不能按时移交的，经检察长批准，可以由办案部门暂时保管，在原因消除后及时移交。又如，公安机关各办案部门应当对涉案财物实行统一管理，并指定不承担具体办案工作的民警负责本部门涉案财物的接收、保管、移交等管理工作；严禁由办案人员自行保管涉案财物。在具备条件的省、自治区、直辖市，各级公安机关应当设立或者指定专门保管场所、账户，并指定一个部门对各办案部门经手的全部涉案财物或者涉案款项和价值较大、管理难度较高的部分涉案财物实行集中统一管理；暂时不具备条件的省、自治区、直辖市，应当先在部分条件较好的市级或者县级公安机关实行集中统一管理。

第三，完善了涉案财产管理制度。刑事诉讼法只是原则性规定，相关部门管理制度的完善是有益和必要的补充。例如，《公安机关涉案财物管理若干规定》中规定，各级公安机关应当完善涉案财物管理制度，建立专门的台账，对管理的所有涉案财物逐一编号登记，载明案由、来源、保管状态、场所和去向，并将涉案财物纳入执法办案信息系统，按照侦查、监管、移送、案卷归档等办案程序及法定时限进行实时、动态、信息化管理；公安机关纪检、监察、警务督察、审计、法制等部门在各自职权范围内对涉案财物管理工作进行监督。又如，《人民检察院扣押、冻结涉案款物工作规定》中也明确了向管理部门移交款物的规定；逐案设立明细账、建账设卡的规定；设立专用保管场所的规定，等等。

第四，特别加强了对涉案财产调用的管理工作。因为大部分涉案财产是作为证据之物，难免因工作需要进行调用，因此，在办案与管理相分离的原则要求下，各机关加强了对涉案财产调用的管理工作。

例如，《公安机关涉案财物管理若干规定》中规定，因讯问、鉴定、辨认、检验、检查等办案工作需要，经办案部门负责人批准，办案人员可以向涉案财物管理人员调用涉案财物。非因办案本身需要，不得使用涉案财物。涉案财物管理人员应当在专门的登记册上登记调用人、调用时间、调用事由、调用的涉案财物状况、审批人等事项，并由办案人员和涉案财物管理人员共同签名或者盖章。办案人员归还涉案财物时，涉案财物管理人员应当进行检查、核对。对于有损毁、短少、调换、灭失等情况的，涉案财物管理人员应当如实记录，并报告办案部门负责人和涉案财物管理部门负责人。办案人员未按照登记的调用时间归还涉案财物的，涉案财物管理人员应当报告办案部门负责人和涉案财物管理部门负责人。办案部门负责人应当责令办案人员立即归还涉案财物；对于确实需要继续调用涉案财物的，应当责令其办理延期手续。又如，《人民检察院扣押、冻结涉案款物工作规定》中也规定，为了核实证据，需要临时调用扣押款物时，应当经检察长批准。加封的款物启封时，办案部门和管理部门应当同时派员在场，并应当有见证人或者持有人在场，当面查验。归还时，应当重新封存，由管理人员清点验收。管理部门应当对调用和归还情况进行登记。

（二）针对涉案财产管理进行的有益探索

近年来，公安机关、检察院在涉案财产管理方面进行了有益的探索，取得了很大的进步。例如，公安部于 2011 年 3 月在全国公安机关部署开展了涉案财物管理专项治理，取得了良好成效，表现如下：

第一，目前全国各省级公安机关均出台了涉案财物管理实施细则，各地公安局制定配套制度 7000 余项。全国各级公安机关规范建设涉案财物管理中心、保管室 2.6 万余个，19 个省的县级以上公安机关全部实现涉案财物集中统一管理。除此以外，各地还设立涉案资金、取保候审保证金专用账户 7400 余个。

第二，全国 25 个省级公安机关统一研发、推广应用涉案财物管理信息系统，实现了"虚拟仓库"与"实物仓库"的对接。当办案民警需要扣押涉案财物时，需要在省公安厅执法办案系统涉案财物管理模块内录入涉案财物信息，做好扣押登记。如果涉案财物在 24 小时之内无法处置完毕，民警要将涉案财物移交给本单位管理员，管理员在系统内做入库管理，形成一级仓库；如果涉案财物属金银玉器、电子设备、机动车、大型设备、现金等高价值财物，按照规定需要集中到分局统一管理的，由办案单位管理员在系统中做"调拨申报",将涉案财物移交分局管理中心统一管理,形成二级仓库。

目前,各地公安机关都在以信息化建设为载体,严管理、强监督、促规范,使所有涉案物品处理统一在网上运行,做到物案关联、网上管理、网上流转。

第三,涉案财物管理中心、保管室在涉案财物管理方面都采取"双人双锁"的办法,即一把由专职涉案财物管理员保管,另一把在涉案财物的对应办案民警手里,从而有效防止了对涉案财物随意调用等问题的发生。

第四,为实现规范化管理的目标,所有的保管柜也都有统一编号,针对一些特殊的涉案财物,部分公安机关专门添置了贵重物品保管柜、易燃易爆物品保管柜和易腐蚀物品保管柜,以最大限度地避免对涉案物品的损坏。涉案财物均放在保管柜中,由专门的物证袋密封,并且在物证袋上都印有案件编号、涉案财物基本信息、办案民警等资料,而且所有的保管柜也都有统一编号,这样就实现了办管分离、责任明晰、管理规范。

第五,为了实现对涉案财物的全方位管理,有些公安机关还对涉案财物的出库、归还等做出了具体规定。例如,福州市晋江分局涉案财物的出库需要经过三个环节:一是办案民警在执法办案系统中制作法律文书并办理审批手续,经领导审批同意后,向管理员提出涉案财物出库申请;二是管理员和办案民警一同查看、核对相应的被保管涉案财物有否损坏、缺失;三是双方共同签名确认,涉案财物最终由办案民警调出,或做发还处理。

(三)涉案财产管理完善之进路

笔者认为,从短期来看,公安机关、人民检察院的相关规定以及上述有益的探索为完善侦查机关涉案财产的管理方式、建立健全相应的监督制约机制提供了必要的参考;但从长远来看,还应该改革涉案财产的管理模式,提高涉案财产管理的效益。

1. 完善涉案财产的管理方式。涉案财产的管理方式,是贯穿涉案财产"入口"至"出口"全过程的基础性工作,对保证涉案财产的合法性、完整性、有效性至关重要。考察域外立法并结合我国司法实践,主要从以下方面进行完善:

第一,制作收据。制作收据,是指对涉案财产执行强制措施后,应当详细记载涉案财产的名称和目录,交与物品所有人、持有人或保管人。英国《1984年警察与刑事证据法》第21条规定,警察行使任何法条,包括本法颁布之后通过的法律所载的法条,所授予的权力扣押任何物品,如果某人要求并表明:他是被扣押品所在场所的占用者;或者他在物品被扣押之前已经对该物品进行监管或控制,应当向他提供一份扣押物品的记录,法官应当自上述要求提出之日起合理的时间内提供该记录。《日本刑事诉讼法》第120条规定，在予以扣押时，应当开列扣押清单，交给该物品的所有人、持有人或保管人，或者他们的代表人。我国《刑事诉讼法》第115条规定，对于扣押的物品和文件，应当会同在场见证人和被扣押物品持有人查点清楚，当场开列清单，一式二份，由侦查人员、见证人和持有人签名或者盖章，一份交给持有人，另一份附卷备查。然而，我国对由第三人负责管理的涉案财产，如冻结的银行存款，只是交由银行一份"冻结银行存款通知书"，而对财产权利人，并没有任何手续。更为荒唐的是，在交纳财产担保金和主动退赔款时，有时甚至出现由交款人书写"交条"的现象。"制作收据"，其主要的功能是证明强制措施确实发生，防止侦查人员侵占被强制物，同时也是原物品持有人请求退还的凭证，这是保障公民财产权所必需的。因此，针对任何强制涉案财产的侦查行为，都应当由侦查机关"制作收据"，并交由财产权利人或管理人。

第二，封缄标识。封缄标识，是指对涉案财产加以封缄或加注其他标志，并由侦查机关盖章确认。《德国刑事诉讼法》第109条规定，对扣押物品做标记规定，对提取保管、扣押的物品要制作详细的清单，并用官方印鉴或者以其他适当的方式加以标记，以防混淆。封缄标识在我国刑事诉讼法中的规定几近空白，但在《最高人民法院关于人民法院民事执行中查封、扣押、冻结财产的规定》中有关于在查封物上加贴封条的办法。封缄标识主要是为了保全证据，将证据封存在被强制时的状态，以避免涉案财产被混淆。我国应在刑事诉讼法中明确规定封缄标识的做法。尤其是在内部管理时，涉案财产的入库和出库都应对"封缄标识"进行检查，严防调包现象的发生。

第三，看守保管。看守保管，是指对于那些不便搬运或保管的涉案财产，由侦查机关派人看守、或者命令所有人、或者其他适当之人加以保管。《日本刑事诉讼法》第121条规定，不便搬运或者保管的扣押物，可以设置看守人，或者在得到所有人、他人的承诺后，使其保管。我国《公安机关办理刑事案件程序规定》中也有对扣押的犯罪嫌疑人的财物及其孳息应当妥善保管的规定，但对原所有人的保管义务没有明确规定。我国应该尽快完善涉案财产的看守保管工作。首先，要明确看守保管人员的责任；其次，必须作为证据使用的涉案财产，应由侦查机关派人值守，以防证据价值的丧失；再次，对于通过拍照等其他方式可以固定证据，并且无法转移或交易的涉案财产，也可以在得到所有人或他人的承诺后，交由他人进行看守；最后，在不影响涉案财产的证据价值和财产价值的情况下，应当允许对涉案财产合理利用。

第四，变卖、拍卖。变卖、拍卖，是指对不易保管物品的一种处置办法。例如，《公安机关执法细则》规定：对容易腐烂变质及其他不易保管的物品，可以根据具体情况，经审查批准，在拍照或者录像后委托有关部门变卖、拍卖，变卖、拍卖的价款暂予保存，待诉讼终结后一并处理。变卖、拍卖的手续和上缴国库的凭证应当附卷。变卖、拍卖有利于保证涉案财产的财产价值，但我国的变卖、拍卖将当事人排除在外是一个很大的缺陷，因此，在变卖、拍卖时应征求财产权利人的意见，在财产权利人不明时，也应进行说明。正当的变卖、拍卖并不侵犯当事人的财产权利，也不涉及财产属性的变更，是涉案财产管理的一种有效方式。

第五，退还原主。如前所述，涉案财产可能包括犯罪嫌疑人或他人的合法财产，如查明与案件无关，应及时退还物品持有人。退还原主只是对强制措施错误施行的一种纠差办法，并非是对涉案财产的实体性处置。我国《刑事诉讼法》第118条规定，对于扣押的物品、文件、邮件、电报或者冻结的存款、汇款，经查明确实与案件无关的，应当在3日以内解除扣押、冻结，退还原主或者原邮电机关。但司法实践中主动退还原主的现象并不多见，因此，建立事后的司法审查机制非常重要，在法官做出控制财产行为违法或超范围时，应明确退还原主的期限；同时，物品原持有人针对违法或超范围控制财产的行为可以提请法官审查，对于错误控制财产的，应该退还原主。

2. 改革涉案财产管理的模式。涉案财产由侦查机关自行管理有其弊端，与学界探讨的羁押部门与侦查机关要分离开来是一样的道理。其实我国规定的取保候审金由银行统一收取，就是一种科学的管理模式。由于刑事诉讼是逐步推进的过程，从采取财产权限制措施到对涉案财产进行移送、移交或没收有一定的间隔期限，因此，对于以财物为主体的涉案财产来说，在此期间，由独立的第三方机构专门管理尤为必要。

法治国家十分重视对涉案财产的管理，《罗马规约》设立了专门的信托基金制度；美国司法部成立了"资产没收基金"；英国也成立了"扣押资产基金"，对被涉案财产的保值、增值进行管理。目前，我国涉案财产管理活动各自为政，以诉讼的不同阶段进行了条块划分，人为地为涉案财产的监管设立了障碍，并且对涉案财产的管理（除变卖、拍卖外）仅限于保持原状，目的是防止涉案财产的流失或侦查机关的以权谋私，并未对涉案财产的保值、增值进行规定。我国应当借鉴法治国家的先进经验，设置专门制度和机构，管理涉案财产，提升涉案财产的效益。

第一，设立专门的涉案财产管理机构。对于依法被强制但尚未确定属性的涉案财产，应当设立独立于司法机关的专门机构进行监管，以确保涉案财产的证据价值和财产价值。更为重要的是，实现了司法机关与涉案财产的分离，专门的涉案财产管理机构与侦查机关能够起到相互制约的作用。专门的涉案财产管理机构的存在也能避免司法机关侵财违法行为的发生；同时，在办理案件程序中，刑事诉讼三机关只存在法律手续和必要证据的流转，能够提高工作效率。

第二，针对实物财产，涉案财产管理机构根据需要提出请求，侦查机关在履行相应程序并批准同意后，涉案财产管理机构可以对该财产进行变卖和交易。例如，对容易腐烂变质及其他不易保管的物品的变卖、拍卖；对没有证据价值或者可以通过其他方式固定证据，并且容易贬值的涉案财产，也可以进行及时交易。

第三，针对非实物财产，尤其是金融财产，应当设立专门账户或者基金接受并进行管理。对于尚未定性的涉案财产，包括被扣押的资金、冻结的财产以及取保候审保证金（包括财产担保金），应当将其存入或转入专门设立的账户或者基金。该账户或基金由上述的涉案财产管理机构控制，为便于操作，该账户或基金应在各金融机构（证券公司）分设，涉案财产管理机构根据需要或司法机关的指令，可以进行投资活动。

第四，在对涉案财产进行实体性处置时，由管理机构按照司法机关的法律文书统一处置。对于法官裁定后系赃款赃物、违法所得的部分，以及投资盈利的部分，用于支付涉案财产管理机构在履行财产经管职责时的费用；可以依申请支付司法机关用于案件调查和法律援助的费用；还可以依申请为司法机关开展追缴犯罪所得提供资金支持；可以奖励在追缴犯罪所得工作中有功的个人或者集体，等等。

二、涉案财产的随案移送和移交

（一）随案移送

随案移送，是指侦查机关在侦查终结时将涉案财产移送司法部门审查决定。我国 2012 年《刑事诉讼法》第 160 条规定，公安机关侦查终结的案件，应当做到犯罪事实清楚，证据确实、充分，并且写出起诉意见书，连同案卷材料、证据一并移送同级人民检察院审查决定；同时将案件移送情况告知犯罪嫌疑人及其辩护律师。第 234 条规定，公安机关、人民检察院和人民法院对查封、扣押、冻结的犯罪嫌疑人、被告人的财物及其孳息，应当妥善保管，以供核查，并制作清单，随案移送；对作为证据使用的实物应当随案移送，对不宜移送的，应当将其清单、照片或者其他证明文件随案移送。根据法律规定，结合司法实践，笔者认为，随案移送应从以下几个方面予以完善：

第一，原则上所有的涉案财产，包括作为犯罪之物、作为证据之物和作为财产保全之物，都应依法随案移送，不随案移送就是违反刑事诉讼程序的其他情形之一，即使一审法院做出判决，也面临着因程序违法发回重审的风险。

第二，应当随案移送并非是指原物随案移送。除了涉案财产以外的其他证据和法律文书必须以原始面目移送外，涉案财产的移送工作可以分为两个部分：对于不宜移送的涉案财产，此时应当将其清单、照片或者其他证明文件随案移送；对于适合移送的涉案财产，目前体制下必须移送。尤其是建立专门的涉案财产管理机构后，涉案财产的管理与司法机关分离，此时的随案移送和移交只限于法律文书和必要证据的传递，更有利于诉讼效率的提高。

在目前状况下，笔者认为，应立法明确不宜移送的涉案财产的范围及其具体处理办法：一是对于查封的涉案财产（如不动产、大型动产），移送文书时应进行实地检查，列出清单，随同照片、查封手续一并随案移送；二是对于已经变现的涉案财产（主要包括易霉、易腐、易变质的食品、药品等需要拍卖、变卖的财产），需要将清单、变价款、作价证明、照片等一并移送；三是对于违禁品应交有权部门妥善保管或处理，随案移送鉴定书、清单、照片等证据。

第三，被排除的非法证据应当随案移送。2012年《刑事诉讼法》修正后增加了有关非法证据排除的规定，并明确规定被作为非法证据予以排除的证据不得作为起诉意见、起诉决定和判决的依据。那么被排除的非法证据应当返还原持有人还是继续随案移送呢？笔者认为，非法证据是认定侦查机关违法取证的必要证据，必须随案移送，以防证据消失。笔者将在后文予以阐释。

第四，加强对应当随案移送而未移送情形的监督。司法实践是复杂的，无论出于何种目的，应当移送未移送本身就是非法行为，应当加强对该行为的监督。例如，我们可以规定，人民检察院应当将随案移交情况告知辩护人，辩护方认为在侦查期间有应当随案移送而未移送的情形时（如公安机关收集的证明犯罪嫌疑人无罪或者罪轻的证据材料未提交；应当排除的非法证据没有移送），可以申请人民检察院向侦查机关调取；人民检察院应当及时将申请材料送侦查监督部门或者公诉部门审查；对于查证属实的，应当予以调取。

（二）随案移交

移送和移交在词义上差别不大，因此，我国刑事诉讼法对随案移送和随案移交并没有刻意进行区别，都是使用"移送"一词。但在《人民检察院刑事诉讼规则（试行）》和《公安机关办理刑事案件程序规定》中既有移送，又有移交。笔者考察二者的规定发现，移交更多是在案件管辖变更时使用。笔者认为，随案移送是诉讼阶段的变更，随案移交是管辖权的变更，有必要对两种性质不同的概念进行区分。因此，随案移交是指案件变更管辖时，与案件有关的财物及其孳息应当随案移交。这里面既包括由刑事案件管辖的变更，也包括刑事案件转化为行政案件或者部分涉案财产移交其他主管机关处置。移交财物时，由接收人、移交人当面查点清楚，并在随案移交物品、文件清单上共同签名或者盖章，这里不再赘述。

第三节 涉案财产的实体性处置

如前所述，侦查程序中涉案财产实体性处置是程序性处置的例外，其对象主要是无须作为证据或有替代证据证明的犯罪所得以及违禁品，因此，需要对该部分涉案财产的违法性以及权属进行确认，也一直是理论界和实务界争论的焦点。有人认为根据罪刑法定原则，在未经定罪的前提下，涉案财产的权属并不确定，在侦查程序中不能进行实体性处置；也有人出于保护被害人合法财产、防止社会危害性发生，认为迟到的正义非正义，主张未经定罪的情形下也可以对涉案财产进行实体性处置。因此，如何建构侦查程序的涉案财产处置程序，必须厘清以下问题：谁具有实体性处置的决定权？实体性处置的方式有哪些？只有明确上述问题后，我们才能对涉案财产实体性处置程序进行设计。

一、涉案财产实体性处置的权限分工

我国 2012 年《刑事诉讼法》第 69 条规定了没收保证金的情形；第 234 条规定了公检法对被害人的合法财产应当及时返还，对违禁品或者不宜长期保存的物品，应当依照国家有关规定处理。根据上述条文可以看出，在侦查阶段可以对涉案财产做出实体性处置，刑事诉讼三机关都拥有实体性处置的执行权，但是立法并没有规定谁是实体性处置的决定机关。立法的粗疏给三机关留有解释的空间，三机关纷纷制定相关文件，宣称自己拥有实体性处置的权力。以公安机关为例，2012 年《公安机关办理刑事案件程序规定》第 92 条至第 96 条规定了有关保证金没收的情形；第 148 条规定了有关违禁品没收的情形；第 229 条规定了返还被害人合法财产的情形。

侦查阶段能否对案件做出实体性处置，答案是肯定的。考察域外立法，在许多国家都规定在侦查阶段即可对案件做出实体性处置。虽然按照传统的"审判中心论"，只有审判阶段才能对案件进行实体处置，但近几十年来，随着犯罪率的急剧上升，许多国家不得不在坚持重大复杂案件必须由法院进行审判的同时，规定对其他案件，侦查机关、起诉机关都有权提前做出处理，其中有许多案件都是在侦查阶段处置完毕的。"在美国，刑事诉讼中有 80% ~ 90%的案件是通过辩诉交易解决的，其中，在侦查阶段即已作辩诉交易的占一半以

上。"① 近年来，大陆法系的一些国家和地区也规定了警察机关对于部分事实清楚、情节简单的案件有权做出便宜处理。

侦查阶段能够对案件做出实体性处置，对涉案财产做出实体性处置更是情理之中的事情。然而，能够做出实体性处置并不代表侦查机关有权做出决定。如果侦查机关有权对涉案财产做出实体性处置的话，其实是对"审判中心论"的违反和误读。"审判中心论"中的"审判"是广义的，审判职能不仅体现在审判阶段，而且贯穿于整个刑事诉讼过程。域外法治国家的司法审查主要适用于实体性的刑事制裁措施和程序性的刑事强制措施。毫无疑问，涉案财产实体性处置属于刑事制裁措施。因此，笔者认为侦查阶段可以对涉案财产进行实体性处置，但决定权应该在法官手中，侦查机关只有执行权。完善的涉案财产实体性处置程序必须经过法官的裁决，由于实体性处置一般不具有紧急性，而且是一种终结性手段，与被追诉人财产权保障息息相关，在司法审查上应该更加严格，也就是说，与强制措施的司法审查相比较，涉案财产实体性处置必须经过事前的司法审查。

二、涉案财产实体性处置的方式

笔者认为，涉案财产实体性处置方式只能规定在我国刑事实体法、程序法之中。我国《刑法》第64条规定："犯罪分子违法所得的一切财物，应当予以追缴或者责令退赔；对被害人的合法财产，应当及时返还；违禁品和供犯罪所用的本人财物，应当予以没收。没收的财物和罚金，一律上缴国库，不得挪用和自行处理。"有人将该条视为涉案财产实体性处置的实体法依据，认为有追缴、责令退赔、返还被害人和没收四种方式。

然而，我国《刑法》第64条是规定在刑法第一编第四章第一节，即刑罚的具体运用中的量刑节中的条款，能否作为侦查阶段涉案财产实体性处置的实体法依据呢？下面笔者对"追缴"、"责令退赔"、"返还被害人"和"没收"逐一进行分析，以厘清侦查程序中涉案财产实体性处置到底有哪些方式。

（一）追缴不是一种实体性处置的方式

"追缴"，从字面分析，它是"追查"和"缴获"的总称，在我国法学词典中没有专门的解释。按照笔者理解，"追查"是一种过程，"缴获"是一种暂时性状态的保持，"追缴"就是发现并控制，并不具有实体性处置的含义。那么，"追缴"在刑事诉讼法上是一种什么性质的概念呢？学界中的争议就是由此展开的。

---

① 陈永生：《侦查程序原理论》，中国政法大学2002年博士学位论文，第3页。

一种比较有代表性的观点认为，侦查阶段的追缴即追赃，是追赃的过程和结果（包括返还被害人、上缴国库）的统一。有的观点直接认为，"追缴就是将犯罪违法所得强制收归国有。"这就将追缴直接理解为一种实体性处置方式。

我国也有学者对上述观点进行了批驳。有论者认为："《刑法》第64条规定的追缴的含义就是有权的司法机关对犯罪分子违法所得的相关财物予以勒令缴回至办案的司法机关。至于勒令缴回的违法所得最终如何处理，则超出了'追缴'一词本身所能统摄的内涵，而应属于返还、没收等法律行为所要表达的内容。"①

笔者认为，追缴到底是不是实体性处置方式，最终还要从刑事诉讼领域去寻找答案。然而，遍阅我国刑事诉讼法，只有2012年《刑事诉讼法》修正后才在"犯罪嫌疑人、被告人逃匿、死亡案件违法所得的没收程序"中出现了'追缴'一词，即使《人民检察院刑事诉讼规则（试行）》和《公安机关办理刑事案件程序规定》中有这个词的出现，也没用任何操作规范，只是用以说明对涉案财产应于控制的问题。从司法实践来看，追缴一般产生于求刑权行使的过程中，而实现于量刑权实现之时。按照我国《刑法》第64条的规定，追缴的对象是一切违法所得；追缴的流程是侦控机关发现并确认犯罪或违法所得，予以查封、扣押或冻结，最后交由法院随案件一起进行裁判。尽管没有法律依据，实际上，追缴行为在侦查阶段还是屡屡发生的。笔者认为，侦查程序中的追缴是通过扣押、冻结作为实现手段的，因此，追缴的性质取决于扣押、冻结的性质，从这一点上看，追缴与财产权限制措施并没有实质性的区别，又如何能够成为涉案财产实体性处置的一种方式呢？

司法实践中广为使用"追缴"一词，笔者认为，这是一种习惯，这与1987年《公安机关办理刑事案件程序规定》将追缴赃款赃物作为一种独立的侦查措施并予以专节规定有关。鉴于赃款赃物的提法有违罪刑法定原则，我国现行刑事诉讼法修订后，1998年《公安机关办理刑事案件程序规定》已将追缴赃款赃物一节全部删除。然而，司法实践中被害人合法财产无法挽回的现象时有发生，于是"追缴"在思想观念上就有了存在的空间。然而仔细思考一下，既然是涉案财产发现和控制措施都无法解决的问题，即使借助法官的裁决，追缴又能起到什么实质性的作用呢？

综上所述，笔者认为，侦查阶段的追缴是需要通过查封、扣押、冻结等财产权限制措施来实现的，因此，追缴的性质取决于扣押、冻结的性质，完全可

---

① 曲升霞、袁江华：《论我国〈刑法〉第64条的理解与适用——兼议我国〈刑法〉第64条的完善》，载《法律适用》2007年第4期，第85页。

以按其功能分类归入到限制财产权强制措施之中，而没有作为诉讼手段或措施而存在的意义，否则追缴也不会从一种专节规定的侦查措施而被取消。因此，追缴不是涉案财产实体性处置的一种方式。

（二）责令退赔不是一种实体性处置的方式

按照刑法学界的解释，"责令退赔"是指被追诉人已经将违法所得挥霍、毁坏或隐匿，造成无法追缴，且无可追缴的替代物时，法官裁决责令其按违法所得的价值退赔。从我国《刑法》第64条来看，责令退赔的对象包括一切违法所得，而且应该理解成与违法所得具有相同价值的赔偿，而非特指原物。至于"退"给谁，按照理解应该是退给法院，然后由法院按照判决予以没收或返还被害人。可见，责令退赔和追缴都存在同样的问题，并非对涉案财产做出实体性处置，而是在为涉案财产实体性处置做准备。

目前，学界对责令退赔的争议也比较大，有的学者认为判决书中的责令退赔应当执行；有的学者认为责令退赔仅表明国家对与犯罪有关财物的态度和处理原则，并非对当事人间民事权益的具体裁判，没有民法意义上的给付含义，不具有执行的效力。笔者认为，后者说法有道理。从理论上讲，责令退赔既不是侦控机关指控的内容，也不是被害人的诉讼请求，法官不能超越中立、消极的立场，主动裁判责令退赔；责令退赔并非从司法机关已经控制的涉案财产中退赔，而是责令被追诉人交出赔偿金；从刑法上看，责令退赔也不属于财产刑的范畴，不存在强制执行的可能。因此，在刑事裁决中也不宜出现责令退赔这个概念。

综上所述，笔者认为，在我国法律没有规定违反追缴和责令退赔的责任前，追缴和责令退赔只具有形式上的意义，尤其是责令退赔更像一种道义上的谴责，有损法律的尊严。因此，责令退赔也不是涉案财产实体性处置的一种方式。

（三）返还被害人是一种实体性处置的方式

我国《刑法》第64条、《刑事诉讼法》第234条以及《人民检察院刑事诉讼规则（试行）》第387条都明文规定："对被害人的合法财产，应当及时返还。"《公安机关办理刑事案件程序规定》第229条对此持谨慎态度，规定："对被害人的合法财产及其孳息权属明确无争议，并且涉嫌犯罪事实已经查证属实的，应当在登记、拍照或者录像、估价后及时返还，并在案卷中注明返还的理由，将原物照片、清单和被害人的领取手续存卷备查。"

需要明确的是，司法实践中不仅被害人的财产需要返还，第三人的财产也可能进入刑事诉讼的领域，也存在返还第三人的合法财产的问题，故从广义侵权的角度来看，第三人也可能成为被害人，因此，返还被害人应当做广义理解，包括所有的与涉案财产相关的利害关系人。我们可以从以下几个方面来理解返还被害人的含义：

第一，返还被害人是对财产权的一种实体性处分，而不是程序上的一种强制性措施。虽然司法实践中侦查机关决定并执行返还被害人存有很大争议，但如其缺陷经过正当程序的过滤，应该是可以避免的。尤其是它在避免扩大经济损失、及时保护被害人合法权益、恢复被损害的社会经济关系等方面确实发挥着积极的作用。因此，将权属关系明确、没有争议的被害人的合法财产及时返还是合情合理的。

第二，返还被害人不是一种刑罚手段。从我国刑罚配置上看，返还被害人并非刑罚的一种。从理论上分析，其应该是一种承担民事责任的方式，是对已被损害的民事法律关系的一种恢复和补救。

第三，返还的对象是犯罪所得中属于被害人的合法财产以及应予赔偿的部分。犯罪所得中属于被害人合法财产的那一部分，实质上是民法上的不当得利。由于取得方式的违法性，被追诉人实际上并未取得犯罪所得中的所有权，将这部分财产返还被害人，是对已被损害的民事法律关系的一种恢复和补救。

第四，返还被害人的财产不以被害人实际损失为返还标准，而是侦查机关实际控制的属于被害人的合法财产和应予赔偿的部分。如仍不能弥补其损失的，被害人可依据最高人民法院《关于刑事附带民事诉讼范围问题的规定》另行提起民事诉讼。

第五，返还被害人应对属于被害人合法权益所产生的自然及法定孳息一并返还，而不应克减。

（四）特别没收是一种实体性处置的方式

毫无疑问，一切没收都具有实体性处置的性质。笔者这里的没收是指类似保安处分的特别没收，而非指作为刑罚手段的没收财产，其是一种在侦查阶段的财产权实体性强制处分。没收财产刑和特别没收的区别在于：前者是刑罚手段中的附加刑，其目的是报应已然犯罪，只适用于刑法明文规定可以并处或单处没收财产的那些犯罪，针对的是被告人名下的所有财产；后者是基于维护社会安全、预防犯罪的需要而采取的非刑罚处分措施，不具有刑罚的法律后果，适用于一切犯罪，主要包括违禁品、犯罪工具等违法所得和供犯罪使用的本人财产。特别没收的功能主要有两个方面：一是保安功能，即维护公共安全和社会秩序，这一功能主要体现在对违禁品和违法所得的没收上，目的是消除不法状态和防止再犯。二是相对惩罚功能，体现这一功能主要是没收违法所得和犯罪工具，"相对"是区别于刑罚中的罚金和没收财产而言的。这些财物被用于犯罪，所有权被滥用了，具有法律上的可责性，理应予以没收。

特别没收将导致两种后果，销毁和上缴国家（包括上缴国库或专门管理机关）。其中销毁的主要是法律禁止存在的危险或有害品，如色情影音资料、危害人身安全且无利用价值的假冒伪劣商品等；上缴专门管理机关是指应由专门机关进行管控的违禁品，如枪支弹药等；除此以外，其他的部分应上缴国库。上缴国库主要包括以下情形：一是尚未查明被害人；二是已经查明案件被害人，但无法将其返还给被害人；三是被害人不是合法所有人；四是被害人为国家财政拨款单位的，被害单位已经按照有关财务管理规定做平账处理。需要注意的是，对尚未查明被害人或者虽已查明被害人但因其他原因无法返还而上缴国库的，在被害人出现或者可以返还被害人时，基于被害人申请，应重新做出返还被害人的决定。

三、涉案财产实体性处置程序的构建

当前，涉案财产实体性处置不仅是刑事诉讼三机关关注的问题，也引起了越来越多的学者的关注，对于涉案财产实体性处置程序的构建主要有以下三种代表性的观点：

第一种观点主张我国应建立对物的诉讼制度，通过刑事附带民事诉讼的方式解决。[①] 这种观点以黄风为代表，目的是解决犯罪嫌疑人、被告人失踪、逃跑或者死亡情况下犯罪所得的处置问题。然而，根据最高人民法院《关于刑事附带民事诉讼范围问题的规定》之规定，犯罪分子非法占有、处置被害人财产而使其遭受物质损失的，依法追缴或者责令退赔，在追缴或责令退赔仍不能弥补损失时，可另行提起民事诉讼。由此可见，在我国，对物的诉讼制度不能依附于刑事附带民事诉讼的方式来解决，而应该是一种独立的程序，才能起到应有的作用。

第二种观点主张我国应建立刑事缺席审判制度，而且当前越来越多的学者主张建立缺席审判制度。然而笔者认为，缺席审判制度的确非常重要，但其主要解决的是被追诉人潜逃情形下的刑事审判问题，如果没收、返还被害人程序独立于刑事定罪程序，即使没有缺席审判制度，也不妨碍对于涉案财产的实体性处置。更何况对于财产型犯罪来说，如果没有没收涉案财产和返还被害人，即使对犯罪人定罪量刑，实质意义也并不突出。

第三种观点主张建立侦查机关提请人民法院裁决的机制，并且根据不同的情况设立相应的处置程序。笔者认为，这种观点可操作性较强，更加符合我国

---

① 黄风：《关于追缴犯罪所得的国际司法合作问题研究》，载《政治与法律》2002 年第 5 期，第 28 页。

的司法现状，它不会对现行的制度造成很大的冲击，而且我国 2012 年《刑事诉讼法》已有与其类似的"犯罪嫌疑人逃匿、死亡案件违法所得的没收程序"。

需要说明的是，尽管笔者赞成建立侦查机关提请人民法院裁决涉案财产的机制，但在未经定罪情形下对涉案财产进行返还或没收毕竟有很大的风险性，不应作为一种常态机制，它只应用来处理侦查中出现的一些特殊情况，因此，其只是一种特别程序，是涉案财产程序性处置的例外。具体设计如下：

（一）利害关系人申请返还引起的侦查机关提请法官裁定

被害人申请返还合法财产的权利是财产权保障目标实现的具体体现。笔者认为，返还被害人不应仅限于刑事案件的被害人，而是与涉案财产相关的利害关系人，但鉴于侦查机关在实施财产权限制措施之后，应经过法官的司法审查，并且被追诉人也可以申请司法审查，故在这里被追诉人申请返还不是笔者探讨的重点，但返还程序的进行必须有被追诉人的参与，而且这里也不排除被追诉人提出返还涉案财产的情形。

1. 程序启动的时间。在侦查初始阶段，由于案情尚未明确，侦查机关掌握的证据不足以认定涉案财产的性质，笔者不主张对涉案财产采取控制措施后，利害关系人即可申请返还。但在侦查终结或检察院审查起诉期间，案情基本已经查明，涉案财产的权属基本能够确认，因此，笔者建议此程序的启动应在侦查终结或检察院审查起诉期间进行，而且一经申请即应启动。

2. 申请返还财产的条件。关于返还财产的条件问题，现在执行标准不一，散见于相关的司法解释中。笔者认为，应该在刑事诉讼法中统一规定，主要包括以下几个方面：

第一，明确返还的前提条件，即法官认为不需要作为证据在法庭上出示或有替代措施，做出决定前应征求侦查人员、原财产持有人的意见。

第二，明确返还的证据标准。在英美法系国家民事没收程序中（返还是没收的例外）对物的诉讼证据标准为优势证据标准，但笔者这里主张的返还是在刑事诉讼的框架内进行，还是以确实、充分为好。具体而言，一是能够证明该返还物是利害关系人的合法财产；二是如果存在多个利害关系人，彼此之间不存在权属争议。

第三，明确返还的范围，即哪些涉案财产可以返还。具体包括：证据确实、充分，能够证明涉案财产是违法所得部分；被追诉人或亲属主动退赔的部分。

3. 赋予诉讼参与人相应的诉讼权利。为保障当事人的合法权益，侦控机关在提请人民法院裁决时，应通知被追诉人及其代理人以及其他利害关系人，并听取他们的意见。人民法院在裁决中应进行调查并听取相关人员的意见，并在合理期限内做出返还的裁定。对于人民法院的裁决不服，相关人员可以进行上诉。

4. 建立完善的执行程序和配套措施。返还财产涉及违法性以及权属的认定，因此必须十分谨慎。

第一，生效裁决原则上由法院执行机关依据法院裁定制作法律文书并执行，但为了减轻法院的工作量，可以由法官委托侦查机关执行返还财产，执行的结果应入卷，并报人民法院备案。

第二，在以往侦查机关自行返还财产出现错误时，侦查机关如何追回错误返还的财产，存在理论上的争议；而且司法实践中也存在误判的可能。由于侦查阶段的返还财产类似于民事诉讼中的先予执行制度，因此笔者认为，应在涉案财产返还程序中仿效民事诉讼的解决办法，建立执行回转机制，这就解决了以往侦查机关自行返还造成的被动局面。

5. 被害人申请返还财产的审理以实际损失为限度。根据不告不理的原则，在被害人申请返还财产时，法官不应对其他涉案财产做出没收的决定。这是因为，这里所要解决的只是利害关系人的私有财产权问题，而且在法治国家，私有财产权是高于国家利益的。

（二）特殊原因难以追诉引起的侦查机关提请裁定

我国 2012 年《刑事诉讼法》确立了"犯罪嫌疑人、被告人逃匿、死亡案件违法所得的没收程序"，但是仅限于贪污贿赂犯罪、恐怖活动犯罪等重大犯罪案件。但司法实践中犯罪嫌疑人逃匿或死亡的情形并不罕见，对于贪污贿赂犯罪、恐怖活动犯罪以外的刑事犯罪所得财产如何没收或返还，立法并没有明确规定，不能不说是一种缺憾。

同时笔者认为，在该特别程序中，公安机关只有写出没收违法所得意见书并移送人民检察院的义务，在司法实践中操作起来并不合理，考察域外的司法审查制度，大都是由侦查机关或检察官直接向法官提出，检察官也属于广义上的侦查人员，再加上我国没有确立缺席审判制度，犯罪嫌疑人不到案的情况下仅仅移送没收违法所得意见书没有任何实质意义，不如由侦查机关直接提请人民法院进行司法审查更为便捷有效，当然，也不排除案件在审查起诉期间由检察机关提请人民法院进行司法审查，因此，提出申请的主体包括侦查机关和人民检察院，即侦控机关。

为解决司法实践中的难题，考察侦查程序中因特殊原因难以追诉的情形主要有被追诉人死亡、潜逃和丧失诉讼能力这三种。笔者对此设计如下：

1. 被追诉人死亡情形下财产权的实体性处置。在此情形下，对于涉案财产应当统一由侦控机关提请人民法院裁决（被追诉人无罪的除外）。根据目前规定，提请裁决的只是已经采取财产权限制措施的被追诉人的存款和汇款，已经难以适应司法实践的需要。笔者认为，鉴于被追诉人已经死亡，此时做出实体性处置的范围应扩大至所有的涉案财产，即作为犯罪所得之物、作为证据之物和可为财产保全之物。当然，为保障当事人的合法权益，侦控机关在提请人民法院裁定时，应通知被追诉人的近亲属或财产继承人以及其他利害关系人，并听取他们的意见。人民法院在裁定中应通知上述人员参与诉讼，进行调查并听取相关人员的意见，并在合理期限内做出返还被害人或没收的裁定。对于人民法院的裁定不服，相关人员可以向上级法院提起诉讼。裁定生效后由侦控机关依据裁定制作法律文书并执行；执行的结果应入卷，并报人民法院备案。

2. 被追诉人潜逃或丧失诉讼能力下财产权的实体性处置。如果被追诉人在一定时间内被抓获归案或诉讼能力恢复，涉案财产当然应当按照普通程序进行处置。但是实践是复杂的，被追诉人携款长期潜逃的情形屡见不鲜，按照现行做法是搁置案件，这样国家和被害人的财产损失将得不到保障。因此，此种情形下的提请裁定主要包括以下内容：

第一，明确提请裁定启动的时间。提请裁决的难点在于启动时间的确定，笔者认为，《人民检察院刑事诉讼规则（试行）》规定了中止侦查制度，在我国刑事诉讼法再修改时应当予以立法确认，这样在中止侦查之日侦控机关即可提请人民法院裁定。

第二，提请裁定请求的范围。笔者认为，侦查机关应该对案情有所预期，如果被追诉人不可能被抓获归案或无法恢复诉讼能力，就应当对所有涉案财产提请法院裁定予以返还或没收；如果有转折的希望，应提请法院裁定返还被害人，至于没收可以留待日后解决。其实笔者所提倡的建立独立的涉案财产管理制度，对于应该予以没收的涉案财产已经在国家的掌控之中，并且能够起到保值、增值的作用，决定没收与否，并不影响国家财富的增加或减少。

第三，裁决的程序。侦控机关在提请人民法院裁定时，应通知已经潜逃的被追诉人的近亲属或财产继承人以及其他利害关系人，并听取他们的意见。人民法院在裁定中应通知上述人员参与诉讼，进行调查并听取相关人员的意见，并在合理期限内做出返还被害人或没收的裁定。对于人民法院的裁定不服，相关人员可以向上级法院提起诉讼。裁定生效后由侦控机关依据裁定制作法律文书并执行；执行的结果应入卷，并报人民法院备案。

第四，潜逃国外且已转移涉案财产的裁定。一般来说，伴随着潜逃国外，涉案财产往往已经转移至国外，这就是司法实践中所探讨的域外犯罪收益的追缴问题。笔者认为，由侦控机关提请、人民法院做出生效裁定，是开展与国外司法机关合作的基础，具体执行方式可参照有关引渡、司法合作约定的内容进行。

3. 需要说明的几个问题。

第一，要确立返还被害人财产优先的原则。无论是被害人主动申请返还财产，还是侦控机关依职权主动提请法官审查，首先要考虑维护被害人的合法权益，在返还被害人合法财产后，剩余的部分再考虑予以没收并上缴国库。

第二，返还和没收的对象主要是犯罪所得或违禁品，对于主动退赔部分一般是犯罪嫌疑人或亲属的真实意思表示，也可以予以没收或返还；对于无法确认是违法所得、违禁品或供犯罪所用的财物的涉案财产，应退还原主或近亲属或继承人。

第三，由于司法实践中存在被害人不明的情形，为维护财产权真实权利人的合法权益，可以仿效民法建立公示催告制度，在裁定生效后发布公告，一般6个月内无人认领即可上缴国库。

第四，违禁品的处置问题。违禁品，是指法律、法规明文禁止拥有、持有或交易的物品。具体包括武器、弹药、炸药、雷管、导火索、剧毒物质、麻醉剂和放射性物品以及法律规定的其他违禁品。如果违禁品不是当前案件的证据，应当按照普通程序及时移交有权的行政机关处理，当然也可以依照特殊程序予以没收。

（三）因特殊原因撤销案件情形下的实体性处置

笔者认为，在侦查阶段因特殊原因不应追诉的情形应该包括以下几种：一是被追诉人不构成犯罪的（包括情节显著轻微、危害不大，不认为是犯罪的）；二是被追诉人构成犯罪但已过追诉实效期限的；三是经特赦令免除刑罚的；四是依照刑法告诉才处理的犯罪，没有告诉或者撤回告诉的；五是其他法律规定免予追究刑事责任的。至于被追诉人构成犯罪但检察机关做出不起诉决定的情形不在本书探讨之内，而且《人民检察院刑事诉讼规则（试行）》已经对此做出规定，笔者不再赘述。

对于因特殊原因撤销案件的情形，笔者认为，根据我国刑事诉讼法的规定，侦查机关在做出撤销案件决定时，原则上将已经采取强制措施的涉案财产及时返还原物品持有人，但这不是绝对的，司法实践中有以下情形也应有所考虑：

第一，如果涉案财产中有非法所得或是违禁品的时候，笔者认为，应当将非法所得或是违禁品移交有权机关进行处置；对不属于违法所得或是违禁品的部分，在做出撤销案件的同时，原则上应将涉案财产返还原持有人。

第二，在侦查机关做出撤销案件决定时，如果利害关系人提起民事诉讼或行政诉讼，根据诉讼当事人申请，在法院做出移送涉案财产的决定时，应将涉案财产移送法院；法院没有做出决定时，应当将涉案财产返还原持有人。

第七章　财产权的救济性保障机制

涉案财产的发现、限制与处置程序，主要是一种授权和限权机制，目的是限制公权力的恣意，可谓对财产权的预防性保障。然而由于侦查程序的高对抗性，无论是合法的还是非法的干预公民财产权的侦查行为，都难免对财产权做出限制或处置。"无权利则无救济"，为避免利害关系人无谓的财产损失，应赋予其救济的手段，这就是对财产权的救济性保障。根据对财产权救济方式的不同，笔者认为，财产权的救济性保障机制主要包括两个部分，即程序性救济机制和实体性救济机制。

在程序性救济机制中，主要有两种方式：

第一，从财产权利害关系人的角度出发，赋予其对抗侦查机关的干预财产权行为的权利。如赋予相对人提出异议的权利，以停止或撤销侵害，达到减轻财产损失的目的。

第二，从制裁非法干预财产权行为的角度出发，可以通过程序性制裁来维护被侵害人的合法权益。程序性制裁中与财产权保障紧密相连的就是非法证据排除规则。

在实体性救济机制中，也主要有两种方式：

第一，第二次世界大战后随着人权保障运动的蓬勃兴起，刑事赔偿制度作为一种新的实体性救济方式逐步在法治国家中得到推广。

第二，随着人权保障运动的深入发展，刑事被害人也得到各国司法理论及其实践的关注，国家补偿制度应运而生，并开始崭露头角。

需要说明的是，财产权的程序性救济的启动与侦查程序相伴而生，而实体性救济往往要滞后，并不属于严格意义上侦查程序的范畴，但实体性救济与侦查程序产生的结果紧密相关，鉴于构建财产权保障框架下财产权救济机制之需要，这里一并阐释。

第一节　财产权的程序性救济

如前文所述，针对侦查机关干预公民财产权的行为，学界普遍主张通过司法审查来控制，对此观点笔者亦表示同意，并提出对涉案财产限制与程序性处置主要采取事后的司法审查，对涉案财产实体性处置坚持事前的司法审查。然而，由于我国刑事诉讼法过于粗疏，并没有规定财产权被干预的利害关系人有哪些权利来对抗强大的国家权力，即使有复议、申诉和控告等词语的出现，既没有相应的操作程序，更没明确将干预财产权的行为列入复议、申诉和控告的范畴之内。笔者认为，为实现财产权保障之目标，不妨借鉴民事法律中的一些措施和办法，赋予财产权利害关系人相应的对抗性权利，这就引出了侦查程序中的财产异议制度。

一、财产异议制度

（一）财产异议制度相关权利的设置

财产异议制度，是指在侦查程序中为维护利害关系人合法权益而赋予其提出异议的权利，以停止或撤销侵害，并达到减轻或免除财产损失的目的。考察域外法治国家或地区的规定，借鉴民事法律的做法，笔者认为，财产异议制度主要由扣押拒绝权、财产担保权、别除权与取回权构成。

1. 扣押拒绝权。扣押拒绝权的行使发生在限制财产权强制措施的实施过程中，与利害关系人扣押拒绝权相对应的就是侦查程序中的财产控制禁区，即不得扣押。由于不得扣押的对象需要认定，故扣押拒绝权的确立有利于侦查机关及时裁量，以保障公民合法权益。在比较考察中对法治国家扣押拒绝权的内容已做阐释，这里不再赘述。需要说明的是，首先，在财产保全目的下进行财产控制活动时，基于伦理道德及社会公序良俗的考虑，可以在刑事诉讼法中明确规定维持被扣押人生存的必需品、体现社会公益的财物以及外交豁免的财物不予扣押。其次，笔者认为，在我国刑事诉讼法中还应规定不得冻结的范围。有些金融财产事关国家金融体制的稳定或客户财产的重大安全，是不能采取冻结措施的，如存款准备金、封闭贷款、国库库款、社会保险基金；以证券登记结算机构名义建立的各类专门清算交收账户不得整体冻结；证券登记结算机构依法按照业务规则收取并存放于专门清算交收账户内的证券及资金不得冻结等。

2. 财产担保权。如前所述，财产所有权包括占有、使用、收益和处分等权能，限制财产权强制措施中的限制并不是对四项权能的同时剥夺。财产价值蕴含在具体财物之中，对财产价值的利用只有通过作用于财物本身才能实现，有些涉案财产一旦被限制，其价值无法实现，可能会造成更大的损失。笔者认为，根据等价交换原则，在对涉案财产采取强制措施后，经被追诉人申请并愿意提供相应财产担保时，经审查确有必要，可以对涉案财产解除强制措施。但是作为证据之物的涉案财产，解除强制措施应当谨慎。据此，这里的财产担保权是指被追诉人通过提供担保要求解除财产受限的权利，也就是说，法律应赋予对被强制的涉案财产有申请"取保候审"的权利。笔者认为，财产担保权设定的主要目的是使被追诉人在其财产被侦查机关采取财产控制措施时，通过提供相应价值的担保后，恢复其财产权的全部或部分权能。尤其是我国在以经济建设为中心及以人为本的理念下，在刑事诉讼程序中设定财产担保权具有重要的意义。需要强调指出的是，该权利行使的对象主要是"作为财产保全之物"，对于必须作为证据使用的和不进行限制将会对社会造成危害的涉案财产不适用此权利。

3. 别除权与取回权。刑事诉讼不过是民事诉讼的"变种"，刑事诉讼程序不可恣意介入民事法律的范畴，因此，刑事诉讼程序应当尊重民事法律中的规定。笔者这里设计的别除权、取回权与善意取得制度相比较，内容更为全面，更有利于财产权保障目标之实现。

首先让我们了解一下民事法律中别除权和取回权的规定。别除权，是指债权人因债设有担保物而就债务人特定财产在破产程序中享有的单独、优先受偿权利。别除权的范围包括抵押权、留置权、质押权三种。所谓取回权，是指当破产清算组接管破产企业移交的财产时，对于不属于破产企业的那部分财产，其所有人有从破产管理人处取回的权利。取回权来源于民法规定的物上返还请求权，所以仍然是一种民事实体法上的请求权。民法上的物上返还请求权，是权利人基于其所有或者占有物的事实以及法律上的原因，请求无权占有人返还其所有物或者占有物，以恢复其所有或者占有状态的权利。

在侦查程序中进行财产限制时，存在将第三人的财产当作被追诉人财产进行限制的情形。然而在司法实践中，第三人取回其合法财产并不容易。为保障第三人的合法财产权，笔者认为，可以借鉴民事法律中的有关规定，赋予第三人以别除权和取回权。别除权针对的是被追诉人为其债务提供的担保物；取回权针对的是被追诉人使用但实为第三人的合法财产。在第三人提出别除权和取回权，并有证据证明其系权利人时，侦查机关应当予以返还。当然，作为证据之物和作为犯罪之物是不应在侦查阶段返还的，作为财产保全之物就应当充分考虑到别除权和取回权的适用。

笔者认为，提出别除权、取回权的主体既可以是被追诉人也可以是第三人，但真正的权利主体只能是第三人。这是因为在涉案财产控制行为发生时，第三人往往并不知情，为了有效防止侦查机关在财产保全程序中误将实为第三人的合法财产进行限制，给第三人造成不必要的损失，所以，同时赋予被追诉人和第三人提出别除权和取回权的权利，在具体行使权利时，应由第三人举证其具有行使别除权和取回权的资格。

（二）财产异议制度的程序设计

笔者认为，鉴于财产异议制度涉及民事法、行政法和刑事法的范畴，交由侦查机关、起诉机关进行处理对现状之改变并无裨益，还是应当在"审判中心主义"的指导下，交由法官进行审查更为妥当。财产异议的审查有利于保障被追诉人的辩护权和防止侦查机关滥施强制。在侦查程序中，利害关系人的财产权受到侵犯或者认为干预程度过大时，提出异议，要求法官审查干预财产权侦查行为的合法性与合理性，正是财产权救济的重要方式。具体制度设计如下：

第一，财产异议的启动。首先，财产权利害关系人可以在强制措施实施过程中向侦查机关提出异议，侦查机关根据情况做出自由裁量，在强制措施执行完毕报法官进行司法审查。其次，财产权利害关系人也可以提供证据或提出要求，直接申请法官进行司法审查。

第二，财产异议审查的主体。与所有控辩审机制一样，法官居中裁判，侦查机关、被追诉人或第三人以及相关证人共同参与审查。

第三，财产异议审查的内容。基于特殊身份或特殊情况主张解除限制财产权强制措施的请求，即扣押拒绝之请求；被追诉人提出以其他财产担保解除限制财产权强制措施的请求，即财产担保之请求；实为财产权之所有人的第三人要求返还的请求，即别除权、取回权之请求；财产权利害关系人认为侦查机关侵害其合法权益的其他请求。

第四，财产异议的证明标准。笔者认为，财产异议制度本身就是在刑事诉讼的框架内解决民事法律关系，故其证明标准要低于定罪标准，适用优势证据即可，这是由于其所处理事项的性质和所处阶段的特点所决定的。

第五，财产异议审查的结果。法官在听取双方的意见及对出示的相关证据予以认定之后，在财产异议要求合法时，采取解除强制措施，返还财产权利害关系人的决定；在财产担保请求中允许其提供担保解除现有强制措施。在财产异议不合法时，驳回申请。

二、非法实物证据排除

非法实物证据排除规则的实质性确立，不仅仅是立法技术的完善问题，"写在纸上的宣言"如何得到贯彻、落实，更需要司法理念的转变、司法制度的整体变革为后盾。尤其是非法实物证据排除后，被害人因为侦查机关的错误或者说立法的原因却承担了巨大的代价，并不合乎情理。这就需要立法者既要考虑到控制犯罪与人权保障之间的平衡，还要考虑到被害人的利益。基于这一前提，我们有必要建立一种更加科学、更加完备的非法实物证据排除规则。

（一）学界建议之考察

专家学者们为非法证据排除规则的建立献言进策的精神是值得称赞的，其中也不乏真知灼见。例如，陈光中先生主持草拟的《刑事诉讼法修改专家建议稿》第78条是关于非法实物证据裁量排除的规定，"禁止以非法方法搜查、扣押，非法监听，非法侵入他人住宅以及以其他非法方法收集物证、书证和音像、电子资料；严禁违反法定的程序进行勘验、检查。以上述非法方法收集的证据，由人民检察院、人民法院根据取证行为违法的程度和案件的具体情况决定是否可以采用。"第79条是关于非法证据排除的证明责任及证明标准的规定，"在犯罪嫌疑人、被告人及其法定代理人、辩护人认为指控犯罪的证据为非法取得并提出相关线索时，侦查机关应当提供确实、充分的证据证明其为合法取得，人民检察院、人民法院在调查核实后有合理根据地认为该证据系非法取得的，应当认定该证据为非法证据。"①陈瑞华教授提出："为防止排除规则变成一个纯技术性的法律规则，我们有必要将需要排除的非法证据区分为三种：一是违反宪法的证据；二是一般的非法证据；三是技术性的违法证据。"②并针对上述三种非法证据，分别建立相应的法律后果，即对于违反宪法的证据，应建立绝对排除的规则；对于一般的非法证据，则建立自由裁量的排除规则；对于技术性的违法证据，原则上允许予以补正而不必排除。上述观点都体现了强制排除与裁量排除的有机结合，笔者亦表赞同。

（二）排除规则构建的目的之分析

目的通常是指行为主体根据自身的需要，借助意识、观念的中介作用，预先设想的行为目标和结果。人的实践活动以目的为依据，目的贯穿实践过程的始终。对排除规则目的的准确定位，有利于规则的正当构建和有效运行。通过对域内外相关规定的比较，我们会发现，遏制非法取证是我国建立排除规则的初衷，但与域外构建排除规则的动因却大相径庭。

我国由于司法文化传统所决定，言词证据，尤其是被追诉人口供，在证据体系中占有重要的位置，现实中刑讯逼供现象也时有发生，一系列冤假错案的出现，让立法者有了切肤之痛。因此，围绕遏制刑讯逼供展开的非法言词证据排除成了我国立法的重点。实物证据由于其客观性所在，如何排除、排除到何种地步，理论上和实务上都存在很大的争议，我国2012年刑事诉讼法也只是做了原则性规定，即使学界研究非法实物证据排除也大多是围绕非法搜查、非法扣押展开的。这些都表明我国排除规则的构建是以遏制非法取证为目的的。

---

① 陈光中：《〈刑事诉讼法修改专家建议稿〉重点问题概述》，载《人民检察》2006年第21期。
② 陈瑞华：《刑诉中非法证据排除问题研究》，载《法学》2003年第6期。

但学术界也有不同的意见，如有学者认为："如果视排除规则为遏制警察非法行为的良方，以此为制度出发点，盲信排除规则之功能，势必会扩大非法证据的排除范围，结果会因违背诉讼规律而阻力重重，进而影响到排除规则的命运。"① 因此，非法实物证据排除规则构建的目的，作为我们正确把握排除规则的出发点，有必要厘清之。

了解客观现象的本质属性是正确把握其规律的基本前提，不管是自然科学还是社会科学，以及新兴学科的出现，都是在社会需要的前提下产生的。对于非法实物证据排除的正确把握亦是以此为出发点。

考察法治国家的相关规定，对于搜查、扣押等获取实物证据的措施一般有以下规范，从限制公权力的角度出发，由法律明确规定应该遵守的程序，其背后的理念是禁止违反这些法定程序实施侦查行为。毫无疑问，这样的规范必不可少，但仅仅有义务性规范的程序规定还是远远不够的，鉴于侦查程序的本质源于控制犯罪的需要，如果没有违反法定程序的制裁性后果，就无法阻断和消除侦查机关非法取证的动力和意愿。可见，对非法取得的证据进行排除，以彻底根除非法取证的动因，减少侵犯公民基本权利情形的发生，应当具有限制公权力肆意扩张的功能。但这并不代表遏制非法取证是排除规则构建的本质目的。

现代刑事诉讼理论通常认为，正当的侦查行为肯定会干预或限制公民的基本权利；然而侦查权一旦扩张，就会从干预公民基本权利变成侵犯公民基本权利。刑事诉讼中保全实物证据的行为主要有搜查、查封、扣押和冻结，其主要目的是限制实物证据持有者的占有、使用、收益或处分权中的一项或多项权能，以防证据之泯灭。在物证和书证这两种常见的实物证据中，从物证的本质属性上来看，其主要与公民基本权利中的财产权相对应，正如一把菜刀如果不是以凶器的面目出现，它可能是某人的私有财产，也可能是待价而沽的商品，或者是民法上的遗弃物。书证则有所不同，不仅与财产权相对应，而且涉及隐私权的内容，如会计资料、书信、文件，其本身为特定对象所占有，属于财产权的范畴，但其所记载的内容往往涉及国家秘密、商业秘密以及个人隐私。我们必须承认这些实物证据不会犯罪，它们只是因为与犯罪行为联系在一起，才发挥了其证据价值。因此，证据只是其一种特殊属性，其根本属性应该更多地体现为财产权、隐私权。很显然，一旦澄清了"实物证据"与公民基本权利之间的内在联系，搜查、扣押等措施与公民基本权利之间的关系就会紧张起来。因此，笔者认为，保全实物证据的行为主要干预了公民的基本权利——财

---

① 马明亮：《非法证据排除规则与警察自由裁量权》，载《政法论坛》2010 年第 4 期。

产权和隐私权。这一点在我国 2012 年《刑事诉讼法》中亦有所体现，如在该法第 139 条有关扣押的对象中，将旧法中的"物品"改为"财物"，对"文件"予以保留；又如，该法第 280 条出现的"涉案财产"新名词，充分说明了实物证据具有财产权、隐私权的属性。

考察域外非法证据排除规则确立的历程，也恰恰证实了这一点。在美国，由于米兰达规则和反对强迫自我归罪特权的存在，实物证据排除构成了非法证据排除规则的主要内容，而且在规则确立之初，恰是专指对违法搜查、扣押所取得证据的排除，其理论起源在于宪法第四修正案对于宪法性权利——财产权和隐私权的保护。正如有论者指出："在美国，最容易出现非法证据的环节是扣押，因为美国人很重视私有财产不可侵犯这个信念。"[1] 促使非法证据排除规则确立的威克斯诉合众国案，堪称排除规则与公民基本权利保障联系最为密切的经典案例。美国联邦最高法院通过该判决，确立了非法证据排除规则，是落实美国宪法第四、第五修正案的要求。因此，从西方非法证据排除规则的起源看，其动因是保护公民的财产权和隐私权。

进一步看，国外法治国家除了确立了非法实物证据排除规则外，还赋予了特定主体"扣押拒绝权"，也证明了实物证据与公民基本权利的紧密关系。例如《日本刑事诉讼法》规定了两种情形下的扣押拒绝权，一是对于公务员保管、持有的财物，在申明属于"职务上的秘密"时，如果没有公务员监督机构的同意，不得扣押（第 103 条和第 104 条）；二是医师、助产士、护士、理士、公证人、宗教神职人员接受业务上的委托，保管、持有的财物中涉及他人的秘密，可以拒绝扣押（第 105 条）。[2]

反过来看，从非法搜查、扣押也不必然导致证据被排除的司法实践，也可以看出遏制非法取证并不是证据排除的本质目的。例如，排除规则的重要发源地——美国法院却在不断反思"由法院来制约警察非法行为的局限"，并规定了一些不适用非法证据排除规则的情形。一是善意的例外，即侦查机关本来善意地相信自己执行搜查、扣押的行为是合法的，即使事后确认该搜查和扣押行为是违法的，取得的证据也不在排除之列。二是反驳的例外，即非法证据不能作为认定被追诉人有罪的证据，但是可以用来反驳被追诉人，证明其前后陈述的矛盾，或降低其可信度。同样，德国学界的理论也证明了这一点，如"德国的证据禁止分为证据取得的禁止和证据使用的禁止，证据使用的禁止才属于真正意义上的非法证据排除。证据使用禁止在理论上又被区分为自主性证据使

---

① 杨宇冠：《非法证据排除规则研究》，中国人民公安大学出版社 2002 年版，第 264 页。
② 宋英辉：《日本刑事诉讼法》，中国政法大学出版社 2000 年版，第 28 ~ 30 页。

用禁止和非自主性证据使用禁止。"① 自主性证据使用禁止，是指收集证据并不违法，基于人权保障而禁止使用的证据；非自主性证据使用禁止，是指收集证据违法而导致的证据使用禁止。

通过上述分析我们可以看出，非法实物证据排除构建的本质目的是保障公民基本权利，而不是遏制非法取证。遏制非法取证只是其表面功能之一，而保障公民基本权利不仅是构建的本质目的，而且将贯穿始终。

（三）非法实物证据排除规则之构建

厘清了非法实物证据排除规则的应有目的，我们就可以理解美国在初始为何围绕公民基本权利保障构建非法实物证据排除规则，就可以理解德国为何将证据使用禁止理论区分为自主性证据使用禁止和非自主性证据使用禁止了。尽管我国建立非法证据排除是为了遏制非法取证，但不可否认，其仍然具有积极的作用，为下一步规则的实质性确立打下了坚实的基础。笔者下文将围绕规则所必备的实体性要件、程序性规范和保护机制三个方面，提出构建意见。

1. 实体性要件。

（1）什么是"实物证据"。在传统证据理论体系中，根据证据的表现形式可以将证据划分为言词证据与实物证据。其中，凡是能够证明案件情况的事实是通过物品的外部形态特征或者记载的内容思想表现出来的证据，称为实物证据。据此，有人认为物证、书证、勘验、检查笔录、现场笔录、视听资料等都属于非法实物证据排除中"实物证据"的范畴。笔者认为，证据规则有多种，每种规则的功能作用是不相同的，排除规则也不能解决所有的证据的证明力以及可采性问题，因此，必须明确排除规则中"实物证据"的范围。

笔者在考察非法证据排除规则的发展历程时发现，域外证据排除的对象主要是强制搜查、扣押中的物证、书证。这与西方国家对实物证据的认识是相符合的，即"实物证据只包括物证和书证"②。这一点也与我国 2012 年《刑事诉讼法》认定的非法实物证据只包括物证和书证大体相当。至于我国法定证据理论中的其他实物证据，如勘验、检查笔录、现场笔录、视听资料等，完全可以由其他证据规则来审查、判断其证明力以及可采性。例如，可以用公检法机关颁布的具体规定来审查判断勘验、检查笔录、现场笔录的证明力；至于视听资料，目前世界上将其作为一种独立的证据加以规定的还不多，都倾向于将视听资料划入物证或书证的范畴，如英美法系国家通常将其作为书证的一种，而

---

① 江炳麟：《德国证据使用禁止与美国非法证据排除规则比较研究》，载"http：//article. china-lawinfo. com/Article_ Detail. asp? ArticleID＝30123"，2013 年 8 月 6 日访问。

② 李瑞清：《论非法实物证据的认识误区及应对》，华东政法大学 2010 年硕士学位论文，第 4 页。

大陆法系国家通常将其作为物证的一种。除此之外，在我国还可以采用如同鉴定意见不属于非法言词证据一样的处理办法①，单独制定审查判断的标准。因此，笔者亦主张非法实物证据排除规则中的"实物证据"仅指"物证、书证"。

（2）什么是"非法"与"排除"。我国 2012 年《刑事诉讼法》将证据的定义修改为"可以用于证明案件事实的材料"，这就避免了对"事实"的争议，也有利于对"非法证据"的理解。通常学术界研究非法证据排除规则是将"非法"和"排除"分别界定的，而且大多数人认为因为"非法"才"排除"证据。笔者认为并不尽然，应当将二者结合起来理解，二者是相辅相成的关系。因为"排除"并不意味着"非法"，"非法"也不必然导致"排除"。如前所述，域外规则的确立是建立在对宪法性权利保护的基础之上，有时尽管取证程序合法，但由于取得的证据不利于公民宪法性权利的保护，就应当排除；进一步讲，"排除"只是取得的证据不能作为定案的依据，并不意味着必须返还物品原持有人，更何况有些国家规定被排除的证据可以用来作为反驳的证据使用。

因此，笔者认为，"非法"与"排除"应当允许法官根据侵犯公民法益的大小做出自由裁量。侵犯法益程度强的，要彻底排除，返还物品原持有人；侵犯法益程度一般的，不得作为定案的依据，但可作为反驳的证据；侵犯法益程度弱的，可以允许补正或做出合理解释后作为定案的依据。在判断侵犯法益强弱方面可以设置两个标准：一是看强制性搜查、扣押是不是违反了有关公民宪法性权利的规定；二是看强制性搜查、扣押是否遵循强制侦查法定的原则。这就可以将排除规则的适用分为三种情形：

第一，对于严重侵犯公民宪法性权利且违反强制侦查法定原则的，要将该扣押物品无条件返还原持有人，即实行彻底排除原则。例如，非法扣押的与案件无关的用于生产、生活的必需品；又如，非法扣押的法律规定不允许扣押的财物（如银行存款准备金等）。

第二，对于符合上述条件之一的，所取得的证据不得作为定案的依据，但可作为反驳的例外。例如，严重违法扣押的直接证据，不能作为采取强制措施、起诉或定罪的依据，但可以用来反驳被追诉人虚假的供述和辩解，以及用来降低被追诉人提出的其他证据的可采信力。

---

① 我国 2012 年《刑事诉讼法》第 187 条第 3 款规定：公诉人、当事人或者辩护人、诉讼代理人对鉴定意见有异议，人民法院认为鉴定人有必要出庭的，鉴定人应当出庭作证。经人民法院通知，鉴定人拒不出庭作证的，鉴定意见不得作为定案的根据。

第三，对于侵犯普通权益或一般性程序违法或取证存在瑕疵的，允许其补正或做出合理解释后作为定案的依据，如善意的例外。这种规定不仅与非法证据排除规则的例外原则相适应，而且也符合我国国情和现有立法精神，对于非法实物证据排除的贯彻实施大有裨益。

2. 程序性规范。非法实物证据排除的过程本质是一种程序性裁判机制，必须具有完善的操作规范，这一点学界已经进行了多样化的程序设计。笔者根据现有规定之缺失，提出必要的操作规范。

（1）启动模式。为防止非法实物证据排除规则成为"写在纸上的宣言"，就必须明确非法实物证据排除的启动程序，笔者认为，启动模式可以分为两种：一是权益相关人申请法院排除非法实物证据，可以称之为"依诉权启动"。当然，这里并不排除权益相关人向侦查机关、人民检察院提出申请（包括复议、复核等）的权利，而只是将其向人民法院提出申请作为最后的一种救济手段，从而纳入诉讼的渠道。二是侦查机关乃至人民检察院、人民法院在履行职责过程中发现非法实物证据时依职权主动排除，可以称之为"依职权启动"。

一般来讲，在域外法治国家搜查、扣押等措施与限制人身自由的强制措施一样，都要经过法官的司法审查，因此，在实施阶段可以结合强制措施的司法审查程序，采取依诉权启动和依职权启动相结合的方式。我国搜查、查封、扣押以及冻结的权力都在侦查机关手中，由于侦查机关依职权启动的风险非常大，必须赋予权益相关人依诉权启动的权利。同时，2012年刑事诉讼法进一步扩大了人民检察院侦查监督的范围，为人民检察院的依职权启动创造了便利之处。在审查起诉阶段，人民检察院可以依职权拒绝使用此类证据，这是由检察机关的法律监督功能所决定的，联合国《关于检察官作用的准则》第16条①所规定的；在法庭审判阶段，则主要采取依诉权启动的方式。需要明确的是，无论在什么阶段，被追诉人一旦提出排除非法实物证据的申请，法官都应启动程序性审查，但也应赋予法官自由裁量权，以防诉权被滥用；即使被追诉人没有提出申请，法官对某一证据的合法性有疑问的，也应主动进行审查，这是法官职责所决定的，并不违反不告不理原则。

（2）司法审查程序。司法审查启动后，被追诉人与侦控机关之间的诉讼

---

① 联合国《关于检察官作用的准则》第16条规定："当检察官根据合理的原因得知或者认为其掌握的不利于嫌疑犯的证据是通过严重侵犯犯罪嫌疑人人权的非法手段，尤其是通过拷打，残酷的、非人道的或有辱人格的待遇或处罚或以其他违反人权办法而取得的，检察官应拒绝使用此类证据来反对采取上述手段者之外的任何人将此事通知法院，并应采取一切必要的步骤确保将使用上述手段的责任者绳之以法。"

角色就进行了转换。侦查和起诉阶段的司法审查不影响刑事诉讼的正当运行；但如果是在庭审阶段提出或发现非法证据，根据程序审查优先的原则，法院应先暂时中止审查被追诉人罪责等实体问题，而应优先审查侦查行为的合法性问题，并做出相应的裁定。

在举证责任的分配方面，应当参照英国、美国、德国等国家通行的做法，适用"谁主张、谁举证"的证明责任分配方式，但具体设计又要与普通侵权案件不同。一般而言，非法取得的实物证据掌握在侦控机关手中，被扣押人只要有证据证明侦控机关的证据是非法取得的或侵犯了其重要权益即可；侦控机关如果否认，举证责任将转移至侦控机关，即侦控机关应该向法官证明其取证行为的合法性，或未侵犯被扣押人的权益，否则就应当认定该证据是非法证据。

至于非法证据的认定标准，排除到何种地步，已在实体性要件的构建中做了阐释，"两个证据规定"的内容也非常值得借鉴，笔者不再赘述。

3. 建立完善的被追诉人保护机制。非法实物证据排除规则本身就是一项救济性机制，其保护机制就是救济中的救济，因此，应当是对被追诉人而言的，主要防止法官随意地驳回辩护方的请求，也就是说，应当赋予辩护方上诉权，甚至可以将其作为启动再审的理由。然而，在我国除了刑讯逼供外，被追诉人及其辩护律师在庭审前所能见到的只是写在"纸上"的证据或摆在那儿的证据，也难以对齐备的法律手续提出异议（根据笔者工作经验所知，侦查机关内部的执法检查主要针对法律手续，如发现手续不完备，很快会予以修正）。因此，非法实物证据排除规则的有效运行离不开其他刑事诉讼制度的配套改革，如搜查、扣押制度、辩护制度、司法审查制度、证据展示制度等。

4. 建立必要的刑事被害人保护机制。从最终结果上看，非法证据排除对被害人的影响最大。因为侦查机关的违法或疏忽而导致非法实物证据被排除，对被害人来说是不公平的。法治发达国家构建了被害人国家补偿制度，但国家补偿主要是针对被追诉人无法履行刑事赔偿义务而言的，对于因为非法证据被排除而导致被害人无法得到刑事赔偿义务的判决，并不在国家补偿的范围之内，不能说不是一种缺憾。笔者认为，可以从两个方面构建被害人保护机制。一是申请国家补偿，其理论基础在于国家未尽到保护被害人的责任，而且国家在刑事诉讼活动中存在错误或过失。二是法律允许被排除的非法证据可以作为被害人提起民事诉讼的证据。自罗马法以来，法律不允许违法者从其违法行为中获得利益，这正是被害人获得救济的理论依据。德国的证据使用禁止，尽管不能作为定案的依据，但可以用来反对被追诉人的辩护。更何况对被追诉人而言，由于非法证据被排除，不能作为定案的依据，其刑事责任已经被减免或免除，国家对其救济义务已经完成。正如美国辛普森案件，辛普森因为非法证据被排除而免于刑罚，但在随后的民事诉讼中却承担了巨额的赔偿责任。这种模式的理论难题在于被排除的非法证据作为被害人提起民事诉讼的证据依据何在，由于笔者能力有限，不能给出完美的答案。这里旨在抛砖引玉，以期在非法证据排除后刑事被害人补救方面引起学界的关注。

第二节　财产权的实体性救济

违法干预公民财产权的行为，也属于广义上的违法行为，因此，侦查人员应承担相应的民事、刑事以及行政责任，这就是通过对侦查人员责任追究来实现财产权被侵害人权利救济的一种实体性制裁方式。例如，我国《刑法》第245条规定："非法搜查他人身体、住宅，或者非法侵入他人住宅的，处三年以下有期徒刑或者拘役。司法公务人员滥用职权，犯前款罪的，从重处罚。"第397条规定："国家机关公务人员滥用职权或者玩忽职守，致使公共财产、国家和人民利益遭受重大损失的，处三年以下有期徒刑或者拘役；情节特别严重的，处三年以上七年以下有期徒刑。"我国《刑事诉讼法》第234条第4款规定："司法工作人员贪污、挪用或者私自处理查封、扣押、冻结的财物及其孳息的，依法追究刑事责任；不构成犯罪的，给予处分。"然而，司法实践中真正追究侦查人员法律责任的情形并不多见，而且对财产权被侵害人来讲，追究侦查人员的责任只能获得精神上的满足，对其经济上的损失并未有任何帮助，其所关注的是损失是否得到补偿。如果因为国家机关及其工作人员的错误造成公民财产权的损失且得不到补偿，这显然是不公平的，不利于相对人的财产权保障，国家也失去了督促侦查人员恪尽职守的动力。鉴于文体之所限，笔者对该部分不再赘述。

一、国家刑事赔偿制度

在国际上，特别是第二次世界大战后随着人权保障运动的蓬勃兴起，刑事赔偿制度成为被追诉人实体性救济方式出现了，并成为刑事诉讼中被追诉人财产权实体性救济机制的主要方式。

首先让我们来看一个案例。1994年湖北黄梅县振华建材物资总公司（以下简称黄梅振华公司）诉黄石市公安局违法扣押财产一案，经过湖北省高级人民法院判决认定，黄梅振华公司利用银行贷款所购钢材属该企业合法财产，黄石市公安局在所扣钢材所有权关系明确，有关证据足以证明与其所称犯罪嫌疑人无关的情况下，对黄梅振华公司合法财产强制扣押的行为违法；黄石市公安局在扣押钢材期间，向黄梅振华公司施加压力，并在其办公地点主持黄梅振华公司与无经济合同关系的浙江省瑞安市生产资料服务公司（以下简称瑞安生资公司）签订违背黄梅振华公司真实意愿的合同，强迫黄梅振华公司用其合法财产偿还他人所欠债务，侵犯了黄梅振华公司财产所有权，应当承担由此产生的赔偿责任。根据《行政诉讼法》第54条第2款第5项、第67条第1款之规定做出判决：1. 撤销被告黄石市公安局1993年4月15日扣押原告黄梅振华公司133.38吨钢材的行为；2. 被告向原告赔偿被扣钢材损失357.371元，其他损失5100元；3. 被告向原告赔偿被扣钢材贷款利息。这是一起因公权力机关侵犯财产权而得以赔偿的成功案例。

考察国内外司法及理论研究成果，普遍将国家刑事赔偿定位于公权力机关及其工作人员违法行使职权而致使被追诉人的人身权、财产权等遭受侵犯，被害人等有权请求国家给予赔偿。我国1954年《宪法》第97条规定："由于国家公务人员侵犯公民权利而受到损失的人，有取得赔偿的权利。"从而明确了我国的赔偿责任；1994年《国家赔偿法》的颁布，标志着我国赔偿制度的确立；2010、2012年《国家赔偿法》的修订，进一步明确了公民、法人和其他组织享有依法取得国家赔偿的权利，并为公民、法人和其他组织寻求权利救济提供了有力的制度保障。

在司法实践方面，2010年最高人民检察院颁布了《人民检察院国家赔偿工作规定》；2013年最高人民法院颁布了《最高人民法院关于人民法院办理自赔案件程序的规定》；公安部虽然没有统一颁布规定，但江西、广东等地公安机关也出台了相关规范性文件。

综观我国刑事赔偿的案例，大多是侵犯人身权引起的，进一步说是冤假错案造成后才引起的关注。如果说侵犯人身权之国家赔偿还有诸如赔偿标准、精神赔偿等疑难问题，侵犯财产权之刑事赔偿，即使按照等价赔偿原则施行应该说不存在障碍，然而在过去因为侵犯财产权而提起刑事赔偿的成功案例并不多见，但涉及财产权被侵犯得不到公权力机关赔偿引起的上访却一直是上访案件中的重点。鉴于本书主题之所限，笔者在对侵犯被追诉人财产权的刑事赔偿问题进行探讨时，以刑事诉讼中侵犯财产权的刑事赔偿制度构建为主线，以期裨益于我国刑事赔偿制度的建设，并从实体性救济的角度出发，完善我国财产权救济性保障机制。

（一）刑事赔偿参与主体之完善

根据我国《国家赔偿法》第6条、第20条、第21条和第24条的规定，赔偿参与主体包括赔偿请求人和赔偿义务机关以及赔偿义务机关的上级机关和人民法院赔偿委员会。其中赔偿请求人和赔偿义务机关是必备主体；赔偿义务机关的上级机关是赔偿异议的复议机关；赔偿委员会是赔偿请求人不服复议决定或对赔偿义务机关以及对下级人民法院做出的决定有异议时的决定机关。下面笔者对各个参与主体逐一进行分析：

1. 赔偿请求人。我国《国家赔偿法》将赔偿请求人界定为"受害的公民、法人和其他组织"、"受害的公民死亡，其继承人和其他有扶养关系的亲属"、"受害的法人或者其他组织终止的，其权利承受人"。由于我国《国家赔偿法》没有按照行政侵权、刑事侵权划分责任范围，这种界定无疑是科学的。但在研究刑事赔偿时，我们必须厘清哪些主体可以作为赔偿请求人，因为毕竟大多数人认为刑事赔偿的对象是被追诉人，然而事实并非如此。

在刑事诉讼中，羁押等限制人身自由的措施针对的是司法机关认定的被追诉人，即使事后证明所谓的被追诉人可能与刑事案件并无牵连，但是只要没有被认定为被追诉人即采取羁押措施的情形应该是非常罕见的，因此，刑事被害人或第三人基本不存在侵犯人身权之刑事赔偿的问题。而在刑事诉讼中财产权受到侵犯的主体却并不仅限于被追诉人，刑事被害人甚至第三人的财产权都有可能被侵犯，如第三人的财物被非法扣押的问题，因此，笔者认为赔偿请求人的范围是广泛的，无论是被追诉人还是被害人或第三人，只要合法财产权受到侵害的公民、法人和其他组织，都可以申请刑事赔偿。

2. 赔偿义务机关。根据《国家赔偿法》第 21 条的规定，行使侦查、检察、审判职权的机关以及看守所、监狱管理机关及其工作人员在行使职权时侵犯公民、法人和其他组织的合法权益造成损害的，该机关为赔偿义务机关。然而，将侵权机关作为赔偿义务机关具有先天的缺陷性。

如前所述，向赔偿请求人支付赔偿费用的主体应当是国家而不能是实施侵权行为的国家机关。国家是一个抽象的主体，因而必须确定一个代表国家支付赔偿费用的机构①。这个机构应当具有相对超脱的地位，能够站在客观公正的立场上判断是否应当赔偿。由实施侵权行为的机关作为赔偿义务机关加大了请求人获得赔偿的难度，尤其是对于多个机关共同侵权时赔偿义务机关的选择问题；而且还面临着一系列的理论难题，如法院作为赔偿义务机关时，就违反了任何人不能作为自己案件的法官的原则。借鉴其他国家的成功经验，大多是将司法行政部门和财政部门作为赔偿义务机关，考虑我国的具体国情，笔者认为，由司法行政机关作为赔偿义务机关比较合适。第一，是因为司法行政机关地位相对超脱；第二，司法行政机关法律专业知识相对较高；第三，地方财政

---

① 考察法治国家的规定，一是由司法部门作为赔偿义务机关，如美国、德国；二是由财政部门作为赔偿义务机关，如瑞士。

相对紧张的情况下，由财政机关作为赔偿义务机关也存在利益冲突问题。

3. 复议机关和人民法院赔偿委员会。只有在赔偿请求人和赔偿义务机关出现争议时，复议机关和赔偿委员会才会参与。从这一点上看，复议机关和赔偿委员会的审查更类似于一种行政处理或者民事诉讼中的特别程序，而非诉讼模式，尽管如此，也让当事人多了一个法律救济的途径。

4. 证人参与赔偿机制。人民法院赔偿委员会处理赔偿请求采取书面审查的办法，即使有必要的调查、取证和质证，也没有提及证人参与的问题，可见并非审判程序中的两造对抗。因此，我国刑事赔偿程序并非通过诉讼的方式进行。事实上，当今世界绝大多数国家都没有制定统一的国家赔偿法，对于刑事赔偿问题，他们往往是通过制定专门法的方式加以解决，或者直接在刑事诉讼法中加以规定，笔者将在下文阐释。

（二）刑事赔偿范围之完善

赔偿范围，是指国家承担赔偿责任和公民、法人或者其他组织行使赔偿请求权的范围。认识刑事赔偿的范围，有助于提高行使刑事赔偿请求权的自觉性和理性。

侦查阶段侵犯财产权所引起的刑事赔偿有哪些呢？根据《国家赔偿法》第 18 条的规定，可以看出"违法对财产采取查封、扣押、冻结、追缴等措施的"，受害人有取得赔偿的权利；根据第 19 条的规定，可以看出"行使侦查职权的机关以及公务人员与行使职权无关的个人行为和法律规定的其他情形，国家不承担赔偿责任"。

如上文所述，即使是合法地行使职权也存在侵犯公民财产权的可能，至于"等措施"包括哪些目前尚未有明确的规定。退一步讲，那么在侦查阶段还有其他违法侵犯公民财产权的行为吗？让我们来分析一下。

第一，所有的限制财产权强制措施都可能对公民财产权造成侵犯。例如，《国家赔偿法》第 18 条没有提及的搜查，极具强制性，如果破门而入，即使搜查是合法的，该不该对搜查造成的财产损失进行国家赔偿呢？如果搜查是错误的，又该如何处理？

第二，从第 18 条中看不出涉案财产的管理、移送、移交时造成的财产损失是否包括在"违法对财产采取查封、扣押、冻结、追缴等措施"之中。实践中，涉案财产的程序性处置存在丢失、挪用的现象，很明显侵犯了公民的财产权。

第三，在涉案财产的实体性处置程序中，刑事诉讼法规定的返还被害人或没收出现错误怎么办？

第四，尽管我国刑事诉讼法尚未确定限制执业资格措施，但从行政赔偿中可以看出包括此部分，如果侦查机关做出限制执业资格的决定，是否可以提起行政诉讼？

通过分析可以看出，这种列举式立法尽管看起来显得比较明确，实质上造成了司法实践中的难以操作。我们不妨看一下美国的立法，根据《美国联邦侵权行为法》第 1346 条的规定，凡联邦政府之任何人员于其职务范围因过失、不法行为或不行为，致人民财产上之损害或损失，或人身上之伤害或死亡时，美国政府都要"依据行为或不行为发生地之法律对请求权人负赔偿责任"。[①]可见，美国采用的是概括式的立法，法官完全依靠从法律规定的概括性条文中抽象出来的赔偿责任的构成要件来衡量。这意味着只要侵害事实符合国家赔偿责任的构成要件，同时又不属于国家不承担赔偿责任的情形，国家就应当承担赔偿责任。

因此，对于侦查阶段侵犯财产权所引起的刑事赔偿的范围，可以从两个方面进行完善：

第一，应当改变列举式的立法方式，采用概括式与列举式相结合的方式来规定刑事赔偿的范围。具体而言，应当在对实践中常见的一些侵犯公民基本权利的行为做出列举的基础上，增加一个概括性的条款。可以将其设计为："凡是在刑事诉讼过程中受到国家公权力侵害的公民、法人或其他组织，在符合刑事赔偿构成要件的情况下，国家承担赔偿责任。"

第二，具体到行使职权侵犯财产权的情形，以是否造成实体性财产权损害为标准，而不应以是否"违法"为标准，作为判断是否属于刑事赔偿范围的标准。

采用这种立法模式，有利于将所有侵犯财产权的情形尽可能地纳入刑事赔偿的范围，有利于公民财产权得到充分的保障。

（三）刑事赔偿标准和方式之完善

刑事赔偿的标准即权利救济的尺度。考察各国的立法，刑事赔偿的标准大体有三种：抚慰性赔偿标准、补偿性赔偿标准和惩罚性赔偿标准。这三种赔偿标准各有利弊，都存在其自身固有的缺陷。尤其是针对不同的权利，更不应适用同样的标准。总的来说，要坚持一个原则，那就是既要有效救济受害人的损失，又不致使国家财政承受过大的负担，同时能够预防侵权行为的再次发生。

首先，让我们看一下我国侵犯财产权的刑事赔偿标准和方式。根据我国《国家赔偿法》第 36 条的规定，侵犯公民、法人和其他组织的财产权造成损害的，有下列处理标准和方式：（1）处罚款、罚金、追缴、没收财产或者违

---

① 林准、马原：《外国国家赔偿制度》，人民法院出版社 1992 年版，第 307～308 页。

法征收、征用财产的，返还财产；（2）查封、扣押、冻结财产的，解除对财产的查封、扣押、冻结，造成财产损坏或者灭失的，依照本条第三项、第四项的规定赔偿；（3）应当返还的财产损坏的，能够恢复原状的恢复原状，不能恢复原状的，按照损害程度给付相应的赔偿金；（4）应当返还的财产灭失的，给付相应的赔偿金；（5）财产已经拍卖或者变卖的，给付拍卖或者变卖所得的价款；变卖的价款明显低于财产价值的，应当支付相应的赔偿金；（6）吊销许可证和执照、责令停产停业的，赔偿停产停业期间必要的经常性费用开支；（7）返还执行的罚款或者罚金、追缴或者没收的金钱，解除冻结的存款或者汇款的，应当支付银行同期存款利息；（8）对财产权造成其他损害的，按照直接损失给予赔偿。

通过法律条文我们看出，对财产权受侵害公民给予的赔偿只是"返还财产"、"给付相应的赔偿金"、"恢复原状"或者"给付拍卖所得的价款"。而且立法还强调，"对财产权造成其他损害的，按照直接损失给予赔偿"。可见，我国对侵犯财产权造成的刑事赔偿采用的是抚慰性赔偿标准为主、补偿性标准为辅。

笔者认为，在所有基本权利之中，人身权和精神损失受到侵害后，是无法逆转的，而且很难量化；而财产权则不同，根据等价交换的原理，量化起来非常容易。鉴于财产权能够直接产生经济效益，如企业设备被违法查封，所带来的间接损失可能要远远大于直接损失，不赔偿间接损失很难达到保障公民财产权的目的。据此，对于故意违法侵犯公民财产权的行为，可以在采取惩罚性赔偿标准为主、补偿性赔偿标准为辅的方式进行赔偿，在赔偿间接损失的同时，还要"返还财产"、"恢复原状"、"给付同等价值的赔偿金"；对于其他情形下造成的财产权侵犯，应坚持补偿性赔偿标准，即"返还财产"、"恢复原状"、"给付同等价值的赔偿金"。

（四）刑事赔偿程序之完善

广义的刑事赔偿程序可以分为两个相对独立的程序，即"狭义的刑事赔偿程序"和"追偿程序"。其中"狭义的刑事赔偿程序"就是赔偿请求人赔偿请求权得以实现的程序；"追偿程序"就是国家在支付赔偿费用后，向确有故意或重大过失的行使侦查、检察、审判职权的机关以及看守所、监狱管理机关及其工作人员进行追偿的程序。这里笔者所说"赔偿程序"是指"狭义的刑事赔偿程序"。

因此，刑事赔偿程序，是指赔偿请求人行使赔偿请求权并得到国家赔偿费用的步骤和方法，是赔偿请求人实体性权利得以实现的重要保障，在刑事赔偿制度中具有重要的地位。正当的刑事赔偿程序不仅能够确保赔偿请求人获得及时、有效的救济，而且能够及时地纠正侵犯公民权益的不当行为，防止损害再次发生。刑事赔偿程序设计的正当与否直接决定着刑事赔偿目标能否顺利实现，因此，刑事赔偿程序的合理建构一直是学界探讨国家赔偿制度中的热点和难点。

我国修订后的《国家赔偿法》取消了赔偿确认程序；明确了赔偿义务机关的责任以及期限限制；细化了举证责任和赔偿委员会办案程序；赋予了争议方申诉权；完善了赔偿费用的支付，足以肯定修订后的《国家赔偿法》在保障公民权利、制约公权力方面做出了很大的努力和长足的进步。

对于我国刑事赔偿程序的性质，有的学者认为国家赔偿程序与民事诉讼法规定的特别程序相类似；也有学者认为国家赔偿程序是一种非诉讼的特殊程序。然而，刑事赔偿程序毕竟是一种法律程序，无论其具体性质如何，都必须遵守正当程序原则的一些基本要求，如中立的第三方裁判、争议双方拥有平等对抗的权利等。从我国立法和实务看，国家赔偿程序与正当程序的要求，还有相当大的差距。如前所述，笔者将赔偿义务机关确定为司法机关，这对于我国刑事赔偿程序的建构大有裨益，可以解决理论中和司法实践中面临的难题。毕竟在我国审判委员会大受争议的情况下，再建立一个非诉讼的人民法院赔偿委员会，程序正义的实现仍将是空中楼阁。

对刑事赔偿程序的改革，笔者认为，应当遵循以下原则：一是简化程序，提高效率，去除不必要的复议等内部审查程序；二是通过限权（限制国家机关的权力）和赋权（赋予赔偿请求人权利）的办法，强化对赔偿请求人权利的保护；三是赔偿争议最终还要通过诉讼的渠道解决。具体而言，刑事赔偿程序应包括以下步骤：

1. 赔偿请求人收集证据证明其财产权受到侵害。首先，赔偿请求人应当取得其财产权受到限制或处置的证据。笔者在前文反复提到的侦查机关行使限制财产权强制措施应当为财产权被限制人出具法律文书或证明，以及涉案财产的发现、控制和处置的司法审查中法官做出的程序性裁定，都能够作为干预财产权行为是否发生的证明。其次，获得财产权受到限制或处置的法律文书或证明并非必要条件，如果赔偿请求人能够自行收集证据证明国家应当承担赔偿责任，也可以向赔偿义务机关申请赔偿。

2. 申请赔偿及审查程序。只要赔偿请求人收集到证明存在干预其财产权的法律文书或证明，或者自行收集到足够的证据证明国家应当承担赔偿责任，那么就可以直接向赔偿义务机关申请刑事赔偿，赔偿义务机关应当受理。这里还有一个赔偿请求的时间问题，有以下几种情况：

一是赔偿请求的对象是作为证据之物，且刑事诉讼程序尚未终结，应当驳回其赔偿申请，待到刑事诉讼程序终结再做处理。如果赔偿请求的对象是作为证据之物，经过法官司法审查且作为非法证据被排除出刑事诉讼，或者是作为财产保全之物、作为犯罪之物经法官司法审查应当返还权利人而侦查机关拒不执行的，应当受理。

二是赔偿请求人有证据证明涉案财产与尚未终结的刑事案件无关的，应当受理。

三是刑事案件被害人依据《刑事诉讼法》第 198 条的规定，以财产未返还或者认为返还的财产受到损害而要求赔偿的，应当受理。

赔偿义务机关应当对赔偿请求人提供的证据材料进行全面的审查，同时应通知干预财产权的机关说明情况或向其调查核实，以确定证据的真伪。如果赔偿义务机关经审查，认为赔偿请求人提供的证据材料符合刑事赔偿的构成要件，应当依法予以赔偿；不符合刑事赔偿的构成要件的，做出不予赔偿的决定。

3. 向法院提起诉讼。如果赔偿请求人的申请被赔偿义务机关驳回；或者赔偿义务机关在法定的期限内不予答复；或者赔偿请求人对赔偿义务机关确定的赔偿数额有异议；或者赔偿义务机关做出不予赔偿的决定，赔偿请求人有权以赔偿义务机关为被告向法院提起诉讼。这里需要说明以下几点：

一是提起诉讼的法院。如果侵犯公民财产权的行为是侦查机关做出的，赔偿请求人提起诉讼的法院为侦查机关同级人民法院；如果侵犯公民财产权的行为是人民法院做出的，赔偿请求人提起诉讼的法院为上一级人民法院。

二是法院审理的方式和程序。法院对刑事赔偿案件应当采用直接言词的方式进行审理，而不能采用书面审查的方式解决。具体而言，法庭审理应当公开进行，并通知作为原告的赔偿请求人和作为被告的赔偿义务机关出庭，赔偿请求人和赔偿义务机关对自己提出的主张，应当提供证据。赔偿请求人与赔偿义务机关对损害事实及因果关系有争议的，法庭应当听取赔偿请求人和赔偿义务机关的陈述和申辩，并进行质证。必要时法庭应当传唤证人出庭，包括做出侵犯财产权行为的国家机关。

三是庭审的结果。法院经过庭审，做出刑事赔偿的裁定，由赔偿义务机关执行或者驳回诉讼请求。

4. 向上级法院上诉与申诉。法院做出裁判后，如果赔偿请求人或赔偿义务机关对裁判不服，有权向上一级法院提出上诉。上一级法院做出裁判后，是发生法律效力的裁判，必须执行。赔偿请求人或赔偿义务机关仍然不服的，可以提起申诉。

5. 人民检察院的法律监督。人民检察院作为法律监督机关，对国家赔偿仍然负有监督的责任和义务。最高人民检察院对各级人民法院做出的裁判,上级人民检察院对下级人民法院做出的裁判,发现违反法律规定的,应当向同级人民法院提出意见,同级人民法院应当在两个月内重新审查并依法做出决定。

(五)刑事赔偿追偿程序之完善

我国现行刑事赔偿追偿程序是一种典型的行政程序,对被追偿的侦查、起诉、审判等公务人员未能设置必要的保护机制,实践中可能严重打击公务人员的工作积极性。目前刑事赔偿率很低,应该说与追偿相关的法律责任过于严厉是有紧密关系的。借鉴其他国家的成功做法,笔者认为,追偿程序的建构应当注意以下几点:

第一,作为赔偿义务机关的司法行政机关在向赔偿请求人履行了赔偿责任之后,有权依法确定是否应当向实施侵权行为的侦诉、审判、监管机关或其工作人员追偿以及追偿的数额。但如果侦诉、审判、监管机关或其工作人员认为不应当追偿或对追偿的数额有异议,赔偿义务机关不得直接强行追偿,而应当向法院起诉,由法院决定是否应当追偿以及追偿的数额。

第二,法院在审查是否应当追偿以及追偿的数额时,应当采用直接言词的审理方式,应当通知作为原告方的赔偿义务机关以及作为被告方的侦诉。审判、监管机关或其工作人员同时出庭,必要时还应通知证人出庭。

第三,如果原告或被告对法院做出的裁判不服,应当有权向上一级法院提出上诉。上一级法院做出裁判后,如果原告或被告仍然不服,应当有权进一步提起申诉。

第四,应当对追偿的数额做出一定的限制,防止因追偿的数额过大,严重影响办案机关的正常业务活动,严重影响办案人员的日常生活。

第五,明确规定追偿权的诉讼时效,规定赔偿义务机关在法定的时限内没有行使追偿权的,将导致追偿权丧失。诉讼时效的设立有利于防止因赔偿义务机关怠于履行职责导致侦诉、审判、监管机关或其工作人是否应当承担经济责任长期处于不确定状态,这对于保护被追偿者的权利,维护国家法律的权威都具有非常重要的意义。

二、国家刑事补偿制度

(一)国家补偿的含义、发展及依据

1.国家补偿的含义。对国家补偿的界定,目前主要有两种观点:

一种观点认为,国家补偿,系指是国家对国家机关及其工作人员的合法行使职权行为对公民造成的损失给予的补偿。这种观点强调国家合法行使职权但给公民造成损失,因而"只存在行政领域,即只有行政补偿"。

第二种观点认为，国家补偿，系指"国家对一定范围内遭受犯罪行为侵害而又没有得到充分赔偿的被害人及其家属，通过法律程序给予其一定物质补偿的救助制度"。① 这种观点强调犯罪行为对被害人造成的侵害没有得到充分赔偿，适用于刑事领域。

鉴于本书主题之所限，探讨刑事诉讼中的国家补偿，认为第一种观点将国家补偿限于行政领域过于狭隘；第二种观点仅限于犯罪行为的违法侵害而忽视了正当公权力行为也可能对他人造成损害这一客观事实，也有其不足。笔者借鉴国家赔偿的定义，将刑事诉讼中的国家补偿界定为：在刑事诉讼中国家通过国家补偿义务机关依法对自然人、法人或者其他组织的正当权益非因公权力主体违法侵害所遭受的损害予以弥补。

因此，笔者所界定的国家补偿主要包括两种情形：一是犯罪行为人无力或不愿承担因犯罪行为给他人造成的损失，这就是通常所说的刑事被害人的国家补偿（司法实践中的国家补偿也主要指此种情形）；二是国家合法行使职权过程中给他人造成的损失，如侦查机关在追捕嫌疑人过程中因误伤、误撞或借用交通工具等给他人造成的损失等。在司法实践中也有类似的规定，如《人民警察法》第 34 条规定，公民和组织因协助人民警察执行职务，造成人身伤亡或者财产损失的，应当按照国家有关规定给予抚恤或者补偿。《人民警察使用警械和武器条例》第 15 条规定，人民警察依法使用警械、武器，造成无辜人员伤亡或者财产损失的，由该人民警察所属机关参照《国家赔偿法》的有关规定给予补偿。

2. 国家补偿制度的发展。打击犯罪、惩罚罪犯通常是国家的重要职责。但在很多情形下，犯罪分子已认罪伏法，但刑事被害人受到的损失却难以得到赔偿，甚至是其所受的直接物质损失都难以挽回，更别提精神赔偿了，这也一直是困扰司法实践的难题。所以，加强被害人在刑事司法中的权利保障成为现代司法改革的重要目标之一。

1985 联合国大会通过了《为罪行和滥用权力行为受害者取得公理的基本原则宣言》，这是联合国通过的关于被害人权利保障的第一个重要声明。随后《世界人权宣言》、《公民权利和政治权利国际公约》、《关于刑事诉讼中人权问题的决议》等国际法文件，也都涉及刑事被害人的人权保障问题。综观上述国际法文件，关于被害人人权保障的规定主要包括以下四个方面：一是被害人有获得公正和公平的待遇权；二是被害人享有获得赔偿的权利；三是被害人享有获得补偿的权利；四是被害人有获得援助的权利。

---

① 王道春：《我国刑事被害人国家补偿制度构建》，载《江苏警官学院学报》2009 年第 5 期。

笔者认为，其中与被害人财产权救济联系最为密切的当属被害人享有获得补偿的权利，即当犯罪行为人无力或不愿赔偿被害人损失时，许多国家采取了国家补偿救助的办法，即由国家出资补偿被害人，以帮助被害人摆脱犯罪给其造成的悲惨境况。

在 1963 年新西兰第一个制定了被害人损害补偿的法律，其后为许多国家所接受。为使不能从被追诉人或应负责的人那里得到赔偿或不能得到充分赔偿的被害人的损害得到弥补，1985 年《为罪行和滥用权力行为受害者取得公理的基本原则宣言》明确规定了国家补偿制度的对象、方式，对资金来源和补偿程序也做了原则性规定，使被害人国家补偿制度走向更加成熟，使被害人的获得国家补偿权得到了切实有效的保障。如今，已经有新西兰、美国、英国、加拿大、北爱尔兰、澳大利亚、瑞典、奥地利、芬兰、德国、荷兰、法国、日本、韩国等三十余个国家建立了刑事被害人补偿制度。

3. 国家补偿制度的法理依据。对于建立国家补偿制度的法理依据，主要有以下几种：一是社会保险说[1]；二是公共援助说[2]；三是社会契约说[3]；四是国家责任说，等等。

其中，国家责任说认为"国家对犯罪被害人的补偿是国家的一种责任，由于国家垄断了使用暴力镇压犯罪和惩罚犯罪的权利，因此国家应当负责保护公民的人身和财产。如果警察不胜任，疏忽大意或者根本就不能防范犯罪，国家又不允许实施私刑，当被害人不能从罪犯那里获得赔偿时，国家自然应当对其损失给予赔偿。"[4] 笔者对国家责任说非常赞同，认为这是我国建构国家补偿制度的法理依据。理由如下：

第一，我国是典型的职权主义诉讼模式，甚至有人称之为超职权主义诉讼模式，刑事诉讼的启动乃至侦查、起诉、审判都由公权力机关施行，刑事被害人尽管是刑事诉讼的当事人，但其并没有更多证实或证否的义务，可以说侦控机关基本上主宰了其命运。因此，在刑事被害人得不到赔偿时，国家应承担补

---

[1] 社会保险说认为，国家对刑事被害人的补偿是一种附加的社会保险。各种社会保险的目的都是使人们能够应付威胁其生活稳定或安全的意外事故。对于受到犯罪侵害这一问题也应视为社会保险帮助解决的意外事故之一。

[2] 公共援助说认为国家对刑事被害人的补偿是一种对处于不利社会地位者的公共援助。刑事被害人受到犯罪侵害之后，由于身体受到损害或财产受到损失，实际上变成了一种处于不利社会地位者。出于人道主义考虑，国家应当通过被害人补偿的形式予以援助。

[3] 根据权利与义务对等的原则，由于国家垄断了公共权力，包括追究和制裁犯罪的权力，要相应地承担保护和补偿的义务。例如，政府禁止民众持有或携带枪支等武器，而又明知犯罪分子往往携带武器或凶器，即表明政府有确保民众不受犯罪侵害的责任，政府民众之间存在一种自然产生的默契和约定。

[4] 王道春：《我国刑事被害人国家补偿制度构建》，载《江苏警官学院学报》2009 年第 5 期。

偿的义务。

第二，刑事被害人得不到被追诉人的赔偿原因是复杂的，无论是客观条件的限制，还是侦控机关的疏忽，乃至因为违法取证被非法排除，国家都有不可推卸的责任。如果让刑事被害人独自承担其后果，将使被害人失去对国家的信任和期待，也难以真正实现公平和正义。

第三，由国家担负补偿义务，能够强化公权力机关的责任意识。为了减少国家补偿金的开支，公权力机关会采取更加有力的措施担负保卫公民人身、财产安全的义务，侦查机关会在侦查过程中更好地履行其职责，防止和减少犯罪的发生。同时国家还可使相关职能部门相互配合，防止和减少犯罪的发生。

第四，国家征收了公民的税收，国家就有责任维护相应的社会治安秩序，因此，当公民遭到刑事侵害却又得不到赔偿时，国家就应给予一定补偿。同样，在国家合法行使职权时给他人造成的损失，国家也应承担补偿责任。除此之外，国家在刑事诉讼中设置了没收财产以及罚金制度，这部分财产无疑进入了国家财政。尽管说国家从犯罪行为中得以受益过于苛刻，那么他人受损失得不到赔偿而国家不予以补偿，明显讲不通。

（二）我国被害人司法救助之分析

虽然我国没有确立国家补偿制度，但是在司法实践中不乏对刑事救助的探索并付诸实施。2009年中央八部委联合发布了《关于开展刑事被害人救助工作的若干意见》，对开展刑事被害人救助工作的重要意义、指导思想和总体要求、基本原则与相关制度的衔接和相关配合都做了较为详尽的规定。《人民法院第三个五年改革纲要（2009—2013）》也将改革和完善司法救助制度确定为主要任务之一。在该项改革任务中，尤其是要建立刑事被害人救助制度，对因受犯罪侵害而陷入生活困境的受害群众，实行国家救助，并配合有关部门推进国家赔偿制度的完善，规范赔偿程序，完善执行救济程序，建立执行救助基金。目前，全国许多地方也都制定出台了刑事被害人救助制度，为国家设立这项制度提供了实践参考。

在江苏，2008年江苏省常州市中级人民法院出台了《特困刑事被害人救助基金实施办法》，努力帮助经济确有困难的被害人走出生活、医疗困境。为此，市委、市政府还建立了刑事被害人救助基金；市委政法委还牵头制定了《常州市刑事被害人救助工作操作办法》，协调市中院和有关部门共同落实。从司法实践来看，常州中院将刑事被害人救助前置，在被告人因家庭经济困难无力赔偿的情况下，在审理期间给予被害人一次性救助，被救助的被害人或家属均撤回附带民事诉讼，无一申诉上访。

在云南，云南省高级人民法院按照省人大内司委的立法工作计划和要求成立了工作小组，安排专人起草并在不同范围内多次组织专题讨论和研究，2012年颁布了《云南省涉诉特困人员救助条例》。该条例第 2 条将"刑事案件中遭受重大人身、财产损害，在诉讼中不能及时有效获得赔偿，生活特别困难的刑事被害人或者由其抚养、赡养、扶养的近亲属"纳入救助对象的范围。

不可否认，上述实践有效解决了刑事被害人生产生活中遇到的实际困难，在维护了社会的稳定与和谐方面起到了积极的促进作用。然而据有关资料显示，2005 年以来，我国每年刑事犯罪立案均在 600 万起以上，破案率大约为40% ~50% ，这样我国每年大约有 300 万的刑事被害人及其近亲属不能从罪犯那里获得赔偿，即使那些已经侦破并进入刑事诉讼程序并提起附带民事诉讼的案件，犯罪人没有能力赔偿或者无财产可供执行的情况占相当大的比例，法律空判现象十分严重，被害人获得赔偿的权利很难得到真正实现。[①] 据统计，我国目前刑事被害人及其亲属获得民事赔偿的比例不足 10% ，每年约有 300 万被害人及其亲属得不到任何赔偿，生活非常困难，被比喻为"黑暗中独自哭泣的人"。[②]

我国既然已经对刑事被害人救助制度进行了有益的探索，并得到最高人民检察院、最高人民法院的推广，缘何还会出现这种现象？也许从相关的资料中我们也能略窥一斑。据最高人民法院院长肖扬在十届全国人大五次会议上作的工作报告介绍，全国已经有 10 个高级法院开展了刑事被害人救助试点工作，2006 年共为 378 名刑事被害人及其亲属发放补助金 780 余万元。《中国青年报》2011 年 2 月 9 日报道，"自 2009 年 3 月中央政法委、最高人民法院、最高人民检察院等八部门联合发布《关于开展刑事被害人救助工作的若干意见》后，全国各地检察院都加紧落实刑事被害人救助工作，并取得了一定成果。从2009 年 3 月至 2010 年 8 月，累计已有 866 人获得了刑事被害人救助，救助金额达 1177 万元。"从数字中我们能够发现，每年几百人得以救助，与每年 300万被害人得不到任何赔偿相比较，我国的司法救助所起的作用可谓微乎其微。

那么，这是刑事被害人救助机制的错吗？当然不是。笔者认为，由几个部门或地方倡导的刑事被害人救助机制，本身就存在先天性缺陷，而制度上的缺陷不应该让几个部门或群体来承担。

第一，司法救助的主体和标准不确定。目前开展刑事被害人救助工作的主要是公、检、法三家，其中公安机关和人民检察院所开展的救助活动都是在审

---

① 徐晓炜：《刑事被害人救助制度及其构建研究》，载 "http：// www. jcrb. com/procuratorate/theories/academic/201205/t20120508_ 857212. html"，2013 年 8 月 15 日访问。

② 鹰远：《"黑暗中哭泣的人"需要国家名义的救助》，载 "http：//news. 163. com/11/0210/03/6SGHM3LE00014AED. html"，2013 年 8 月 15 日访问。

前程序中进行的；人民法院的救助也有在刑事判决生效前和生效后进行两种情形。尽管笔者对于这种救助持肯定态度，但是救助主体的不确定意味着任何一个机关都可以予以救助，也可以不予以救助，就会造成司法救助的启动存在先天性缺陷。同样救助的标准和依据不确定也会造成诸多问题。例如，由于审前程序以及判决生效前的救助依据和标准很难把握，极有可能出现类似案件在甲地得到救助而在乙地得不到救助；也有可能出现在同一地方情形相似的甲案得到救助而乙案得不到救助。

第二，司法救助的对象过于单一。目前的救助对象仅限于刑事被害人，然而司法实践是复杂的，无论是因犯罪行为而遭受损失的第三人，还是因协助公安机关侦查破案而造成伤亡、损失的人员都有可能需要获得救助，难道我们还需要建立其他人员救助制度吗？

第三，司法救助资金来源的不确定性。对于救助资金的来源，各地的规定不尽一致，有的地方来自于财政专项经费拨款，有的地方来自于上缴财政的罚没款返还。这就可能造成有些经济发达地区救助资金冗余，而经济不发达地区救助资金捉襟见肘。其实救助资金来源的不同，不仅反映了地方政府对司法救助的态度不同，也体现了救助机关与地方政府的一种博弈。对于救助资金来源于财政专项经费拨款的情形，司法救助机关可能会恪尽职守；但对于救助资金来源于罚没款返还的情形，让公、检、法某个部门出资救助，出于部门利益之考虑，救助机关就会缺乏救助的动力。尽管司法救助与国家赔偿有本质的差别，但"国家赔偿金睡大觉"的情形，也难避免会在司法救助中出现。

综上所述，上述部门推广式的司法救助机制本质上是出于人道主义的援助，与社会救助并没有本质的区别。换句话说，就是这种救助并不具有强制性，因为没有任何一个部门或地方的规定中有必须予以救助的情形，自由选择进行救助的结果，反而造成了另外一种不公。

良好的出发点缘何收效甚微，笔者认为，问题的关键在于谁该承担救助的责任，如果没有上升到国家责任的层面，所谓的刑事被害人司法救助就无法在全国推行。司法实践表明，制度建构的有效保障就是立法，问题得以解决的根本所在还应从国家责任的层面上确立相应的救助制度。具体如何构建，笔者认为，国家刑事补偿可以担其重任。

第一，我国是典型的职权主义诉讼模式，甚至有人称之为超职权主义诉讼模式，刑事诉讼的启动乃至侦查、起诉、审判都由公权力机关施行。刑事被害人尽管是刑事诉讼的当事人，但并没有更多证实或证否的义务，可以说侦控机关基本上主宰了其命运。因此，在刑事被害人得不到赔偿时，国家应承担补偿的义务。

第二，刑事被害人得不到被追诉人的赔偿原因是复杂的，无论是客观条件的限制，还是侦控机关的疏忽，乃至因为违法取证被非法排除，国家都有不可推卸的责任。如果让刑事被害人独自承担其后果，将使被害人失去对国家的信任和期待，也难以真正实现公平和正义。

第三，国家征收了公民的税收，国家就有责任维护相应的社会治安秩序，因此当被害人遭到刑事侵害却又得不到赔偿时，国家就应给予一定补偿。同样，在国家合法行使职权时给他人造成的损失，或者他人因协助国家进行刑事诉讼而遭受损失，国家也应承担补偿责任。除此之外，国家在刑事诉讼中设置了没收财产以及罚金制度，这部分财产无疑进入了国家财政。尽管说国家从犯罪行为中得以受益过于苛刻，那么他人受损失得不到赔偿而国家不予以补偿，明显讲不通。

第四，由国家担负补偿义务，能够强化公权力机关的责任意识。为了减少国家补偿金的开支，公权力机关会采取更加有力的措施担负保卫公民人身、财产安全的义务，侦查机关会在侦查过程中更好地履行其职责，防止和减少犯罪的发生。同时国家还可使相关职能部门相互配合，防止和减少犯罪的发生。

综上所述，笔者认为，刑事补偿和司法救助的根本区别就在于国家是否担当了责任，刑事补偿恰恰弥补了司法救助之不足。如果就我国国情而言，刑事补偿明显优于现在推行的司法救助机制。需要说明的是，司法救助的及时性也决定了其大有作为，体现了人道主义的关爱。但是，我国目前的司法救助毕竟不能替代国家层面上的刑事补偿。

（三）国家刑事补偿制度的构建

尽管刑事补偿制度在我国尚未确立，但国家赔偿制度的确立给了我们借鉴的依据，毕竟二者的差别主要体现在公权力是否侵犯了公民的基本权利，至于在制度设计上并没有太大的差别，在域外就有国家将二者合称为国家补偿制度。在借鉴国家赔偿制度及其不足的基础上，笔者从刑事补偿的参与主体、补偿范围和标准、补偿程序几个方面进行阐释。

需要说明的是，笔者从财产权保障的角度构建国家刑事补偿制度，但也不仅限于考虑被害人的经济损失得以补偿的问题，因为无论是经济损失还是被害人因死亡、伤残造成的损失，往往会因犯罪行为人无力或不愿赔偿致使被害人承受无限期的痛苦延续。同样，他人因国家合法行使职权造成的损失，也同样适用。

1. 刑事补偿参与的主体。参照我国《国家赔偿法》，笔者认为，刑事补偿参与主体应该包括补偿请求人和补偿义务机关以及补偿义务机关的上级机关和人民法院补偿委员会。其中补偿请求人和补偿义务机关是必备主体；补偿义务机关的上级机关是补偿异议的复议机关；补偿委员会是补偿请求人不服复议决定或对补偿义务机关以及对下级人民法院做出的决定有异议时的决定机关。下面笔者对各个参与主体逐一进行分析：

第一，补偿请求人。与我国《国家赔偿法》类似，笔者将补偿请求人界定为"受害的公民、法人和其他组织"、"受害的公民死亡，其继承人和其他有扶养关系的亲属"、"受害的法人或者其他组织终止的，其权利承受人"。在研究刑事补偿时，我们必须厘清哪些主体可以作为补偿请求人，因为毕竟大多人认为刑事补偿的对象是刑事被害人，然而事实并非如此。

我们要明确，因为公权力机关的违法行为导致的公民、法人和其他组织的损失，应当由国家赔偿法来调整，非因公权力违法行为造成的损失由国家补偿法来调整。按照上述归责模式，在刑事诉讼中，无论是由于犯罪行为给他人（包括受害人和第三人）造成了损失而得不到赔偿，还是由于公权力合法行使职权给他人造成了损失（包括被追诉人、受害人和第三人），国家都应承担补偿责任。因此笔者认为，刑事补偿请求人的范围是宽泛的，无论是被追诉人，还是被害人或第三人，只要合法财产权受到侵害的公民、法人和其他组织，都可以申请刑事补偿。

第二，补偿义务机关。在我国实施救助的主体是广泛的，无论是公、检、法、司、民政等公权力机关，还是社会团体、个人都有可能成为救助的主体。然而这些都是道义上的救助，政出多门的救助可能造成的结果就是无人施助。而国家补偿作为一种法律制度，必须有明确而唯一的补偿义务机关。

在行政领域，按照"谁受益谁补偿"的原则，各行政主管部门都可以作为国家补偿的义务机关，有效解决了对他人财产征收、征用等问题。然而在刑事诉讼中，如果将刑事执法机关列为补偿义务机关并不合适。首先，将合法行使职权的刑事执法机关作为补偿义务机关具有先天的缺陷，出于部门利益的考虑，往往造成推诿扯皮现象的发生；其次，由于执法机关并不存在违法行为，这将使其失去恪尽职守的动力，造成诸如多干不如少干等不作为情形的发生。因此向补偿请求人支付补偿费用的主体只能是国家，而国家是一个抽象的主体，因而必须确定一个代表国家支付补偿费用的机构。这个机构应当具有相对超脱的地位，能够站在客观公正的立场上判断是否应当补偿。

借鉴其他国家的成功经验，大多是将司法部门[①]和财政部门作为补偿义务机关，考虑我国的具体国情，笔者认为，由司法部（厅、局）作为补偿义务机关比较合适。一是因为司法行政机关地位相对超脱；二是因为司法行政机关

---

① 此处的"司法部门"特指司法行政机关，如司法部，而非广义的司法机关，如法院。

法律专业知识相对较高；三是因为在地方财政相对紧张的情况下，由财政机关作为补偿义务机关也存在利益冲突问题。

第三，复议机关和人民法院补偿委员会。只有在补偿请求人和补偿义务机关出现争议时，复议机关和补偿委员会才会参与。从这一点上看，复议机关和补偿委员会的审查更类似于一种行政处理或者民事诉讼中的特别程序，而非诉讼模式，尽管如此，也让当事人多了一条法律救济的途径。

2. 刑事补偿的范围和标准。补偿范围，是指国家承担补偿责任和公民、法人或者其他组织行使补偿请求权的范围，补偿标准即权利救济的尺度。认识刑事补偿的范围和标准，有助于提高行使刑事补偿请求权的自觉性和理性。

如前所述，国家补偿主要包括两种情形：一是犯罪行为人无力或不愿承担因犯罪行为给他人造成的损失，这就是通常所说的刑事被害人的国家补偿；二是国家合法行使职权过程中给他人造成的损失。那么刑事补偿的范围和标准也应围绕这两个方面展开。然而国家补偿制度作为一种救济机制，毕竟是最低限度的关照，笔者认为，应当以实际上的经济损失为限，主要包括治疗费和财产损失，也就是说，"给付同等价值的补偿金"。总的来说要坚持一个原则，那就是既要使补偿申请人摆脱困境，又不致使国家财政承受过大的负担。至于精神损失等无法量化的损失，则不应列入国家补偿的范围之内。

司法实践中还存在犯罪嫌疑人难以查明的问题，对此是否应该列入刑事补偿的范围，笔者持否定态度。按照无罪推定原理，无法查明犯罪嫌疑人，就不存在刑事赔偿的问题，综观世界各国之立法也难以找到国家予以补偿的依据。在此种情形下，司法救助、社会救助应担当起予以救助的责任。

3. 刑事补偿程序之构建。广义的刑事补偿程序可以分为两个相对独立的程序，即"狭义的刑事补偿程序"和"追偿程序"。其中"狭义的刑事补偿程序"就是补偿请求人请求权得以实现的程序；而"追偿程序"就是国家在支付补偿费用后，向应当承担赔偿义务的犯罪行为人进行追偿的程序。需要说明的是，基于"谁受益谁补偿的原则"，因公权力机关行使合法职权造成的损失，不再向犯罪行为人进行追偿。

刑事补偿程序，是指补偿请求人行使补偿请求权并得到国家补偿费用的步骤和方法，是补偿请求人实体性权利得以实现的重要保障，其在刑事补偿制度中具有核心的地位。正当的刑事补偿程序不仅能够确保补偿请求人获得及时、有效的救济，而且能够防止受损失人以牙还牙等同态复仇现象的发生。刑事补偿程序设计得正当与否直接决定着刑事补偿目标能否顺利实现，因此，刑事补偿程序的合理建构一直是学界探讨国家补偿制度中的热点和难点。

笔者认为，刑事补偿程序作为一种法律程序，无论其性质如何，都必须遵守正当程序原则的一些基本要求，如中立的第三方裁判、争议双方拥有平等对抗的权利等。对刑事补偿程序的构建，笔者认为，应当遵循以下原则：一是简化程序，提高效率，如对人民法院既有的刑事赔偿判决，在没有争议的情形下，可以由司法行政机关直接决定；二是补偿争议最终还要通过诉讼的渠道解决，如公权力合法行使职权是否对当事人造成实际损失的问题。具体而言，刑事补偿程序应包括以下步骤：

第一，补偿请求人证明其具有直接经济损失。主要有两种情形：一是补偿请求人应当提供有关刑事赔偿的判决，且提供犯罪行为人没有实际赔偿的证明。二是补偿请求人提供公权力机关合法行使职权或协助公权力机关行使职权时造成损失的文件或证明。必要时补偿请求人可以申请司法行政机关调取相关文件或证明。

第二，申请补偿及审查程序。只要补偿请求人收集到上述证明，足以证明国家应当承担补偿责任，那么就可以直接向司法行政机关申请刑事补偿，司法行政机关应当受理。

司法行政机关应当对补偿请求人提供的证据材料进行全面的审查，同时应通知执法机关说明情况或向其调查核实，以确定证据的真伪。如果司法行政机关经审查，认为补偿请求人提供的证据材料符合刑事补偿的构成要件，应当依法予以补偿；不符合刑事补偿的构成要件的，做出不予补偿的决定。

第三，向法院提起诉讼。如果补偿请求人的申请被司法行政机关驳回；或者司法行政机关在法定的期限内不予答复；或者补偿请求人对司法行政机关确定的补偿数额有异议；或者司法行政机关做出不予补偿的决定，补偿请求人有权以司法行政机关为被告向法院提起诉讼。这里需要说明以下几点：

一是提起诉讼的法院。一般是以作为被告的司法行政机关的同级人民法院为提起诉讼的法院。需要说明的是，对于因人民法院合法行使职权造成损失的和因协助人民法院履行职责造成损失的这两种情形，补偿请求人提起诉讼的法院为上一级人民法院。

二是法院审理的方式和程序。法院对刑事补偿案件应当采用直接言词的方式进行审理，而不能采用书面审查的方式解决。具体而言，法庭审理应当公开进行，并通知作为原告的补偿请求人和作为被告的补偿义务机关出庭，补偿请求人和补偿义务机关对自己提出的主张，应当提供证据。补偿请求人与补偿义务机关对损害事实及因果关系有争议的，法庭应当听取补偿请求人和补偿义务机关的陈述和申辩，并进行质证。必要时法庭应当传唤证人出庭，包括做出合法行使职权致使当事人受到损失的国家机关。

三是庭审的结果。法院经过庭审，做出刑事补偿的裁定，由补偿义务机关执行；或者驳回诉讼请求。

第四，向上级法院上诉与申诉。法院做出裁判后，如果补偿请求人或补偿义务机关对裁判不服，有权向上一级法院提出上诉。上一级法院做出裁判后，是发生法律效力的裁判，必须执行。补偿请求人或补偿义务机关仍然不服的，可以提起申诉。

第五，人民检察院的法律监督。人民检察院作为法律监督机关，对国家补偿仍然负有监督的责任和义务。最高人民检察院对各级人民法院做出的裁判，上级人民检察院对下级人民法院做出的裁判，发现违反法律规定的，应当向同级人民法院提出意见，同级人民法院应当在两个月内重新审查并依法做出决定。

4. 刑事补偿追偿程序之构建。刑事补偿追偿程序同样是一种典型的行政程序，作为补偿义务机关的司法行政机关在向补偿请求人履行了补偿责任之后，并不意味着原法院判决的刑事赔偿义务灭失，而应到人民法院进行备案，对应当承担刑事赔偿义务的犯罪行为人继续追偿。追偿的数额以实际未履行的赔偿义务为准。而对于因公权力机关合法行使职权对他人造成的损失则不应进行追偿，但是司法行政机关应向该机关通报相关国家补偿的情况，以促进执法机关执法水平的提高。

参考文献

［1］卞建林：《美国联邦刑事诉讼规则和证据规则》，中国政法大学出版社1996年版。

［2］蔡墩铭：《刑事诉讼法论》，台北五南图书出版公司1993年版。

［3］陈光中：《21世纪域外刑事诉讼的新发展》，中国政法大学出版社2005年版。

［4］陈光中：《中华人民共和国刑事诉讼法再修改建议稿》，中国法制出版社2006年版。

［5］陈光中、徐静村：《刑事诉讼法学》，中国政法大学出版社1999年版。

［6］陈光中、宋英辉：《刑事诉讼法实施问题研究》，中国法制出版社2000年版。

［7］陈瑞华：《刑事诉讼的前沿问题》，中国人民大学出版社2005年版。

［8］陈瑞华：《问题与主义之间——刑事诉讼基本问题研究》，中国人民大学出版社2003年版。

［9］陈瑞华：《程序性制裁理论》，中国法制出版社2005年版。

［10］陈卫东：《刑事审前程序与人权保障》，中国法制出版社2008年版。

［11］陈新民：《宪法基本权力之基本理论》（上），台北三民书局1990年版。

［12］陈新民：《德国公法学基础理论》（下），山东人民出版社2001年版。

［13］陈永生：《侦查程序原理论》，中国人民公安大学出版社2003年版。

［14］程燎原、王人博：《权利及其救济》，山东人民出版社1998年版。

［15］董和平、韩大元、李树忠：《宪法学》，法律出版社2000年版。

［16］韩德明：《侦查原理论》，中国人民公安大学出版社2005年版。

［17］龚祥瑞：《比较宪法与行政法》，法律出版社2003年版。

［18］顾肃：《自由主义基本理念》，中央编译出版社2003年版。

［19］郭晓彬：《刑事侦查学》，群众出版社2002年版。

［20］何家弘：《证据调查实用教程》，中国人民大学出版社2000年版。

［21］江伟：《民事诉讼法》，中国人民大学出版社 2004 年版。

［22］焦洪昌、李树忠：《宪法教学案例》，中国政法大学出版社 1999 年版。

［23］蒋石平：《侦查行为论》，群众出版社 2004 年版。

［24］荆知仁：《美国宪法和宪政》，台北三民书局 1984 年版。

［25］李心鉴：《刑事诉讼构造论》，中国政法大学出版社 1997 年版。

［26］梁慧星：《民法总论》，法律出版社 2000 年版。

［27］梁慧星：《中国物权法草案建议稿》，社会科学文献出版社 2000 年版。

［28］梁慧星、龙翼飞、陈华彬：《中国财产法》，法律出版社 1998 年版。

［29］林来梵：《从宪法规范到规范宪法》，法律出版社 2001 年版。

［30］林准、马原：《外国国家赔偿制度》，人民法院出版社 1992 年版。

［31］林钰雄：《刑事诉讼法》（上），中国人民大学出版社 2005 年版。

［32］林钰雄：《搜索扣押注释书》，台北元照出版有限公司 2001 年版。

［33］刘剑文：《私有财产法律保护》，法律出版社 2006 年版。

［34］刘明波：《中外财产申报制度述要》，中国方正出版社 2001 年版。

［35］莫纪宏：《宪法学》，社会科学文献出版社 2004 年版。

［36］彭万林：《民法学》，中国政法大学出版社 1997 年版。

［37］蓬勃：《日本刑事诉讼法通论》，中国政法大学出版社 2002 年版。

［38］皮纯协、何寿生：《比较国家赔偿法》，中国法制出版社 1998 年版。

［39］阮国平、许细燕：《刑事侦查措施》，中国人民公安大学出版社 2007 年版。

［40］宋英辉：《日本刑事诉讼法》，中国政法大学出版社 2000 年版。

［41］宋英辉：《刑事诉讼法》，中国人民大学出版社 2007 年版。

［42］孙长永：《侦查程序与人权——比较法考察》，中国方正出版社 2000 年版。

［43］孙长永：《现代侦查取证程序》，中国检察出版社 2005 年版。

［44］万毅：《程序正义的重心：底限正义视野下的侦查程序》，中国检察出版社 2006 年版。

［45］王传道：《侦查学原理》，中国政法大学出版社 2001 年版。

［46］夏勇：《人类概念起源——权利的历史哲学》，中国政法大学出版社 2001 年版。

［47］夏勇：《走向权利的时代》，中国政法大学出版社 2000 年版。

［48］谢佑平：《刑事司法权力的配置与运行研究》，中国人民公安大学出

版社 2006 年版。

　[49] 徐静村：《刑事诉讼法》（上），法律出版社 1997 年版。

　[50] 杨宇冠：《非法证据排除规则研究》，中国人民公安大学出版社 2002年版。

　[51] 杨殿升、张若羽、张玉镶：《刑事侦查学》，北京大学出版社 2001年版。

　[52] 叶巍：《刑事诉讼中的私有财产权保障》，法律出版社 2009 年版。

　[53] 于安、方洁：《德国行政法》，清华大学出版社 1999 年版。

　[54] 张玉镶、文盛堂：《当代侦查学》，中国检察出版社 1999 年版。

　[55] 张千帆：《西方宪政体系》（下·欧洲宪法），中国政法大学出版社2001 年版。

　[56] 朱伟一、董婉月：《美国经典案例解析》，中国法制出版社 1999年版。

　[57] 周宝峰：《刑事被告人权利宪法化研究》，内蒙古大学出版社 2007年版。

　[58] 卓泽渊：《法的价值论》，法律出版社 1999 年版。

　[59] 中共中央马克思恩格斯列宁斯大林著作编译局：《马克思恩格斯全集》，人民出版社 2008 年版。

　[60] 公安部人事训练局：《侦查措施与策略教程》，群众出版社 2000年版。

　[61] [美] 路易斯·谢利：《犯罪与现代化》，何秉松译，中信出版社2002 年版。

　[62] [美] 路易斯·亨金：《宪政与权利》，郑戈译，三联书店 1996 年版。

　[63] [美] 莫蒂默·艾德勒、查尔斯·范多伦：《西方思想宝库》，吉林人民出版社 1998 年版。

　[64] [美] 杰罗姆·巴伦、托马斯·迪恩斯：《美国宪法概论》，中国社会科学出版社 1995 年版。

　[65] [美] 乔恩·R. 华尔兹：《刑事证据大全》，中国人民公安大学出版社 1993 年版。

　[66] [美] 伟恩·R. 拉费弗、杰罗德·H. 伊斯雷尔、南西·J. 金，《刑事诉讼法》（上），卞建林、沙丽金译，中国政法大学出版社 2004 年版。

　[67] [美] 戈尔丁：《法律哲学》，齐海滨译，三联书店 1982 年版。

　[68] [美] 比尔德：《美国宪法的经济观》，何希齐译，商务印书馆 1984年版，第 130 页。

［69］［美］艾伦·德肖薇茨：《最好的辩护》，唐交东译，法律出版社1994 年版。

［70］［苏］H. N. 波鲁金夫：《预审中讯问的科学基础》，群众出版社1985 年版。

［71］［意］圭多·德·拉吉罗：《欧洲自由主义史》，杨军译，吉林人民出版社2001 年版。

［72］［法］卢梭：《社会契约论》，何兆武译，商务印书馆2005 年版。

［73］［法］卢梭：《论人类不平等的起源与基础》，高煜译，广西师范大学出版社2002 年版。

［74］［德］托马斯·魏根特：《德国刑事诉讼程序》，岳礼玲、温小洁译，中国政法大学出版社2004 年版。

［75］［德］克劳斯·罗科信：《刑事诉讼法》，吴丽琪译，台北三民书局1998 年版。

［76］［德］哈特穆特·毛雷尔：《行政法学总论》，高家伟译，法律出版社2000 年版。

［77］［德］拉德布鲁赫：《法学导论》，中国大百科全书出版社1997年版。

［78］［英］丹宁：《法律的正当程序》，李克强等译，法律出版社1999年版。

［79］［英］沃克：《牛津法律大辞典》，光明日报出版社1988 年版。

［80］［英］洛克：《政府论》（下篇），叶启芳、瞿菊农译，商务印书馆2004 年版。

［81］［英］F. H. 劳森、B. 拉登：《财产法》，施天涛等译，中国大百科全书出版社1998 年版。

［82］［日］松尾浩也：《日本刑事诉讼法》（新论上卷），丁相顺译，中国人民大学出版社2006 年版。

［83］［日］田口守一：《刑事诉讼法》，法律出版社2000 年版。

［84］邓超：《财产犯罪原理论》，中国政法大学2007 年博士学位论文。

［85］姜江：《财产权的法理研究》，中国社会科学院2008 年博士学位论文。

［86］井龙：《扣押、冻结款物处理程序研究》，西南政法大学2010 年硕士学位论文。

［87］李昌林：《论刑事裁判权的归属》，西南政法大学2003 年博士学位论文。

[88] 李瑞清：《论非法实物证据的认识误区及应对》，华东政法大学 2010 年硕士学位论文。

[89] 黎晓武：《司法救济权研究》，苏州大学 2005 年博士学位论文。

[90] 刘继雁：《法治视野下的刑事搜查制度研究》，西南政法大学 2007 年硕士学位论文。

[91] 毛立新：《侦查法治研究》，中国人民公安大学 2007 年博士学位论文。

[92] 冉小璐：《刑事没收视野下的涉案财物问题研究——实体法与程序法的视角》，上海交通大学法学院 2010 年硕士学位论文。

[93] 宋敏振：《刑事搜查法律控制研究》，内蒙古大学 2008 年硕士学位论文。

[94] 万毅：《财产权与刑事诉讼》，四川大学法学院 2005 年博士学位论文。

[95] 王建明：《职务犯罪侦查措施研究》，中国政法大学 2007 博士学位论文。

[96] 夏铮：《被追诉人财产权保障问题研究——以刑事诉讼中搜查与扣押为视角》，中国政法大学 2006 年硕士学位论文。

[97] 袁坦中：《刑事扣押研究》，西南政法大学 2006 年博士学位论文。

[98] 朱加林：《我国刑事司法中的涉案财产问题研究》，苏州大学 2010 年硕士学位论文。

[99] 朱拥政：《刑事诉讼中的财产权保障》，中国政法大学 2006 年博士学位论文。

[100] 张步文：《侦查权论》，西南政法大学 2004 博士学位论文。

[101] 曾宪亚：《侦查程序中犯罪嫌疑人的人权保障问题研究》，华东政法大学 2005 年硕士学位论文。

[102] 陈光中：《二十一世纪初域外刑事诉讼立法之鸟瞰》，载陈光中：《21 世纪域外刑事诉讼立法最新发展》，中国政法大学出版社 2004 年版。

[103] 陈光中：《刑事诉讼中的效率价值》，载樊崇义：《诉讼法学研究》（第 1 卷），中国检察出版社 2002 年版。

[104] 陈新民：《财产权的限制与公益征收之概念——美国法上的探讨》，载陈新民：《宪法基本权利之基本理论》（上），台北元照出版公司 1999 年版。

[105] 林来梵：《财产权宪法保障的比较研究》，载《宪政论丛》（第二卷），法律出版社 1999 年版。

[106] 毛寿龙：《自由高于一切——自由至上论述评》，载王焱：《自由主义与当代世界：公共论丛第 9 辑》，三联书店 2000 年版。

[107] ［日］井户田侃：《辩护人的地位和权限》，载中国社会科学院法学研究所法学译丛编辑部：《法学译丛》，中国社会科学出版社 1980 年版。

［108］［德］苏姗娜·瓦尔特：《德国有关搜查、扣押、逮捕以及短期羁押的法律：批判性的评价》，载陈光中、［德］汉斯约格·阿尔布莱希特：《中德强制措施国际研讨会论文集》，中国人民公安大学出版社 2003 年版。

［109］［英］波普：《自由主义的原则》，纪树立等译，载王焱：《自由主义与当代世界：公共论丛第 9 辑》，三联书店 2000 年版。

［110］陈光中：《〈刑事诉讼法修改专家建议稿〉重点问题概述》，载《人民检察》2006 年第 21 期。

［111］陈瑞华：《刑事诉讼法学研究范式的反思》，载《政法论坛》2005 年第 3 期。

［112］陈瑞华：《刑诉中非法证据排除问题研究》，载《法学》2003 年第 6 期。

［113］陈瑞华：《司法权的性质》，载《法学研究》2000 年第 5 期。

［114］陈瑞华：《程序正义论——从刑事审判角度的分析》，载《中外法学》1997 年第 2 期。

［115］陈志龙：《法治国检察官之侦查与检察制度》，载《台大法学论丛》第 27 卷第 3 期。

［116］成凯：《论效率价值在我国刑事诉讼中之定位》，载《当代法学》2003 年第 6 期。

［117］耿景仪：《刑事诉讼中扣押、冻结财物的处理》，载《人民司法》1996 年第 8 期。

［118］黄风：《关于追缴犯罪所得的国际司法合作问题研究》，载《政治与法律》2002 年第 5 期。

［119］黄洋：《希腊城邦社会的农业特征》，载《历史研究》1996 年第 4 期。

［120］黄怡：《试论在经济犯罪案件侦查中赃款赃物认定和追缴的法律问题》，载《江西公安专科学校学报》2001 年第 2 期。

［121］康顺兴：《刑事诉讼适用正当法律程序原则之探讨》，载《刑事法杂志》第 43 卷第 4 期。

［122］季卫东：《法治与选择》，载《中外法学》1993 年第 4 期。

［123］江涌：《论侦查阶段的财产保全制度》，载《中国人民公安大学学报》2011 年第 3 期。

［124］马明亮：《非法证据排除规则与警察自由裁量权》，载《政法论坛》2010 年第 4 期。

［125］曲升霞、袁江华：《论我国〈刑法〉第 64 条的理解与适用——兼

议我国〈刑法〉第 64 条的完善》，载《法律适用》2007 年第 4 期。

［126］孙长永：《审判中心主义及其对刑事程序的影响》，载《现代法学》1999 年第 4 期。

［127］汤鸿沛、张玉娟：《德国、法国与中国国家赔偿制度之比较》，载《人民司法》2005 年第 2 期。

［128］王君霞：《霍布斯自然权利概念的平等原则》，载《法制与社会》2010 年第 4 期。

［129］汪进元：《论宪法的平等保护原则》，载《武汉大学学报（哲学社会科学版）》2004 年第 6 期。

［130］王道春：《我国刑事被害人国家补偿制度构建》，载《江苏警官学院学报》2009 年第 5 期。

［131］危怀安：《论法律效率与法律效益的规范运用》，载《华中科技大学学报（社会科学版）》2002 年第 6 期。

［132］吴宏耀：《刑事搜查扣押与私有财产权利保障——美国博伊德案的启示》，载《东方法学》2010 年第 3 期。

［133］肖琼、于朝：《论公安机关开展司法会计技术工作的几个问题》，载《中国人民公安大学学报》2002 年第 4 期。

［134］张红：《中美国家赔偿法学术研讨会综述》，载《行政法学研究》2005 年第 4 期。

［135］［美］德姆塞茨：《美国经济评论》，银温泉译，载《经济社会体制比较》1990 年第 6 期。

［136］［美］托马斯·C. 格雷：《论财产权的解体》，高新军译，载《经济社会体制比较》1994 年第 5 期。

［137］［德］勃朗特·舒乃曼：《警察机关在现代刑事程序中的地位》，载《研究生法学》2000 年第 2 期。

［138］Charles·A. Reich. The new property. Yale law Journal , 1964.

［139］Edgar Bodenheimer. Jurisprudence. the Philosophy and Method of the Law. Harvard University Press. 1981.

［140］Israel, Jerold H. and Wayne R. Lafave. Criminal Procedure in a Nutshell. St. Paul: West Group, 1993.

［141］Jeremy Waldron. The Right to Private Property. Clarendon Press Oxford, 1988.

［142］Toore, Donald A. Handbook of Federal Police and Investigation Agencies. West Port: Greenwood Press, 1985.

附录 A

限制财产权强制措施与财产所有权权能关系表

保全事项	涉案财产类型		占有	使用	处分	收益	备　注
证据保全	被追诉人合法财产	违法所得、犯罪工具·无须登记之物	限制	限制	限制	酌情	1. 对于应当没收或返还被害人的部分，占有、使用和处分权同时被限制。 2. 合法财产部分，主要防止隐匿或销毁之处分，进而影响到占有权和使用权，具体处分视情况而定。他人合法财产，可以责令证据持有人在庭审时展示（必要时需提供一定的担保）。
		登记生效之物	限制	限制	限制	允许	
	他人合法财产	无须登记之物	酌情	酌情	限制	允许	
		登记生效之物	酌情	允许	限制	允许	
财产保全	被追诉人合法财产	无须登记之物	限制	限制	限制	允许	财产保全主要防止转让之处分，可能进而影响到其占有、使用权。尽管不影响收益，但应明确收益的暂时归属。经过提供担保，可能恢复部分或全部权能。
		登记生效之物	酌情	酌情	限制	允许	
社会保全	违禁品、犯罪工具和执业资格		限制	限制	限制	限制	违禁品一经限制则极可能被没收或销毁。

说明：
1. 无须登记之物，意指不需要进行登记，一经占有即具有所有权的涉案财产。
2. 登记生效之物，意指需要办理登记手续才具有所有权的涉案财产。
3. 证据保全下的限制处分权，主要防止证据被隐匿和销毁而丧失证据价值，财产保全下的限制处分权，主要防止财产被转移或销耗而丧失大财产价值。

附录 B

侦查程序中的财产权保障制度组织结构图

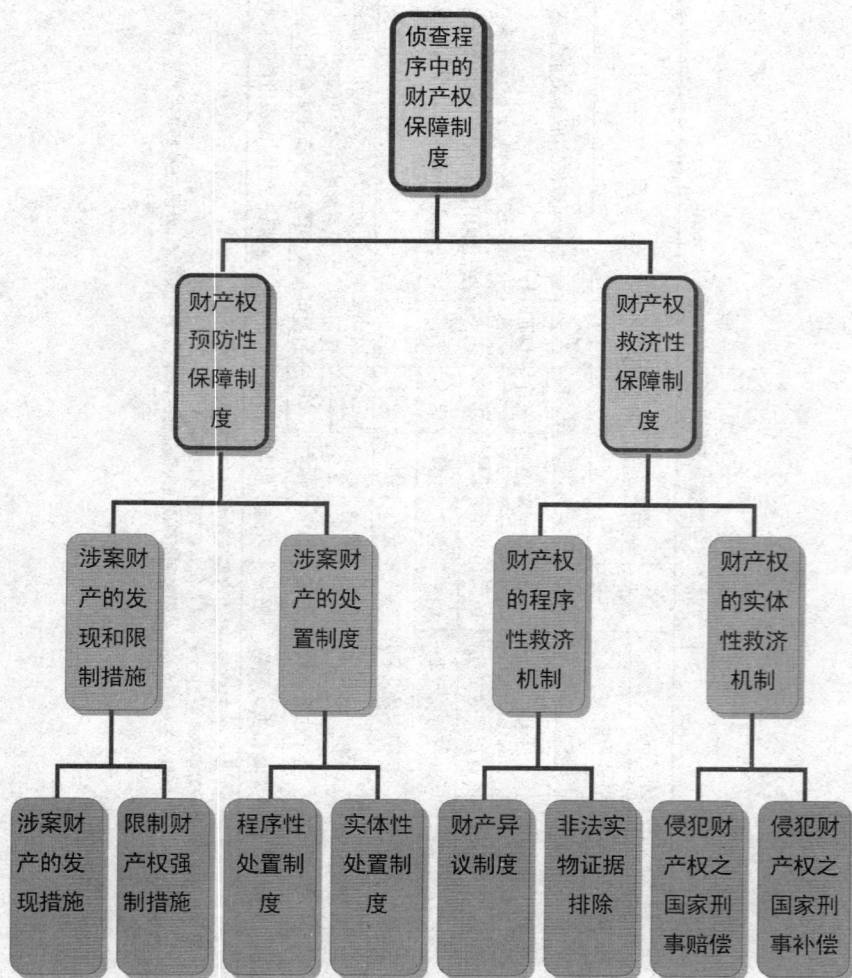

```
                    ┌──────────┐
                    │ 侦查程   │
                    │ 序中的   │
                    │ 财产权   │
                    │ 保障制   │
                    │ 度       │
                    └────┬─────┘
          ┌──────────────┴──────────────┐
     ┌────┴─────┐                   ┌────┴─────┐
     │ 财产权   │                   │ 财产权   │
     │ 预防性   │                   │ 救济性   │
     │ 保障制   │                   │ 保障制   │
     │ 度       │                   │ 度       │
     └────┬─────┘                   └────┬─────┘
      ┌───┴────┐                     ┌───┴────┐
  ┌───┴──┐ ┌───┴──┐             ┌────┴─┐ ┌────┴─┐
  │涉案财││涉案财 │             │财产权││财产权 │
  │产的发││产的处 │             │的程序││的实体 │
  │现和限││置制度 │             │性救济││性救济 │
  │制措施││       │             │机制  ││机制   │
  └──┬───┘└───────┘             └──┬───┘└───┬───┘
```

| 涉案财产的发现措施 | 限制财产权强制措施 | 程序性处置制度 | 实体性处置制度 | 财产异议制度 | 非法实物证据排除 | 侵犯财产权之国家刑事赔偿 | 侵犯财产权之国家刑事补偿 |